AF884129

थॉमस हॉब्स

थॉमस हॉब्स

दीप्ति शर्मा
एम॰ कुमार

अर्जुन पब्लिशिंग हाउस

थॉमस हॉब्स

© लेखक

संस्करण, 2023

ISBN 978-81-8330-266-1

प्रकाशक :

अर्जुन पब्लिशिंग हाउस

4831/24, गोविन्द लेन,
अंसारी रोड, दरियागंज,
नई दिल्ली—110002
फोन : 23272541, 23242541
e-mail : arjunbooks2001@gmail.com

टाइपसेटिंग :

डिम्पल कम्प्यूटर्स

दिल्ली—110092

प्रिन्टर्स :

बालाजी डिजिटल

दिल्ली

भूमिका

थॉमस हॉब्स राज्य का अध्ययन मानव-स्वभाव के विश्लेषण से करता है। उसने मानव-स्वभाव की व्याख्या की है और अपने सभी सिद्धान्त उस पर आधारित किए है। अरस्तू के विपरीत वह मानता है कि "मनुष्य असामाजिक प्राणी है। मानव को वस्तुएँ या तो आकर्षित करती हैं या विकर्षित। आकर्षण को इच्छा कहा जाता है, विकर्षण को घृणा। मनुष्य की प्रत्येक इच्छा में उसका स्वार्थ निहित है। जिन वस्तुओं से वह आकर्षित होता है, उन्हें अच्छी कहता है, जिन्हें वह नापसन्द करता है, उन्हें बुरी कहता है। अच्छाई या बुराई वस्तुओं में नहीं बल्कि मानव-भावना में है।" मनुष्य के समस्त क्रिया-कलाप स्वार्थ-भावना से प्रेरित तथा संचालित हैं। सामान्यतः सामाजिक तथा लौकिक व्यवहार में मनुष्य सदैव यह प्रयत्न करता है कि उसकी सम्पत्ति आदि सुरक्षित रहे, उसका जीवन निर्बन्ध निर्द्वन्द्व रहे और उसकी एषणाएँ-वासनाएँ एवं क्षुधा पूरी होती रहे। युगों से भूखा और अतृप्त मानव अपनी अभिलाषाओं की तुष्टि में ही सतत् संलग्न रहता है। अवसर पाते ही सर्वग्राही पिशाच की तरह टूट पड़ता है और स्वयं को जीवित रखने तथा स्वयं की इच्छा-पूर्ति के लिए दूसरे को ध्वस्त करने से नहीं हिचकता। थॉमस हॉब्स के ही शब्दों में "प्रकृति ने सभी मनुष्यों को शारीरिक शक्तियों, मानसिक बुद्धि आदि में समान बनाया है। अतः जिस लाभ-विशेष की माँग एक व्यक्ति करता है, उसकी माँग दूसरा भी करता है। शारीरिक शक्ति में एक मनुष्य दूसरे से शक्तिशाली हो सकता है, परन्तु दूसरे लोग गुप्त छल से या गुटबन्दी करके उसे मार सकते हैं।" एक ही वस्तु को प्राप्त करने के दो अभिलाषी व्यक्ति परस्पर शत्रु बन कर एक-दूसरे पर विश्वास नहीं करते। थॉमस हॉब्स का कहना है कि लक्ष्य को प्राप्त करने की योग्यता सभी में लगभग बराबर होती है। शारीरिक बल की कमी की पूर्ति बौद्धिक योग्यता और बौद्धिक योग्यता की कमी की पूर्ति शारीरिक बली द्वारा

हो जाती है। सामर्थ्य की कमी की इसी समता के कारण लक्ष्य-प्राप्ति की आशा की समता का उदय होता है और बराबरी में मनुष्यों में जब प्रतिद्वन्द्विता होती है कि एक-दूसरे को विनष्ट किए बिना ही वे अपनी कीर्ति की स्वीकृति करा देना चाहते हैं। फलतः निरन्तर संघर्ष चलता है। दोनों प्रतिद्वन्द्वी आहत होकर मौत के भयानक साये में छटपटाते हैं। इस निरन्तर संघर्ष के तीन प्रमुख कारण हैं। थॉमस हॉब्स के ही शब्दों में–"हम मानव-स्वभाव में झगड़े के तीन प्रमुख कारण देखते हैं। पहला प्रतिस्पर्द्धा, दूसरा पारस्परिक अविश्वास और तीसरा वैभव। प्रतिस्पर्द्धा के कारण वे लाभ के लिए, विश्वास के अभाव के कारण रक्षा के लिए तथा वैभव-प्राप्ति के कारण प्रसिद्धि के लिए परस्पर संघर्ष करते हैं। उनको वशवर्ती बनाए रखने वाली किसी शक्ति के अभाव में मनुष्य स्वभावतः निरन्तर संघर्ष में उलझे रहते हैं। मनुष्य पूर्णतया अहं-केन्द्रित है और जीवन की यह यथार्थ वास्तविकता सभी संवेगों-आवेगों को जन्म देती है।"

थॉमस हॉब्स मनुष्य की विविध भावनाओं की विवेचना करता हुआ अन्त में उन्हें दो भौतिक एवं प्रारम्भिक भावनाओं–इच्छा तथा अनिच्छा तक सीमित कर देता है। वह वैभव, ईर्ष्या, द्वेष, दया, नम्रता आदि सभी भावनाओं का आधार इन्हीं दो मूल प्रवृत्तियों को मानता है। "इस निश्रेयण की आधारभूत विशेषता यह है कि इसमें समस्त भावनाओं का केन्द्र स्वयं मनुष्य के अहंकार और स्वार्थपरता के ही विभिन्न रूप हैं। थॉमस हॉब्स की धारणा का मनुष्य पूर्णतः स्वार्थी है। समस्त मानव-व्यवहार को अहंभाव पर आधारित करने के प्रयास ने ही थॉमस हॉब्स की प्रणाली को एक निश्चित वैज्ञानिक रूप दिया है।

प्रस्तुत पुस्तक की विषय-वस्तु छात्रों एवं प्राध्यापकों के लिए अत्यन्त ही उपयोगी सिद्ध होगी। पुस्तक की भाषा अत्यन्त सरल है जो पढ़ने में रोचकता प्रदान करती है।

दीप्ति शर्मा
एम. कुमार

अनुक्रमणिका

1

थॉमस हॉब्स का व्यक्तित्व एवं कृतित्व

राज्य की उत्पत्ति के सम्बन्ध में जिस अनुबन्धवादी सिद्धान्त की प्रधानता सत्रहवीं व अठाहरवीं शताब्दी में रही, उसके प्रतिपादकों में थॉमस हॉब्स का नाम अग्रणी है। राज्य के अन्तर्गत सामाजिक सम्बन्धों का आधार किसी न किसी प्रकार का कोई प्रत्यक्ष अथवा अप्रत्यक्ष समझौता होता है, यह बात थॉमस हॉब्स से पहले भी मानी जाती रही थी। ग्रीस में इसका समर्थन सबसे पहले सौफिस्ट वर्ग के विचारकों ने किया था। उनका मत था कि राज्य एक कृत्रिम संस्था है और वह समझौते का परिणाम है। इसके बाद प्लेटो व अरस्तू ने इस मान्यता को महत्त्व न देते हुए राजा को एक स्वाभाविक संस्था माना। पर इपीक्यूरियन विचारकों ने इसका समर्थन किया और कहा है कि मनुष्य के सामाजिक व कानूनी सम्बन्धों के मूल में परस्पर समर्थित स्वार्थ होते हैं तथा न्याय उसके पारस्परिक लाभ की वस्तु होने के अतिरिक्त और कुछ नहीं होता है। रोम के विचारकों ने भी जनता को ही राजसत्ता का स्रोत माना था। मध्ययुग में भी इस सिद्धान्त को मान्यता प्राप्त रही। 11वीं शताब्दी में मनीगोल्ड ने यह कहा था कि राजा राजपद पर प्रजा के समझौते से बैठा हुआ माना जाता है तथा यदि प्रजा न चाहे, तो उसे हट जाना चाहिए। 13वीं शताब्दी में टामस एकवीनास ने भी इसी मत का समर्थन किया था तथा बाद में 16 वीं शताब्दी में भी इस विचार का समर्थन हुआ। इंगलैण्ड के रिचार्ड हुकर ने अपनी कृति 'लॉज ऑफ एक्लासियास्टीकल पोलिटी' में इस बात का प्रतिपादन किया कि मनुष्य की प्राकृतिक अवस्था अशान्तिपूर्ण व संघर्षमय थी, जिससे छुटकारा पाने के लिए उससे समझौते द्वारा राज्य का निर्माण किया। अपनी कृति "**ऑन दी लॉज ऑफ वार एण्ड पीस**" में ह्यूगो ग्रोशियस ने यह कहा कि राज्य का रूप एक समझौते के परिणाम का है। जॉन मिल्टन ने भी राज्य की शक्ति का मूल जनता का समर्थन माना है। मर्जनी के सैमुअन प्यूफैण्डार्ड के मतानुसार भी जनता ने अपनी दुखपूर्ण प्राकृतिक अवस्था से छुटकारा पाने के लिए समझौते द्वारा राज्य का निर्माण किया। स्पीनोजा ने भी इस सम्बन्ध में इसी प्रकार का मत व्यक्त किया था। पर पूर्ण व्यवस्थित ढंग से अनुबन्ध सिद्धान्त का प्रतिपादन पाश्चात्य जगत के

तीन विचारक डेकार्ट, लॉक व रूसो ने ही किया है तथा थॉमस हॉब्सउनमें से सर्वप्रथम हैं।

हॉब्स का जीवन परिचय

(Hobbe's Life)

थॉमस हॉब्स का जन्म सन् 1588 में इंगलैण्ड में हुआ था। उसका जन्म विल्टशायर के मैक्सबरी स्थान में हुआ था। थॉमस हॉब्स प्रारम्भ से ही एक शान्तिप्रिय बालक थे। वे बालकों की तरह नटखट न होकर एक अध्ययनशील बालक थे। वे गड़बड़ी, अव्यवस्था, अशान्ति, संघर्ष आदि से दूर रहते थे। संयोग की बात है कि उनका जन्म उस समय हुआ, जब इंगलैण्ड में आर्मेडा (Armeda) का युद्ध हो रहा था और ऐसा प्रतीत होता है, वैसे हॉब्स को भीरु प्रकृति उनके माता के गर्भ से ही प्राप्त हुई हो। उनकी प्रारिम्भक शिक्षा मैक्सबरी में हुई थी तथा उच्च अध्ययन उन्होंने ऑक्सफोर्ड विश्वविद्यालय में किया।

इंगलैण्ड का उस समय का वातावरण उथल-पुथल व अशान्ति का वातावरण था। इंगलैण्ड की संसद इतनी अधिक महत्त्वाकांक्षी हो रही थी कि वह अपरिमित शक्ति प्राप्त करना चाहती थी। जैसा सैबाइन ने कहा है, **''घटनाचक्र ऐसा चला कि संसद के नेता ऐसी सम्प्रभुत्व शक्ति का दावा और प्रयोग करने लगे थे, जो उनके पहले के विचारों और अंग्रेजी संविधान की परम्पराओं के प्रतिकूल थी।''**[1] और इस कारण इंगलैण्ड की तत्कालीन संसद को 'उन्मादी संसद' (Mad Parliament) कहा जाता है। देश में गृहयुद्ध चल रहा था। थॉमस हॉब्स स्वभाव के भीरु होने के कारण गृह युद्ध के कारण होने वाली मारकाट व हिंसा को देखते रहने में असमर्थ थे अत: वे इंगलैण्ड छोड़कर फ्रांस चले गये। यूरोप के विभिन्न देशों में जीवन व्यतीत करते हुए उन्होंने अपनी जीवन के 20 वर्ष इंगलैण्ड के बाहर काटे। इस बीच में वे तीन बार इंगलैण्ड गये ओर लौट आये तथा अपना अध्ययन कार्य करते रहे।

फ्रासं में रहते हुए उन्होंने वहाँ देखा कि वहाँ इंगलैण्ड जैसी अशान्ति न होकर पूरी शान्ति और सुव्यवस्था है तथा उन्होंने यह अनुभव किया कि ऐसा वहाँ इसलिए था कि वहाँ एक निरंकुश व शक्तिशाली राजा का राजतन्त्रीय शासन है, जबकि इंगलैण्ड में अशान्ति व अव्यवस्था इसलिए है, क्योंकि वहाँ का शक्तिहीन राजतन्त्र शान्ति व व्यवस्था बनाये रखने में असमर्थ है। अत: उनके मस्तिष्क में यह बात आयी कि कहीं भी यदि शान्ति व व्यवस्था की स्थापना होनी है, तो उसके लिए शक्तिशाली राजतन्त्र का होना आवश्यक है तथा यही कारण है कि उन्होंने अनुबन्ध-सिद्धान्त के आधार पर एक निरंकुश राजतन्त्र का समर्थन किया। हॉब्स की मृत्यु सन् 1679 में हो गयी।

हॉब्स विचारों की पृष्ठभूमि

(Background of Hobbe's Thought)

हॉब्स अपने विचारों की दृष्टि से, उस वातावरण व पर्यावरण के शिशु थे, जो उनके समय में यूरोप में पाया जाता था। उनके विचारों पर उस समय की जिन परिस्थितियों का

प्रभाव पड़ा और जिन विद्वानों के विचारों का प्रभाव पड़ा, उनका विवेचन निम्न प्रकार किया जा सकता है:

1. समकालीन परिस्थितियाँ

हॉब्स का जन्म उस समय हुआ, जब इंगलैण्ड में युद्ध का वातवरण था। जब थॉमस हॉब्स समझदार हुए और जब उनका अध्ययन काल था, उस समय भी इंगलैण्ड में गृहयुद्ध चल रहा था। एक ओर वे लोग थे, जो राजसत्ता के समर्थक थे और एक और वे लोग थे, जो उसके विरोधी थे। राजतन्त्र की सत्ता के समर्थक लोग राज्य के दैवीय अधिकारों के सिद्धान्त में विश्वास करते थे तथा वे समाज में ऐसे वातावरण की सृष्टि के पक्ष में थे, जिसमें राजा की आज्ञा का पालन ईश्वर की आज्ञाओं की तरह हो। उनका कहना था कि राजा के अधिकार ईश्वर प्रदत्त हैं तथा वह अपने कार्यों के लिए ईश्वर के प्रति ही उत्तरदायी है। प्रजा का काम उसकी सभी आज्ञाओं का पालन करना है। राजसत्ता के विरोधी वर्ग में सामन्तशाही के समर्थक व व्यापारी आदि थे। वह राजा की निरंकुश शक्तियों व उसके ईश्वरीय अधिकारों की मान्यता के विरोधी थे तथा उसकी ऐसी शक्तियों के विरुद्ध आन्दोलन कर रहे थे। उनकी माँग थी कि राजा अपने को संसद के अंकुश में रखे और शासन के कार्य वह संसद की स्वीकृति व अनुमति से करे।

गृह युद्ध की समाप्ति संसद की सत्ता की स्थापना से हुई, पर शासन की सत्ता क्रॉमवेल के हाथों में आयी, जिसने उसका प्रयोग निरंकुश ढंग से करना प्रारम्भ किया। फ्रांस के अनुभव के कारण थॉमस हॉब्स का यह विचार बन चुका था कि शान्ति व व्यवस्था की दृष्टि से राजतन्त्र का शक्तिशाली होना आवश्यक है। अत: उन्होंने अपनी राजनीतिक विचारधारा का विवेचन इंगलैण्ड के लिए भी एक शक्तिशाली राजतन्त्र का समर्थन करते हुए किया। उनकी कृति 'लेवियेथन' (Leviathan) के विषय में क्लेरेण्डन ने तो यहाँ तक सोचा था कि यह पुस्तक क्रामवेल की चापलूसी करने के लिए लिखी गयी थी, क्योंकि उनके माध्यम से हॉब्स ने एक अत्यन्त कठोर व निरंकुश राजतन्त्र का समर्थन किया है। इस प्रकार हम देखते हैं कि तत्कालीन परिस्थितियों ने थॉमस हॉब्स की रचनाओं पर बड़ा गहरा प्रभाव डाला। प्रोफेसर सेबाइन ने ठीक कहा है कि **''हॉब्स की राजनीतिक रचनाएँ गृहयुद्धों के अवसर पर लिखी गयी थीं और उनका उद्देश्य राजा के पक्ष में प्रभाव डालना था। उनका लक्ष्य निरंकुश शासनतन्त्र का समर्थन करना था तथा थॉमस विचार के अनुसार उसका अर्थ निरंकुश शासनतन्त्र था।''** इंगलैण्ड के शासन की कमजोरी के कारण वहाँ के गृह-युद्ध से हिंसा, अत्याचार तथा जीवन व सम्पत्ति की जो हानि हुई, उससे उत्पन्न परिस्थिति के कारण वह यह सोचने के लिए बाध्य हो गया कि मनुष्य के कार्य जानवरों की ही तरह केवल भय व स्वार्थ से ही नियन्त्रित होते हैं। ऐसी दशा में जीवन विषम और निर्दयतापूर्वक हो जाता है और इसी

कारण लोगों में परस्पर युद्ध होते हैं। इस सबसे वह इस निष्कर्ष पर पहुँचा कि मानव संसार में केवल शक्ति का ही बोलबाला है और उसमें व्यवस्था केवल शक्ति के माध्य से ही रह सकती है। मानव स्वभाव की उक्त कल्पना के अनुसार ही थॉमस हॉब्स ने निरंकुश व शक्तिशाली राजतन्त्र के सिद्धान्त का प्रतिपादन किया।

2. पूर्वगामी विचारकों के विचार

हॉब्स विचारों की पृष्ठभूमि के निर्माण में उनके पूर्वगामी विचारकों के विचारों का भी बड़ा हाथ रहा है। हॉब्स पर प्रभाव डालने वाले पहले प्रकार के विचारक वे हैं, जिन्होंने अपनी मान्यताओं में इस बात पर बल दिया है कि सामान्य विधि की सत्ता का रूप ऐसा होता है कि उसका उल्लंघन न तो शासन की ओर से होना चाहिए और न शासितों की ओर से होना चाहिए। इस श्रेणी में आने वाले विचारकों में सर्वप्रथम सर **एडवर्ड कोक** (Sir Edward Coke) थे, जो सामान्य विधि (Common Law) के समर्थक थे तथा उनके विचार के अनुसार विधि मानव के विवेक की सर्वोत्कृष्ट निधि होती है, जिसका पालन प्रजा व राजा अर्थात् शासित व शासकों दोनों को ही समान रूप से करना चाहिए। **ग्रोशियस** (Grotius) की मान्यता थी कि विधि मनुष्य की प्रकृति का प्रतिरूप होती है, और इस कारण वह प्राकृतिक होती है तथा इस आधार पर इन्होंने इस बात पर बल दिया था कि धर्म सत्ताधिकारी पादरी वर्ग, राजा व प्रजा सभी को विधि का पालन करना चाहिए तथा उनमें से किसी को भी मनमानी करने का अधिकार नहीं है। विचारकों का एक वर्ग था, जिन्हें **केलविनवादी** (Calvinists) कहा जाता है। उनका मत था कि धर्म सबसे अधिक मुख्य है। अत: धर्म के आदेशों का पालन राजा, प्रजा तथा प्रजा की संसद सभी को करना चाहिए, जिससे अव्यवस्था न फैले और व्यवस्था बनी रहे। इसके अतिरिक्त **मैकियावेली** (Machiavelli)तथा **जीन बोदाँ** (Jean Bodin) ऐसे विचारक थे, जिनसे थॉमस हॉब्स को यह विचार मिला कि शान्ति व व्यवस्था के लिये शक्तिशाली राजतन्त्र एक परमावश्यकता है। मैकियावेली ने यदि अपनी मातृभूमि की अराजक अवस्था को दूर करने के साधन के रूप में तथा उसे प्रगति की ओर ले जाने की सीढ़ी के रूप में निरंकुश राजतन्त्र को अपरिहार्य माना था, तो थॉमस हॉब्स ने तत्कालीन इंगलैण्ड की अराजक अवस्था की औषधि के रूप में उसे मान्य ठहराया। उक्त विचारकों के अतिरिक्त जनतन्त्रवादी लेखकों, विशेषकर **रिचार्ड हूकर** (Richard Hooker) के उन विचारों का प्रभाव भी थॉमस हॉब्स पर पड़ा, जिनकी अनुबन्धवादी विचारधारा की यह प्रबल मान्यता थी कि राजा प्रजा से हुए अनुबन्ध के आधार पर शासन कार्य चलाता है तथा यदि वह समझौते के अनुसार अपने कर्त्तव्य का पालन नहीं करता, तो प्रजा को उसे राजपद से हटा देना चाहिए।

हॉब्स की रचनाएँ

(Hobbe's Works)

हॉब्स की सबसे प्रमुख रचना **लेवियेथन** (Leviathan) है, यद्यपि **थूसीडाइड्स** (Thucydides), **डी सिवे** (De Cive), **एलीमेन्टस ऑफ लॉ** (Elements of Law), **ए**

डायलॉग आन दी सिविल वार्स (A Dialogue on the Civil Wars) तथा **डी कोरपोर पोलिटिको** (De Corpore Politico) उसकी अन्य पुस्तकें हैं। लेवियेथन के बाद महत्त्व की दृष्टि से डी कोरपोर पोलिटिको है, जिसमें थॉमस हॉब्स ने मानव प्रकृति का वर्णन किया है तथा यह बताया है कि मनुष्य स्वभाव से भयभीत रहने वाला प्राणी है तथा उसके इस स्वभाव के कारण उत्पन्न युद्ध व संघर्ष की अवस्था से छुटकारा पाने के लिए मनुष्य द्वारा अनुबन्ध के शासन की व्यवस्था की गयी है और इस कारण यह आवश्यक है कि मनुष्य उस शासन की व्यवस्था में चले।

लेवियेथन (Leviathan) जिसका **प्रकाशन** 1651 में हुआ, हॉब्स विचारों का एक प्रतिनिधि ग्रन्थ है। यह पुस्तक चार **भागों में** विभाजित है। पहले भाग 'मानव' (On Man) में मनुष्य की प्राकृतिक अवस्था **का वर्णन** किया है। द्वितीय भाग 'राज्य' (On Common wealth) में राज्य की उत्पत्ति का वर्णन किया गया है। उसके तीसरे **भाग** 'ईसाई राज्य' (On Christian Common Wealth) व चौथे भाग 'अन्धकार का राज्य' (Of Kingdom of Darkness) में धर्म के स्थान तथा राज्य सत्ता की अधीनता का निरूपण किया गया है।

हॉब्स अनुसार मनुष्य की प्रकृति

(Man's Nature According to Hobbes)

थॉमस हॉब्स की रचनाओं का एक विशेष उद्देश्य एक शक्तिशाली निरंकुश राजतन्त्र का औचित्य सिद्ध करना था। उन्होंने इस उद्देश्य की सिद्धि के लिये एक नवीन ढंग अपनाया। उन्होंने मनोवैज्ञानिक आधार पर मनुष्य की प्रकृति का अध्ययन करके यह प्रतिपादित किया कि उसकी प्रकृति के अनुसार उसका कल्याण एक शक्तिशाली निरंकुश राजतन्त्र में रहने से ही हो सकता है। 'लेवियेथन' के प्रथम चार अध्यायों में उन्होंने मनुष्य के स्वभाव का ही विवेचन किया है।

मानव प्रकृतिक के विकृत पक्ष का प्रतिपादन-थॉमस हॉब्स ने मनुष्य के स्वभाव के विषय में कहा है कि स्वार्थी, दुष्ट, युद्ध-प्रिय तथा भीरु प्राणी होता है। इसमें सन्देह नहीं कि थॉमस हॉब्स ने मानव प्रकृति के विकृत पक्ष को ही उसकी प्रकृति का मुख्य पक्ष बताया है पर थॉमस हॉब्स ने अपने तार्किक मनोवैज्ञानिक विचारों के आधार पर यह सिद्ध करने का प्रयत्न किया है कि मनुष्य की प्रकृति का यही सही पहलू है। उन्होंने यह कहा है कि मनुष्य के स्वभाव का इस प्रकार का वर्णन उन्होंने इसलिए नहीं किया है कि मनुष्य जाति से उन्हें कोई द्वेष है, वरन् उनका कहना था कि मनुष्य प्रकृति वस्तुत: ऐसी ही है तथा किसी भी व्यक्ति द्वारा निष्पक्ष अध्ययन किये जाने पर निष्कर्ष यही निकलेगा।

थॉमस हॉब्स का प्रतिपादन है कि मनुष्य के सब कृत्यों के मूल में भय तथा स्वार्थ ही प्रेरक शक्ति होते हैं। इस दृष्टि से मनुष्य पशुओं जैसा ही होता है। पर उसमें चूँकि विवेक

होता है, अतः उन कार्यों से बचता है, जिनके कारण उसे भयभीत होना पड़े तथा वह उन कार्यों को करता है, जिनसे उनका स्वार्थ पूरा हो। थॉमस हॉब्स ने मनुष्य के कृत्यों को 'प्रयत्न' कहकर पुकारा है तथा यह कहा है, "**यह प्रयत्न जब उस वस्तु की (प्राप्ति की) ओर होता है, जिसके कारण वह प्रयत्न होता है, तो उसे वासना या इच्छा (आकर्षण) कहा जाता है तथा जब वह प्रयत्न उस वस्तु के विपरीत ओर होता है, तो उसे घृणा (या विकर्षण) कहा जाता है।**"मनुष्य को संसार के पदार्थ या तो आकर्षित करते हैं या वे उसे विकर्षित करते हैं तथा आकर्षण को मनुष्य की इच्छा कहा जाता है और विकर्षण को घृणा कहा जाता है। थॉमस हॉब्स का मत है कि मनुष्य के सब कार्यों के मूल में उसका यह आकर्षण व विकर्षण होता है। वह सामान्यतः उन कार्यों को करना चाहता है, जिनकी ओर वह आकर्षित होता है अर्थात जिनका करना उसे अच्छा लगता है तथा वह उन कार्यों के करने से बचना चाहता है, जिनसे उसे विकर्षण होता है अर्थात जिनके करने में उसे घृणा का अनुभव होता है। थॉमस हॉब्स स्वयं के शब्द इस सम्बन्ध में ये हैं कि "**जो वस्तुएँ उसकी इच्छा की पूर्ति करने वाली होती हैं, उन्हें वह अच्छा कहता है तथा जिन वस्तुओं से उसे घृणा होती है या जिनसे वह बचता है, उन्हें वह बुरी कहता है।**" अच्छे या बुरे की इन्हीं भावनाओं व संवेगों के कारण मनुष्य कुछ न कुछ करते हुए गतिशील बना रहता है। अपने कार्यों द्वारा इच्छित वस्तु को प्राप्त कर लेने से मनुष्य को आनन्द की प्राप्ति होती है तथा इस प्रकार प्राप्त आनन्द स्थायी बना रहे, इसके लिए वह अपनी इच्छा की वस्तु को प्राप्त करके उसे सदा अपने पास रखने के लिए प्रयत्नशील रहता है।

ने मनुष्य को आसृरी वृत्ति वाला प्राणी माना है और यह प्रतिपादित किया है कि (1) प्रकृतितः वह स्वार्थी होता है, (2) उसकी इच्छाएँ अनन्त होती हैं, (3) उसमें अन्यों से भयभीत रहने की प्रवृत्ति होती है, (4) उसमें बड़ी प्रबल अहं भावना होती है, (5) वह आत्म रक्षा के लिए सदा चिन्तित रहता है, (6) उसके लिए अपने को सबसे अधिक शक्तिशाली बनाने का इच्छुक रहता है, और (7) अपने को सबसे अधिक शक्तिशाली बनाने के अपने उद्देश्य की पूर्ति के लिए ऐसी ही प्रकृति वाले अन्य मनुष्यों के साथ संघर्षरत रहता है। थॉमस हॉब्स ने मनुष्य में दया जैसे एकाध दैवी गुणों का अस्तित्व भी माना गया है, पर इसका कारण भी थॉमस हॉब्स ने मनुष्य की स्वार्थ भावना को माना है। उनके अनुसार मनुष्य जब किसी दुःखी व्यक्ति को देखता है, तो उसके हृदय में यह भय उत्पन्न होता है कि कहीं उसकी भी वैसी ही दशा न हो। इस भय से अपने भीतर क्लेश का अनुभव होता है और यही उसकी दशा का मूल होता है। धर्म का पालन भी हॉब्स अनुसार मनुष्य इसलिए करता है, क्योंकि उसे उसके पालन में अपने स्वार्थ की भावना की सम्भावना दिखाई देती है। थॉमस हॉब्स विचार के अनुसार इस प्रकार मूल रूप से मनुष्य

स्वार्थी व आसुरीवृत्ति वाला है तथा अपने स्वार्थों की सिद्धि के उद्देश्य के हेतु शक्ति संचय करने की उसकी इच्छा इतनी प्रबल होती है कि उसके कारण उसकी शान्तिप्रियता समाप्त हो जाती हैं। शक्ति संचय की उसकी इच्छा ऐसी होती है कि उसकी समाप्ति केवल मनुष्य की मृत्यु के साथ ही होती है। थॉमस हॉब्स मतानुसार, इस प्रकार सभी मनुष्य मुख्यत: स्वार्थी, अहंकारी, ले तथा एक-दूसरे के प्रतिद्वन्द्वी होते हैं तथा दया, सहानुभूति, प्रेम, परोपकार तथा सहयोग आदि सद्गुणों का साधारणत: उनमें अभाव होता है और कभी भी यदि सद्गुणों का उनमें उदय होता भी है, तो वह उनके किसी स्वार्थ की सिद्धि के उद्देश्य से ही होता है।

हॉब्स अनुसार मनुष्य की प्राकृतिक अवस्था

(Man's state of Nature according to Hobbes)

थॉमस हॉब्स राज्य का अध्ययन मानव-स्वभाव के विश्लेषण से करता है। उसने मानव-स्वभाव की व्याख्या की है और अपने सभी सिद्धान्त उस पर आधारित किए हैं। अरस्तू के विपरीत वह मानता है कि "मनुष्य असामाजिक प्राणी है। मानव को वस्तुएँ या तो आकर्षित करती है या विकर्षित। आकर्षण को इच्छा कहा जाता है, विकर्षण को घृणा।" मनुष्य की प्रत्येक इच्छा में उसका स्वार्थ निहित है।" जिन वस्तुओं से वह आकर्षित होता है, उन्हें अच्छी कहता है, जिन्हें वह नापसन्द करता है, उन्हें बुरी कहता है। अच्छाई या बुराई वस्तुओं में नहीं बल्कि मानव-भावना में है।" मनुष्य के समस्त क्रिया-कलाप स्वार्थ-भावना से प्रेरित तथा संचालित हैं। सामान्यत: सामाजिक तथा लौकिक व्यवहार में मनुष्य सदैव यह प्रयत्न करता है कि उसकी सम्पत्ति आदि सुरक्षित रहे, उसका जीवन निर्बन्ध निर्द्वन्द्व रहे और उसकी एषणाएँ-वासनाएँ एवं क्षुधा पूरी होती रहे। युगों से भूखा और अतृप्त मानव अपनी अभिलाषाओं की तुष्टि में ही सतत संलग्न रहता है। अवसर पाते ही सर्वग्राही पिशाच की तरह टूट पड़ता है और स्वयं को जीवित रखने तथा स्वयं की इच्छा-पूर्ति के लिए दूसरे को ध्वस्त करने में नहीं हिचकता। थॉमस हॉब्स के ही शब्दों में "प्रकृति ने सभी मनुष्यों को शारीरिक शक्तियों, मानसिक बुद्धि आदि में समान बनाया है अत: जिस लाभ-विशेष की माँग एक व्यक्ति करता है, उसकी माँग दूसरा भी करता है। शारीरिक शक्ति में एक मनुष्य दूसरे से शक्तिशाली हो सकता है, परन्तु दूसरे लोग गुप्त छल से या गुटबन्दी करके उसे मार सकते हैं।" एक ही वस्तु को प्राप्त करने के दो अभिलाषी व्यक्ति परस्पर शत्रु बन कर एक-दूसरे पर विश्वास नहीं करते। थॉमस हॉब्स का कहना है कि लक्ष्य को प्राप्त करने की योग्यता सभी में लगभग बराबर होती है। शारीरिक बल की कमी की पूर्ति बौद्धिक योग्यता और बौद्धिक योग्यता की कमी की पूर्ति शारीरिक बली द्वारा हो जाती है। सामर्थ्य की कमी की इसी समता के कारण लक्ष्य-प्राप्ति की आशा की समता का उदय होता है और बराबरी में मनुष्यों में जब प्रतिद्वन्द्विता होती है

की एक-दूसरे को विनष्ट किए बिना ही वे अपनी कीर्ति की स्वीकृति करा देना चाहते हैं। फलत: निरन्तर संघर्ष चलता है। दोनों प्रतिद्वन्द्वी आहत होकर मौत के भयानक साये में छटपटाते हैं। इस निरन्तर संघर्ष के तीन प्रमुख कारण है। थॉमस हॉब्स के ही शब्दों में- "हम मानव-स्वभाव में झगड़े के तीन प्रमुख कारण देखते हैं। पहला प्रतिस्पर्द्धा, दूसरा पारस्परिक अविश्वास और तीसरा वैभव। प्रतिस्पर्द्धा के कारण वे लाभ के लिए, विश्वास के अभाव के कारण रक्षा के लिए तथा वैभव-प्राप्ति के कारण प्रसिद्धि के लिए परस्पर संघर्ष करते हैं। उनको वशवर्ती बनाए रखने वाली किसी शक्ति के अभाव में मनुष्य स्वभावत: निरन्तर संघर्ष में उलझे रहते हैं। मनुष्य पूर्णतया अहं-केन्द्रित है और जीवन की यह यथार्थ वास्वविकता सभी संवेगों-आवेगों को जन्म देती है।"

थॉमस हॉब्स मनुष्य की विविध भावनाओं की विवेचना करता हुआ अन्त में उन्हें दो भौतिक एवं प्रारम्भिक भावनाओं-इच्छा तथा अनिच्छा तक सीमित कर देता है। वह वैभव, ईर्ष्या, द्वेष, दया, नम्रता आदि सभी भावनाओं का आधार इन्हीं दो मूल प्रवृत्तियों को मानता है। "इस निश्रेयण की आधारभूत विशेषता यह है कि इसमें समस्त भावनाओं का केन्द्र स्वयं मनुष्य के अहंकार और स्वार्थपरता के ही विभिन्न रूप हैं। थॉमस हॉब्स की धारणा का मनुष्य पूर्णत: स्वार्थी है। समस्त मानव-व्यवहार को अहंभाव पर आधारित करने के प्रयास ने ही थॉमस हॉब्स की प्रणाली को एक निश्चित वैज्ञानिक रूप दिया है। थॉमस हॉब्स का इस निश्रेयण पद्धति की दो मुख्य विशेषताएँ है-प्रथम तो यह है कि निश्रेयण पद्धति निगमनात्मक है और द्वितीय यह है कि थॉमस हॉब्स का सिद्धान्त सुखवाद से एकदम भिन्न है। वह सुख देने वाली वस्तु या बात को शुभ और पीड़ादायक वस्तु या बात को अशुभ नहीं बतलाता और न ही यह कहता है कि हम केवल सुख की कामना करते हैं और दु:ख से त्राण चाहते हैं। उसकी दृष्टि में आधारभूत बात तो यह है कि मनुष्य सुखान्वेषी न होकर अपनी आवश्यकताओं की सन्तुष्टि करने वाली वस्तुओं की इच्छा करते हैं। इस तरह थॉमस हॉब्स "सुख-दु:ख की परिभाषा में न पड़कर उत्प्रेरणा सहोद्गार की परिभाषा में विचार करता है। प्रत्येक विस्फुरण जीव पर अनुकूल प्रभाव डालता है। यदि विस्फुरण अनुकूल है तो जीव की इच्छा होती है कि वह जारी रहे; यदि विस्फुरण प्रतिकूल है तो वह उससे मुक्ति चाहता है।" सेबाइन के शब्दों में-"समस्त व्यवहार के पीछे एक नियम है और वह यह कि जीवित शरीर स्वभावत: ही अपनी प्राण-शक्ति को बनाए रखना अथवा उसे सम्बल पहुँचाना चाहता है। साराँश यह है कि समस्त व्यवहार के पीछे शरीर शस्त्र का एक सिद्धान्त रहता है और वह आत्म-संरक्षण; जिसका अर्थ है व्यक्तिगत जैविक अस्तित्व का बना रहना। शुभ वह है जो इस उद्देश्य की पूर्ति करे और अशुभ वह है जो इसके विपरीत हो अथवा जिसका प्रभाव इसके विरुद्ध हो।" इस आत्म-संरक्षण के लिए ही व्यक्ति शाश्वत संघर्ष में व्यस्त रहता है और उसका

जीवन अधिकाधिक शक्ति प्राप्त करने की एक निरन्तर और निर्विश्राम इच्छा बन जाता है। अत: स्पष्ट है कि मानव-स्वभाव की मुख्य विशेषता शक्ति की प्राप्ति और प्राप्त शक्ति का निरन्तर संवर्द्धन है।

थॉमस हॉब्स के विचारों से हमारे समक्ष मानव-स्वभाव के आसुरी लक्षणों का पहलू स्पष्ट हो जाता है लेकिन थॉमस हॉब्स ने मानव-स्वभाव की मुख्य विशेषता शक्ति की प्राप्ति और प्राप्त शक्ति का निरन्तर संवर्द्धन है।

थॉमस हॉब्स के विचारों से हमारे समक्ष मानव-स्वभाव के आसुरी लक्षणों का पहलू स्पष्ट हो जाता है लेकिन थॉमस हॉब्स ने मानव-स्वभाव के दैवी लक्षणों वालें दूसरे पहलू की कल्पना भी की है। उसने कहा है-"मनुष्य में कुछ ऐसी इच्छाएँ भी होती हैं जो उसे युद्ध के लिए नहीं अपितु शान्ति एवं मैत्री के लिए प्रेरित करती हैं। आराम की इच्छा, ऐन्द्रिक सुख की कामना, मृत्यु का भय, परिश्रम से अर्जित वस्तुओं के भोग की लालसा मनुष्य को एक शक्ति की आज्ञा मानने के लिए बाध्य कर देती है।" इसका कारण यही है कि उसी (सामान्य शक्ति) के नियन्त्रण में रह कर ही मनुष्य की स्वार्थपूर्ण इच्छाओं की पूर्ति हो सकती है।

यद्यपि थॉमस हॉब्स ने मानव-स्वभाव के दैवी लक्षणों का आभास दिया है किन्तु प्रधानता उसने पूर्णत: आसुरी लक्षणों को ही प्रदान की है। मनुष्य सामान्यत: आसुरी लक्षणों के प्रभाव में ही रहता है। यदि उसमें दैवी लक्षणों का अंश है तो वह भी केवल इसीलिए कि उनकी स्वार्थ-सिद्धि में सहायता मिलती है। अत: मनुष्य में आधारभूत मूल प्रवृत्ति स्वार्थ की ही और स्वार्थ-पूर्ति के लिए ही बौद्धिक, मानसिक एवं शारीरिक सभी व्यापार केन्द्रित हैं। सहयोग का कोई स्थान जीवन में नहीं है, यदि है तो वह स्वार्थ-सिद्धि के लिए है। स्वार्थ की पूर्ति के लिए ही मनुष्य में शक्ति-संचय की ऐसी प्रबल इच्छा वर्तमान रही है जो उसकी शान्तिप्रियता की कब्र खोदती रहती है और जिसका अवसान उसकी (मनुष्य की) मृत्यु के साथ ही होता है। संघर्ष आधिपत्य-स्थापना की चेष्टा, भोग-लालसा, धन, ज्ञान, यश कामना, आपेक्षिक शौर्य आदि सभी इस मूल प्रवृत्ति के परिणाम हैं। मानव-स्वभाव में यदि सद्गुणों का कभी उदय होता भी है तो वह किसी स्वार्थ की पूर्ति की लालसा से ही होता है, अन्यथा नहीं। मुख्यत: मनुष्य स्वार्थी है और उनकी समस्त भावनाओं का केन्द्र उसका अहम् है। थॉमस हॉब्स के मानव-स्वभाव सम्बन्धी विचारों पर टिप्पणी करते हुए जोन्स ने लिखा है कि "थॉमस हॉब्स जो बातें कहता है उनमें नहीं पर जो बातें अस्वीकार करता है उनमें गलत है। मानव-दोषों की अतिरंजना करके और उन पर अतिशय बल देकर उसने मानव-स्वभाव का मानव-द्वेषी चित्र अंकित किया है।"

हॉब्स ने मनुष्य की प्रकृति की जो कल्पना की है, उसके प्रसंग में एक स्वाभाविक

प्रश्न उठता है कि मनुष्य का जीवन क्या हो सकता है, जिसमें वह अपनी उस प्रकृति के अनुसार रहे, जिसकी कल्पना थॉमस हॉब्सने की है। मनुष्य के जीवन की उस दशा को, जिसमें किसी सर्वमान्य शक्ति के अस्तित्व के कारण मनुष्य की प्राकृतिक प्रवृत्तियों को अनियन्त्रित रूप से खुलकर खेलने का अवसर मिले, हॉब्स ने प्राकृतिक अवस्था (The State of Nature) कहा है, जिसकी प्रमुख विशेषताएँ उनके अनुसार निम्न प्रकार से हैं :

1. सबके द्वारा मनमानी करने की स्थिति–इस अवस्था में हॉब्स अनुसार परिस्थितियाँ ऐसी होती हैं कि एक मनुष्य को एक दूसरे मनुष्य का अस्तित्व असह्य होता है, क्योंकि उसके कारण उसे अपनी इच्छाओं को पूरी तरह सन्तुष्ट करने का अवसर प्राप्त नहीं होता। हॉब्स अनुसार इस अवस्था में स्थिति ऐसी होती है कि प्रत्येक मनुष्य वही चाहता है, जो दूसरा मनुष्य चाहता है और इस कारण सब मनुष्य एक दूसरे से आगे बढ़कर अपनी-अपनी इच्छाओं व आवश्यकताओं को पूरा करना चाहते हैं। इस स्थिति की यह विशेषता होती है कि उसका सम्बन्ध किसी एक समय विशेष से नहीं होता, वरन् उसका रूप एक स्थायी स्थिति का होता है, क्योंकि मनुष्य की इच्छाओं की असीमितता के कारण उनकी पूर्ति के प्रयत्नों की प्रक्रिया भी अनवरत होती है। हॉब्स का मत है कि मनुष्य एक दूसरे को नीचा दिखाने का प्रयत्न करते हैं, क्योंकि, "**मनुष्य अपनी तुलना दूसरे मनुष्यों से करने में बड़ा आनन्द लेता है और वह अपनी प्रसिद्ध के अतिरिक्त और कुछ भी पसन्द नहीं करता।**" अनवरत प्रतियोगिता, घृणा व युद्ध की स्थिति में अग्रणी होने की यह इच्छा हॉब्स अनुसार, मनुष्य में, "**सम्मान धन व अधिकार की एक स्थायी आकांक्षा उत्पन्न कर देती है।**" तथा उसका परिणाम यह होता है कि "**मानव सम्मान के लिए मनुष्यों में लगातार एक प्रतियोगिता चलती रहती है तथा उस आधार पर मनुष्यों में प्रतिस्पर्धा होती है, घृणा होती है और अन्त में लड़ाई होती है।**" मोटे रूप में मनुष्यों की शक्ति प्रायः समान होती है, क्योंकि कोई यदि बौद्धिक रूप से अधिक शक्तिशाली होता है, तो कोई शारीरिक रूप से अधिक शक्तिशाली होता है। इस सबका अनिवार्य परिणाम यह होता है मनुष्य एक स्थायी भय, प्रतियोगिता एवं युद्ध की स्थिति में रहता है। थॉमस हॉब्सने इस सम्बन्ध में कहा है कि "**मानव सम्मान के लिए मनुष्यों में लगातार एक प्रतियोगिता चलती रहती है तथा उस आधार पर मनुष्यों में प्रतिस्पर्धा होती है, घृणा होती है और अन्त में लड़ाई होती है।**" मोटे रूप में मनुष्यों की प्रायः समान होती हैं, क्योंकि यदि बौद्धिक रूप से अधिक शक्तिशाली होता है, तो कोई शारीरिक रूप से अधिक शक्तिशाली होता है। इस सबका अनिवार्य परिणाम यह होता है कि मनुष्य एक स्थायी भय, प्रतियोगिता एवं युद्ध व स्थिति में रहता है। हॉब्स ने इस सम्बन्ध में कहा है कि "**उस समय में जब मनुष्य एक सर्वमान्य शक्ति के बिना रहते हैं, जो उन्हें भयभीत बनाये रख सके, वे उस अवस्था में होते हैं जिसे युद्ध कहा जाता**

है तथा वह ऐसा युद्ध होता है, जिसमें प्रत्येक मनुष्य प्रत्येक दूसरे मनुष्य के विरुद्ध युद्ध करता है। युद्ध के समय में जब प्रत्येक मनुष्य प्रत्येक दूसरे मनुष्य का शत्रु होता है, जो परिणाम होता है, वही परिणाम उस समय होता उसी समय होता है वही परिणाम यह समय होता है। जब मनुष्य अपनी स्वयं की शक्ति एवं स्वयं की खोज के सहारे के अतिरिक्त अन्य किसी सुरक्षा के बिना रहता है। ऐसी दशा में उद्योग का कोई स्थान नहीं होता, क्योंकि उसके फल का कोई निश्चय नहीं होता। पृथ्वी पर कोई उत्पादन कार्य नहीं होता हे, कोई नौ-चालन नहीं होता और न उन वस्तुओं का प्रयोग होता है; यातायात के कोई यन्त्र नहीं होते और अधिक शक्ति शक्ति से उठायी जाने वाली वस्तुओं का यातायात नहीं होता भूमण्डल का कोई ज्ञान नहीं होता समय का कोई ज्ञान नहीं होता कोई कला नहीं होती, कोई साहित्य नहीं होता, कोई समाज नहीं होता, तथा जो सबसे बुरी बात होती है, वह स्थायी भय तथा भयानक मृत्यु होती है, तथा मनुष्य का जीवन एककी, दीन, घृणित, पाशविक एवं क्षणिक होता है।''[1]

2. असामाजिकता व अराजकता की स्थिति-हॉब्स ने इस प्रकार जिस प्राकृतिक अवस्था की कल्पना की है, वह वस्तुत: एक असामाजिकता एवं अराजकता की अवस्था है, जिसमें मनुष्य जो चाहे सो कर सकने के लिए, जो चाहे उसे झपट सकने के लिए तथा अपने स्वार्थ की सिद्धि के लिए, जिसे चाहे उसे मार डालने तक के लिए स्वतन्त्र रहते हैं। इस अवस्था में उचित-अनुचित, न्याय-अन्याय, अच्छे-बुरे अथवा सत्य-असत्य का कोई प्रश्न नहीं उठता तथा इन सबका मापदण्ड व्यक्तिगत स्वार्थ की सिद्धि होता है। इस अवस्था में लोगों के अधिकारों और कर्तव्यों के विषय में जो कुछ कहा जाय वही अच्छा है। हॉब्स अनुसार इस अवस्था में प्रत्येक व्यक्ति अपने में स्वतन्त्र होता है और अपनी स्वतन्त्रता का उपयोग अपने हितों की साधनों के लिए करता है। मनुष्य अपना जीवन पशुओं के समान अपने में ही केन्द्रित होकर व्यतीत करते हैं तथा वे भूखे भेड़िये की तरह अपने साथी मनुष्यों को फाड़ खाने के लिए तैयार करते हैं। जैसा वेपर ने कहा है, थॉमस हॉब्सने अनुसार, **''यही वह प्राकृतिक अवस्था है, (जिस अराजक दशा में) मनुष्य रहता है। इसमें उचित-अनुचित, न्याय अन्याय का कोई स्थान नहीं होता। शक्ति और धोखाधड़ी (अवस्था) के मुख्य गुण होते हैं तथा एकमात्र नियम, जिसे लोग स्वीकार करते हैं, वही अच्छा नियम, सीधी-सादी योजना का है कि जिसमें शक्ति हो, वह प्राप्त करे तथा जो रख सके, वह रखे।''[2]**

प्राकृतिक अवस्था अनैतिहासिक किन्तु तर्कसंगत-हॉब्स द्वारा प्रतिपादित प्राकृतिक अवस्था के विषय में एक प्रश्न अवश्य उठता है तथा वह प्रश्न है कि उसकी प्राकृतिक अवस्था सम्बनधी कल्पना की ऐतिहासिकता क्या है? अर्थात् उसकी इस कल्पना को क्या इतिहास में ऐसी अवस्था का अस्तित्व कभी भी नहीं मिलता, वरन् इसके विपरीत जैसा

जोन्स ने कहा है "**मानव इतिहास में जिने भी अतीत में हम जा सकते हैं, हम सामाजिक व सामुदायिक जीवन का ही सबूत पाते हैं।**"[1] गार्नर ने भी इसी तथ्य की पुष्टि की है "**वे परिस्थितियाँ, जिनमें आदिम मनुष्यों ने सर्वप्रथम राजनीतिक चेतना का प्रकाश देखा और वे किसी प्रकार के राजनीतिक संगठन के रूप में एकत्रित हुए, ऐसे तथ्य हैं, जो यदि पूर्णतः नहीं तो अधिकतःअस्पष्टता के कोहरे में ढके हुए हैं।**"[2] इस प्रकार इतिहास से यह बात स्पष्ट ज्ञान नहीं होती कि मानव जीवन कब सामाजिक से राजनीतिक हुआ। ऐसी दशा में प्रतीत यह होता है कि हॉब्स ने कल्पना के सहारे उस स्थिति का चित्रण करने का प्रयत्न किया है, जिसमें मनुष्य उस समय रहा होगा या रहता है, जब कोई सर्वमान्य सर्वोच्च सत्ता उसके जीवन का नियमन करने के लिए नहीं होती। उसका वह चित्रण इस दृष्टि से ठीक भी है, क्योंकि किसी भी समाज व राष्ट्र में जब कोई सर्वमान्य सर्वोच्च सत्ता नहीं होती अथवा जब वह सत्ता अशक्त होती है, तो मनुष्य का जीवन जिसकी लाठी उसकी भैंस के आधार पर ही चलता है और वह जीवन वस्तुतः मनष्य का जीवन न होकर '**पाशविक**' जीवन ही होता है।

प्राकृतिक अवस्था की अनैतिहासिकता के प्रति हॉब्स वस्तुतः स्वयं भी सचेत थे। पर वह मानने पर दृढ़ थे कि नियमन के अभाव में जब मनुष्य को मनमानी करने का अवसर मिलता है, तो उसकी स्वार्थ वृत्ति तथा स्वयं की अपनी सम्पत्ति की रक्षा की चिन्ता उसे अन्य मनुष्यों के साथ संघर्षरत रहने के लिए विवाद कर देते हैं। हॉब्स ने इस प्रसंग में यह माना है कि मनुष्य विवेकशील होता है। पर उसका यह मत है कि विवेक भी वासना का दास व उसका खिलौना मात्र है तथा प्राकृतिक अवस्था में अनियन्त्रित मनुष्य के क्रियाकलाप का प्रेरक तत्त्व मनुष्य का विवेक न होकर उसका वासना का भाव होता है। इस कारण हॉब्स का निष्कर्ष यह है कि विवेक को जगाकर स्वार्थान्ध मनुष्य को पारस्परिक सहयोग के लिए प्रेरित नहीं किया जा सकता, वरन् इसके लिए आवश्यकता कसी ऐसी व्यवस्था की होती, जिसका उद्देश्य मनुष्य के स्वार्थों की साधनों तथा जिसक आधार ऐसी सर्वमान्य सत्ता की शक्ति हो, जो बलपूर्वक मनुष्य की वासनाओं पर नियन्त्रण रख सके तथा उनका नियमन कर सके। थॉमस हॉब्सने संविदा द्वारा जिस राजनीतिक सत्ता की स्थापना का प्रतिपादन किया है, उसका रूप एक ऐसी ही सत्ता का है।

हॉब्स अनुसार प्राकृतिक अवस्था की विधि

(The Law of Nature according to Hobbes)

मनुष्य की प्राकृतिक अवस्था के साथ-ही-साथ हॉब्स ने उस विधि का भी प्रतिपादन किया है, जिसके अनुसार मनुष्य का जीवन प्राकृतिक अवस्था (The State of Nature) में चलता है तथा जिसे उसने प्राकृतिक विधि (The Law of Nature)का नाम दिया है। इस प्रसंग में हॉब्स ने प्रकृति के अधिकार (The Rights of Nature) अर्थात

प्राकृतिक अधिकारों (Natural Rights) की चर्चा की है तथा यह प्रतिपादित किया है कि मनुष्य के प्राकृतिक अधिकारों की रक्षा प्राकृतिक अवस्था की विधि के कुछ उन नियमों पर चलने से हो सकती है, जिन्हें उन्होंने प्राकृतिक विधियाँ (Natural Laws) कहकर पुकारा है।

राज्य-संस्था के अस्तित्व में थॉमस हॉब्स ने एक अराजकता अथवा प्राकृतिक अवस्था की कल्पना भी की है। उसने मानव प्रकृति को पूर्व सामाजिक दशा कहा है जिसमें मानव-जीवन नारकीय, असह्य तथा दुर्वह भार स्वरूप था। प्राकृतिक दशा का जीवन हिंसा प्रधान था। आसुरी गुणों की प्रधानता के कारण मानव-जीवन भयंकर और अव्यवस्थित था। थॉमस हॉब्स के शब्दों में, "ऐसे समय में जब मनुष्य एक ऐसी शक्ति के बिना रहते हैं जो उन्हें भयभीत बनाए रख सके, वे उस अवस्था में रहते हैं जिस युद्ध कहा जाता है और वह ऐसा युद्ध होता है जो प्रत्येक की ओर से प्रत्येक के विरुद्ध होता है। ऐसी दशा में उद्योग, संस्कृति, नौ-चालन, भवन-निमार्ण, यातायात के साधनों, ज्ञान, समाज आदि के लिए कोई स्थान नहीं होता... तथा मनुष्य का जीवन एकाकी, दीन, अपवित्र, पाशविक एक क्षणिक होता है।" इस प्रकार राज्य की अनुपस्थिति में जो अराजकता की अवस्था थी उसमें 'जिसकी लाठी उसकी भैंस' अथवा 'चाहे जो छीनो या चाहे जिसे मार डालो' का सिद्धान्त प्रभावशील था। कोई किसी का अभिभावक, मित्र और रक्षक नहीं था। सब एक-दूसरे के भक्षक थे। एक जीव दूसरे को साफ कर जाना चाहता था। सभी एक-दूसरे के विरोध में युद्धरत थे। जीवन अवसादपूर्ण, गतिरोधमय एंव निस्सार था। हर क्षण कच्चे धागे से लटकती तलवार सिर पर नाचती रहती थी, उचित अनुचित और न्याय-अन्याय का भेद नहीं था। शक्ति और धोखा मनुष्य के प्रधान गुण थे। यह दशा भारतीय ग्रन्थों में वर्णित मत्स्य-न्याय जैसी था जिसमें छोटी मछलियाँ बड़ी मछलियों के पेट में समा जाती हैं और फिर बड़ी मछलियों का पेट फोड़कर नष्ट हो जाती हैं। मनुष्य भेड़ियों की तरह खूँखार तथा हिंसक था। सामान्य विधि अथवा राजकीय नियम-कानून के अभाव में बल प्रयोग, धोखा, प्रतिज्ञा-भंग, सब उचित माने जाते थे। थॉमस हॉब्स के विवरण का अभिप्राय मह है कि राज्य-विहीन स्थिति में युद्ध एवं हिंसात्मक मृत्यु का भय सदैव व्याप्त रहता था। मनुष्य के पास अपनी सुरक्षा के साधन के रूप में केवल अपनी शक्ति और चतुरता होती थी अतः उसे दूसरे के आक्रमण का भय हमेशा सताता रहता था।

थॉमस हॉब्स के वर्णन से प्राकृतिक दशा की तीन मुख्य विशेषताएँ स्पष्ट होती है। प्रथम विशेषता यह है कि इनमें नैतिकता का सर्वधा अभाव है, सत्-असत् का कोई विवेक नहीं है। सभी व्यक्ति अपनी मानसिक भावनाओं से प्रेरित होकर कार्य करते हैं। उनके लिए हिंसा और हत्या उचित साधन है। द्वितीय विशेषता यह है कि इस अवस्था में

न्याय और अन्याय के विचार के लिए कोई स्थान नहीं है क्योंकि न्याय-अन्याय या वैधता-अवैधता का निश्चय करने वाला कोई कानून नहीं होता। तृतीय विशेषता यह है कि इस दशा में वैयक्तिक सम्पत्ति का अभाव है। निरन्तर हत्या और संघर्ष के परिपूर्ण वातावरण में स्थायी वैयक्तिक सम्पत्ति की कल्पना भी नहीं की जा सकती। प्राकृतिक अवस्था में शक्ति का साम्राज्य है। जब तक किसी के पास शक्ति है, उसका अपनी वस्तुओं पर अधिकार है, शक्ति न रहने पर दूसरों का अधिकार हो जाता है क्योंकि वे उससे छिन जाती है।

प्राकृतिक अवस्था के इस चित्रण पर स्वत: ही प्रश्न उठता है कि थॉमस हॉब्स की इस कल्पना की ऐतिहासिक क्या है? आलोचक प्राकृतिक अवस्था के ऐतिहासिक प्रमाण नहीं पाते और समाजशास्त्रियों के अनुसार आदिकालीन मानव-जीवन में भी किसी प्रकार का सामाजिक जीवन और नैतिक विधान मौजूद था। पर ये आलोचनाएँ शिथिल पड़ जाती है; जब हम यह मानना आवश्यक नहीं समझते कि थॉमस हॉब्स के मतानुसार सचमुच ही ऐसी कोई प्राकृतिक अवस्थाएँ थी। थॉमस हॉब्स स्वयं भी ऐसी प्राकृतिक अवस्था की सत्ता को किसी ऐतिहासिक प्रमाण से पुष्ट नहीं करता। वास्तव में प्राकृतिक अवस्था के इस चित्रण से उनका आशय यह कि राज्य-शक्ति के अभाव में लोगों का जीवन इसी प्रकार का होना सम्भव है। "उसकी प्राकृतिक अवस्था राज्य का एक कल्पनात्मक विकल्प है; यह वह स्थिति है जिसमें मनुष्य पहुँच जायँगे, यदि उनके कार्यों को विनियमित तथा नियन्त्रित करने वाली कोई शक्ति न हो।" थॉमस हॉब्स के कथनानुसार, जब कभी राज्य शक्ति निर्बल रही है तभी समाज में इसी प्रकार की प्राकृतिक दशा उत्पन्न होती रही है। नियन्त्रण शक्ति अथवा शक्तिशाली राज्य के अभाव में मानव-जीवन असुरक्षित, भयाक्राँत और दु:खी हो जाता है। थॉमस हॉब्स ने दैनिक जीवन के ऐसे तथ्य प्रस्तुत किए हैं जिनके आधार पर प्राकृतिक सत्ता का अनुमान किया जा सकता है। मनुष्य यात्रा करते समय सम्भावित आक्रमण से रक्षा के लिए शस्त्रों से सुसज्जित होकर निकलता है। घर में सोते समय व्यक्ति दरवाजा बन्द कर लेता है और घर में मौजूद रहने पर भी सन्दूक में ताला लगाता है। मनुष्य ये सारे कार्य उस अवस्था में करता है जब राज्य और समाज के कानून मौजूद हैं तथा राज्य-कर्मचारी उसके रक्षक हैं। राज्य के संरक्षण में रहते हुए भी हम सन्देह, अविश्वास, भय एवं शंका से ग्रस्त हैं तो राज्य के अभाव में थॉमस हॉब्स की प्राकृतिक अवस्था का सा जीवन हो जाने की धारणा निर्मूल नहीं है। थॉमस हॉब्स की प्राकृतिक अवस्था के जीवन की सम्भावना की पुष्टि गृह-युद्ध के समय सभ्य राज्यों के निवासियों द्वारा अपने देशवासियों के प्रति किए जाने वाले निर्मम अत्याचारों से भी होती है। आज वियतनाम इसका ज्वलन्त प्रमाण है। प्रमाण के लिए वर्तमान राज्यों का पारस्परिक व्यवहार भी सामने है। अन्तर्राष्ट्रीय सर्वोच्च सत्ता के अभाव में विभिन्न राज्य

परस्पर जंगली और खूनी दरिन्दों की तरह लड़ते हैं। प्रथम और द्वितीय महायुद्ध की कहानी विश्व को अच्छी तरह याद है और ऐसी तृतीय खून कहानी की कल्पनामात्र से हम सिहर उठते हैं : अत: जब सभ्य राज्यों में यह दशा है तो राज्यविहिन अवस्था में थॉमस हॉब्स द्वारा वर्णित मानव-जीवन की स्थिति का होना सर्वथा स्वाभाविक है। हाँ, इसमें कोई सन्देह नहीं कि मानव-स्वभाव और प्राकृतिक दशा का उसका वर्णन बड़ा अतिरंजित है।

प्राकृतिक अधिकार और प्राकृतिक नियम

अपने ग्रन्थ लेवियाथान के 14वें अध्याय में थॉमस हॉब्स ने इनका प्रतिपादन किया है। उसके अनुसार प्राकृतिक अधिकार आदिकालीन अवस्था में मानव-जीवन की रक्षा के लिए अत्यन्त उपयोगी व्यवहार-स्वातन्त्र्य था जो कि प्रत्येक व्यक्ति में स्वभावत: निहित था। व्यक्ति को अपने जीवन-धारण के लिए किसी को लूटने या मार डालने की स्वतन्त्रता थी। टी.एच. हग्सली ने ऐसे अधिकार को 'शेर का अधिकार' कहा है। जिस तरह शेर को अपना शिकार मारने की स्वतन्त्रता होती है उसकी तरह प्राकृतिक अवस्था में मनुष्य को भी अपनी इच्छा-पूर्ति के लिए हिंसा और हत्या की खुली छूट थी। संवेग-प्रेरित मनुष्य अपने जीवन में इन अधिकारों की प्रबल अभिव्यक्ति करता था।

लेकिन प्राकृतिक अधिकारों के साथ ही कुछ प्राकृतिक नियम भी थे जिनका पालन करने से प्राकृतिक अधिकार-प्राप्ति के उद्देश्य की पूर्ति होती थी। थॉमस हॉब्स का मत है कि मनुष्यों के प्राकृतिक अधिकार समान होने से सबको एक-दूसरे की हत्या और लूटमान का अधिकार मिल जाता है जिससे जीवन सर्वथा असुरक्षित हो जाता है। लेकिन सभी व्यक्ति जीवन को सुरक्षित बनाए रखना चाहते हैं, अत: वे प्राकृतिक दशा में भी अपनी सुरक्षा के लिए बुद्धि द्वारा कुछ नियम बना लेते हैं। इन नियमों का पालन करके मनुष्य अराजकता (प्राकृतिक अवस्था) में भी सुखपूर्वक रह सकते हैं। थॉमस हॉब्स ने इन प्राकृतिक नियमों को 'शान्ति की धाराओं' का नाम दिया है। दूसरे शब्दों में थॉमस हॉब्स के अनुसार, प्राकृतिक कानून बुद्धि द्वारा खोजा हुआ वह सामान्य नियम है जो मनुष्य को जीवन के लिए हानिप्रद कार्य करने से रोकता है और लाभप्रद कार्य करने को प्रेरित करता है। ये प्राकृतिक नियम वे नियन्त्रण हैं जो मनुष्य अनुभव द्वारा सीखता है, और जिन्हें वह अपने जीवन के लिए लाभदायक पाता है। थॉमस हॉब्स ने 'प्राकृतिक नियम' की परिभाषा देते हुए कहा कि 'यह वह नियम है जो विवेक द्वारा खोजा गया है, जिसके द्वारा मनुष्य के लिए वे कार्य निषिद्ध हैं जो उसके जीवन के लिए विनाशप्रद हैं या जिनसे जीवन की रक्षा के साधनों का हरण होता है और जिनके द्वारा उसके लिए उन कार्यों का न करना निषिद्ध है जिनसे जीवन की रक्षा होती है।" लेकिन इन प्राकृतिक नियमों को कानून नहीं कहा जा सकता है क्योंकि कानून तो सम्प्रभु की आज्ञा है। प्राकृतिक नियम मनुष्य को

कानून नहीं कहा जा सकता है क्योंकि कानून तो सम्प्रभु की आज्ञा है। प्राकृतिक नियम मनुष्य को बाध्य करता है कि वह प्राकृतिक अवस्था में आत्मरक्षा के लिए इच्छानुसार कुछ भी करने की मिली हुई अपनी स्वाभाविक स्वतन्त्रता का कुछ अंश त्याग दे ताकि वह शेष स्वतन्त्रता का अधिक निश्चित रूप से उपयोग कर सके। इस प्रकार प्राकृतिक नियम पूर्ण स्वेच्छाचारिता तथा अनुत्तरदायित्व के मध्य एक कड़ी थी। इसी आधार पर थॉमस हॉब्स ने प्राकृतिक अधिकार और प्राकृतिक नियम का अन्तर स्पष्ट किया है। प्राकृतिक अधिकार प्राकृतिक अवस्था को निरन्तर संघष की स्थिति बना देते हैं जबकि प्राकृतिक नियम पर आचरण करके मनुष्य प्राकृतिक अवस्था की अराजकता से बच सकते हैं और आत्म-परीक्षण के उद्देश्य को सुगमता से प्राप्त कर सकते हैं। थॉमस हॉब्स ने इस प्रकार के 19 प्राकृतिक नियम गिनाए हैं जिनमें से कुछ ये है-

1. "प्रत्येक मनुष्य को शान्ति के लिए वहाँ तक प्रयत्न करना चाहिए जहाँ तक सफलता की आशा हो, और यदि वह उसे प्राप्त नहीं कर सकता तो उसे अधिकार है कि वह सभी उपायों यहाँ तक कि युद्ध का भी प्रयोग करे।"

2. "मनुष्य को शान्ति तथा आत्मरक्षा के लिए अपने प्राकृतिक अधिकारों को उस सीमा तक त्यागने के लिए प्रस्तुत रहना चाहिए जहाँ तक दूसरे लोग भी इसके लिए प्रस्तुत हैं, और दूसरों के विरुद्ध उसे ही स्वतन्त्रता से सन्तुष्ट रहना चाहिए, जितनी वह दूसरों को अपने विरुद्ध देने के लिए तैयार हो।"

3. "व्यक्तियों को अपने समझौतों का पालन करना चाहिए।"

उपरोक्त तीनों नियमों का सार थॉमस हॉब्स के ही शब्दों में यह है कि "दूसरों के साथ तुम वैसा ही करो जैसा अपने लिए उनसे चाहते हो।"

4. "जिस मनुष्य को दूसरे की कृपा से कोई लाभ प्राप्त होता है, उसे चाहिए कि वह उस मनुष्य को, जिससे लाभ हुआ है, ऐसा न्यायोचित अवसर न दे कि उसे अपनी सद्भावना के लिए पछताना पड़े।" इसका अर्थ यह हुआ कि मनुष्य को कृतघ्न नहीं होना चाहिए।

5. "व्यक्ति प्रत्येक को अन्य लोगों के साथ निभा कर चलना चाहिए।"

6. "भविष्य का ध्यान रखते हुए प्रत्येक को उन दूसरे मनुष्यों की पिछली त्रुटियों को क्षमा कर देना चाहिए जो पश्चाताप करके क्षमा चाहते हैं।"

7. "प्रतिशोध लेने में मनुष्य को विगत बुराई की महत्ता को नहीं वरन् भविष्य में उससे होने वाली अच्छाई की महत्ता देखनी चाहिए।"

8. "किसी व्यक्ति को कर्म, शब्द, मुद्रा या संकेत द्वारा दूसरे के प्रति घृणा प्रकट नहीं करनी चाहिए।

9. "प्राकृतिक रूप से प्रत्येक व्यक्ति को दूसरे को अपने समान समझना

चाहिए।"

10. "किसी भी व्यक्ति को शान्ति की शर्तों को मानते समय स्वयं के लिए ऐसे अधिकार सुरक्षित नहीं रखने चाहिए जिन्हें वह दूसरे के लिए सुरक्षित नहीं रहने देना चाहता।"

थॉमस हॉब्स द्वारा गिनाए गए उपर्युक्त प्राकृतिक नियमों में से प्रथम तीन ही अत्यन्त महत्त्वपूर्ण हैं। प्रथम नियम मनुष्य को प्राकृतिक अवस्था की विपत्तियों से बच निकलने को प्रेरित करता है। 'शान्ति की प्राप्ति पर उसकी रक्षा के लिए युद्ध' इस नियम का सार है। द्वितीय नियम के अनुसार यदि कोई व्यक्ति चाहता है कि दूसरे व्यक्ति उसकी शान्ति और सुरक्षा की इच्छा का आदर करें तो उसका कर्त्तव्य है कि वह दूसरों की भी इस प्रकार की इच्छा का आदर करे। इससे यह स्पष्ट है कि सभी को शक्ति-प्रयोग के अपने प्राकृतिक अधिकार पर समान सीमाएँ लगाने को तैयार रहना चाहिए अथवा प्राकृतिक अधिकार का परित्याग सामान्य एवं सबकी ओर से होना चाहिए। तृतीय नियम, सामाजिक जीवन की सर्वाधिक महत्त्वपूर्ण शर्त 'विश्वास' का प्रतिपादन करता है। परस्पर की गई संविदाओं का पालन करने से ही विश्वास की भावना पनप सकती है। इसके अभाव में समाज टिक नहीं सकता लेकिन यह तभी सम्भव है जब अन्य व्यक्ति भी आपके साथ समानता का व्यवहार करने के लिए तैयार है।

प्राकृतिक नियम ही वे सिद्धान्त हैं जिनके आधार पर थॉमस हॉब्स अपने समाज का निर्माण करता है। सेबाइन के अनुसार, "वे एक साथ ही पूर्ण दूरदर्शिता के सिद्धान्त भी हैं और सामाजिक नैतिकता के सिद्धान्त भी एवं इसलिए वे व्यक्तिगत कार्य के मनोवैज्ञानिक उद्देश्यों से एक कदम आगे बढ़कर सभ्यता की विधि तथा नैतिकता के मूल्यों तक जाना सम्भव बनाते हैं।" पुनश्च:, थॉमस हॉब्स के विचार से प्राकृतिक विधि का अभिप्राय वे नियम हैं जिनके अनुसार कोई भी बुद्धिमान प्राणी यदि उसे अपने आसपास की परिस्थितियों का पूरा ज्ञान हो तथा वह क्षणिक भावनाओं या उद्वेगों से प्रभावित न हो, तो कार्य करेगा। थॉमस हॉब्स का विचार है कि अधिकतर मनुष्य इस तरह के काम नहीं करते। फलत: प्राकृतिक विधि कुछ ऐसी काल्पनिक परिस्थितियों का निरूपण कर देती है जिनके आधार पर मनुष्य स्थाई शासन के निर्माण का प्रयास करते हैं। ये परिस्थितियाँ किन्हीं मूल्यों का निरूपण नहीं करतीं बल्कि इस बात की कोशिश करती हैं कि कानूनी तथा नैतिक व्यवस्था के अन्तर्गत किन-किन चीजों को मूल्य का रूप दिया जा सकता है?

थॉमस हॉब्स ने प्राकृतिक नियमों के रूप में 'शान्ति की ऐसी धाराएँ' प्रस्तुत की हैं जिनका अनुसरण करके प्राकृतिक दशा में भी मनुष्य सुखी और शान्त जीवन व्यतीत कर सकते हैं, पर इन नियमों का आधार भी केवल स्वार्थ है। फिर यह भी ध्यान देने योग्य बात है कि प्राकृतिक नियमों को 'कानून' केवल आलंकारिक भाषा में ही कहा जा सकता

है। कानून में सदैव विवशकारी शक्ति होती है, वह सम्प्रभु का आदेश होता है। इसके विपरीत प्राकृतिक नियम केवल विवेकपूर्ण परामर्शमात्र हैं जो आत्मरक्षा में सहायक हो सकते हैं और जिनका मानना या न मानना व्यक्ति की स्वेच्छा पर निर्भर है। थॉमस हॉब्स ने इन नियमों के लिए 'कानून' शब्द का प्रयोग निश्चय ही 'कानून' के वर्तमान अर्थ में नहीं किया है। उसके लिए 'प्रकृति का कानून' केवल वह साधन है जिससे मानव-बुद्धि आत्म-परीक्षण तथा सन्तोष के लक्ष्य को प्राप्त करने के लिए उपयोगी समझती हो।' थॉमस हॉब्स के अनुसार प्राकृतिक नियम प्राकृतिक अवस्था में और राज्य-व्यवस्थानान्तर दशा में, अन्तरात्मा की दृष्टि से अवश्य बाध्यकारी हैं किन्तु इनका पालन करने के लिए कोई कानूनी कार्यवाही नहीं की जा सकती। सम्प्रभु के ऊपर कोई कानूनी प्रतिबन्ध नहीं है किन्तु प्राकृतिक नियम आन्तरिक दृष्टि से उसे भी बाधित करते हैं। थॉमस हॉब्स ने इन प्राकृतिक नियमों को शाश्वत और अपरिवर्तनशील माना है क्योंकि अन्याय, अकृतज्ञता, दम्भ, मद-पापाचरण आदि कभी भी विधि-विहित स्वीकार नहीं किए जा सकते। यह कभी सम्भव नहीं हो सकता कि युद्ध से जीवन धारण हो और शान्ति से जीवन का अपहरण। इन प्राकृतिक नियमों का शास्त्र ही सच्चा और एकमात्र आचारशास्त्र माना जा सकता है।

प्राकृतिक अधिकार (Natural Rights or the Rights of Nature)- प्राकृतिक अधिकार के रूप में हॉब्स ने मनुष्य की प्रकृति से जोड़ा है, जिसका तात्पर्य यह है कि जिससे मनुष्य की प्रकृति (अर्थात जीवन) की रक्षा हो, वह मनुष्य का प्राकृकि अधिकार है। थॉमस हॉब्सने इस सम्बन्ध में कहा है कि, ''**प्रकृतिक का अधिकार (जिसे लेखक सामान्यत: जैसे नैचुरंल कहते हैं) प्रत्येक व्यक्ति को प्राप्त वह स्वतन्त्रता है जिसके कारण सब मनुष्य अपनी प्रकृति अर्थात अपने जीवन की रक्षा के लिए अपनी इच्छानुसार अपी शक्ति का प्रयोग कर सकता है। इसके परिणामस्वरूप व्यक्ति वह प्रत्येक कार्य कर सकता है जो उसके निर्णय व विवेक के अनुसार उसके जीवन की रक्षा का सबसे अधिक उचित साधन प्रतीत हो।**''[1] हॉब्स अनुसार प्राकृतिक अधिकार का अर्थ उन सब कार्यों के करने की स्वतन्त्रता है, जो मनुष्य अपनी रक्षा के लिए करना आवश्यक समझें। इस प्रकार के अधिकारों की मान्यता का अर्थ व्यवहार में मनमाना करना भी हो सकता है, क्योंकि जीवन की रक्षा के लिए क्या करना उचित है, इस निर्णय व्यक्ति पर छोड़ दिया गया है तथा उस के द्वारा अपने अधिकारों के प्रयोग पर किसी प्रकार का कोई बन्धन नहीं रखा गया है। इस प्रकार अधिकारों के प्राकृतिक रूप के अन्तर्गत मानव जीवन की जो स्थिति बनती है, उसमें किसी का भी जीवन सुरक्षित नहीं हो सकता। ऐसी स्थिति में थॉमस हॉब्सने कहा है, ''**प्रत्येक वस्तु यहाँ तक कि एक दूसरे के शरीर पर भी प्रत्येक मनुष्य का अधिकार होता है तथा जब तक प्रत्येक वस्तु पर प्रत्येक मनुष्य**

का यह प्राकृतिक अधिकार चलता है, तब तक किसी मनुष्य के (चाहे वह कितना ही शक्तिशाली या कितना ही बुद्धिमान क्यों न हो) उतने समय तक जीवित रहने की कोई सुरक्षा नहीं है, जितना समय प्रकृति उसे जीने के लिए देती है।''[1]

प्राकृतिक विधि (Natural Law or The Law of Nature)-ऐसी स्थिति में भी मानव जीवन सम्भव होता है। इसके लिए हॉब्स का प्रतिपादन यह है कि मनुष्य स्वत: ही कुछ ऐसे नियमों का पालन करने लगता है, जिन्हें वह अपने विवेक के अनुसार मनुष्यों में पारस्परिक शान्ति बनाये रखने के लिए आवश्यक समझता है। ऐसे नियमों को हॉब्स ने प्राकृतिक व्यवस्था के नियम अथवा प्राकृतिक विधि (Natural Law or The Law of Nature) कहकर पुकारा है। ''**प्राकृतिक विधि**'' की परिभाषा हॉब्स ने ''**विवेक द्वारा खोजे गये उस सिद्धान्त अथवा सामान्य नियम के रूप में की है, जिसके द्वारा मनुष्य के लिए वे कार्य निषिद्ध होते हैं, जो उसके जीवन के लिए विनाशकारी हों या जिनसे जीवन के रक्षा के साधनों का हरण होता हो और जिसके द्वारा उसके लिए उन कार्यों का न करना निषिद्ध होता है, जिनसे जीवन की रक्षा होती है।**'' प्राकृतिक विधि की परिभाषा इस प्रकार करते हुए थॉमस हॉब्सने ऐसी उन्नीस विधियों की चर्चा की है, जिन्हें उसने शान्ति की धाराएँ (Laws of Peace) कहा जाता है तथा जो निम्न प्रकार से है : ''

(1) ''**प्रत्येक मनुष्य को शान्ति के लिए वहाँ तक प्रयत्न करना चाहिए, जहाँ तक सफलता की आशा हो और यदि वह उसे प्राप्त नहीं कर सकता हो, तो उसे युद्ध का उपयोग करना चाहिए।**'' इस प्रकार शान्ति की प्राप्ति एवं उसकी रक्षा के लिए युद्ध इस नियम का सार है।

(2) ''यदि दूसरे तैयार हों, तो शान्ति तथा आत्म-रक्षा के लिए जहाँ तक वह आवश्यक समझे, प्रत्येक मनुष्य को अपने अधिकारों को त्याग देना चाहिए और दूसरों के विरुद्ध उसे अपनी ही स्वतन्त्रता से सन्तुष्ट रहना चाहिए, जितनी वह दूसरों को अपने विरुद्ध देने के लिए तैयार हों।''[1] इस नियम का सार यह है कि तुम दूसरों के साथ वेसा ही करो, जैसा अपने लिए उनसे चाहते हो।

(3) ''मनुष्यों के समझौते का पालन करना चाहिए,'' क्योंकि बिना पालन किये समझौते व्यर्थ होते हैं।

(4) ''जिस मनुष्य को दूसरे की कृपा से कोई लाभ प्राप्त नहीं होता है, उसे चाहिए कि उस मनुष्य को जिसे लाभ हुआ है, ऐसा न्यायोचित अवसर न दे कि उसे अपनी सद्भावना के लिए पश्चात्ताप करना पड़े।'' कहने का तात्पर्य यह है कि मनुष्य को कृतघ्न नहीं होना चाहिए।

(5) '' प्रत्येक व्यक्ति को अन्य लोगों के साथ निभकर चलना चाहिए।''

(6) ''भविष्य का ध्यान में रखते हुए, प्रत्येक मनुष्य को उन अन्य मनुष्यों की पिछली त्रुटियों को क्षमा कर देना चाहिए, जो पश्चात्ताप करके क्षमा चाहते हैं।''

(7) ''बदला लेने में मनुष्यों की बीती हुई बुराई की महत्ता को नहीं, बल्कि, भविष्य में उससे होने वाली अच्छाई की महत्त्व को देखना चाहिए।''

(8) ''किसी व्यक्ति को कर्म, शब्द या संकेत से दूसरे के प्रति घृणा नहीं करनी चाहिए।''

(9) ''प्रत्येक व्यक्ति को दूसरे व्यक्ति को प्राकृतिक रूप से समान समझना चाहिए।''

(10) ''शान्ति की शर्तों को मानने के समय किसी व्यक्ति को अपने लिये ऐसा कोई अधिकार सुरक्षित नहीं रखना चाहिए, जिसे वह प्रत्येक अन्य व्यक्ति के लिए सुरक्षित नहीं रहने देना चाहता।''

(11) ''मनुष्य व मनुष्य के बीच न्याय करने के लिए यदि किसी मनुष्य का विश्वास किया जाय, तो उसे उन दोनों को समान समझना चाहिए।''

(12) ''उन वस्तुओं का उपभोग,जिन्हें बाँटा न जा सके, सम्मिलित रूप से किया जाना चाहिए, यदि ऐसा सम्भव हो तथा यदि उनकी मात्रा इतनी हो कि ऐसा बिना तोड़-फाड़ के हो सके, अन्यथा उनका उपभोग उन लोगों के द्वारा अनुपात से किया जाना चाहिए, जो लोग उनके उपभोग के अधिकारी हों।''

(13) ''उन वस्तुओं के विषय में जिन्हें न तो बाँटा जा सकता है और न सम्मिलित रूप से जिनका उपभोग किया जा सकता है, प्रकृति का नियम औचित्य की व्यवस्था करते हैं, जिनके अनुसार पूरा अधिकार अथवा वैकल्पिक प्रयोग के अन्तर्गत पहले अधिकार का निर्धारण लाटरी द्वारा होना चाहिए।''

(14) ''उन सब लोगों की सुरक्षा की व्यवस्था होनी चाहिए, जो शान्ति के लिए मध्यस्थता करें।''

(15) ''उन लोगों को जिनमें मतभेद हो, अपने निर्णय का अधिकार किसी पंच को सौंप देना चाहिए।''

(16) ''अपने ही मामलें में कोई मनुष्य सही पंच नहीं हो सकता।''

(17) ''किसी भी मामले में ऐसे किसी व्यक्ति को पंच नियुक्त नहीं किया जाना चाहिए, जिसे किसी एक पक्ष की विजय से अधिक लाभ, सम्मान व आनन्द प्राप्त होना हो।''

(18) ''किसी तथ्य सम्बन्धी मतभेद में यदि न्यायाधीश एक को दूसरे से अधिक मान्यता नहीं दे सकता, तो उसे तीसरे, चौथे आदि को मान्यता देनी चाहिए।''

(19) ''दूसरे के साथ वह मत करो, जिसे तुम अपने साथ न होने देना चाहो।'' यह वस्तुत: ऐसा नियम है, जो सब प्राकृतिक विधियों का सार है तथा अपने कार्यों का

मूल्यांकन करने में सभी स्तर के लोग इससे अपना मार्ग दर्शन प्राप्त कर सकते हैं।

उपर्युक्त के उन्नीस नियम हैं, जिन्हें थॉमस हॉब्सने प्राकृतिक विधियाँ कहा है, क्योंकि मनुष्य अपने जीवन की प्राकृतिक अवस्था में इन विधियों का पालन अपनी प्रकृति अर्थात् अपने जीवन की रक्षा के उद्देश्य से स्वतः करता है तथा प्राकृतिक अवस्था में न तो कोई सत्ता इन नियमों का निर्माण कराने वाली होती है और न कोई सत्ता दण्ड व्यवस्था द्वारा इनका पालन कराने वाली होती है। ऐसी स्थिति में मनुष्य द्वारा इन नियमों का पालन चूँकि उसकी इच्छा पर निर्भर रहता है। अतः वह उनका पालन केवल तभी तक करता है, जब तक ऐसा करने से उनके स्वार्थ **की सिद्धि** होती है। स्वार्थ सिद्धि की इस प्रकार की प्रतियोगिता के परिणामस्वरूप मनुष्य **के जीवन** सफल नहीं होने पाता है। जैसा वेपर ने कहा है, "**प्राकृतिक अवस्था वह दुर्व्यवस्था है, जिसमें मनुष्य अपनी प्रकृति के कारण हरने को विवश होता है, तथा थॉमस हॉब्सकी समस्या यह है कि उस स्थिति में से उसे कैसे निकाला जाय।**"

❑❑❑

2

थॉमस हॉब्स का राजनीतिक स्वरूप

हॉब्स ने अपनी उक्त समस्या के हल करने व मनुष्य को प्राकृतिक अवस्था की दुर्व्यवस्था से निकालने के उद्देश्य से ही राज्य की उत्पत्ति के विषय में उस सिद्धान्त का प्रतिपादन किया है, जिसे **सामाजिक संविदा सिद्धान्त** (Social Contract Theory) कहा जाता है तथा जिसके अनुसार राज्य की उत्पत्ति मनुष्यों के द्वारा किये गये एक ऐसे सामाजिक समझौते के परिणामस्वरूप हुई मानी जाती है, जिसके द्वारा वे एक सर्वोच्च अथवा संप्रभुत्ता (Sovereignty) की स्थापना करते हैं।

राज्य की उत्पत्ति का कारण (Reasons of the Oigin of State)

हॉब्स ने मनुष्य की जिस प्राकृतिक अवस्था का निर्माण किया है, उसमें मानव जीवन दीन, घृणित, पाशविक एवं क्षणिक होने के कारण एक अरक्षा की स्थिति थी, लोग प्राकृतिक विधि के अनुसार जीवन व्यतीत करते थे, पर उस विधि का न कोई व्याख्याकार था, न उसे पालन कराने वाली कोई सत्ता थी और न कोई दण्ड की व्यवस्था थी। ऐसी दशा में अरक्षा की स्थिति के निवारण के लिए, विधि व्याख्याकार, विधि के पालन कराने वाली सत्ता तथा दण्ड व्यवस्था की स्थापना के लिए हॉब्स अनुसार मनुष्यों में एक समझौता हुआ, जिसे उसने सामाजिक समझौता (Social Contract) कहा है तथा जिसके परिणामस्वरूप सम्प्रभुत्व सम्पन्न राज्य अस्तित्वमें आया है।

राज्य की उत्पत्ति का आधार-भय (Fear-The Basis of the origin of State)

संप्रभुसत्ता की स्थापना के प्रसंग में हॉब्स ने उन दो विधियों का वर्णन किया है, जिनके द्वारा उनके अनुसार संप्रभुसत्ता (Sovcrieign power) की स्थापना हो सकती है। पहली विधि, हॉब्स ने पाशविक बल प्रयोग के विधि बतायी है। इस सम्बन्ध में उसने कहा है कि उस विधि उसी तरह की है, जिस तरह मनुष्य अपने बच्चों को अपने अधीन बना लेता है, तथा अपना शासन मानने के लिए उन्हें इसलिए बाध्य कर लेता है, क्योंकि उनके द्वारा उसके शासन की अवहेलना होने पर उन्हें बरबाद करने की स्थिति में होता है;

अथवा युद्ध द्वारा वह अपने दुश्मनों को अपनी इच्छा के अनुकूल चलने के लिए इसलिए बाध्य कर देता है, क्योंकि वह उनका जीवन बना रहने देता है। राज्य की स्थापना की दूसरी विधि हॉब्स अनुसार उस सम्झौते की विधि है, जिसके अन्तर्गत मनुष्य स्वेच्छा से अपने को किसी मनुष्य या मनुष्यों की किसी सभी के अधीन इस विश्वास के कारण बना लेता है कि उससे अन्य सबके विरुद्ध उसकी रक्षा हो सकेगी। राज्य की स्थापना की पहली विधि द्वारा स्थपित राज्य को हॉब्स ने अधिगृहीत राज्य तथा दूसरी विधि द्वारा अस्तित्व में आये हुए राज्य को राजनीतिक अथवा स्थापित राज्य कहा है।

उक्त दोनों विधियों के मूल में, जिनके द्वारा संप्रभुसत्ताधारी राज्य की स्थापना हो सकती है, हॉब्स अनुसार, मनुष्य के भय की भावना है। अधिगृहीत राज्य की स्थापना में यह भय उस व्यक्ति का होता है, जिसकी अधीनता मनुष्य उसके भय के कारण स्वीकार करने के लिए बाध्य होता है तथा स्थापित राज्य के सन्दर्भ में वह भय एक-दूसरे का होता है तथा पारस्परिक भय की उस स्थिति से छुटकारा पाने के लिए मनुष्य समझौते द्वारा स्थापित एक सत्ता की अधीनता स्वीकार करते हैं। इस प्रकार किसी प्रकार की राजनीतिक सत्ता की अधीनता मनुष्य चूँकि भय के कारण ही स्वीकार करने पर बाध्य होते हैं, राज्य का रूप भय पर आधारित एक संस्था का है। इसके अतिरिक्त इसका निर्माण मनुष्य द्वारा एक उद्देश्य की सिद्धि के लिए चूँकि उसी प्रकार किया गया है, जिस प्रकार किसी कार्य विशेष के किये जाने के लिए किसी यन्त्र का निर्माण किया जाता है, राज्य का रूप हॉब्स अनुसार मनुष्य द्वारा निर्मित एक यन्त्र का है।

सामाजिक समझौते द्वारा राज्य की उत्पत्ति (The Birth of State by Social Contract)

प्राकृतिक अराजक अवस्था से छुटकारा पाने के उद्देश्य से, हॉब्स अनुसार मनुष्यों ने आपस में एक समझौता, संविदा, अनुबन्ध अथवा करार (Contract) करके अराजक दशा का अन्त किया है। इस अनुबन्ध के अन्तर्गत मनुष्यों ने अपने सब अधिकारों व शक्तियों को एक व्यक्ति अथवा व्यक्तियों की एक सभा को दे दिया है। जो सबकी स्वीकृति से स्थापित होकर सब की इच्छा के प्रतिनिधि के रूप में कार्य करते हुए उसकी आन्तरिक तथा बाह्य सुरक्षा का अनुरक्षण इस प्रकार करता है कि सब मनुष्य संघर्ष की स्थिति में रहें और अपने उद्योग से जीवन के सुखों को प्राप्त कर सकें और उनका भोग कर सकें। हॉब्स अनुसार इस समझौते का रूप इस प्रकार का था, जिसमें प्रत्येक मनुष्य ने प्रत्येक अन्य व्यक्ति से मानो यह कहा हो कि "**अपना शासन स्वयं करने के अपने अधिकार को मैं इस एक मनुष्य को या मनुष्यों की इस एक सभा को इस शर्त पर अधिकृत व समर्पित करता हूँ कि तुम भी अपना अधिकार उसी प्रकार एक मनुष्य या मनुष्यों की सभा को समर्पित कर दो तथा उसके कृत्याह्यं को उसी प्रकार अधिकृत कर दो।**" हॉब्स ने

कहा है कि "**ऐसा करके असंख्य लोग जिस एक व्यक्ति के रूप में एक हुए, उसे राज्य (लेटिन भाषा में सिविटास) कहा जाता है तथा यह उस महामानव की उत्पत्ति जिसके कारण हमारी शान्ति व प्रतिरक्षा बनी रहती है।**" हाब्स के अनुसार "**इस प्रकार जब अधिकांश लोग परस्पर सहमति से किसी व्यक्ति या व्यक्तियों की सभा को अपने-अपने ऊपर शासन करने के अपने-अपने अधिकार को समर्पित कर देते हैं। अथवा यों कहना चाहिए कि उसे अपना-अपना प्रतिनिधि बना देते हैं, तो राज्य की स्थापना हो जाती है तथा फिर उसके कार्य उन सब लोगों के कार्य हो जाते हैं, जो उसके पक्ष में रहे हों या उसके विपक्ष में रहे हों, क्योंकि उस सबका उद्देश्य आपस में शान्तिपूर्वक रहना तथा अन्य लोगों से अपने को सुरक्षित बनाये रखना है।**"

हाब्स के सामाजिक समझौते द्वारा स्थापित सम्प्रभु सत्ता की विशेषताएँ

(Main Features of the Sovereign power established by Hobbes Social Contracts)

हॉब्स द्वारा प्रतिपादित सामाजिक समझौते द्वारा एक ऐसी सत्ता की स्थापना की जाती है, जो समाज में **सम्प्रभु** (Sovereign) होती है तथा उसके जोड़ की और कोई सत्ता समाज में नहीं हो सकती। हॉब्स अनुसार राज्य के प्रत्येक व्यक्ति के द्वारा जो प्राधिकार उस सत्ता को प्रदान किया जाताा है, उसके कारण उसे इस बात की सर्वोच्च शक्ति प्राप्त हो जाती है कि आन्तरिक शक्ति तथा बाह्य सुरक्षा बनाये रखने के सम्बन्ध में वह उनकी इच्छा का प्रतिनिधत्व करे तथा समझौते के परिणामस्वरूप प्राप्त अधिकार का प्रयोग समझौता करने वालों की शान्ति व सुरक्षा के हित में जिस प्रकार वह चाहे करे। इस सम्बन्ध में हॉब्स ने कहा है कि, "**राज्य के प्रत्येक व्यक्ति विशेष द्वारा प्रदत्त प्राधिकार द्वारा उसे इतनी अधिक शक्ति व इतना अधिक बल प्राप्त हो जाता है कि उनके भय से वह आन्तरिक शान्ति और बाह्य शत्रुओं के विरुद्ध पारस्परिक सहायता के लिए उन सब की इच्छा का गठन कर सकता है।**" हॉब्स का मत, जैसा उन्होंने आगे कहा है, इस सम्बन्ध में स्पष्ट है कि "**उसमें ही राज्य का सार निहित होता है तथा उसकी परिभाषा उस एक व्यक्ति के रूप में की जा सकती है, जिसे अगणित मनुष्यों के परस्पर किये गये समझौते से प्रत्येक की और से इस उद्देश्य से कार्यकर्ता बना दिया जाता है कि उन सब की शक्ति व उनके साधनों का प्रयोग वह जिस प्रकार उचित समझे, उनकी शान्ति व सम्मिलित प्रतिरक्षा के लिए कर सके।**"

हॉब्स द्वारा प्रतिपादित सामाजिक समझौते द्वारा जिस समप्रभुसत्ता की स्थापना की जाती है, उसकी कुछ प्रमुख विशेषताएँ हैं तथा वे निम्न प्रकार से हैं :

1. सम्प्रभु सत्ता अनन्य होती है-उसकी इस विशेषता का तात्पर्य यह है कि वह समाज में कवेल एक ही होती है तथा उसके जोड़ की अन्य कोई सत्ता नहीं हो सकती।

थॉमस हॉब्स मतानुसार सामाजिक अनुबन्ध में बँधने वाले मनुष्य न तो किसी पूर्व अनुबन्ध से बँधे होते हैं, जिसके अन्तर्गत स्थापित किसी अन्य सत्ता को मानने के लिए वे बाध्य हों, और न वे भविष्य में कोई ऐसा वैध न समझौता कर सकते हैं, जिसके अन्तर्गत स्थापित किसी भी सत्ता को माना उनके लिए आवश्यक हो सके। अत: ऐसा अनुबन्ध केवल एक हो सकता है तथा उसके द्वारा स्थापित संप्रभु सत्ता भी सदा के लिए केवल एक ही हो सकती है।

2. सम्प्रभु सत्ता निरंकुश होती है-थॉमस हॉब्सद्वारा प्रतिपादित सामाजिक समझौता प्रत्येक मनुष्य द्वारा प्रत्येक अन्य मनुष्य के साथ किया जाता हे तथा उस समझौते के परिणामस्वरूप सम्प्रभु सत्ता की स्थापना होती है। इस सम्बन्ध में ध्यान देने की बात यह है कि संप्रभु सत्ता समझौते में किसी भी पक्ष के रूप में सम्मिलित नहींहै। अत: समझौते के उद्देश्य के अनुसार कार्य करने तथा उसकी किन्हीं शर्तों के पालन करने के लिए वह किसी तरह बाध्य नहीं होती है। दूसरे शब्दों में वह जो कुछ भी करती है, उसके लिए वह किसी के प्रति उत्तरदायी नहीं होती तथा वह पूर्णत: निरंकुश होती है। इस सम्बन्ध में थॉमस हॉब्सने स्पष्ट कहा है कि "**सम्प्रभु बनाये हुए को सबके व्यक्तित्व को वहन करने का अधिकार किसी के भी साथ सम्प्रभु द्वारा किये हुए अनुबन्ध से नहीं वरन् प्रत्येक व्यक्ति द्वारा अन्य व्यक्ति के साथ किये हुए अनुबन्ध के परिणामस्वरूप होता है, अत: सम्प्रभु द्वारा अनुबन्ध का उल्लंघन कभी नहीं हो सकता।........यदि कोई व्यक्ति अथवा कुछ व्यक्ति स्थापना के बाद सम्प्रभु द्वारा अनुबन्ध को हड़प जाने का बहाना करे, तथा अन्य लोग या अन्यों में से कुछ लोग या वह अकेला यह कहे कि ऐसा कोई उल्लंघन नहीं हुआ है, तो ऐसी स्थिति में वाद का निर्णय करने के लिए कोई न्ययाधीश नहीं होता, तथा उसका निर्णय फिर तलवार से ही होता है।**"

3. संप्रभु सत्ता सर्वव्यापक होती है-थॉमस हॉब्स अनुसार समाज के सभी व्यक्ति सम्प्रभु की सत्ता के अधीन होते हैं, चाहे वे उसके अस्तित्व व अधिकार के पक्ष में हों या विपक्ष में। समप्रभु के आदेश उसके पक्षधरों व उसके विपक्षियों सभी पर समान रूप से लागू होते हैं तथा उन्हें मानने के लिए दोनों ही पक्षों के लोग समान रूप से बाध्य होते हैं। थॉमस हॉब्सका मत है कि "**संप्रभु की घोषणा चूँकि एक बड़े भाग के सहमतिपूर्ण स्वर से होती है, अत: उसे भी ,जो उससे असहमत हो, शेष से सहमत होना चाहिए अर्थात् उसे सम्प्रभु के सब कार्यों से सहमत होना चाहिए अन्यथा एक न्याय होगा कि शेष उसे नष्ट कर दें।**"[2] इसके लिए थॉमस हॉब्सका तर्क यह है कि "**यदि स्वेच्छा से वह उन जन समूह में सम्मिलित हुआ, जो (सम्प्रभु सत्ता की स्थापना करने के लिए) एकत्रित हुआ, तो इसका अर्थ यह हुआ कि उसने उस सबके लिए अपनी स्वीकृति व्यक्त की और अप्रत्यक्ष रूप से अपने को अनुबन्धित किया, जिसका निश्चय जन**

समूह के बड़े भाग ने किया। (ऐसी दशा में) यदि वह उसे मानने से इन्कार करता है अथवा उसके आदेशों में से किसी का प्रतिरोध करता है, तो यह उसके अनुबन्ध के प्रतिकूल और इस कारण अन्यायपूर्ण है।''

4. सम्प्रभु सत्ता का कोई कार्य कभी अन्यायपूर्ण नहीं हो सकता-थॉमस हॉब्सका मत है कि सम्प्रभु सत्ता के कोई भी कार्य अन्यायमुक्त अथवा प्रजा के किसी व्यक्ति के लिए हानिकारक नहीं होते, क्योंकि वह उन सब वयक्तियों की प्रतिनिधि होतीहै तथा उसमें उन सब व्यक्तियों के हित निहित होते हैं, जिन्होंने परस्पर समझौता करके उसकी स्थापना की होती है। राज्य सत्ता के किसी कार्य से यदि किसी व्यक्ति को कष्ट पहुँचता है, तो उसमें उसका (राजसत्ता का) कोई दोष नहीं होता, क्योंकि जो कुछ वह करती है, उसके करने का अधिकार उसे उस व्यक्ति की ओर से भी होता है, जिसे कोई कष्ट पहुँचता है। थॉमस हॉब्स ने यह माना है कि सम्प्रभुसत्ताधारी अनौचित्य कर सकता है, पर सही अर्थ में अन्याय या हानि नहीं कर सकता है। थॉमस हॉब्स स्वयं के शब्दो में, ''**जो कुछ वह (अर्थात सम्प्रभुसत्ताधारी) करता है, उसे उसकी प्रजा के किसी भी व्यक्ति के लिए हानिकाकर नहीं कहा जा सकता है, और न उनमें से किसी के द्वारा उस पर अन्याय का आरोप ही लगाया जा सकता है, क्योंकि वह जो किसी के अधिकार द्वारा कुछ करता है, उस व्यक्ति को कोई घात नहीं पहुँचा सकता है जिसके प्राधिकार से वह कार्य करता है।.......यह ठीक है कि वे जिनमें सम्प्रभुसत्ता निहित होती है, अनौचित्य कर सकते हैं, पर वे सही अर्थ में अन्याय या घात नहीं कर सकते।''**[1]

5. सम्प्रभु सत्ताधारी कभी दण्ड का पात्र नहीं होता-सम्प्रभु सत्ताधारी के विरुद्ध चूँकि कोई आरोप नही लगाया जा सकता, उसे किसी प्रकार का दण्ड दिया जाना भी न्याय नहीं कहा जा सकता। थॉमस हॉब्सने इस सम्बन्ध में कहा है कि ''**किसी उस व्यक्ति का, जिसे सम्प्रभु सत्ता प्राप्त हो, वध किया जाना न्याय नहीं हो सकता और न उसे उसकी प्रजा द्वारा किसी प्रकार के दण्ड ही दिया जा सकता है।''**[2]

6. सम्प्रभु सत्ता मतों व नीतियों की निर्णायक एवं नियन्त्रक होती है-थॉमस हॉब्स अनुसार सम्प्रभु शक्ति का अधिकार व्यक्ति के शरीर पर ही नहीं होता, वरन् उसके विचारों पर विश्वासों पर भी होता है, क्योंकि उनके मतानुसार लोगों के विचार व विश्वासों पर भी बहुत कछ समाज की वह शान्ति व व्यवस्था निर्भर होती है, जिसे बनाये रखना उसका एकमात्र उद्देश्य मात्र होता है। जैसे थॉमस हॉब्सने कहा है, ''**मनुष्य के कार्य उनके विचारों के अनुसार होते हैं तथा मनुष्य के विचारों के उचित नियमन में ही उसके उन कार्यों का उचित नियमन निहित रहता है, जिनसे उनकी शान्ति व सुव्यवस्था बनी रह सकती है।......अत: यह उसका काम है, जो सम्प्रभु सत्ताधारीयों का है कि वह स्वयं उन मतों व नीतियों का निर्णायक बने या उनसे सम्बन्धित निर्णय करने के**

लिए निर्णायक की नियुक्ति करे, जो शान्ति के लिए आवश्यक हों तथा जिनमें संघर्ष व गृह युद्ध को रोका जा सके।''[1]

7. सम्प्रभु सत्ता मनुष्य के सम्पत्ति सम्बन्धी अधिकारों व कार्यों का नियमन करती है-सम्प्रभु सत्ता की स्थापना थॉमस हॉब्स अनुसार इस प्राकृतिक अवस्था का अन्त करने के उद्देश्य से की गयी है,जिसमें प्रत्येक वस्तु पर प्रत्येक वस्तु का अधिकार था तथा जिसमें कोई भी मनुष्य कुछ भी करने के लिए स्वतन्त्र था, पर जिसमें सभी का जीवन, ''**एकाकी, दीन, घृणित, पाशविक एवं क्षणिक था।**'' अत:समझौते के परिणामस्वरूप स्थापित सम्प्रभु सत्ता के समझौते द्वारा यह अधिकार सौंपा जाना भी स्वाभाविक है कि वह मनुष्य के सम्पत्ति सम्बन्धी अधिकार व कार्यों के नियमन करे, जिससे इस कारण से परस्पर संघर्ष ने हो सके।

8. सम्प्रभु सत्ता को न्याय करने का अधिकार प्राप्त होता है-सम्प्रभु सत्ता की स्थापना का वह कारण, यह भी होता है कि उस संघर्ष का अन्त किया जा सके, जो पारस्परिक विवादों के कारण सम्प्रभु सत्ता के अनस्तित्व की स्थिति में होता है। अत: इस कारण के निवारण के लिए सम्प्रभु सत्ता को इस बात का अधिकार प्रदान किया जाता है कि वह उन विवादों से सम्बन्धित न्याय कार्य कर सके, क्योंकि उसके बिना यदि लोग अपने विवादों का निर्णय अपने आप करेंगे, तो फिर उस स्थिति उस संघर्ष की हो जायेगी, जिसके अन्त करने के लिए सम्प्रभु सत्ता की स्थापना की जाती है।

9. सम्प्रभु सत्ता को युद्ध, सन्धि व करारोपण करने का अधिकार प्राप्त होता है-थॉमस हॉब्स अनुसार समप्रभु सत्ता का यह एक महत्त्वपूर्ण अधिकार है कि वह आवश्यकतानुसार विदेशों से युद्ध का आरम्भ करे, उसका संचालन करे तथा उचित समय पर उनसके सन्धि करे। इसी प्रसंग में थॉमस हॉब्सने राज्य सत्ता के करारोपण के अधिकार का भी समर्थन किया है।

10. सम्प्रभु सत्ता को राज्य के अधिकारियों के चयन का अधिकार होता है-थॉमस हॉब्सने इस बात का भी प्रतिपादन किया है कि राज्य के पार्षद (Counsellors), मन्त्रिगण, दण्डाधिकारी व अधिकारी आदि के चयन का सम्प्रभु सत्ता का अधिकार अन्तिम होता है, क्योंकि शान्ति व व्यवस्था बनाये रखने के लिए उसे इस अधिकार का प्राप्त होना भी आवश्यक है।

11. सम्प्रभु सत्ता अविभाज्य (Indivisible) व अपृथ्क्करणीय (inalienable) होती है-थॉमस हॉब्स अनुसार सम्प्रभु सत्ताधारी की शक्ति को विभाजित नहीं किया जा सकता और न उसे या उसके किसी भाग को सम्प्रभु के अतिरिक्त किसी अन्य में निहित किया जा सकता है। उसके विधि अधिकारों के प्रयोग की अन्तिम शक्ति उसी में निहित हो सकती हैं, क्योंकि ऐसा न होने से शासन कार्य का सुचारु संचालन सम्भव नहीं हो

सकता है। इस सम्बन्ध में थॉमस हॉब्सने एक व्यावहारिक बात कही है कि **"यदि वह (अर्थात समप्रभु सत्ताधारी) सेना के प्रबन्ध को (किसी और को) हस्तान्तरित तक दे, तो न्याय कार्य को अपने पास रखना व्यर्थ है क्योंकि फिर विधि क पालन नहीं हो सकेगा, या वह करोरापण की शक्ति को (किसी और को) प्रदान कर दे, तो सेना व्यर्थ हो जात है, अथवा वह यदि विचारों का नियमन छोड़ दे तो लोग प्रेतों के भय से उपद्रव करने लगेंगे। अत: यदि हम उक्त अधिकारों में से किस एक बात सोचें, तो हम तुरन्त हम देखेंगे कि शान्ति व न्याय की रक्षा के जिस उद्देश्य के लिए राज्यों की स्थापना होती है। उसकी सिद्धि की दृष्टि से अन्य अधिकारों के के पास रहने का कोई प्रभाव नहीं होगा। इन अधिकारों का विभाजन जैसा ही विभाजन होता है, जिसके विषय में यह कहा जाता है कि अपने आप में विभाजित राज्य स्थिर नहीं रह सकता।"**[1]

संप्रभु सत्ता की शक्ति एवं व्यक्ति की स्वतन्त्रता व उसके अधिकार

(Sovereign Power and Individual Freedom and Rights)

थॉमस हॉब्स समझौते द्वारा स्थापित राज्य-सत्ता व व्यक्ति की स्वतन्त्रता व उसके अधिकारों पर आधारित दोनों के सम्बन्ध विषयक उनके विचारों का विवेचन निम्न शीर्षकों के अन्तर्गत किया जा सकता है :

1. स्मप्रभु सत्ता के विरूद्ध व्यक्ति के अधिकारों का अनस्तित्व (Non existence of Individual Freedom and Rights against Soveeign Power)

थॉमस हॉब्सद्वारा सामाजिक समझौते के अन्तर्गत जिस प्रकार की सम्प्रभु सत्ता की स्थापना का प्रतिपादन किया गया है, उसके सन्दर्भ में व्यक्ति की कोई स्वतन्त्रता नहीं हो सकती। थॉमस हॉब्सकी रचना का उद्देश्य एक निरंकुश राज्य-शक्ति का प्रतिपादन करना था। इस कारण से उसने सामाजिक समझौते के एक ऐसे रूप का प्रतिपादन किया है, जिसमें राज्य सत्ता कोई भी पक्ष नहीं है और न समझौते के भीतर उसका कोई दायित्व है। जैसा सैबान ने कहा है, **"बल का औचित्य सिद्ध करने के लिये थॉमस हॉब्सने संविदा की पुरानी पद्धति को बनाये रखा, यद्यपि उसने चतुरतापूर्वक संविधान को शासक के ऊपर लागू नहीं किया। उन्होंने उसे व्यक्तियों के बीच हुए एक ऐसे समझौते का रूप दिया, जिसमें सब आत्म-सहायता को छोड़ देते हैं और अपने को एक सम्प्रभु के अधीन कर लेते हैं।"**[1] इस प्रकार समझौते की जो कल्पना थॉमस हॉब्सने की है, उसके अन्तर्गत सब व्यक्तियों ने अपने अधिकारों का समर्पण राज्य सत्ता को किया है। अत: यह स्वाभाविक है कि राज्य सत्ता के विरुद्ध व्यक्तियों के अधिकार नहीं हो सकते तथा व्यक्तियों के प्रति राज्य सत्ता के कोई दायित्व नहीं हो सकते। राज्य सत्ता की शक्ति तथा व्यक्ति की स्वतन्त्रता के सम्बन्ध में विषय में इस प्रकार थॉमस हॉब्सका प्रतिपादन स्पष्ट है कि राज्य सत्ता के विरुद्ध व्यक्ति के कोई अधिकार नहीं हो सकते।

2. जीवन के अधिकार का अपवाद (Exception of Roghts of Life)

फिर भी थॉमस हॉब्सने अपने विचारों में एक स्थान पर सम्प्रभु सत्ता की निरंकुश शक्ति पर एक प्रतिबन्ध लगाया है और व्यक्ति को यह अधिकार प्रदान किये जाने का समर्थन किया है कि वह अपने जीवन की रक्षा सम्प्रभु के विरुद्ध भी कर सके। इस सम्बन्ध में थॉमस हॉब्सने कहा है कि, "**प्रत्येक व्यक्ति को सम्प्रभु सत्ता की आज्ञा का उल्लंघन करने का अधिकार है, यदि वह (अर्थात सम्प्रभु सत्ता) उसे (व्यक्ति को) अपने को मारने, घायल करने अथवा पंगु बनाने की आज्ञा दे अथवा अपने को आघात पहुँचाने वालों का विरोध न करने की आज्ञा दे अथवा भोजन, आवास, औषधि या ऐसी ही उन वस्तुओं के प्रयोग की मनाही करे, जिनके बिना व्यक्ति जीवित नहीं रह सकता।**"[2] व्यक्ति के इस प्रकार के अधिकार के समर्थन का कारण थॉमस हॉब्सने यह बताया है कि सम्प्रभुसत्ता की स्थापना का उद्देश्य ही व्यक्ति के जीवन की रक्षा होना होता है। अत: किसी भी स्थिति में उसे उद्देश्य ही व्यक्ति के जीवन की रक्षा होना होता है। अत: किसी भी स्थिति में उसे उद्देश्य के विपरीत व्यक्ति के जीवन को नष्ट करने का अधिकार प्रदान नहीं किया जा सत्ता त्था व्यक्ति को सम्प्रभु की उस आज्ञा तक को मानने से इनकार करने का अधिकार प्राप्त है, जिसमें "**उसे सैनिक के रूप में क्षेत्र से लड़ने के लिए कहा गया हो।**"[3] थॉमस हॉब्सका मत इस सम्बन्ध में यह है कि "**चूँकि आज्ञापालन का उद्देश्य ही रक्षा है, अतः सम्प्रभु के प्रति प्रज्ञा का दायित्व केवल उसी समय तक ही और अधिक नहीं माना जाता है, जब तक उसमें प्रजा की रक्षा की शक्ति रहे।**"[1]

3. निरंकुश राज्य सत्ता के विरुद्ध व्यक्ति के जीवन का अधिकार-एक असंगति

(Rights of Individual to Life against Absolute State power-an Anomaly)

इस प्रसंग में यह प्रश्न उठाना स्वाभाविक है कि सम्प्रभु सत्ता की जिस निरंकुश शक्ति का समर्थन थॉमस हॉब्सने किया है, उसके संदर्भ में व्यक्ति को उसके जीवन की रक्षा के नाम पर उस प्रकार के अधिकार का प्रतिपादन कहाँ तक उचित कहा जा सकता है, जिसके अनतर्गत व्यक्ति सैनिक बनने की आज्ञा को मानने या न मानने के लिए स्वतन्त्र हो अथवा किसी अपराध के दण्ड में भी राज्य व्यक्ति को मृत्यु दण्ड न दे सके। यह वस्तुत: एक असंगति है, जिसको सुलझाने के लिए थॉमस हॉब्सने यह प्रतिपादित किया है कि "**यदि कोई अपराधी अपने जीवन को बचा सके, तो उसे अपे जीवन का अधिकार है, जबकि इसके विपरीत व्यक्ति को दण्डित करने का सम्प्रभुत्ता का अधिकार केवल तभी है, यदि वह उसके पकड़ सके।**"[2] सीधे-सादे शब्दो में यदि हम इस तथ्य को रखें, तो केवल यही कहा जा सकता है कि थॉमस हॉब्सने राज्य-सत्ता व

व्यक्ति दोनों के एक दूसरे के विरुद्ध टकराने वाला अधिकार प्रदान कर दिया है तथा थॉमस हॉब्सद्वारा प्रयुक्त शाब्दिक जाल के बावजूद भी असंगति असंगति ही रही है। इस सम्बन्ध में जैसा जोन्स ने कहा है, वास्तविक स्थिति यही है कि "सम्प्रभु के विरुद्ध प्रजा का अधिकार या तो हो सकता है या नहीं हो सकता है। यदि उसका अधिकार नहीं है, तो थॉमस हॉब्सको यह नहीं कहना चाहिए कि उसे ऐसा अधिकार है। दूसरी और यदि उसका कोई अधिकार है, तो थॉमस हॉब्सकी यह प्रमुख मान्यता कि सम्प्रभु सत्ता निरंकुश होती है, और होनी चाहिए, त्रुटिपूर्ण है। थॉमस हॉब्सकी दोनों बातें एक साथ सही नहीं हो सकतीं। यदि सम्प्रभु की शक्ति निरंकुश है, तो उस पर कोई प्रतिबन्ध नहीं हो सकता, और उसकी शक्ति पर यदि किसी प्रकार का प्रतिबन्ध अथवा नियन्त्रण है, तो वह निरंकुश नहीं हो सकती।"[3]

4. राज्य सत्ता की निरंकुशता व व्यक्ति के जीवन के अधिकार का थॉमस हॉब्सद्वारा सामंजस्य

(Hobbe's Adjustment of Absolute State Power with Individual's Right of Law)

पर इस सब के होते हुए भी थॉमस हॉब्सने यदि राज्य सत्ता की निरंकुशता तथा जीवन विषयक व्यक्ति की सुरक्षा के अधिकार का प्रतिपादन किया है, तो उसका कारण यह है कि व्यक्ति को प्राकृतिक अवस्था से निकालकर शान्ति व सुरक्षा बनाये रखने के लिए यदि एक सर्वशक्तिशाली सम्प्रभु सत्ता की स्थापना की आवश्यकता है, तो शान्ति व सुरक्षा के उद्देश्य की सिद्धि के मार्ग से विचलित संप्रभुत्ता के अनाचार व अत्याचार से बचे के लिए जीवन रक्षा के व्यक्ति के अधिकार की मान्यता की भी आवश्यकता है। राज्य सत्ता की निरंकुशता व सर्व शक्ति-सम्पन्नता तथा किसी भी दशा में व्यक्ति द्वारा उनका उल्लंघन-दोनों एक दूसरे के विरोधी विचार हैं, पर थॉमस हॉब्सदोनों के सामंजस्य को ही उचित मानते हैं, क्योंकि प्रथम की आवश्यकता प्राकृतिक अवस्था की संघर्ष की दशा का अन्त करके शान्ति व सुरक्षा की स्थापना के लिए अनिवार्य है, तो दूसरे का समर्थन इसलिए आवश्यक है कि उसकी व्यवस्था के बिना व्यक्तियों के जीवन की रक्षा से सम्बन्धित सम्प्रभु सत्ता की स्थापना का उद्देश्य ही नष्ट हो जाती है।

आधुनिक दृष्टिकोण के अनुसार राजनीति विज्ञान की परिभाषा, उसके अध्ययन के क्षेत्र व उसके स्वरूप के विवेचन के प्रकरण में जैसा हमने देखा, आधुनिक व्यवहारवादी राजनीतिवैज्ञानिक राजनीतिविज्ञान को केवल राज्य, सरकार जैसी राजनीतिक संस्थाओं व उनसे सम्बन्धित मनुष्य के क्रिया कलाप का ही अध्ययन नहीं मानते, वरन् वे उसे उस सम्पूर्ण परिवेश का अध्ययन मानते हैं, जिनमें मनुष्य की राजनीतिक अर्थात् राज्य, सरकार, ... अन्य राजनीतिक संस्थाओं व राजनीतिक प्रक्रियाओं आदि से सम्बन्धित

गतिविधियाँ, उसकी सामाजिक, आर्थिक, धार्मिक व नैतिक आदि गतिविधियों को प्रभावित करते हुये और उनसे स्वयं प्रभावित होते हुये संचालित होती है। व्यवहारवादियों द्वारा प्रतिपादित राजनीतिविज्ञान की क्षेत्र सम्बन्धी इस धारणा में निहित मुख्य विचार उस व्यापक परिवेश से सम्बन्धित विचार है जिसके विभिन्न अंगों के रूप में विद्यमान अनेक संगठनों के माध्यम से व्यक्ति की गतिविधियाँ चालित होती हैं तथा जो राज्य व सरकार के क्षेत्र से निश्चय रूप से व्यापकतर होता है तथा जिसे समष्टि रूप से राजनीतिक व्यवस्था (Political system) कहा जाता है। राजनीतिक व्यवस्था से क्या तात्पर्य है तथा उसकी परिधि में कौन-कौन से संगठन आते हैं, इसके सम्बन्ध में विभिन्न विचारकों ने विभिन्न प्रकार के विचार व्यक्त किये हैं। उदाहरणार्थ, **पिनॉक व स्मिथ** ने लिखा है कि "**राज्य राजनीतिक व्यवस्था या राजव्यवस्था नामक बड़े संगठन का एक अंग है। राजनीतिक व्यवस्था समाज की एक उप-व्यवस्था या उसका एक पहलू है। इसमें किसी समाज-विशेष के सब सदस्य सम्मिलित होते हैं, पर उनके सभी पारस्परिक सम्बन्ध या उनके आचरण को प्रभावित करने वाले सभी तत्त्व इसमें सम्मिलित नहीं होते।**"[1]

डेविड ईस्टन ने राजनीतिक व्यवस्था को दो भागों - मुख्य राजनीतिक व्यवस्था व सह राजनीतिक व्यवस्थाओं में विभाजित किया है और कहा है कि "**समूहों व संगठनों की आन्तरिक राजनीतिक व्यवस्थाओं को मैं सह राजनीतिक व्यवस्थायें (Para Political Systems) कहूँगा और राजनीतिक व्यवस्था की धारणा को विश्लेषण किये जाने वाले समाज में समाहित राजनीतिक जीवन की सबसे अधिक समावेशी इकाई (राज्य) के लिये सुरक्षित रखूँगा।**" ब्लौण्डेल ने राजनीतिक व्यवस्था के विषय में कहा है कि "**राजनीतिक व्यवस्था का निर्धारण इस आधार पर होता है कि कौन शासन करता है, किस रूप में शासन करता है और किस उद्देश्य से शासन करता है।**" आमण्ड व कोलमैन ने लिखा है कि, "**राजनीतिक व्यवस्था समाज में वैध व्यवस्था बनाये रखने वाली अथवा परिवर्तन लाने वाली पद्धति है।**" कार्ल डब्ल्यू. डायस ने राजनीति व्यवस्था को कुछ निश्चयात्मक ढंग से परिभाषित किया है और कहा है कि, "**राजनीतिक व्यवस्था स्पष्ट रूप से पहचानी जाने योग्य उन इकाइयों की समष्टि होती है जो परस्पर अभिन्न व भिन्न होते हुये भी सुसम्बद्ध होती हैं।**"

राजनीतिक व्यवस्था के विषय में भिन्न-भिन्न विचारकों के उक्त विचारों को यदि देखा जाय तो सबका निष्कर्ष यह निकलता है कि राजनीतिक व्यवस्था का तात्पर्य राजनीतिक क्षेत्र में कार्यरत विविध समुदायों और संगठनों से होता है, जो राजनीतिक निर्णयों में प्रत्यक्ष या अप्रत्यक्ष रूप से भाग लेते हैं।

राजनीतिक व्यवस्था का स्वरूप व उसका क्षेत्र

Nature and Scope of Political System

लोकतन्त्रीय राज्यों के उदय के साथ राजकाज में भाग लेने वाली जनता का आकार बढ़ा, राजनीतिक दल अस्तित्व में आये तथा राजनीति व राजनीतिक व्यवस्था का क्षेत्र राज्य, सरकार, आधुनिक ढंग के उसके विविध अंग, राजनीतिक दल आदि तक व्यापक हो गया। यहाँ यह ध्यान देने की बात है कि परिवर्तन के इस चरण तक राजनीतिक व्यवस्था के परिवेश में केवल वे ही संगठन आये, जिनका सम्बन्ध मनुष्य के परम्परागत एवं विशुद्ध रूप से राजनीतिक समझे जाने वाले कार्यकलापों से था तथा जिनका कोई सम्बन्ध मनुष्य के आर्थिक व सामाजिक आदि कार्यकलापों से नहीं था। पर अब राज्य के समाजवादी रूप की अवधारणा के विकास के साथ राजनीति व राजनीतिक व्यवस्था के रूप व क्षेत्र सम्बन्धी धारणा में पुनः परिवर्तन आया है तथा वह और अधिक व्यापकतर हो गया है। राजनीतिक व्यवस्था का स्वरूप व क्षेत्र वस्तुतः सदा एक-सा नहीं रहा है। नगर राज्यों (City State) के समय में राजनीतिक व्यवस्था का क्षेत्र नगर राज्य व उसका स्वरूप उसके संगठन में आने वाली संस्थाओं-राज्य, सरकार- आदि से मिलकर बनता था। उस समय राज कार्य में जनता का एक भाग ही सक्रिय रहता था। अतः जनता के उसी भाग की गतिविधियाँ राजनीतिक व्यवस्था को प्रभावित करती थी। नगर राज्य की राजनीतिक व्यवस्था में परिवर्तन हुआ और उसका स्थान जब राष्ट्रीय राज्यों (National State) ने लिया, तो राजनीतिक व्यवस्था का क्षेत्र व्यापक हुआ।

आधुनिक युग में राजनीति हमारे जीवन को पूरी तरह घेरे हुए है। हमारा जीवन अब इतना अधिक राजनीतिमय हो गया है कि अनेक वे विषय, भूतकाल में जिनका राजनीति से कोई सम्बन्ध नहीं होता था अथवा प्रत्यक्ष रूप से जिनमें राजनीति की कोई बात नहीं होती थी, अब राजनीतिक प्रश्न माने जाते हैं और उनसे सम्बन्धित निर्णय अब जन संगठनों के माध्यम से व उनके द्वारा राजनीतिक प्रक्रिया के रूप में होते हैं। हमारे जीवनयापन की छोटी से छोटी बातों से लेकर बड़ी से बड़ी बातों तक सब राजनीतिक परिवेश के भीतर आ गई हैं। हम कैसा पानी पियें, कैसी हवा में सांस लें, कैसे मकानों में रहें, हमारी सड़कों की चौड़ाई कितनी व गलियों की सुरक्षा व सफाई कैसी हो, हमारे समाज के पिछड़े अंगों को समाज का उपयोगी अंग कैसे बनाया जाय, हमारे बालकों का लालन-पालन कैसे हो, हमारे युवकों की शिक्षा-दीक्षा कैसी हो, हमारे वृद्धों के स्वास्थ्य की रक्षा कैसे हो, हमारे स्थानीय, क्षेत्रीय व केन्द्रीय स्तर के विविध राजनीतिक व प्रशासनिक निकायों का संगठन कैसे किया जाय, उनके लिये मताधिकार कैसा व मतदान किस प्रकार हो, उनकी कार्य विधि क्या हो, मजदूरी

की दर क्या हो, सार्वजनिक उपयोग की वस्तुओं के मूल्य, उनके उत्पादन का ढंग व उनके वितरण की व्यवस्था क्या हो, रोजगार व व्यवसायों की व्यवस्था को किस प्रकार समाज की दृष्टि से उपयोगी बनाया जाय, उत्पादन के किन साधनों को वैयक्तिक क्षेत्र (Private sector) और किन-किन को सार्वजनिक क्षेत्र (Public Sector) में रखा जाय तथा जनता के स्तर पर व देश के स्तर पर किस राज्य की जनता व किस देश से कैसे सम्बन्ध रखे जायँ, आदि वे सब बातें हैं, जिन से सम्बन्धित निश्चय राजनीतिक निर्णयों के परिणाम होते हैं। इसके अतिरिक्त इन निर्णयों को शासन के लिये उत्तरदायी व्यक्ति स्वतन्त्र रूप से ही नहीं करते, वरन् उन्हें सामाजिक, आर्थिक, धार्मिक व अन्य अनेक प्रकार के हितों के प्रतिनिधि समूहों के निरन्तर चलने वाले दबाव में रहते हुये करना पड़ता है। इस प्रकार अब जब राजनीति का क्षेत्र इतना व्यापक हो गया है, राजनीति व्यवस्था का रूप उतना ही व्यापक व उसका क्षेत्र उतना ही विस्तृत हो गया है तथा संगठन की वे सब इकाइयाँ- व्यक्ति, परिवार, ग्राम सभा, ग्राम पंचायत, क्षेत्र समितियाँ, नगर पालिकायें, क्षेत्रीय स्तरके राजकीय व प्रशासकीय संगठन व केन्द्रीय स्तर के राजकीय व प्रशासकीय संगठन, राजनीतिक दल व उनके विविध स्तरों के संगठन, आर्थिक उत्पादन व वितरण का सम्पूर्ण ढाँचा, विविध व्यावसायिक व उपभोक्ता संघ, श्रमिक संघ तथा आर्थिक, सामाजिक, व धार्मिक क्षेत्र में कार्यरत अनेक दबाव समूह, विविध राष्ट्र, राष्ट्र समूह तथा अन्तर्राष्ट्रीय संगठन आदि- जिनकी गतिविधियाँ प्रत्यक्ष या अप्रत्यक्ष रूप से किसी देश की राजनीति को प्रभावित करती है, राजनीतिक व्यवस्था के अंग माने जाते हैं। इस सम्बन्ध में स्मरणीय है कि उपर्युक्त अनेक संगठन ऐसे हैं, जिनके सब कार्य सामान्यत: राजनीतिक नहीं होते और राजनीतिक व्यवस्था से उनका कोई सम्बन्ध व उस पर उनका कोई प्रभाव नहीं होता। ऐसी दशा में ऐसे संगठन केवल उसी सीमा तक राजनीतिक व्यवस्था के अंग होते हैं, जिस सीमा तक उनके कार्यों के प्रभाव का सम्बन्ध राजनीति से होता है।

राजनीतिक व्यवस्था व समाज व्यवस्था

राजनीतिक व्यवस्था के रूप को समझने के लिये हमें यह समझना भी आवश्यक है कि राजनीतिक व्यवस्था बहुत हद तक सामाजिक व्यवस्था को और सामाजिक व्यवस्था बहुत हद तक राजनीतिक व्यवस्था को निर्धारित व प्रभावित करती है, तथापि वे दोनों अलग-अलग होती हैं। उदाहरणार्थ समाज में विद्यमान अनेक सम्बन्ध जैसे विवाह सम्बन्ध-ऐसे हैं जिनका रूप पूर्णत: वैयक्तिक होता है। पर उन सम्बन्धों के विषय में जब स्थिति ऐसी हो जाती है कि उनका नियमन राज्य द्वारा किया जाना आवश्यक होता है, तो उनका रूप राजनीतिक हो जाता है और वे राजनीतिक व्यवस्था का अंग बन जाते हैं। इसी प्रकार अनेक सामाजिक

व्यवस्थायें व प्रथायें ऐसी होती हैं जिनके अनुसार राज्य को अपनी व्यवस्था बनानी पड़ती है।

राजनीतिक व्यवस्था व आर्थिक व्यवस्था

राजनीतिक व्यवस्था के रूप को समझने के लिये यह भी आवश्यक है कि हम राजनीतिक व्यवस्था व राज्य के अन्तर व उनके पारस्परिक सम्बन्ध को समझ लें। बहुत समय से राज्य, शासन अथवा राष्ट्र शब्दों का प्रयोग राजनीतिक व्यवस्था के समानार्थी के रूप में किया जाता रहा है। पर अब यदि राजनीतिक ढ़ाँचे के व्यापक रूप के लिये राजनीतिक व्यवस्था शब्द का प्रयोग किये जाने पर जोर दिया जाता है, तो इसका कारण यह है कि प्राचीन शब्दों व आधुनिक शब्दों में नाम के भेद के अतिरिक्त कुछ अर्थ का भेद भी है। राजनीतिक व्यवस्था व आर्थिक व्यवस्था का सम्बन्ध भी पारस्परिक सम्बद्धता का होते हुये भी पारस्परिक भिन्नता का है। यह ठीक है कि राजनीतिक व्यवस्था बहुत हद तक समाज की आर्थिक व्यवस्था का नियमन करती है, तथा आर्थिक व्यवस्था से भी बहुत हद तक राजनीतिक व्यवस्था के रूप का निर्धारण होता है, परन्तु वे दोनों ही व्यवस्थायें सामान्यतः अलग-अलग हैं। आर्थिक व्यवस्था के संगठनों का रूप राजनीतिक तभी होता है जब उनके कार्यों का नियमन राज्य द्वारा किया जाना आवश्यक हो जाता है तथा उसी हद तक उनका रूप राजनीतिक व्यवस्था के अंग का होता है। उदाहरणार्थ, श्रमिक अपने कारखाने के मालिक का कार्य करते हैं, वे उसके लिये वेतन, भत्ते व बोनस लेते हैं। इस प्रकार जब तक यह कार्य उन दोनों पक्षों के बीच तक सीमित रहता है, उसका राजनीति व राजनीतिक व्यवस्था से कोई सम्बन्ध नहीं होता, परन्तु जब श्रमिक संगठित होकर मालिक से अपनी मांगों को मनवाने के लिये आन्दोलन या हड़ताल करने लगते हैं, तो उनका यह कार्य राजनीतिक हो जाता है और राज्य द्वारा उसके नियमन की आवश्यकता स्पष्ट हो जाने के कारण उस हद तक श्रमिक संगठन राजनीतिक व्यवस्था के अंग बन जाते हैं।

राजनीतिक व्यवस्था का रूप व्यापक व राज्य का रूप सीमित होता है। राज्य या शासन या राष्ट्र की व्यवस्था का अर्थ सामान्यतः उसके संस्थात्मक रूप में सीमित होता है। राज्य की बात करते समय हमारा ध्यान अमूर्त रूप से राज्य संस्था के अस्तित्व व मूर्तरूप में उनके शासन की व्यवस्था की ओर जाता है, जिसमें किसी समाज के राजनीतिक जीवन के क्षेत्र में कार्यरत शासकीय रूप से मान्य संस्थाओं का एक समूह सम्मिलित होता है। पर जब हम राजनीतिक व्यवस्था (Politicial System) की चर्चा करते हैं, तो हमारा तात्पर्य राज्य व शासन तथा राजकीय रूप से मान्य राजनीतिक संस्थाओं के क्षेत्र से व्यापकतर उस क्षेत्र से होता है जिसमें राज्य,

शासन, औपचारिक रूप से शासन द्वारा मान्य अन्य राजनीतिक संस्थाओं के अतिरिक्त राजनीतिक क्षेत्र की औपचारिक संस्थायें तथा सामाजिक, आर्थिक व धार्मिक एवं अन्तर्राष्ट्रीय आदि क्षेत्रों की वे संस्थायें भी सम्मिलित होती हैं, जिनके कार्य प्रत्यक्ष या परोक्ष रूप से राजनीति को प्रभावित करते हैं। **आमण्ड व पावेल** ने कहा है कि "राजनीतिक व्यवस्था के अन्तर्गत व्यवस्थापिका, न्यायालय और शासन के अभिकरण जैसे सरकारी संस्थायें ही सम्मिलित नहीं होतीं, वरन् अपने राजनीतिक पहलू की दृष्टि से सभी संगठन सम्मिलित होते हैं। उसमें रक्त सम्बन्ध और जाति समूह जैसे पारम्परिक संगठन भी होते हैं और हत्या, दगें, उपद्रव और प्रदर्शनों से सम्बन्धित तत्त्व तथा दलों, हित-समूहों व संचार साधनों जैसे औपचारिक संगठन भी सम्मिलित होते हैं।" इस प्रकार यह स्पष्ट है कि राजनीतिक व्यवस्था की धारणा राज्य और जो कुछ राजकीय है उससे व्यापकतर है। राजनीतिक व्यवस्था की धारणा राज्य की धारणा से अधिक गतिशील भी है- राज्य की धारणा में राजनीतिक जीवन में जो कुछ है, यदि वह निहित है, तो राजनीतिक व्यवस्था की धारणा में इसके अतिरिक्त उसमें जो हो सकता है, वह भी सम्मिलित होता है। राजनीतिक व्यवस्था का सम्बन्ध विविध राजनीतिक व सम्बन्धित गैर-राजनीतिक संगठनों (Organisations) संघटकों, (Structures) समुदायों (Groups) आदि की निरन्तर परिवर्तनीय स्थिति से भी होता है। उसके अध्ययन में राजनीतिक जीवन में परिवर्तनों को सम्भव बनाने वाले तत्त्वों को भी सम्मिलित माना जाता है तथा उनसे सम्बन्धित अध्ययन का विचारणीय विषय यदि यह भी होता है कि वांछित दिशा में होने वाले परिवर्तनों को किस प्रकार सम्भव बनाया जाये, तो यह भी होता है कि अवांछित दिशा में होने वाले परिवर्तनों को कैसे रोका जाय। इस प्रकार हम देखते हैं कि राज्य की धारणा की तुलना में राजनीतिक व्यवस्था की धारणा एक स्थिर धारणा (Static Concept) न होकर एक गतिशील धारणा (dynamic concept) है।

राजनीतिक व्यवस्था में सम्मिलित संस्थाओं व उनकी गतिविधियों का अध्ययन

कार्ल डब्ल्यू. डायस ने कहा है कि, "**कोई व्यवस्था उस सामान्य समूह के विपरीत जिसे किसी बाहरी साधनों में एक बनाये जा सकता है, अपने भीतर से ही एक बनी रहती है।**"[1] किसी व्यवस्था का निर्माण पारस्परिक पर निर्भरता से होता है, आमण्ड व पावेल ने भी व्यवस्था के इसी लक्षण पर बल दिया है और कहा है कि ,"**व्यवस्था में व्यवस्था के अंगों की पारस्परिक पर निर्भरता का भाव निहित होता है।**" यह बात राजनीतिक व्यवस्था के विषय में भी पूर्णतया सत्य है। ऐसी दशा में राजनीतिक व्यवस्था में सम्मिलित विविध अंगों का अध्ययन

पूर्णत: अलग अस्तित्व वाले घटकों के रूप में नहीं किया जा सकता, वरन् सही रूप में उनका अध्ययन परस्पर घनिष्टतया सम्बद्ध अनेक किन्तु एकता में बंधे संघटनों से बनी व्यवस्था के रूप में ही किया जा सकता है। सामाजिक व आर्थिक व्यवस्था के संघठनों में होने वलो परिवर्तनों के साथ राजनीतिक व्यवस्था के संघटकों में तथा राजनीतिक व्यवस्था के संघठनों में होने वाले परिवर्तनों के साथ सामाजिक व आर्थिक व्यवस्था के संघठनों में परिवर्तन होता है। उदाहरणार्थ, अमेरिका व इंगलैण्ड सदियों से द्विदल प्रणाली वाले देश रहे हैं तथा उनकी राजनीतिक व्यवस्था का रूप उस प्रणाली के अनुसार रहा है। पर यदि वहाँ की दलीय व्यवस्था में कोई परिवर्तन आये और वहाँ बहुदल व्यवस्था पनप जाये, तो वहाँ की राजनीतिक व्यवस्था में पाया जाने वाला स्थायित्व का तत्त्व अवश्य कम होगा। इसी प्रकार भारत में विद्यमान रक्त व जाति सम्बन्धी बन्धनों में यदि कोई परिवर्तन आये तो उसका प्रभाव निश्चय ही भारतीय राजनीतिक व्यवस्था में परिवर्तन लायेगा। राजनीतिक व्यवस्था में विविध संघटकों (structures) की स्थिति शरीर के विविध अंगों की तरह पारस्परिक पर निर्भरता की होती है तथा शरीर के विविध अंगों की स्थिति की तरह ही राजनीतिक व्यवस्था के विविध संघटकों में से किसी एक में हुये परिवर्तनों का प्रभाव दूसरे संघटकों पर अवश्य पड़ता है। अत: किन्हीं भी सार्वजनिक रूप से प्रभावकारी परिवर्तनों के प्रभाव को पूरी तरह समझने के लिये यह आवश्यक है कि राजनीतिक व्यवस्था के उन सभी संगठनों का अध्ययन सम्बद्ध रूप में एक व्यवस्था के रूप में किया जाय, जिन पर उस परिवर्तन का प्रभाव परिलक्षित होता हो। उदाहरणार्थ, यदि किन्हीं दबाव गुटों की स्थिति में अन्तर होता है तो उसका प्रभाव सम्पूर्ण राजनीतिक व्यवस्था पर होता है। इसके विपरीत अनेक राजनीतिक निर्णयों का प्रभाव व्यवस्था में विद्यमान सभी प्रकार के दबाव समूहों व हित समूहों पर पड़ता है।

राजनीतिक की सामान्य विशेषतायें

Genral Political Systems

व्यक्ति व व्यक्तियों के वर्ग अपने समाज की राजनीति में भाग कुछ साधनों के आधार पर लेते हैं। वे साधन जिनके आधार पर लोग राजनीति में भाग लेते हैं- अर्थात् जिनसे सम्पन्न होने पर वे राजनीति में अपने को प्रभावी बनाते हैं- उनमें शक्ति, धन, सामाजिक स्तर, शिक्षा, जन बल, वैचारिक श्रेष्ठता, कूट बुद्धि आदि अनेक वस्तुयें आती हैं। यही कारण है कि यह कहा जाता है कि राजनीति धनवानों की है, वह शक्तिशालियों की है, वह बड़े लोगों की है, वह बहुसंख्यकों की है, वह कुटिल लोगों की है अथवा वह बुद्धि वालों की है। वास्तविकता इस सम्बन्ध में यह है कि ये संसाधन सब लोगों को समान रूप से प्राप्त नहीं होते। उदाहरणार्थ,

आर्थिक आधार पर सभी समाजों में प्रायः उच्च वर्ग, मध्ययम वर्ग (उच्च मध्यम वर्ग व निम्न मध्यम वर्ग) तथा निम्न वर्ग नामक तीन वर्ग होते हैं तथा राजनीति पर उन तीन वर्गों का प्रभाव उनकी आर्थिक स्थिति के अनुसार होता है।

विश्व में समय-समय पर जो भी राजनीतिक व्यवस्थायें होती हैं, वे अनेक प्रकार से भिन्न व अनेक प्रकार से अभिन्न होती हैं। फिर भी उनकी कुछ सामान्य विशेषतायें होती हैं, जिन्हें हम निम्न प्रकार रख सकते हैं: परिवर्तनशीलता सभी राजनीतिक व्यवस्थाओं की एक प्रमुख विशेषता होती है। सभी राजनीतिक व्यवस्थायें निरन्तर होने वाले परिवर्तनों के दौर से गुजरती रहती हैं। अनेक बार वे परिवर्तन स्पष्ट और अनेक बार वे अस्पष्ट होते हैं। परिवर्तन की प्रक्रिया में भी राजनीतिक व्यवस्थाओं के रूप पूरी तरह बदल जाते हैं। यही कारण है कि अब तक विश्व के सामने अनके प्रकार की राजनीतिक व्यवस्थायें आ चुकी हैं।

राजनीतिक संसाधनों की इस प्रकार की असमान प्राप्ति के अनेक कारण होते हैं। यह असमानता जन्म के कारण, उत्तराधिकार के कारण, योग्यता व क्षमता के कारण, शिक्षा के कारण, पर्यावरण आदि के कारण होती है। हितों की समानता के कारण, अनेक लोग जब एकताबद्ध हो जाते हैं, तो उन्हें जन समर्थन का एक राजनीतिक संसाधन प्राप्त हो जाता है। राजनीतिक व्यवस्थाओं का राजतन्त्रीय होना, कुलीन तन्त्रीय होना, जन तन्त्रीय होना, अधिनायकतन्त्रीय होना, पूँजीवादी होना तथा समाजवादी होना, राजनीतिक संसाधनों के असमान वितरण के ही परिणाम का परिचायक है।

जो लोग राजनीति में प्रभावी होने के लिये सचेष्ट होते हैं, वे उसमें समान रूप से सफल नहीं होते। इसका परिणाम यह होता है कि सभी राजनीतिक व्यवस्थाओं में राजनीतिक प्रभाव का वितरण असमान रूप से रहता है। राजनीतिक प्रभाव की यही असमानता राजनीतिक रूप से प्रभावशाली लोगों को शासक व अप्रभावशाली लोगों को शासित बना देती है। इस बात को मानवीय जीवन में प्रारम्भ से अब तक के काल के इतिहास में लगातार देखा जा सकता है।

यद्यपि सब लोग राजनीति में प्रत्यक्ष भाग नहीं लेते और बहुत से लोग राजनीति के प्रति उदासीन रहते हैं, फिर भी एक बड़ी संख्या में लोग, विशेषतः आधुनिक व्यवस्थाओं में, राजनीति में अपने को प्रभावी बनाने के लिये सचेष्ट रहते हैं, जिससे राजनीतिक व प्रशासकीय निर्णय उनके हितों के अनुकूल हों तथा राजनीतिक व्यवस्था से प्राप्त होने वाले लाभ उन्हें अधिक से अधिक मिल सकें।

राजनीतिक व्यवस्था के सभी अंग अपने-अपने उद्देश्यों को औचित्यपूर्ण समझते हुये उन्हें अपनी-अपनी दृष्टि से औचित्यपूर्ण ढंगों से सिद्ध करने का प्रयत्न

करते हैं। व्यवस्था के सभी अंग चाहें वे कितने ही अधिक शक्तिशाली क्यों न हों, अपने उद्देश्यों की सिद्धि बलपूर्वक ही नहीं कर सकते। राज्य स्वयं राजनीतिक व्यवस्था का सबसे अधिक शक्तिशाली अंग होता है, व्यवस्थापिका उसके उद्देश्यों की सिद्धि के अनुकूल निर्णयों के अनुसार विधियों का निर्माण करती है तथा शासन उसके निर्णयों का क्रियान्वय करने वाला अभिकरण होता है। पर सामान्यत: राज्य की विधियों के निर्माण के ऐसे कोई उद्देश्य नहीं हो सकते जो औचित्यपूर्ण न हों, उसकी ओर से व्यवस्थापिका कोई ऐसी विधियाँ नहीं बना सकती जिनका आधार औचित्यपूर्ण न हो तथा शासन उन्हें ऐसे ढंगों से क्रियान्वित नहीं कर सकता जो उचित न हों। यही कारण है कि राज्य जब ऐसे किसी कार्य को अपना उद्देश्य बना लेता है जिसका कोई सामाजिक औचित्य न हो, या व्यवस्थापिका ऐसी कोई विधि बना देती है जो सामाजिक नैतिकता व विश्वाास के प्रतिकूल हो, अथवा शासन की ओर से कोई ऐसे आदेश जारी कर दिये जाते हैं, जो सामान्य औचित्य पर आधारित न हों, तो राजनीतिक व्यवस्था के अन्य अंगों की ओर से उन सबका विरोध होता है, जो वैधानिकता व शान्तिप्रियता की सीमा को पार करके कभी-कभी अवैधानिक व हिंसापूर्ण भी हो जाता है।

राजनीतिक संसाधनों की प्राप्ति के लिये प्रयत्नरत लोगों में एक प्रतियोगिता सदा चलते रहने के कारण अनेक वैचारिक व व्यवहारिक संघर्ष चलते रहते हैं। राजनीतिक व्यवस्था में इन सघर्षों के समाधान की एक प्रक्रिया सदा चलती रहती है। इन द्वन्द्वों के समाधान अनेक बार मध्यस्थता से, अनेक बार पंच निर्णय से अनेक बार आपसी वार्ता से, अनेक बार आन्दोलनों से तथा अनेक बार आन्तरिक गृह-युद्धों तथा अन्तर्राष्ट्रीय युद्धों से होते हैं। इन द्वन्द्वों के समाधान अनेक बार केवल राज्येत्तर संस्थाओं के बीच में हो जाते हैं, तो अनेक बार वह राजकीय व्यवस्था के माध्यम से होते हैं।

राजनीतिक दृष्टि से प्रभावशाली राजनीतिक व्यवस्था के अंग अपने कार्यों की औचित्यपूर्णता सिद्ध करने के लिये किसी एक सामान्य दर्शन का प्रतिपादन किया करते हैं। सामान्यत: जन कल्याण प्रत्येक राजनीतिक व्यवस्था का उद्देश्य होता है। पर जिस प्रकार के दर्शन को आधार बनाकर चलने से जन कल्याण के उद्देश्य की साधना हो सकती है, प्रत्येक राजनीतिक व्यवस्था के प्रभावशाली अंग उसका प्रतिपादन व प्रचार करते हैं, जिससे जन-साधारण का सहयोग व समर्थन उन्हें प्राप्त होता रहे। इन दर्शनों का रूप बदलता रहता है तथा यही कारण है कि राजनीतिक व्यवस्था को 'बहुजन हिताय व बहुजन सुखाय' बनाने के लिये राजनीति में अब तक अनेक वादों (Isms) का प्रतिपादन हो चुका है। ये दर्शन अलग-अलग राजनीतिक व्यवस्थाओं में

अलग-अलग भी होते हैं। उदाहरणार्थ पश्चिम के देशों की लोकतन्त्रीय राजनीतिक व्यवस्थाओं के दर्शन को यदि 'विकासवादी समाजवाद'(Evolutionary Socialism) का दर्शन कहा जाता है, तो साम्यवादी राजनीतिक व्यवस्थाओं के दर्शन को 'क्रान्तिवादी समाजवादी' (Revolutionary Socialism) कहा जाता है। एक ही राजनीतिक व्यवस्था में किन्हीं क्षेत्रों में एक ही समय पर दर्शनों के किसी विशुद्ध रूप के स्थान पर एक से अधिक दर्शनों की बातें मान्य हो सकती हैं। जैसे भारत में आर्थिक क्षेत्र में एक ऐसे दर्शन को मान्यता प्रदान की जाती रही है जिसमें छोटे उद्योगों के संचालन के लिये वैयक्तिक क्षेत्र (Private Sector) तथा बड़े उद्योगों के संचालन के लिये सरकारी क्षेत्र (Public or Government Sector) की व्यवस्था को उचित माना गया है और इस कारण जिसे मिश्रित व्यवस्था (Mixed Economy) का दर्शन कहा जाता है। कोई भी राजनीतिक व्यवस्था अन्य राजनीतिक व्यवस्थाओं से अलग एकाकी स्थिति में नहीं रह सकती।

सभी राजनीतिक व्यवस्थायें एक दूसरे को अनेक दृष्टियों से प्रभावित करती रहती हैं। उदाहरणार्थ पश्चिमी ढंग के एक समय के पूँजीवादी लोकतन्त्रों को यदि समाजवादी लोकतन्त्रों के अस्तित्व के कारण अनेक समाजवादी आर्थिक कार्यक्रमों को अपनाकर यदि विकासवादी समाजवाद को अपनाना पड़ा है, तो पूर्व के क्रान्तिकारी लोकतन्त्रों को भी अपने यहाँ अब तक प्रचलित सैन्यीकृत (regimented) जीवन में ढील देकर और लोगों को वैयक्तिक स्वतन्त्रतायें प्रदान करके अपने लोकतंत्रों को राजनीतिक लोकतन्त्र भी बनाने के लिए बाध्य होना पड़ा है। राजनीतिक व्यवस्थायें अन्य व्यवस्थाओं को पूर्वापरिरूप में भी प्रभावित करती हैं। एक व्यवस्था समाप्त होकर दूसरी व्यवस्था प्रचलन में आ जाती है, पर बाद की व्यवस्था में पहली व्यवस्था के कुछ तत्त्व बने रह जाते हैं। उदाहरणार्थ, इंगलैंड में राजतन्त्रीय राजनीतिक व्यवस्था समाप्त होकर वहाँ अब लोकतन्त्रीय व्यवस्था का प्रचलन हो गया है, परन्तु फिर भी राजतन्त्रीय व्यवस्था का एक प्रतीक सम्राट्-पद वहाँ अब भी बना हुआ है।

राजनीतिक व्यवस्थाओं का वर्गीकरण

Classification of Political Systems

जिन सामान्य विशेषताओं का विवेचन ऊपर किया गया है, उनकी दृष्टि से राजनीतिक व्यवस्थायें समान होती हैं, तथापि उनमें कुछ महत्त्वपूर्ण असमानतायें भी होती हैं और उन असमानताओं के आधार पर उनका वर्गीरकरण किया जाता है। एक समय था जब राजनीतिक व्यवस्था का क्षेत्र राज्य व उसके शासन की व्यवस्था तक ही सीमित माना जाता था। राजनीतिक व्यवस्था की उस प्रकार की धारणा के समय व्यवस्थाओं के वर्गीकरण भी उसी दृष्टिकोण के अनुसार किये गये। अरस्तू ने राजनीति

विज्ञान की उस शाखा की नींव रख कर जिसे उन्होंने **'शासन व राजनीति का तुलनात्मक अध्ययन'** (Comparative Government of Politics) **का नाम** दिया, राजनीतिक व्यवस्थाओं का जो वर्गीकरण किया, वह राजनीतिक व्यवस्थाओं से सम्बन्धित उसी दृष्टिकोण पर आधारित था। इस प्रकार के दृष्टिकोण पर आधारित राजनीतिक व्यवस्थाओं के वर्गीकरण का प्रचलन अरस्तू के समय से पूरे मध्य काल में प्रचलित रहा और आधुनिक काल में भी प्रचलित है। राजतन्त्र (Monarchy), कुलीनतन्त्र (Aristocracy), व लोकतन्त्र (Democracy) के रूपों में किया गया शक्ति के औपचारिक एकत्रीकरण (Formal concentration of power) पर आधारित वर्गीकरण, एकात्मक (Unitary) व संघीय (Federal) शासनतन्त्रों के रूप में शक्ति के क्षेत्रीय वितरण (territoriol distribution of power) पर आधारित वर्गीकरण, तथा सभात्मक (Conventional), राष्ट्रपतीय या अध्यक्षीय (Presidential) व संसदीय (Parliamentary) शासन तन्त्रों के रूपों में शासन के विविध अंगों के पारस्परिक सम्बन्ध पर आधारित वर्गीकरण और अधिनायकतन्त्र (dictatorship) के रूप में जोड़ा गया शक्ति के वास्तविक केन्द्रीकरण पर आधारित शासन का वर्ग राजनीतिक व्यवस्था की पारम्परिक धारणा पर आधारित वर्गीकरण के अन्तर्गत आने वाले राजनीतिक व्यवस्थाओं के प्रकार हैं।

आधुनिक दृष्टिकोण पर आधारित वर्गीकरण

राजनीतिक व्यवस्था की आधुनिक धारणाा के अनुसार अब उनके विविध रूपों का विवेचन व वर्गीकरण भी आधुनिक धारणा के अनुसार किया जाने लगा है तथा कुछ विद्वानों द्वारा नये प्रकार के वर्गीकरण प्रस्तुत किये गये हैं।

ऐसा एक प्रयत्न समाजशास्त्री मैक्सवेबर द्वारा किया गया है। उसने राजनीतिक व्यवस्थाओं का वर्गीकरण शासकों की सत्ता की प्रवृत्ति के आधार पर किया है, यद्यपि ऐसा करने में उसने केवल औचित्यपूर्ण राजनीतिक व्यवस्थाओं पर ही विचार किया है। शासकों की सत्ता की प्रकृति के आधार पर औचित्यपूर्ण राजनीतिक व्यवस्थाओं के मैक्सवेबर ने दो प्रकार बताये हैं जिन्हें उसने परम्परावादी (Traditional) व करिश्मावादी (Charismatic) राजनीतिक व्यवस्थाएँ कहा है।

औचित्यपूर्ण परम्परावादी राजनीतिक व्यवस्था- किसी राजनीतिक व्यवस्था में अधीनस्थ लोग जब सत्ताधारियों द्वारा बनायी जाने वाली विधियों, उनके द्वारा जारी किये जाने वाले आदेशों व निर्देशों का पालन इस विश्वास के साथ करते हैं कि वे सब वैधानिकता पर आधारित हैं, तो उस वयवस्था को औचित्यपूर्ण राजनीतिक व्यवस्था कहा जाता है और जब इस प्रकार की राजनीतिक व्यवस्था में सत्ताधारियों की विधियाँ व उनके आदेश व निर्देश मान्य सामाजिक परम्पराओं पर आधारित होते हैं, तो ऐसी

औचित्वपूर्ण राजनीतिक व्यवस्था को परम्परावादी (Traditional) राजनीतिक व्यवस्था कहा जाता है।

औचित्यपूर्ण करिश्मावादी राजनीतिक व्यवस्था- जब किसी औचित्यपूर्ण राजनीतिक व्यवस्था में सत्ताधारियों द्वारा निर्मित विधियों व उसके आदेशों व निर्देशों का पालन अधीनस्थ लोग सत्ताधारी व्यक्ति के व्यक्तित्व की महानता, उसके गुणों की मान्यता व उसकी लोकप्रियता के ज़ादू या करिश्मा के कारण करते हैं, तो ऐसी राजनीतिक व्यवस्था को औचित्यपूर्ण करिश्मावादी राजनीतिक व्यवस्था कहा जाता है।

वेबर का वर्गीकरण आधुनिक अवश्य है किन्तु वह वैज्ञानिक नहीं है। उसका रूप आनुभाविक (emprical) है, क्योंकि वह किन्हीं बाहरी तत्त्वों को महत्त्व न देकर शासन के प्रति शासितों की धारणा के आधार पर राजनीतिक व्यवस्थाओं पर विचार करता है। पर उसे वैज्ञानिक नहीं कहा जा सकता, क्योंकि उनमें उन अन्य अनेक आधारों की उपेक्षा कर दी गई है जिनसे राजनीतिक व्यवस्थाओं के विविध रूपों का निर्धारण होता है और उसमें राजनीतिक व्यवस्थाओं के उन सभी प्रकारों को स्थान नहीं दिया गया है जिनका अध्ययन राजनीतिशास्त्र के आधुनिक विद्यार्थी को करना पड़ता है।

रोबर्ट ए. डाहल का वर्गीकरण

डाहल ने राजनीतिक व्यवस्थाओं के वर्गीकरण को एक कठिनाईपूर्ण कार्य माना है। फिर भी उन्होंने उनका वर्गीकरण तीन आधारों पर किया जाना उचित बताया है-

(1) वर्गीकरण का दूसरा आधार डाहल ने उन लोगों की संख्या को माना है जिनका प्रभाव राजनीतिक व्यवस्था की गतिविधियों पर पड़ता है अथवा यह कहना चाहिये कि जिनका प्रभाव राजनीतिक व्यवस्थाओं के निर्णयों पर पड़ता है। इस आधार के अनुसार राजनीतिक व्यवस्था के निर्णयों को प्रभावित करने वाले व्यक्तियों की संख्या एक, कुछ या बहुल हो सकती है तथा इस आधार पर भी राजनीतिक व्यवस्थाओं के प्रकार भिन्न हो सकते हैं।

(2) उप-व्यवस्थाओं की संख्या व उन्हें प्राप्त स्वायत्तता के आधार पर भी डाहल ने राजनीतिक व्यवस्थाओं का वर्गीकरण किया है। इस आधार पर जिन राजनीतिक व्यवस्थाओं में उप-व्यवस्थाओं की संख्या अधिक तथा जिन्हें प्राप्त स्वायत्तता की मात्रा भी अधिक होती है, उन्हें बहुलवादी (Pluralistic) तथा जिनमें उपव्यवस्थाओं की संख्या अपेक्षाकृत कम व उन्हें प्राप्त स्वायत्तता भी कम होती है, उन्हें एकात्मक (Unitary) समझा जाता है।

(3) वर्गीकरण का पहला आधार डाहल ने शासन व उसके कर्णधारों की

शक्ति के औचित्य की मान्यता की स्थिति को माना है। इस आधार पर डाहल के अनुसार यदि शासन व उसके कर्णधारों की शक्ति की मान्यंता इस कारण होती है कि उसे लोग औचित्यपूर्ण मानते हैं, तो ऐसे शासन को औचित्यपूर्ण राजनीतिक व्यवस्था कहा जायेगा तथा यदि उनकी मान्यता शासन व उसके कर्णधारों के आतंक के कारण होती है तो ऐसी राजनीतिक व्यवस्था को आतताई राजनीतिक व्यवस्था माना जायेगा।

कॉमनवैल्थ या राज्य की उत्पत्ति

थॉमस हॉब्स से पूर्व के दार्शनिकों ने जिस समझौते की व्याख्या की वह सामाजिक समझौता होने के स्थान पर प्रशासनिक समझौता अधिक था। उनका समझौता शासक और जनता के बीच था, जिसने जन की उत्पत्ति की। परन्तु थॉमस हॉब्स का समझौता सामाजिक है, राजनीतिक नहीं। यह समझौता व्यक्ति.का, व्यक्ति के साथ है, सम्प्रभु का जनता के साथ नहीं अर्थात् यह समझौता प्रत्येक का सबके साथ और सबका प्रत्येक के साथ है।

थॉमस हॉब्स की धारणा है कि कौमनवैल्थ की उत्पत्ति दो प्रकार से हो सकती है-संस्थान द्वारा या अभिग्रहण द्वारा संस्थान द्वारा कॉमनवैल्थ की उत्पत्ति तब होती है, जब व्यक्ति प्रकृति की अराजक और असहाय दशा से छुटकारा पाने के लिए स्वेच्छापूर्वक संगठित होते हैं। अभिग्रहण द्वारा कॉमनवैल्थ की स्थापना तब होती है, जब कोई शक्तिशाली व्यक्ति निर्बलों को विजयी कर उन्हें नष्ट करने की धमकी देकर उन्हें आज्ञाओं का पालन करने के लिए विवश करता है। दोनों स्थितियों में **कॉमनवैल्थ निर्माण हेतु सहमति भय पर आधारित है।** अन्तर केवल इतना है कि जहाँ एक व्यक्ति एक-दूसरे से भयभीत है, वहाँ दूसरे में व्यक्ति उस व्यक्ति के आतंक से भयभीत हैं, जो सत्ताधारी है। फिर भी संस्थान द्वारा स्थापित कॉमनवैल्थ ही थॉमस हॉब्स के विचारों अर्थात् उसके सामाजिक समझौते का मूर्त उदाहरण है।

थॉमस हॉब्स की धारणा है कि शांति और सुरक्षा जिनके लिए कॉमनवैल्थ की उत्पत्ति होती है, तब तक सम्भव नहीं, जब तक अगणित शक्तियों (इच्छाओं) के स्थान पर एक सामान्य शक्ति को उत्पन्न नहीं किया जाता, जो प्रत्येक व्यक्ति के मनोवेगों को नियंत्रित कर सके और उसके आदेशों की उल्लंघना करने वालों को दण्डित कर सके। **लेविआथन के 18वें अध्याय** में थॉमस हॉब्स ने स्पष्ट लिखा है कि-

"कॉमनवैल्थ उस समय स्थापित होती है, जब व्यक्तियों का समूह इस बात पर सहमत हो जाये और प्रत्येक दूसरे व्यक्ति के साथ वह समझौता कर ले कि अमुक व्यक्ति या व्यक्ति समूह को उनका प्रतिनिधित्व करने का अधिकार है। प्रत्येक व्यक्ति चाहे उसने उसके विपक्ष में मत दिया हो-उस व्यक्ति या व्यक्ति समूह के कार्यों और निर्णयों को उसी प्रकार अधिकृत करे जैसे कि वे उसके स्वयं के हों, ताकि वे आपस

में शांति और सुरक्षा से रह सकें।"

प्रत्येक व्यक्ति प्रत्येक दूसरे व्यक्ति से कहता है कि **"मैं इस व्यक्ति या समूह को अपने आपको शासित करने के अपने अधिकार को इस शर्त पर देता हूँ कि आप भी अपने अधिकार उसे सौंप दें और उसके सभी कार्यों को उसी प्रकार अधिकृत करें** ... यह उस महान् दैत्य अथवा यदि हम अधिक सम्मान के शब्दों में कहें, उस नश्वर प्रभु की उत्पत्ति है, जिसके प्रति हम अविनाशी प्रभु के अधीन अपनी शांति और सुरक्षा के लिए ऋणी हैं।"

लेविआथन के उपर्युक्त अवतरणों से निम्नलिखित निष्कर्ष निकाले जा सकते हैं।

(1) कॉमनवैल्थ सुरक्षात्मक भावनाओं पर आधारित है-थॉमस हॉब्स के लिए कॉमनवैल्थ (राज्य) न तो अरस्तू की भाँति एक प्राकृतिक संस्था है और न ही हीगल जैसे आदर्शवादियों की भाँति यह स्वयं में साध्य है। **थॉमस हॉब्स के लिए राज्य एक कृत्रिम संस्था है** जिसकी उत्पत्ति मानव के विशेष उद्देश्यों-शांति और सुरक्षा-के लिए हुई है। व्यक्तिवादियों की भाँति थॉमस हॉब्स मान्यता है कि राज्य का उद्देश्य लोक कल्याण के कार्य करना नहीं। यह पृथक् स्वार्थों का जोड़ मात्र है, जिसकी उपयोगिता का आधार पदार्थों और सेवाओं का विनियम है अर्थात् राज्य के प्रति नागरिकों की भक्ति उसके द्वारा प्रदत्त सेवाओं पर निर्भर करती है। **प्रो. सेबाइन** ने लिखा है कि "थॉमस हॉब्स के सुस्पष्ट भावहीन हेतुवाद ने पहली बार परम्परा की शक्ति को तोड़ा है। राज्य दैत्याकार या लेविआथन है, परन्तु लेवियाथन से कोई व्यक्ति न तो प्रेम करता है और न ही उसका आदर करता है। उसका महत्त्व उपयोगी होने में है, वह अपने कार्यों के लिए अच्छा है, परन्तु केवल व्यक्तिगत सुरक्षा का यन्त्र ... थॉमस हॉब्स ने आगामी दो शताब्दियों की विचारधारा पर प्रभाव डालने वाली यथेच्छाकारिता की भावना को समझ लिया।"

(2) कॉमनवैल्थ विवेक पर आधारित है-थॉमस हॉब्स की धारणा है कि विवेक ही व्यक्तियों में यह समझदारी पैदा करता है कि शांति और जीवन सुरक्षा तभी सम्भव है, जब वे एक सामान्य सत्ता के अधीन नहीं और उसकी आज्ञाओं का पालन करें। राजाज्ञाओं का पालन दण्ड के भय से नहीं, बल्कि इस भावना से होता है कि सम्प्रभु सब व्यक्तियों का प्रतिनिधित्व करता है। **थॉमस हॉब्स** लिखता है कि क्योंकि विवेक स्वयं समाज विरोधी तत्त्वों को नियंत्रित करने के लिए पर्याप्त नहीं, अत: सम्प्रभु को सर्वोच्च शक्ति से विभूषित करना अनिवार्य है। थॉमस हॉब्स ने लिखा है कि **"तलवार (शक्ति) के भय बिना समझौते केवल शब्द है, जो मानव को सुरक्षित नहीं रख सकते। शब्दों के बाण्ड, दमनकारी शक्ति के भय के बिना, इतने कमहोर हैं कि वे व्यक्ति की इच्छा, लालच, क्रोध और मनोवेगों को नियंत्रित नहीं कर सकते।"**

(3) कॉमनवैल्थ वास्तविक एकता है-थॉमस हॉब्स की धारणा है कि वो चीज समझौते द्वारा उत्पन्न होती है, वह सहमति से बढ़कर है। इसमें सभी व्यक्तियों का एकीकरण है। यह वास्तविक एकता है। यह एकता सामान्य कल्याण को निर्धारित करती है। इसकी शक्ति उन सब नागरिकों की शक्तियों का जोड़ है या उससे भी बढ़कर है, जिन्होंने इसे स्थापित किया है।

(4) समझौता सामाजिक है-थॉमस हॉब्स के सिद्धान्त की सबसे बड़ी विशेषता यह है कि जिन पक्षों ने समझौता किया वे न तो किसी प्रकार के समूह हैं, न ही जन और न ही किसी प्रकार की सर्वोच्च शक्ति से सम्पन्न सम्प्रभु। वे तो शुद्ध प्राकृतिक व्यक्ति है, जिन्होंने आपस में समझौता किया। यह प्रत्येक का सबके साथ और सबका प्रत्येक के साथ समझौता है।

(5) सम्प्रभु समझौते का पक्ष नहीं, परिणाम है-थॉमस हॉब्स का सम्प्रभु समझौते का पक्ष नहीं, परिणाम है। वह अनुबन्ध (समझौते) की रचना है। इसलिए वह उससे बाहर, सर्वोच्च और सम्प्रभु है। दूसरे शब्दों में, समझौते से पूर्व कोई सर्वोच्च शक्ति या सम्प्रभु नहीं था।

(6) शासन शक्ति शासितों की मौलिक शक्ति है-शासन व्यक्ति के सम्बन्ध में थॉमस हॉब्स के विचार प्लेटो, सन्त थॉमस और मैकियावली के विचारों से भिन्न हैं। प्लेटो और सन्त थॉमस अभिजात वर्ग के सद्गुण और प्रज्ञा में विश्वास करते हैं और जहाँ मैकियावली का शासक सुअवसर देखकर सत्ता हस्तगत कर सकता है, वहाँ थॉमस हॉब्स के नागरिक सम्प्रभु की शरण में इसलिए जाते हैं कि वह उन्हें सुरक्षा प्रदान करता है। जब सम्प्रभु उनकी सुरक्षा की उपेक्षा करता है और शक्ति का प्रयोग अपने हितों के लिए करता है तो उसके कानून शासितों की इच्छा पर आधारित नहीं रहते। थॉमस हॉब्स ने लिखा है कि **"लोगों की भक्ति कानून के प्रति है, शक्ति के प्रति नहीं।"** थॉमस हॉब्स के लिए शासन की शक्ति का आधार लोगों की इच्छा है, मौलक इच्छा शासितों की इच्छा है।

(7) क्रांतिकारी सिद्धान्त-थॉमस हॉब्स का समझौता मानव स्वतन्त्रता का चार्टर नहीं, यह दासता का बाण्ड है। नागरिक राज्य की आज्ञाओं का पालन बिना शर्त करते हैं अर्थात् जब तक समझौता विद्यमान है, तब तक सम्प्रभु के प्रति राजा की भक्ति निरन्तर है। नागरिक राजाज्ञाओं का उल्लंघन नहीं कर सकते और सम्प्रभु के कार्यों और लुप्तियों की त्रुटियों के आधार पर वे उसके विरुद्ध विद्रोह नहीं कर सकते। सम्प्रभु कोई अन्याय नहीं करता, क्योंकि अन्याय तो केवल समझौते की उल्लंघना है। सम्प्रभु के कार्य अधिक-से-अधिक दुराचारी हो सकते हैं, अन्यायिक नहीं। थॉमस हॉब्स के सम्प्रभु की शक्ति असीमित है और नागरिकों की उसके प्रति भक्ति पूर्ण है।

(8) विरोध का अधिकार-सम्प्रभु के प्रति नागरिकों की भक्ति को पूर्ण बनाते

हुए भी थॉमस हॉब्स एक स्थिति में उन्हें सम्प्रभु के विरुद्ध विद्रोह करने का अधिकार देता है। जब शासक शासितों के जीवन को सुरक्षित रखने और शांति व्यवस्था बनाये रखने में असफल रहता है तो नागरिक समझौते को समाप्त कर सकते हैं और नये शासक (सम्प्रभु) से समझौता कर सकते हैं, जो उन्हें जीवन सुरक्षा और शांति प्रदान कर सकता है। थॉमस हॉब्स ने लिखा है कि **"सम्प्रभु के प्रति नागरिकों की भक्ति तब तक है और उससे अधिक नहीं, जब तक वह उन्हें अपनी शक्ति द्वारा सुरक्षा प्रदान करने में योग्य है।"** नागरिकों को विरोध का अधिकार देते हुए भी थॉमस हॉब्स इस समस्या का समाधान नहीं करता कि इस बात का निर्णय कौन करेगा कि ऐसी स्थिति उत्पन्न हो गयी है कि सर्वोच्च सत्ता का विरोध किया जाये। यदि यह अधिकार व्यक्ति को दिया जाये तो सम्प्रभु के लिए अराजकता की स्थिति सर्वदा विद्यमान रहेगी और यदि इसे अपवाद के रूप में स्वीकार किया जाये तो थॉमस हॉब्स की सम्प्रभुता के सिद्धान्त में बाधाएँ उपस्थित होती है, जिन्हें वह किन्हीं अर्थों में स्वीकार करने के लिए तैयार नहीं था।

(9) किसी प्रकार की शासन व्यवस्था उचित है-थॉमस हॉब्स की धारणा है कि शासन का कोई भी स्वरूप राजतंत्र, कुलीनतंत्र, गणतंत्र-उचित है, यदि उसमें व्यवस्था, शांति और सुरक्षा स्थापित करने की योग्यता और क्षमता है। उसके सिद्धान्त में राजतंत्र को अधिमान्य स्थिति केवल इसलिए प्राप्त है कि उसकी धारणा कि इस प्रणाली में व्यक्तिगत और सार्वजनिक हितों में तादात्म्य रहता है और आन्तरिक व बाह्य नीति में अधिक संगति रहती है। थॉमस हॉब्स मिश्रित सरकारों में विश्वास नहीं करता है।

सारांश में, थॉमस थॉमस हॉब्स ने इंग्लैण्ड की अराजकतापूर्ण स्थिति के परिप्रेक्ष्य में 'निरंकुश राजतंत्र की औचित्य सिद्ध करने के लिए ही अपने सामाजिक समझौते में निरंकुश तथा सर्वशक्तिमान शासक की परिकल्पना की।

सामाजिक समझौते के सिद्धान्त की आलोचना

थॉमस हॉब्स के सामाजिक समझौते सिद्धान्त की अनेक आधारों पर आलोचना की जाती है, जिनमें से कतिपय निम्नलिखित हैं-

(1) थॉमस हॉब्स ने जिस सामाजिक समझौते की परिकल्पना की है, वह उसकी मानव स्वभाव की अवधारणा से मेल नहीं खाती है। ऐसा पाश्विक मानव सामाजिक समझौते को कैसे सोच सकता है?

(2) थॉमस हॉब्स द्वारा दो प्रकार के-प्रथम, सामाजिक तथा द्वितीय राजनीतिक सम्पादित करना किसी भी दृष्टि से तर्कसंगत नहीं है।

(3) थॉमस हॉब्स ने समझौते का आधार भय माना है, जो ठीक नहीं है। उसका मानना है कि अगर इस समझौते को भंग किया गया तो पुनः समाज में अराजकता की स्थिति उत्पन्न हो जायेगी अर्थात् पुनः प्राकृतिक अवस्था की स्थिति बन जायेगी। परन्तु कोई भी

समझौता भय के आधार पर टिकाऊ नहीं हो सकता है।

(4) थॉमस हॉब्स ने जिस सामाजिक समझौते की कल्पना की है, वह असामान्य तथा असाधारण है। इसमें उसने समझौते या अनुबन्ध की सारी शर्तों को तिलांजलि दे दी है।

(5) थॉमस हॉब्स ने सामाजिक समझौते के द्वारा सर्वसत्तावादी तथा निरंकुश शासक को जन्म दिया है।

(6) जन-साधारण को शासक के विरुद्ध क्रांति करने का अधिकार नहीं देना भी अलोकतांत्रिक है।

(7) वर्तमान परिस्थितियों में थॉमस थॉमस हॉब्स का सामाजिक समझौता असामयिक तथा अप्रांसगिक हो गया है।

उपर्युक्त आलोचनाओं के बावजूद थॉमस थॉमस हॉब्स के सामाजिक समझौता सिद्धान्त का महत्त्व है। ऐसा करके उसने राज्य की उत्पत्ति के दैवी सिद्धान्त का खण्डन कर दिया तथा सशक्त या सुदृढ़ संप्रभु की परिकल्पना की।

सम्प्रभुता पर थॉमस हॉब्स के विचार

ग्रीक दर्शन की सबसे बड़ी त्रुटि यह है कि उसमें कहीं भी सम्प्रभुता, उसकी प्रकृति एवं स्थान को स्पष्ट नहीं किया गया। यद्यपि इसके अंश को प्लेटो और अरस्तू के राज्य सम्बन्धी "नियामक विचार" में देखा जा सकता है, परन्तु एक अवधारणा के रूप में सम्प्रभुता के विचार को **रोमन विधिवेत्ताओं के 'मेजस्टम' सिद्धान्त** में देखा जा सकता है, परन्तु यहाँ यह विचार व्यक्ति की निजी भक्ति के साथ जुड़ा हुआ था। रोमन विधिवेत्ताओं को इस बात का श्रेय अवश्य है कि उन्होंने इस शब्द को प्रचलित किया। बोदाँ ने सम्प्रभुता को आधुनिक परिभाषा तो दी, परन्तु उसे प्राकृतिक कानूनों, संवैधानिक कानूनों और सम्पत्ति के अधिकारों से मर्यादित कर दिया।

थॉमस हॉब्स के राजनीतिक दर्शन की प्रमुख विशेषता यह है कि उसने सर्वप्रथम सम्प्रभुता के महत्त्व को समझा, उसका विश्लेषण किया तथा उसका स्थान निश्चित किया और उसकी शक्तियों और सीमाओं को निर्धारित किया। **वाहन** ने लिखा है कि **थॉमस हॉब्स वह दार्शनिक है, जिसने सर्वप्रथम इस बात को अनुभव किया कि राज्य के पूर्ण सिद्धान्त में मूल विचार सम्प्रभुता का है, उसने ही सर्वप्रथम इसके स्थान, कार्यों और सीमाओं को निश्चित करने की आवश्यकता पर बल दिया।"** थॉमस हॉब्स लिखता है कि सम्प्रभुता राजनीतिक जीवन का आवश्यक तत्त्व है। इसके अभाव में कोई समाज या नागरिक समाज नहीं, कोई व्यवस्था नहीं, कोई कानून नहीं, कोई न्याय-अन्याय, उचित-अनुचित के नियम नहीं। सम्प्रभुता के सिद्धान्त द्वारा थॉमस हॉब्स कानूनों के ऐसे स्त्रोत को उत्पन्न करना चाहता है, जिसकी शक्ति उस क्षेत्र में अविभाज्य, अविच्छेद, असीमित, स्थिर और अदेय हो। थॉमस हॉब्स सम्प्रभु को अपनी

शक्ति का निर्विवाद स्वामी बनाना चाहता है।

थॉमस हॉब्स प्रथम दार्शनिक है जिसने सम्प्रभुता पर किसी प्रकार की सामाजिक, धार्मिक, नैतिक, प्राकृतिक या दैवी मर्यादाओं को स्वीकार नहीं किया। **थॉमस हॉब्स** लिखता है कि **"जो लोग अपनी बर्बर स्थिति से ऊपर उठे हैं, वे राजनीतिक, नैतिक और धार्मिक कर्त्तव्यों के सम्बन्ध में निर्णायक निर्णय राज्य के प्रधान (सम्प्रभु) से प्राप्त करते हैं, विधर्मी भूत के बुद्धिमानों, दार्शनिकों और वक्ताओं या ईसाई युग के सन्तों और धर्म वैज्ञानिकों से नहीं।**" राज्य (सम्प्रभु) इच्छा को सभी अधिकारों का स्त्रोत बनाकर थॉमस हॉब्स न केवल ग्रोशियस और उसके स्कूल से पृथक् हो जाता है, बल्कि राजनीतिक सत्ता को प्रतिष्ठित करने में मैकियावली से भी आगे बढ़ जाता है। जहाँ मैकियावली व्यवहार में राजनीति को धर्म और नैतिकता से पृथक् करता है, वहाँ थॉमस हॉब्स राजनीतिक सिद्धान्त के रूप में राजनीति को धर्म और नैतिकता से ऊपर रखता है। **गेटल** ने लिखा है कि "जहाँ ग्रोशियस ने यह शिक्षा दी कि प्राकृतिक कानून और राष्ट्रों के कानून (अन्तर्राष्ट्रीय कानून) सभी राज्यों पर बाध्यकारी शक्ति रखते हैं, वहाँ थॉमस हॉब्स ने यह शिक्षा दी कि प्राकृतिक कानून, राष्ट्रों के कानून और दैवी कानूना राज्य के सम्प्रभु की इच्छा के माध्यम से ही व्यक्ति पर बाध्यकारी हो सकते हैं।" **थॉमस हॉब्स की सम्प्रभुता निरपेक्ष, सर्वव्यापी, असीमित, अविभाज्य, अविच्छेद्य, स्थिर और अदेय है।**

थॉमस हॉब्स की मान्यता है कि सभ्य समाज में व्यक्ति कानून के शासन के आधार पर ही एकत्रित या संगठित रह सकते हैं। जहाँ अरस्तू, सन्त थॉमस और मैकियावली ने मानव के पारस्परिक सम्बन्धों को कानून द्वारा निर्धारित करने का प्रयास किया, परन्तु वे उसकी विस्तृत व्याख्या न कर सके, वहाँ थॉमस हॉब्स कानून को ही मानव सम्बन्धों का आधार बनाता है। **थॉमस** ने लिखा है **"भक्ति कानून के प्रति है, शक्ति के प्रति नहीं।"** थॉमस हॉब्स राजनीतिक सत्ता को वैध सत्ता से सर्वोच्च नहीं मानता। वास्तव में थॉमस हॉब्स इन दोनों में कोई भिन्नता नहीं करता। ये दोनों एक व्यक्ति में केन्द्रित हैं। **हेकर** ने लिखा है कि **"यदि शक्ति है तो वह वैध शक्ति ही है।"**

थॉमस का सम्प्रभु वह व्यक्ति, व्यक्तियों का समूह या सभा है, जिसे नागरिकों ने अपने सब अधिकार समर्पित कर दियें। सम्प्रभु में सम्पूर्ण सामाजिक सत्ता केन्द्रित है। वही जन समूह का ऐसा प्रतिनिधि है, जिसे सबके लिए सोचने का कार्य करने का अधिकार है। वह युद्ध की घोषणा कर सकता है। वह सम्पूर्ण प्रशासनिक शक्तियों का स्त्रोत है। वह कानून का निर्माता है। वह न्याय की व्यवस्था करता है। वह विचारों पर नियंत्रण रखता है। वह परिवार, समुदाय, संघ एवं बिरादरी की सीमाएँ निर्धारित करता है। वह नैतिक मानदण्डों की व्याख्या करता है। वह राजनीतिक शिक्षा प्रदान करता है, आदि। सामाजिक और राजनीतिक ज़ीवन का कोई ऐसा क्षेत्र नहीं है, जो सम्प्रभु की शक्ति से

बाहर हो।

(1) सम्प्रभु के कार्य या शक्तियाँ-सम्प्रभु समस्त नागरिकों की इच्छा का एकमात्र प्रतीक है। सब नागरिक उसकी प्रजा है। सब उसके प्रति भक्ति रखते हैं। कोई उससे क्षति की शिकायत नहीं करता, क्योंकि प्रत्येक उसके कार्यों और निर्णयों को स्वीकार करता है। कोई राजाज्ञाओं की उल्लंघना नहीं करता, धर्म के आधार पर भी नहीं। **थॉमस** लिखता है कि **"ईश्वर के साथ समझौते का बहाना कपटी की अन्तरात्मा में भी साक्षात् झूठ है।"**

(2) सम्प्रभु विधायक है-सम्प्रभु समाज में एकमात्र विधायक है। वह कानून का स्त्रोत है। कानून वही है, जो सम्प्रभु कहता है कि वह क्या है? समाज में कानून निर्माण की अन्य कोई सत्ताएँ नहीं और यदि हैं तो वे सम्प्रभु की आज्ञा से विद्यमान हैं। सम्प्रभु द्वारा निर्मित कानूनों में बाध्यकारी शक्ति है। वे परामर्श नहीं, आदेश है; उनको मानना आवश्यक है। **थॉमस** ने लिखा है कि **कानून "उस व्यक्ति का आदेश है; जिसमें आदेश का पालन कराने की क्षमता है।**; कानून को लागू करने की शक्ति ही राजनीतिक समाज को स्थायी रख सकती है। इस शक्ति के अभाव में प्रकृति की अराजक स्थिति सर्वव्यापी हो जायेगी। कानून नागरिकों को सही और गलत, वैध और अवैध का ज्ञान कराते हैं। कानून नागरिक अधिकारों को निश्चित करते हैं। **थॉमस** उन सब लेखकों से भिन्न है, जो व्यक्ति के प्राकृतिक, स्वाभाविक या अलंघनीय अधिकारों में विश्वास करते हैं। थॉमस हॉब्स के लिए अधिकार सम्प्रभु द्वारा एक रियायत है। अधिकारों की यह कल्पना बीसवीं शताब्दी में फासीवाद और नाजीवाद का अंग बन गयी।

(3) सम्पत्ति पर नियंत्रण-बोदाँ ने सम्पत्ति के अधिकार को अलंघनीय मानकार सम्प्रभु की शक्तियों को सीमित कर दिया, परन्तु थॉमस हॉब्स इसे स्वीकार नहीं करता। वह इस बात को नहीं मानता कि सम्पत्ति प्राकृतिक कानून द्वारा सुरक्षित है। थॉमस हॉब्स कहता है कि सम्पत्ति को नियमित करना सम्प्रभु का कार्य है।

(4) विचारों पर नियंत्रण-थॉमस हॉब्स मिल्टन के इस कथन से सहमत नहीं है कि विचारों तथा उनके प्रकाशन की पूर्ण स्वतन्त्रता होनी चाहिए। **थॉमस** लिखता है कि विचारों और सिद्धान्तों के सम्बन्ध में अन्तिम निर्णय सम्प्रभु का है। सम्प्रभु ही इस बात का निर्धारक है कि कौन-सी विचारधाराएँ या सिद्धान्त नागरिक शांति और सुरक्षा के लिए आवश्यक अर्थात् सहायक हैं या कौन-सा खतरा हैं। अतः सम्प्रभु को विचारों पर नियंत्रण रखने का पूर्ण अधिकार है। **थॉमस** लिखता है कि विध्वंसक विचार ही विध्वंसक कार्यों की प्रेरणा देते हैं, अतः उन पर नियंत्रण आवश्यक है। **थॉमस** के शब्दों में, "व्यक्तियों के कार्य उनके विचारों से उत्पन्न होते हैं। व्यक्तियों के विचारों पर नियंत्रण जितना अच्छा होगा, उतना अच्छा उनके कार्यों पर नियंत्रण रहेगा।"

(5) न्याय का स्त्रोत-सम्प्रभु न्याय का स्त्रोत है। वह विवादों का निपटारा करता है तथा उचित-अनुचित, न्याय-अन्याय, अच्छे-बुरे, नैतिक-अनैतिक का अन्तिम निर्णय करता है।

(6) युद्ध और शांति का निर्णायक-सम्प्रभु दूसरे राज्यों से शांति या युद्ध के अधिकार का प्रयोग करता है। वह सेनाओं का निर्माण करता है तथा इस सम्बन्ध में सारी नीतियों को निर्धारित करता है।

(7) प्रशासनिक शक्तियों का स्त्रोत-सम्प्रभु दण्डाधिकारियों और परामर्शदाताओं की शक्तियों का स्त्रोत है। वह सब उपाधियों और विशेषाधिकारों को प्रदान करता है और उनका श्रेणीकरण करता है।

(8) अधिकार केवल सम्प्रभु में निहित-थॉमस हॉब्स राज्य में विद्यमान परिवार, संघ, समुदाय, चर्च, बिरादरी आदि संस्थाओं के किन्हीं अधिकारों को स्वीकार नहीं करता। वह राज्य में किसी प्रतिद्वन्दी शक्ति के निर्माण के विरुद्ध है। सभी पूर्णत: सम्प्रभु के अधीन है। सब सम्प्रभु की इच्छा द्वारा मर्यादित हैं। राज्य में अधिकार केवल सम्प्रभु के लिए हैं। थॉमस हॉब्स के लिए सम्प्रभुता अविभाज्य है। उसे विभाजिक करना उसे नष्ट करना है।

सारांश में, **थॉमस निरपेक्ष शासन के सिद्धान्त का प्रतिपादक है।** उसके सम्प्रभु की शक्तियाँ असीमित, निरपेक्ष, सर्वव्यापी, अविभाज्य, अविच्छेद, स्थिर और अदेय हैं। वह समाज का एक मात्र प्रतिनिधि है। वह समाज के सभी अधिकारों-राजनीतिक, सामाजिक, धार्मिक, नैतिक का भण्डार है। प्रजा की भक्ति केवल राज्य के प्रति है। थॉमस हॉब्स बहुलवादियों के इस विचार से सहमत नहीं कि समुदायों के अधिकार स्वाभाविक होते हैं और न ही वह अरस्तू के इस विचार से सहमत है कि भिन्न-भिन्न संघ या समुदाय अत्याचार या उपद्रव के विरुद्ध दीवार हैं और न ही वह टॉकविल की भाँति संघों या समुदायों को स्वतन्त्र समाज की आधारशिला मानता है। थॉमस हॉब्स समुदायों को किसी प्रकार की शक्ति देने के लिए तैयार नहीं। **थॉमस** लिखता है कि **"जिस मात्रा में संघ या समुदाय अपने सदस्यों से भक्ति प्राप्त करते हैं, वे उतनी ही मात्रा में सम्प्रभु के प्रति उन नागरिकों की भक्ति को निर्बल करते हैं।" थॉमस** कहता है कि कोई व्यक्ति एक समय पर दो स्वामियों की सेवा नहीं कर सकता, अत: सभी को पूर्णत: राज्य के अधीन होना चाहिए।

थॉमस थॉमस की सम्प्रभुता सम्बन्धी विचारों की आलोचना

थॉमस थॉमस हॉब्स के संप्रभुता सम्बन्धी विचारों की निम्नलिखित आधारों पर आलोचना की जा सकती है-

(1) थॉमस थॉमस हॉब्स का संप्रभु निरंकुश तथा सर्वशक्तिमान है। ऐसा निरंकुश शासक

जनता के लिए कल्याणकारी सिद्ध नहीं हो सकता है।

(2) प्राकृतिक नियमों और प्राकृतिक अधिकारों को ऐसे निरंकुश संप्रभु के अधीन कर देना न तो न्यायसंगत है और न ही तर्क-संगत है।

(3) थॉमस थॉमस हॉब्स की संप्रभु की यह अवधारणा अलोकतांत्रिक है।

सारांश में यही कहा जा सकता है कि थॉमस थॉमस हॉब्स ने सशक्त तथा सुदृढ़ शासन की स्थापना करने के लिए ही ऐसे निरंकुश शासक की परिकल्पना की।

राजनीतिक अवधारणा की शुरूआत द्वितीय विश्वयुद्ध के बाद से मानी जाती है। यद्यपि इसे 16वीं सदी के पुनर्जागरण के समय से भी माना जा सकता है। जिसमें बुद्धिवाद की स्थापना की गयी थी। जिसके आधार पर तर्क और कार्य-कारण सम्बन्धों पर बल दिया जाने लगा। धीरे-धीरे मानव जीवन के आर्थिक, राजनीतिक, सामाजिक, सांस्कृतिक आदि सभी क्षेत्रों में मूल्यात्मक परिवर्तन शुरू हुए। जिसके फलस्वरूप विवेक आधारित परिवर्तन के द्वारा किसी भी रूप में इतिहास की किसी समृद्धि अवस्था में श्रेष्ठ समाज की स्थापना की जाती रही है। इस तरह सामाजिक परिवर्तन की दिशा निरन्तर प्रगति तथा विकास की ओर उन्मुख मानी जाती है। सिरिल ब्लेक (Cyril Black) ने आधुनिकीकरण में प्राकृतिक शक्तियों पर मानव प्रभाव का बढ़ता प्रभाव अथवा मानवीय विजय को शामिल किया है।

राजनीतिक व्यवस्थाओं में अनेक व्यवस्थायें अथवा अवधारणायें प्रचलित हैं। इनमें एक प्रमुख राजनीतिक अवधारणा आधुनिकीकरण की अवधारणा भी है। यह अवधारणा पश्चिमी देशों की देन मानी जाती है। धीरे-धीरे यह अवधारणा अन्य देशों में फैलती चली गयी है। कुछ विचारक इसे राजनीतिक विकास की प्रक्रिया का परिणाम मानते हैं। राजनीतिक व्यवस्थाओं में निरन्तर परिवर्तन की प्रक्रिया चलती रहती है जिसमें अनेक निश्चित लक्ष्य, उद्देश्य तथा मूल्य शामिल होते हैं।

द्वितीय विश्वयुद्ध के बाद एशिया तथा अफ्रीका में साम्राज्यवाद और उपनिवेशवाद की समाप्ति के बाद नये स्वतन्त्र राष्ट्रों की स्थापना हुई। इन नव स्वतन्त्र देशों ने आधुनिक संरचना वाली राजनीतिक व्यवस्थाओं को अपनाया तथा इन्हीं व्यवस्थाओं के माध्यम से अपने परम्परागत सामाजिक तथा आर्थिक ढाँचे का आधुनिकीकरण करने की कोशिश की लेकिन ज्यादातर देशों में आधुनिकीकरण की प्रक्रिया में अनेक समस्यायें उत्पन्न हुई हैं। जैसे- इन देशों में-

(1) नेतृत्व उन लोगों को मिला जिन्होंने अपने राजनीतिक प्रतिद्वन्द्वियों के दमन में विश्वास किया तथा आर्थिक क्षेत्र में विवेकपूर्ण नीतियों को लागू करने में असमर्थ रहे।

(2) कई देशों में सैनिक क्रान्तियाँ हुई,

(3) राजनीतिक अस्थिरता उत्पन्न हुई,

(4) समाज के विभिन्न वर्गों में संघर्ष शुरू हुये,

(5) राजनीतिक नेतृत्व और नौकरशाही भ्रष्ट एवं अकुशल रही है,

(6) राजनीतिक दलों में उठा-पटक बनी रही,

(7) जनसंख्या वृद्धि गति तीव्र रही है, एवं

(8) आर्थिक विकास की गति अपेक्षाकृत धीमी रही है।

(9) व्यवस्थापिका तथा न्यायपालिका के अधिकार क्षेत्र में बदलाव आता रहा है,

(10) जनमत के साधनों पर सरकारी नियन्त्रण बढ़ा है,

इस प्रकार ये देश उपर्युक्त प्रकार की समस्याओं से ग्रसित रहे हैं तथा वर्तमान में भी अनेकों ऐसी ही समस्याओं से जूझ रहे हैं तथा आधुनिकीकरण की दिशा में प्रयासरत हैं। सामान्यतया तीसरी दुनिया के देशों के (एशिया, अफ्रीका तथा लेटिन अमेरिकी देश) इस राजनीतिक घटनाक्रम को समझने के लिये ही राजनीतिक आधुनिकीकरण की अवधारणा की स्थापना की गयी है। आधुनिक अनेक विचारक तो आधुनिकीकरण को एक जटिल, मिश्रित तथा बहुस्तरीय सम्प्रत्य कहते हैं। यह सामाजिक विकास की एक ऐसी प्रक्रिया है जिसके द्वारा अविकसित अथवा विकासशील देश अपने से अधिक विकसित देशों के संरचनात्मक लक्षणों को प्राप्त करने की कोशिश करते हैं।

राजनीतिक आधुनिकीकरण एक विकासोन्मुखी प्रक्रिया मानी जाती है। यह एक व्यापक तथा बहुस्तरीय अवधारणा का एक अंग भी मानी जाती है। आधुनिकीकरण की प्रक्रिया जब राजनीति में आती है तो इसे राजनीतिक आधुनिकीकरण के नाम से जाना जाता है। राजनीतिक आधुनिकीकरण की प्रक्रिया में पुरानी एवं परम्परागत राजनीतिक व्यवस्था को आधुनिक राजनीतिक व्यवस्था में रूपान्तरित करने की कोशिश करते हैं अर्थात् जब कोई अविकसित या विकासशील राजनीतिक व्यवस्था स्वयं को अपने से अधिक विकसित राजनीतिक व्यवस्था में परिवर्तित करने की कोशिश करती है तो उसके इस क्रियात्मक प्रयास को राजनीतिक आधुनिकीकरण की प्रक्रिया कहा जाता है। इसे विभिन्न विद्वानों ने निम्न प्रकार परिभाषित किया है-

के.ई.वेल्श जूनियर के शब्दों में, "राजनीतिक आधुनिकीकरण साधनों के विवेकपूर्ण उपयोग पर आधारित एक प्रक्रिया है जिसका लक्ष्य एक आधुनिक समाज की स्थापना करना है।"

एडवर्ड शिल्स के अनुसार, "आधुनिकीकरण, सामाजिक एवं आर्थिक क्षेत्रों में परम्परागत जीवन पद्धति के स्थान पर जीवन की आधुनिक पद्धति को अपनाना है।

यह पश्चिमीकरण भी कहा जा सकता है यद्यपि नये राष्ट्र पश्चिमी राष्ट्रों के प्रभाव से स्वतन्त्र रहना चाहते हैं।"

एडम स्मिथ के शब्दों में,"आधुनिकीकरण की प्रक्रिया में यह जानकारी निहित होती है कि इतिहास एक निश्चित दिशा की ओर बढ़ रहा है तथा इस दिशा को खोजने का सतत् प्रयास किया जाता है।"

कौलमैन के मतानुसार,"राजनीतिक आधुनिकीकरण में राजनीति तथा शासकीय संरचनाओं में अपेक्षाकृत अधिक मात्रा में विभेदीकरण, सुस्पष्टता तथा कार्यात्मक विशिष्टता उत्पन्न करना है जिसकी वजह से राजनीतिक तन्त्र में कार्यों को सम्पन्न करते समय उसमें नियमितता पायी जाती है। ..... इसे राजनीतिक आधुनिकीकरण के नाम से जाना जाता है।"

ल्युसियन पाई के अनुसार,"राजनीतिक आधुनिकीकरण में शासकीय शासन एवं सत्ता में कार्यों के सम्बन्धों में विशिष्टता की मात्रा निहित होती है। इसमें शासन-तन्त्र में राष्ट्रीय प्रयत्नों के माध्यम से जनसाधारण को एक करने की क्षमता बढ़ती जाती है। इसके साथ-साथ जनता में सहभागिता की प्रक्रिया का विस्तार होता है। इस तरह शासकीय निर्णय को प्रभावित करने की क्षमता का नाम ही राजनीतिक आधुनिकीकरण है।"

हन्टिंगटन के अनुसार, "राजनीतिक आधुनिकीकरण एक बहुमुखी प्रक्रिया है जिसका सम्बन्ध मानवीय चिन्तन तथा गतिविधियों के सभी क्षेत्र में परिवर्तन से है।"

मॉर्टन आर.डेविस और वाहन ए.लेविस के अनुसार," ....उद्देश्य आधुनिक होना है। गतिशील जनता के हितों के प्रति रुचिवान, लोकतान्त्रिक, समाजवादी, वैज्ञानिक, आर्थिक दृष्टि से विकसित प्रभुसत्ता सम्पन्न एवं प्रभावशाली होना।"

राबर्ट वार्ड के शब्दों में, "राजनीतिक आधुनिकीकरण आधुनिक समाज की प्राप्ति के लिये एक ऐसा आन्दोलन है जिसका प्रमुख लक्षण है अपने पर्यावरण की भौतिक एवं सामाजिक परिस्थितियों को नियन्त्रित अथवा प्रभावित करने की दूरगामी क्षमता तथा ऐसी मूल्य व्यवस्था जो इस क्षमता की जरूरत तथा इससे प्राप्त होने वाले परिणाम के बारे में मूलरूप से आशावादी होती है।"

ईजन स्टेड ने राजनीतिक आधुनिकीकरण में तीन प्रकार के आधुनिकीकरण की चर्चा की है-

(a) राजनीतिक आधुनिकीकरण में राजनीतिक भूमिकाओं, संस्थाओं में विभेदीकरण, केन्द्रीकरण तथा एकीकरण की शक्ति निहित होती है।

(b) राजनीतिक आधुनिकीकरण में राष्ट्र के प्रशासन तथा राजनीतिक संगठनों

के कार्यों का विस्तार पाया जाता है।

(c) राजनीतिक आधुनिकीकरण में वयस्क नागरिकों में नागरिकता का विस्तार पाया जाता है। नागरिकों में शासन तन्त्र के प्रति पूरी आस्था पायी जाती है। सैद्धान्तिक विचारों तथा राजनीतिक उत्तरदायित्वों में वृद्धि पायी जाती है।

राजनीतिक आधुनिकीकरण की विशेषतायें :- राजनीतिक आधुनिकीकरण के अर्थ एवं परिभाषाओं के आधार पर विभिन्न विद्वानों ने अनेक विशेषतायें बतायी हैं-

ऑमण्ड और पावेल के अनुसार राजनीति आधुनिकीकरण की निम्नलिखित विशेषतायें हैं-

- राजनीतिक आधुनिकीकरण में नयी मान्यताओं की स्थापना होती है,
- राजनीतिक आधुनिकीकरण में भौतिक सुविधाओं को नागरिकों द्वारा स्वीकार किया जाता है,
- राजनीतिक आधुनिकीकरण में शासन तन्त्र में विशिष्टता का प्रयास किया जाता है,
- राजनीतिक आधुनिकीकरण में राजनीतिक माँगें जनसाधारण द्वारा रखी जाती हैं, एवं
- राजनीतिक आधुनिकीकरण में महिलाओं की राजनीति में सहभागिता पर ध्यान दिया जाता है।
- राजनीतिक आधुनिकीकरण में केन्द्रीकरण की प्रवृत्ति पायी जाती है,
- राजनीतिक आधुनिकीकरण में राजनीतिक शक्ति की क्षमता में लगातार बढ़ोत्तरी होती है,
- राजनीतिक आधुनिकीकरण में राजनीति और शासन तन्त्र में नागरिकों की सहभागिता राष्ट्रीय स्तर पर पायी जाती है,

आर.ई.वाई. तथा डी.ए. रुस्टोव के अनुसार- रातनीतिक आधुनिकीकरण की ये विशेषताएँ है -

- राजनीतिक आधुनिकीकरण में जनसाधारण का भारी दबाव रहता है,
- राजनीतिक आधुनिकीकरण राष्ट्रीय इतिहास, परिचय, लोकप्रिय तथा समन्वयवादी विचारधारा के आधार पर पाया जाता है,
- राजनीतिक आधुनिकीकरण में शासन तन्त्र की विविधता बढ़ जाती है,
- राजनीतिक आधुनिकीकरण में शासन तन्त्र की संरचना में राष्ट्रीय एकीकरण का प्रयास किया जाता है,
- राजनीतिक आधुनिकीकरण में शक्तियाँ देते समय राजनीतिक भूमिकाओं का ध्यान रखा जाता है,
- राजनीतिक आधुनिकीकरण में राजनीतिक तथा प्रशासनिक निर्णयों की सर्वोच्चता तथा प्रभावशीलता काफी पायी जाती है तथा सर्वव्यापकता का प्रयास किया

जाता है

- राजनीतिक आधुनिकीकरण में राजनीतिक निर्णय करने के लिये विवेक का सहारा लिया जाता है, एवं

- राजनीतिक आधुनिकीकरण में तटस्थ तथा अवैयक्तिक विधि सम्मत न्यायिक व्यवस्था का निर्माण किया जाता है।

इस तरह राजनीतिक आधुनिकीकरण की विभिन्न विशेषतायें पायी जाती हैं। इनमें निम्नलिखित विशेषतायें मुख्य हैं-

(1) विभेदीकरण:- राजनीतिक आधुनिकीकरण राजनीतिक व्यवस्था के कार्यों में निरन्तर वृद्धि मानता है। इससे राजनीतिक व्यवस्था के कार्यों में विशिष्टीकरण उत्पन्न होता है। विशिष्ट कार्यों की पूर्ति हेतु राजनीतिक व्यवस्था की संस्थाओं भी श्रम विभाजन के सिद्धान्त के अनुसार विशिष्टीकरण होता है। यह विशिष्टीकण विभिन्न स्तरों पर होता है। इसी कारण इसे राजनीतिक कार्यों तथा संस्थाओं का बहुस्तरीकरण कहा जाता है।

(2) समाज के सभी क्षेत्रों में :- राजनीतिक आधुनिकीकरण में सकारात्मक कार्यों में तीव्रगति से वृद्धि पायी जाती है। राज्य व्यक्ति के हित में अनेक आर्थिक, सामाजिक, शैक्षणिक तथा कल्याणकारी कार्य सम्पन्न करता है। इससे यह जीवन के सभी पक्षों से सम्बन्धित हो जाता है तथा सभी पक्षों को प्रभावित करता है।

(3) एकीकृत शासन व्यवस्था :- राजनीतिक व्यवस्था के स्थायित्व तथा राजनीतिक आधुनिकीकरण की प्रक्रिया की निरन्तरता हेतु यह जरुरी है कि राजनीतिक व्यवस्था के कार्यों तथा संस्थाओं में उचित प्रकार की एकता स्थापित रहे। यह कार्य राजनीतिक आधुनिकीकरण द्वारा होता है। राजनीतिक आधुनिकीकरण ऐसी व्यवस्था का विकास करता है जो संस्थाओं के कार्यात्मक विशेषीकरण तथा उनकी स्वायत्तता की रक्षा कर एकीकरण स्थापित करे।

(4) समानता :- यह नागरिक समानता पर बल देता है। यह राजनीति तथा प्रशासनिक पदों के लिये योग्यता पर बल देता है। यह धर्म, जाति, वर्ग, सम्प्रदाय, भाषा, लिंग आदि के आधार पर भेदभाव नहीं करता है। परिणामस्वरूप समाज में समानता आती है।

(5) जन सहभागिता में वृद्धि :- राजनीतिक आधुनिकीकरण की प्रक्रिया सामान्य नागरिकों की सक्रियता में विश्वास करती है। साधारण जनता स्थानीय, प्रान्तीय एवं सामुदायिकता की तुलना में राष्ट्रीय राजनीति में अधिक रुचि लेने लगती है। परिणामस्वरूप जन सहभागिता में वृद्धि हो जाती है।

(6) सार्वभौमिकता :- राजनीतिक आधुनिकीकरण में कानूनों की

सार्वभौमिकता पायी जाती है। इसमें कानून की सर्वोच्चता को स्वीकार किया जाता है। कानून के समक्ष सभी समान होते हैं। सभी कानून के प्रति उत्तरदायी होते हैं।

(7) जनता के प्रति दायित्वों में वृद्धि:- राजनीतिक आधुनिकीकरण के अर्न्तगत शासकों की शक्तियों एवं प्रभाव में वृद्धि होती है लेकिन जनता के प्रति शासकों के उत्तरदायित्वों में वृद्धि हो जाती है। यह अनुत्तरदायित्वपूर्ण आचरण को नियन्त्रित करता है। राजनीतिक आधुनिकीकरण के द्वारा नये अभिजात वर्गों की स्थापना भी होती है। यह अभिजात वर्ग शासक के उत्तरदायित्व के सिद्धान्त में विश्वास करता है।

(8) परिवर्तन की क्षमता :- राजनीतिक आधुनिकीकरण के साथ ही समाज में दबाव समूहों तथा हित समूहों का भी जन्म होता है। राजनीतिक दल दबाव की राजनीति द्वारा अपनी माँगों को पूरा करने का प्रयास करते हैं। इस तरह समाज में हित संघर्षों का भी जन्म होता है। राजनीति आधुनिकीकरण में ऐसी क्षमता भी होगी जो अनुचित माँगों से इन्कार कर सके तथा सार्वजनिक हितों वाली नीतियों का समर्थन कर सके।

राजनीतिक आधुनिकीकरण के आयाम (Models of Political Modernisation) :- राजनीतिक आधुनिकीकरण का प्रतिमान विभिन्न देशों में भिन्न-भिन्न होता है। इसलिये इसका कोई एक प्रतिमान नहीं दिया जा सकता है। **एडवर्ड शिल्स** ने विभिन्न देशों की राजनीतिक व्यवस्थाओं के आधार पर राजनीतिक आधुनिकीकरण के पाँच मुख्य प्रतिमान दिये गये हैं-

(1) राजनीतिक लोकतन्त्र :- राजनीतिक आधुनिकीकरण के इस रूप में शासन कार्यों में पर्याप्त जन सहभागिता देखी जा सकती है। यह शासन नागरिक शासन के नाम से भी जाना जाता है। इस व्यवस्था के निम्नलिखित लक्षण हैं:-

- सार्वभौमिक मताधिकार द्वारा निर्वाचित सरकार,
- राजनीतिक बहुदलीय व्यवस्था या बहुमत प्राप्त दल की सरकार,
- अल्प या निश्चित अवधि के लिए सत्ता,
- सरकार पर संवैधानिक नियन्त्रण, एवं
- स्वतन्त्र एवं निष्पक्ष न्यायपालिका।

यह प्रतिमान मुख्य रूप से आंग्ल अमेरिकी देशों में पाया जाता है। विकासशील राष्ट्र ज्यादातर इस प्रतिमान की आकांक्षा कर रहे हैं। राजनीतिक लोकतन्त्र के लिये निम्नलिखित लोकतान्त्रिक मूल्यों में भी विश्वास किया जाता है-

- विरोधी दलों का प्रभाव या नियन्त्रण,
- लोकतान्त्रिक साधनों में विश्वास,

– तटस्थ नौकरशाही, एवं

– स्वतन्त्र एवं निष्पक्ष चुनावों की व्यवस्था।

(2) अभिभावकीय लोकतन्त्र :- यह आधुनिकीकरण का ऐसा प्रतिमान है जिसमें राजनीतिक लोकतन्त्र की समस्त संस्थायें शामिल होती हैं। इसमें कार्यपालिका पर्याप्त प्रभावी होती है। सत्ता का केन्द्रीकरण होता है। निर्वाचित व्यवस्थापिका होती है। राजनीतिक दलों की शक्तियाँ सीमित होती हैं। प्रेस एवं जनमत निर्माण के साधन सक्रिय रहते हैं। नागरिक स्वतन्त्रता पर आवश्यक प्रतिबन्ध लगे होते हैं। परम्परागत समाज में नवीन परिवेश की पृष्ठभूमि निर्मित करने में लोकतन्त्र की स्थापना तथा रक्षा करने में, नेताओं को अभिभावकों के रूप में भूमिका निभानी होती हैं। कुछ लोगों की धारणाओं, आदर्शों, विचारों के आधार पर लोकतान्त्रिक भावना का निर्माण होता हैं ये लोकतन्त्र के प्रहरी की तरह काम करते हैं। यह व्यवस्था उन्हीं देशों में लागू हो पाती है जहाँ लोकतान्त्रिक व्यवस्थायें भी पायी जाती हों। इसकी श्रेष्ठ व्यवस्था सामाजिक और आर्थिक विकास वाले राष्ट्रों में यह अधिक प्रभावी रहता है।

(3) सर्वाधिकारवादी अल्पतन्त्र :- इसका संगठनात्मक रूप शक्तिशाली होता है। इसमें शक्ति केन्द्रीय स्तर पर होती है। यह शक्ति के द्वारा ही सामाजिक एवं आर्थिक नियन्त्रण स्थापित करता है। यह अपने विरोधियों का दमन करता है। राष्ट्रीयता श्रेष्ठरूप में देखी जा सकती है। ये हिंसा एवं अनैतिकता का भी सहारा ले सकते हैं। तानाशाही प्रवृत्तियाँ भी पायी जाती हैं।

सर्वाधिकारवादी वर्गतन्त्र की निम्नलिखित मान्यतायें तथा लक्षण हैं-

– सर्वाधिकारवादी राज्य में विश्वास,

– शासन का संचालन एक कठोर दल-व्यवस्था द्वारा,

– प्रशासक वर्ग की श्रेष्ठता,

– सत्तारूढ़ शासक वर्ग ही सत्ता का केन्द्र,

– विरोध को कठोरता से दबाना,

– एक ही राजनीतिक दल,

– शासन की निर्वाचित प्रतिनिधि संस्थायें लेकिन प्रभावहीन, एवं

– विधि के शासन, स्वतन्त्र न्यायपालिका, उत्तरदायी शासन, जनमत निर्माण के स्वतन्त्र साधन आदि का कोई खास महत्त्व नहीं।

बीसवीं सदी में सर्वाधिकारवादी अल्पतन्त्र के दो रूप माने जाते हैं –

(1) दक्षिणपंथी (फासीवादी) सर्वाधिकारवादी वर्गतन्त्र, एवं

(2) वामपंथी (साम्यवादी) सर्वाधिकारवादी वर्गतन्त्र।

(4) आधुनिक अल्पतन्त्र :- इस अल्पतन्त्र में राजनीतिक आधुनिकीकरण

का ऐसा प्रतिमान है जिसमें सम्पूर्ण शासन सत्ता पर छोटे समूह का पूर्ण अधिकार होता है। यह वर्ग देश के आर्थिक एवं सामाजिक आधुनिकीकरण का पूर्ण पक्षपाती होता है व इस दिशा में यह प्रयास भी करता है। ऐसे अल्पतन्त्र की स्थापना उन विकासशील देशों में हुई है जिनमें राजनीतिक लोकतन्त्र का प्रयोग न केवल असफल रहा है, वरन् इसके कारण राजनीतिक अस्थिरता, तनाव, संघर्ष तथा आर्थिक अव्यवस्था भी हुई है। इन देशों में राजनीतिक लोकतन्त्र को राष्ट्रीय संकट उत्पन्न करने वाला माना जाता है तथा उनके विरोध में ऐसा अल्प वर्ग शासन सत्ता पर अधिकार कर लेता है जो राजनीतिक लोकतन्त्र के स्थान पर एक सत्तावादी राज्य की स्थापना ठीक मानता है। यह अल्प वर्ग जन सामान्य की राजनीतिक योग्यता को नहीं मानता है तथा अपने विरोधों को कुचलने में यह विश्वास रखता है। इसमें मताधिकार का अधिकार अपेक्षाकृत सीमित होता है। व्यवस्थापिका के अधिकार नाममात्र के होते हैं। वह परामर्श का भी कार्य करती है। न्यायपालिका भी पूर्णत: स्वतन्त्र एवं निष्पक्ष नहीं होती है। इससे सरकार को कानूनी स्तर पर अपने विरोधियों से निपटने में सरलता रहती है। कुछ विचारक इस अल्पतन्त्र को नागरिक या सैनिक वर्गतन्त्र भी कहते हैं। इसमें शासक वर्ग अन्य वर्गों के हितों का भी ध्यान रखता है। इसमें सफलता प्रतिबद्ध नौकरशाही की सहायता से मिलती है। यह व्यवस्था एक स्थायी, ईमानदार एवं शक्तिशाली सरकार की स्थापना की कोशिश करती है।

(5) परम्परावादी अल्पतन्त्र :- यह ऐसी राजनीतिक व्यवस्था है जिसका आधार परम्परागत धार्मिक विश्वासों पर आधारित राजवंशीय शासन होता है। राजनीतिक आधुनिकीकरण का आधार पंथ निरपेक्षता, आधुनिक सामाजिक संरचना, राज्य कार्यों में वृद्धि होती है लेकिन इनका परम्परागत अल्पतन्त्र में अभाव होता है। यह अल्पतन्त्र अपनी मूल प्रकृति से राजनीतिक आधुनिकीकरण की प्रक्रिया से मेल नहीं खाता है। यह परम्परागत संस्कृति की रक्षार्थ सामाजिक एवं राजनीतिक जीवन में आधुनिकीकरण की प्रक्रिया का विरोधी होता है। इस तन्त्र में आधुनिकीकरण की गति धीमी होती है।

परम्परागत अल्पतन्त्र के मुख्य लक्षण निम्नलिखित हैं-

- राज्य का कार्यक्षेत्र सीमित होता है,
- केन्द्रीय सरकार की शक्ति सीमित होती है, एवं
- सामाजिक समूहों के प्रति व्यक्ति निष्ठा रखते हैं।
- इसका विश्वास धार्मिक तथा रक्त सम्बन्धी श्रेष्ठता का सिद्धान्त है,
- यह परम्परावादी नैतिक सिद्धान्त है,
- शासक उत्तराधिकार से बनता है,
- यह जनता के सामाजिक एवं आर्थिक जीवन में अहस्तक्षेप की नीति अपनाता है,

- यह नये कानून कम से कम बनाता है,

अन्ततः कह सकते हैं कि इस अल्पतन्त्र में आधुनिकीकरण के दर्शन न्यूनतम होते हैं। लेकिन अब इस व्यवस्था में भी आर्थिक आधुनिकीकरण के प्रति आकर्षण बढ़ा सकते हैं।

राजनीतिक आधुनिकीकरण के अभिकरण (Agencies of Political Modernisation)-राजनीतिक आधुनिकीकरण एक प्रक्रिया मानी जाती है। जिसके संचालन के लिये अभिकर्त्ताओं की आवश्यकता होती है। जिन्हें राजनीतिक आधुनिकीकरण के उद्देश्य एवं लक्ष्य की प्राप्ति के उपकरण या अभिकरण कहते हैं। राजनीतिक आधुनिकीकरण में इनकी विशिष्ट भूमिका होती है। ये अभिकरण ही आधुनिकीकरण की प्रक्रिया को गतिशील बनाये हुये हैं। इस तरह के मुख्य अभिकरण निम्नलिखित हैं:-

(1) बुद्धिजीवी वर्ग :- किसी समाज तथा राजनीतिक व्यवस्था के आधुनिकीकरण में बुद्धिजीवी वर्ग की अहम् भूमिका निभाते हैं। यह चिन्तक वर्ग कहलाता है। यह अपने समय के मूल्यों तथा संस्थाओं की समीक्षा करके उनमें आवश्यक परिवर्तनों के विवेकपूर्ण सुझाव देता है तथा परिवर्तन के साधनों को भी स्पष्ट करता है। बुद्धिजीवी वर्ग के पास प्रत्यक्षतः कोई सत्ता नहीं होती है। लेकिन यह अपना प्रभाव स्थापित रखता है। व्यवहार में शासक इनसे परामर्श करते रहते हैं। इस तरह बुद्धिजीवी वर्ग राजनीतिक आधुनिकीकरण की प्रक्रिया को गतिशील बनाने में मदद देता है। लोकतान्त्रिक व्यवस्था में बुद्धिजीवी वर्ग राजनीतिक आधुनिकीकरण के पक्ष में जनमत तैयार कराने में भी मदद करता है।

(2) आर्थिक विकास :- आर्थिक विकास के उपकरण भी राजनीतिक आधुनिकीकरण को लाने में सहायता करते हैं। आर्थिक विकास का आशय किसी राजनीतिक व्यवस्था में स्थित उत्पादन की तकनीक तथा उत्पादन की मात्रा से है अर्थात् आर्थिक विकास किसी भी समाज के औद्योगिकीकरण की स्थिति को स्पष्ट करता है। इसमें प्रति व्यक्ति आय, कैलोरी की मात्रा तथा सामान्य व्यक्ति के जीवन स्तर की स्थिति आदि को देखा जाता है। प्राचीन यूरोपीय क्रान्ति ने आधुनिकीकरण को जन्म दिया। आर्थिक विकास की गति तभी से विश्व में तेज हुई है और धीरे-धीरे आधुनिकीकरण की प्रक्रिया ने गति पकड़ी। परिणामस्वरूप नये मूल्यों तथा संस्थाओं का महत्त्व बढ़ा है।

(3) अभिजात वर्ग (Elite Class):- सभी समुदायों और समाजों में, ऐसे सम्पन्न एवं योग्य वर्ग या लोग होते हैं जो संख्या की दृष्टि से बहुत छोटे होते हैं। जो सामान्य लोगों पर अपना प्रभाव रखते हैं। ये वर्ग राजनीतिक नेतृत्व भी करते हैं। ऐसे छोटे आकार वाले वर्ग को उस समाज एवं राजनीतिक व्यवस्था का अभिजन

वर्ग कहा जाता है। शेष जनता सामान्यतया इस अभिजन का सभी क्षेत्रों में अनुकरण करती है। अभिजन वर्ग समाज तथा राजनीतिक व्यवस्था में अपने प्रभाव तथा नेतृत्व को बनाये रखने का सदा प्रयास करता रहता है। इस दृष्टि से जन आकांक्षाओं की पूर्ति के लिये अनुपयोगी, परम्परागत मूल्यों तथा संस्थाओं की जगह उपयोगी नवीन मूल्यों तथा संस्थाओं के निर्माण का प्रयास करता है। उनके द्वारा स्वीकृत बदलाव को जन सामान्य उनके प्रभाव के कारण स्वीकार कर लेते हैं। इस तरह अभिजन वर्ग आधुनिकीकरण की प्रक्रिया को गति देता है। राजनीतिक आधुनिकीकरण की प्रक्रिया के कारण परम्परागत अभिजात वर्ग का स्थान नया अभिजन वर्ग लेता है जो इस राजनीति के आधुनिकीकरण को नेतृत्व भी प्रदान करता है।

(4) राजनीतिक विचारधारा :- आधुनिक युग में किसी राजनीतिक व्यवस्था के राजनीतिक आधुनिकीकरण में राजनीतिक विचारधारा की आधारभूत एवं प्रत्यक्ष भूमिका देखी जा सकती है। राजनीतिक दल राजनीतिक विचारधाराओं के आधार पर आधुनिकीकरण की प्रक्रिया को तीव्र बनाने के लिये इनका इस्तेमाल करते हैं। राजनीतिक दल विचारधाराओं के माध्यम से ही जनता के विभिन्न वर्गों में मूल्यात्मक एकता स्थापित करते हैं तथा राजनीतिक आधुनिकीकरण के पक्ष में जनमत तैयार करते हैं। कभी उदारवादी विचारधारा ने, कभी साम्यवादी विचारधारा ने ऐसे प्रभावी कार्य किये हैं। वर्तमान में तो लोककल्याणकारी राज्य के सिद्धान्त जैसी विचारधाराओं ने ही आधुनिकीकरण की दिशा में प्रभावी कार्य किये हैं।

(5) संचार के साधन :- राजनीतिक आधुनिकीकरण के क्षेत्र में संचार के साधनों की भी अहम् भूमिका होती है। इन साधनों में आज प्रभावी साधन हैं- प्रेस, रेडियो, दूरदर्शन, सिनेमा, समाचार-पत्र/पत्रिकायें आदि। इन साधनों की सहायता से आधुनिकीकरण की प्रक्रिया को और सरल बनाया गया है। ये साधन समाज के विभिन्न वर्गों में मूल्यात्मक एकता स्थापित करते हैं। समाज में एकीकरण की भावना पैदा करते हैं। सार्वजनिक हितों को बढ़ावा देते हैं। इन संचार माध्यमों से आधुनिकीकरण के समर्थन में जनमत तैयार किया जा सकता है।

(6) सरकार की शक्तियाँ (Powers of Government):- राजनीतिक आधुनिकीकरण के लिये सरकार की शक्तियों का भी कुछ देश प्रयोग करते हैं। खासकर ऐसा विकास देशों में किया जाता है। तानाशाही वाले देशों में सरकार ने बाध्यकारी शक्ति के द्वारा अपने समाज का औद्योगीकरण करने का प्रयास किया है। सामाजिक कुरीतियों को दूर करने तथा शिक्षा के प्रसार हेतु दण्डात्मक साधनों का भी कुछ राष्ट्र प्रयोग करते हैं लेकिन कुछ प्रमुख विचारक तानाशाही के द्वारा किये गये प्रयासों को आधुनिकीकरण का अंग नहीं मानते हैं। हन्टिंगटन के मतानुसार लोकतान्त्रिक शासन

तथा मूल्य एवं राजनीतिक नीति-निर्माण में जन सहभागिता आदि राजनीतिक आधुनिकीकरण के मुख्य लक्षण होते हैं। इनके अभाव के कारण ही तानाशाही के राजनीतिक आधुनिकीकरण के प्रयासों को हम राजनीतिक आधुनिकीकरण में शामिल नहीं करते हैं।

(7) सामाजिक गतिशीलता :- किसी भी देश में आर्थिक विकास के फलस्वरूप समाज की भौतिक परिस्थितियों में अनेक बदलाव आये हैं जो सामाजिक गतिशीलता लाते हैं। आर्थिक विकास के फलस्वरूप ग्रामीण जीवन पर नगरीय जीवन की परम्परागत मूल्यों पर नये मूल्यों की और परम्परागत समूहों पर व्यावसायिक तथा ऐच्छिक समूहों की श्रेष्ठता स्थापित होती है। सामाजिक गतिशीलता को सभी अभिकरणों ने उपयुक्त माना है। सामाजिक गतिशीलता अनेक सामाजिक परिवर्तनों की कल्पना करती है जो राजनीतिक व्यवस्था के आधुनिकीकरण को जनता की तीव्र आकांक्षा के रूप में प्रकट करती है। वस्तुतः अपने प्रभाव की दृष्टि से सामाजिक गतिशीलता ऐसी विशिष्ट प्रक्रिया है जिसका चरम विकास राजनीतिक आधुनिकीकरण की प्रक्रिया के रूप में होता है। इस प्रकार सामाजिक गतिशीलता राजनीतिक आधुनिकीकरण के लिये प्रभावी कार्य करती है।

विकासशील देशों में लोकतान्त्रिक शासन तथा मूल्यों को अपनाया जाता है। इन देशों में भी राजनीतिक आधुनिकीकरण लाने के लिये सरकारी प्रयास किये जाते हैं। ऐसे लोकतान्त्रिक विकासशील देशों की सरकारों के लोकप्रिय तथा प्रभावशाली नेतृत्व ने राष्ट्रीय विकास के नारे के आधार पर आर्थिक, सामाजिक, एवं सांस्कृतिक क्षेत्रों में बाध्यकारी सत्ता का प्रयोग किया है। जैसे भारत में सती प्रथा जैसी समस्याओं के समाधान हेतु सरकार ने ही नियम कानून बनाकर नियन्त्रण स्थापित किया है। इसी तरह लोकतान्त्रिक कल्याणकारी कार्यों को भी सम्पन्न किया जाता है।

राजनीतिक आधुनिकीकरण के सन्दर्भ में विकासशील राजनीतिक व्यवस्थाओं की विशेषतायें - द्वितीय विश्वयुद्ध के बाद स्वतन्त्र हुये राष्ट्रों ने अपने विकास के निरन्तर प्रयास किये। उन्होंने विकसित राष्ट्रों के स्तर वाली राजनीतिक आधुनिकीकरण की स्थिति को प्राप्त करने की निरन्तर कोशिश की। लेकिन तब से अभी तक कोई खास सफलता प्राप्त नहीं हो सकी है। इन राष्ट्रों की व्यवस्थाओं को आज न तो परम्परागत और न ही आधुनिक राजनीतिक व्यवस्थायें कह सकते हैं। यद्यपि ये राष्ट्र आज भी राजनीतिक आधुनिकीकरण की दिशा में निरन्तर प्रयास कर रहे हैं। राजनीतिक आधुनिकीकरण के सन्दर्भ में विकासशील राजनीतिक व्यवस्थाओं की निम्नलिखित प्रमुख विशेषतायें हैं-

(1) आधुनिकीकरण विकास का पर्याय - अनेक विकासशील देशों में

राजनीतिक आधुनिकीकरण तथा विकास को परस्पर पर्याय माना जाता है। कुछ राष्ट्रों ने अपनी समस्त शक्ति अपनी परम्परागत अर्थव्यवस्था के आधुनिकीकरण के लिये प्रयोग की इसके लिये कुछ राष्ट्रों ने अधिनायकतन्त्र को भी अपनाया। राष्ट्रीय आय बढ़ाने, विकास की दर बढ़ाने, प्रति व्यक्ति आय बढ़ाने,जीवन-स्तर सुधारने आदि पर ये राष्ट्र ध्यान देते रहे हैं। कुछ विचारक मानते हैं कि इस तरह के आर्थिक विकास के लक्ष्यों की प्राप्ति होने पर उनको विकसित राष्ट्र माना जायेगा। उनकी मान-मर्यादा बढ़ेगी। इस तरह आर्थिक उपलब्धियों को ही ये विकासशील राष्ट्र राजनीतिक आधुनिकीकरण मानते हैं।

(2) पश्चिमी देशों की प्रक्रिया से भिन्न - विकासशील राष्ट्रों की राजनीतिक आधुनिकीकरण की प्रक्रिया अपनी प्रकृति से पश्चिमी देशों की इस प्रक्रिया से भिन्न है। पश्चिमी देशों में विकासवादी पद्धति पूर्ण हो चुकी है। पश्चिमी देशों के क्रमशः सामाजिक विकास तथा परिवर्तन ने राजनीतिक आधुनिकीकरण की प्रक्रिया को पूर्णता दी है। इन राष्ट्रों ने अपने उपनिवेशों के आर्थिक साधनों की मदद से इन पश्चिमी देशों ने उदारवादी मूल्यों के सहारे लोकतान्त्रिक शासन प्रणाली की मदद से अपनी राजनीतिक आधुनिकीकरण की प्रक्रिया को पूर्ण किया। विकासशील देशों में पायी जाने वाली राजनीतिक आधुनिकीकरण की प्रक्रिया पश्चिमी देशों से भिन्न है। इन्होंने पश्चिमी देशों से सामान्यतया राजनीतिक आधुनिकीकरण को प्राप्त किया है। इस दिशा में अभी इन देशों को बड़ा लम्बा सफर तय करना होगा।

(3) प्रक्रिया का विभाजन - परम्परागत दृष्टि से विकासशील देशों में से राजनीतिक आधुनिकीकरण की प्रक्रिया को स्वतन्त्रता से पूर्व तथा स्वतन्त्रता पश्चात् दो भागों में विभाजित करके देखा जा सकता है। विकासशील देशों में से राजनीतिक आधुनिकीकरण का प्रारम्भ सामान्यतया दासता के काल में हुआ था। जैसे सभी के लिये समान कानूनों का प्रचलन, राजनीतिक दलों का निर्माण आदि। स्वतन्त्रता पश्चात् इन देशों में लोकतान्त्रिक व्यवस्था अपनाकर राष्ट्रीय संविधानों का निर्माण किया गया। कुछ राष्ट्रों ने गैर लोकतान्त्रिक शासन तथा विकास पद्धति को अपनाया है।

(4) परम्परागत ढ़ाचे के नकारात्मक प्रभाव - विकासशील देशों में परम्परागत आर्थिक ढाँचे ने राजनीतिक आधुनिकीकरण की गति पर निम्नलिखित नकारात्मक प्रभाव छोड़े है-

- अधिकतर विकासशील देशों में उत्पादन के परम्परागत तरीकों का प्रयोग,
- अधिकतर विकासशील देशों की अर्थव्यवस्था कृषि आधारित है,
- अधिकतर विकासशील देशों में कृषि आधारित उद्योगों का पूर्ण विकास नहीं हुआ है,

- अधिकतर विकासशील देशों में पर्याप्त प्राकृतिक साधन तो है लेकिन उनका पूर्ण शोधन नहीं किया जा सकता है,

- अधिकतर विकासशील देशों की पश्चिमी राष्ट्रों की मदद लेकर ही विकास कर सकते हैं। क्योंकि इन देशों की तकनीकी तो पिछड़ी हुई है। इसलिये अन्तत: इनका विकास पश्चिमी देशों की मदद से ही हो सकेगा,

(5) विकासशील देशों की सामाजिक संरचना परम्परागत रूप में है जिसने राजनीतिक आधुनिकीकरण पर विपरीत प्रभावा डाला है, एवं

(6) अधिकांश विकासशील देशों की राजनीतिक व्यवस्था की संरचना ऐसी है जो राजनीतिक आधुनिकीकरण में बाधा उत्पन्न करती है। कहीं तानाशाही राजतन्त्रं, सैनिकतन्त्र, अधिनायक तन्त्र है तो कहीं नियन्त्रित एवं सीमित लोकतन्त्र को अपनाया गया है। ये समस्त व्यवस्थायें सत्ता के केन्द्रीकरण में विश्वास रखती हैं और शासन तथा निर्णय-प्रक्रिया में जनभागीदारी में इनकी कोई आस्था नहीं है। जबकि भारत जैसे देशों में लोकतान्त्रिक शासन व्यवस्था स्थापित है। जहाँ समानता पर बल दिया जाता है लेकिन यहाँ भी जातीय बन्धन अथवा संकीर्णता भी बाधा उत्पन्न करती है। इसी कारण सभी वर्गों तक आर्थिक विकास का लाभ नहीं पहुँचा है। इसी कारण कुछ वर्गों में असन्तोष भी देखा जा सकता है। इससे लोकतान्त्रिक व्यवस्थाओं में अनेक नकारात्मक आन्दोलन भी हुये हैं। इससे सामाजिक वर्गों के संघर्षों को बढ़ावा मिलता है।

इस प्रकार स्पष्ट होता है कि विकासशील देशों में राजनीतिक आधुनिकीकरण के मार्ग में अनेकों बाधायें देखी जा रही हैं। फिर भी आधुनिकीकरण धीमी गति से आ रहा है।

राजनीतिक आधुनिकीकरण उपागम का महत्त्व :- राजनीतिक आधुनिकीकरण के महत्त्व को निम्न आधारों पर स्वीकार किया जा सकता है-

(1) इस उपागम की सहायता से राजनीतिक विकास का ज्ञान प्राप्त होता है।

(2) इस उपागम ने तुलनात्मक राजनीति का विस्तार किया है।

(3) यह उपागम राजनीतिक व्यवस्थाओं और दबावों को समझने में भी मदद करता है।

(4) राजनीतिक आधुनिकीकरण उपागम की सहायता से राजनीतिक व्यवस्थाओं में पायी जाने वाली आधुनिकीकरण की प्रक्रिया की दिशा और प्रवृत्ति का तुलनात्मक अध्ययन सम्भव हो सकता है।

(5) इस उपागम की सहायता से राजनीतिक आधुनिकीकरण की दिशा में आगे बढ़ने में मदद मिलती है।

राजनीतिक आधुनिकीकरण के उपागम की सीमायें :- अनेक आलोचकों ने इस उपागम के अनेक दोषों की चर्चा की है जिनमें से मुख्य दोष या इसकी सीमायें निम्नलिखित हैं-

(1) राजनीतिक आधुनिकीकरण के सम्बन्ध में सभी विद्वानों में एकमतता नहीं पायी जाती है।

(2) विकास तथा आधुनिकीकरण को ही राजनीतिक आधुनिकीकरण मान लिया जाता है।

(3) राजनीतिक आधुनिकीकरण के मुख्य लक्षणों पर भी सभी विद्वान एकमत नहीं हैं।

(4) इस उपागम का एक दोष यह है कि राजनीतिक आधुनिकीकरण के लक्षणों का सही मापन सम्भव नहीं होता है।

(5) इस उपागम पर समाजशास्त्र तथा अर्थशास्त्र का अत्यधिक प्रभाव पड़ता है। इसलिये राजनीति विज्ञान की स्वायत्तता के लिये खतरा उत्पन्न हो सकता है।

इस प्रकार इस उपागम में अनेक दोष या सीमायें हैं। लेकिन फिर भी इसके महत्त्व तथा उपयोग से इन्कार नहीं किया जा सकता है। यह उपागम वास्तव में विकासशील देशों की राजनीतिक व्यवस्थाओं को समझने में सहायता करता है।

राज्य की उत्पत्ति तथा उसका स्वरूप

थॉमस हॉब्स बुद्धिवादी है। उसके मतानुसार एक बार जब मनुष्य जान जाता है कि उसकी मृत्यु का भय पाशविक प्रतियोगिता के कारण है तो विवेक उसे मार्ग दिखलाता है। जब वह यह सिद्धान्त मान लेता है कि "तू भी दूसरों के साथ वैसा न कर जो तू अपने साथ दूसरों द्वारा किया जाना अन्याय पूर्ण समझता है।" थॉमस हॉब्स यह भी मानता है कि यदि मनुष्य स्वभाव से ही शान्तिपूर्ण होता और बिना किसी सर्वोच्च शक्ति या संविदा के ही रह लेता तो शासन की आवश्कयता ही नहीं पड़ती। पर मनुष्य ऐसा नहीं है। वह अपनी भावनाओं और अपने संवेगों को नियन्त्रण में नहीं रख सकता। उसकी स्वार्थी वृत्तियाँ संघर्ष के बीज बोती रहती हैं। अतः स्वभावतः एक ऐसे व्यक्ति या व्यक्ति-समुदाय की आवश्यकता पड़ती है जो मनुष्यों को नियन्त्रण में रख कर उनको अनुशासनबद्ध करे। विवेक के आदेशों का समस्त मनुष्यों से पालन कराने और उनके उल्लंघन का दण्ड देने के लिए किसी सबल शक्ति का होना जरूरी है जिसमें इतनी सामर्थ्य हो कि वह "मानव भावनाओं से उस भाषा में बात कर सके जिस वे समझती हैं, और वह है भय तथा स्वहित की भाषा।" ऐसी सामान्य सत्ता की स्थापना के लिए यह आवश्यक है कि अनेक इच्छाओं के स्थान पर एक इच्छा का प्रभाव स्थापित करने के लिए प्राकृतिक नियम के अनुसार सब व्यक्ति अपने अधिकारों और शक्तियों का एक व्यक्ति या व्यक्ति सभा को

प्रदान करें, वे अपनी सम्पर्ण इच्छाएँ एक व्यक्ति की इच्छा को समर्पित कर दें। थॉमस हॉब्स ऐसी सत्ता अथवा शक्ति राज्य में पाता है जिसकी इच्छा समस्त व्यक्तियों की इच्छाओं की प्रतिनिधि होती है और जिसमें यह सामर्थ्य होती है कि वह सबसे विवेक के अनुसार आचरण कराए और ऐसा न करने वालों को दण्ड दे। थॉमस हॉब्स के मतानुसार राज्य एक सामाजिक समझौते के फलस्वरूप अस्तित्व में आता है। राज्य की स्थापना का वर्णन 'लेवियाथान' के 18वें अध्याय में किया गया है-

एक राज्य की स्थापना तब होती है जब अनेक व्यक्ति एक दूसरे से यह समझौता करते हैं कि समस्त व्यक्ति उस व्यक्ति अथवा व्यक्ति समूह के कार्यों को अपना कार्य समझेंगे जिसे उनके अधिकाँश भाग ने अपना प्रतिनिधि चुना है, चाहे उनमें से किसी ने उसके पक्ष में मत दिया हो या विरोध में। इस समझौते का उद्देश्य यह है कि मनुष्य शान्तिपूर्वक और दूसरों के विरुद्ध सुरक्षित रहें। इस तरह से जो भी चीज उत्पन्न होती है वह केवल रजामन्दी से कुछ बढ़कर है-यह समस्त व्यक्तियों का वास्तविक इकाई में एकीकरण है जिसकी सिद्धि प्रत्येक के समझौते द्वारा हुई है। यह समझौता इस प्रकार हुआ है मानों प्रत्येक व्यक्ति ने प्रत्येक व्यक्ति से यह कहा हो कि "मैं इस व्यक्ति को या व्यक्तियों के इस समूह को अपना शासन स्वयं कर सकने का अधिकार और शक्ति इस शर्त पर समर्पित करता हूँ कि तुम भी अपने इस अधिकार को इसी तरह (इस व्यक्ति या व्यक्ति-समूह को) समर्पित कर दो।"

इस तरह सारा जन समुदाय एक व्यक्ति में संयुक्त हो जाता है। इसे राज्य या लेटिन में 'सिविट्स' कहते हैं। थॉमस हॉब्स के अनुसार यही उस महान् लेवियाथान या देवता का जन्म है जिसकी कृपा पर, अविनाशी ईश्वर की छत्रछाया में हमारी शान्ति तथा सुरक्षा निर्भर है।

थॉमस हॉब्स के समझौता सिद्धान्त से स्पष्ट है कि व्यक्तियों ने अपने प्राकृतिक अधिकारों को किसी विशिष्ट व्यक्ति या व्यक्तियों की सभा को समर्पित कर दिया जो सभुसत्ता से विभूषित हुई और समर्पण करने वाले व्यक्ति उसकी प्रजा हो गए। प्रभुसत्ता उस समझौते में किसी दल के रूप में नहीं थी। उसके अधिकार असीमित ही रहे। थॉमस हॉब्स का मत था कि सभुसत्ता के अबाध अधिकार के फलस्वरूप ही एक वास्तविक सुदृढ़ शासन की स्थापना हो सकती थी। किसी प्रकार की 'शर्तें' लगाने से अनिश्चय और अविश्वास की सम्भावना हो सकती थी जिससे इस प्रकार के झगड़े उत्पन्न हो जाते जिनका निपटारा सम्भव नहीं होता और तब पुन: अराजकता फैल जाती और प्राकृतिक अवस्था का दृश्य उपस्थित हो जाता। इस प्रकार सम्राट या प्रभुसत्ता लाभ की स्थिति में रही क्योंकि सामाजिक समझौते में उसके कोई वचन नहीं दिया। इस रियायत का फल यह हुआ कि शासन खराब होने पर भी प्रजा को शासक के विरुद्ध बोलने का अधिकार नहीं रहा।

शासन के विरुद्ध जाने का अभिप्राय: प्राकृतिक अवस्था की ओर लौटना था जो हो नहीं सकता था, अत: उसकी सत्ता और इच्छा अन्तिम रही। स्पष्ट है कि थॉमस हॉब्स के समझौते का यदि विश्लेषण करें तो उसकी ये विशेषताएँ प्रकट होती हैं–

(1) समझौता एक साथ ही सामाजिक एवं राजनीतिक दोनों प्रकार का है। मानव द्वारा अपनी व्यक्तिगत प्रवृत्ति त्याग कर सामाजिक बन्धन स्वीकार कर लेने से वह सामाजिक और उसके परिणामस्वरूप राजसत्ता की स्थापना होने से यह राजनीतिक है।

(2) यह सामाजिक समझौता है, सरकारी समझौता वहीं। समझौता सम्प्रभु और व्यक्तियों के मध्य न होकर केवल व्यक्तियों के ही मध्य हुआ है।

(3) समझौते में किसी पक्ष के रूप में सम्मिलित न होने से प्रभुसत्ता की शक्ति असीमित और उसके अधिकार निरंकुश हैं। सम्प्रभुता किसी शर्त के साथ नहीं सौंपी गई है। प्रभुसत्ताधारी ऐसा कोई इकरार नहीं करता कि वह अपनी शक्ति का उपयोग लोगों की इच्छा के अनुसार या उनकी सम्मति से करेगा। अत: यदि वह निरंकुश आचरण करता है तो उसे दोष नहीं दिया जा सकता।

(4) प्राकृतिक दशा में अपनी स्वतन्त्रता, अधिकार और शक्ति को त्यागने तथा राज-संस्था के प्रादुर्भाव के बाद व्यक्तियों के किसी अधिकार, स्वतन्त्रता आदि का अस्तित्व नहीं रहता। अत: वे अवाँछित तथा अत्याचारी राजसत्ता के विरुद्ध नहीं कर सकते। राजसत्ता की स्वेच्छाचारिता से समझौते की कोई शर्त भंग नहीं होती। अत: समझौते के बाद किसी को उससे अलग होने का अधिकार नहीं रहता।

(5) समझौते से केवल एक सम्प्रभु की स्थापना हुई है, चाहे वह कोई हो या व्यक्तियों की कोई सभा। अत: सम्प्रभुता अविभाज्य है।

(6) प्रभुसत्ता ही विधियों की स्त्रोत है। नियम या विधि उसका आदेश है। सभुसत्ता आदेशों को अनियमित नहीं ठहराया जा सकता क्योंकि वे विवेक और नैतिक आचरण का सार है न्याय करने का, राष्ट्रों तथा शक्तियों से युद्ध अथवा सन्धि का अधिकार पूर्णत: प्रभुसत्ता को प्राप्त है राजकीय अधिकारियों को चुनने और नियुक्त करने का भी अधिकार उसी को है।

थॉमस हॉब्स शासन की आज्ञापालन के प्रजा के अपरिमित कर्त्तव्यपालन के कतिपय अपवादों का भी उल्लेख करता है। वह कुछ परिस्थितियों में प्रजा को राजा की अवहेलना का अधिकार देता है यदि राजा व्यक्ति को 'अपने-आपको मारने, घायल करने या अपने पर आक्रमणकर्त्ता का विरोध करने, वायु औषधि या जीवनदाता अन्य किसी वस्तु का प्रयोग न करने' की आज्ञा देता है तो वह ऐसी आज्ञा की अवहेलना कर सकता है क्योंकि "प्रजानन सुरक्षा के लिए ही शासन के अधीन होते हैं यदि शासन सुरक्षा प्रदान नहीं कर सकता तो शासन का विरोध आवश्यक हो जाता है। शासन के में एकमात्र तर्क

यह है कि उसे शासन करना चाहिए। यदि विरोध सफल हो जाता है और प्रभु के हृदय से उसकी शक्ति निकल जाती है तो प्रभु तथ्येन प्रभु नहीं रहता और उसके प्रजाजन, प्रजाजन न रहते। इस अवस्था में प्रजाजन अपनी रक्षा के लिए विवश हो जाते हैं। वे एक नए प्रभु की आज्ञापालन के लिए तैयार हो सकते हैं जो उनकी रक्षा करे। थॉमस हॉब्स के सिद्धान्त में शक्तिविहीन वैधता के लिए कोई अवकाश नहीं है।" थॉमस हॉब्स के मतानुसार मनुष्य अपनी जीवन-रक्षा के प्राकृतिक अधिकार को राजा के विरुद्ध भी सुरक्षित रखते हैं।

थॉमस हॉब्स के सिद्धान्त से प्रकट होता है कि राज्य दैविक उत्पत्ति या स्वाभाविक विकास का परिणाम नहीं है वरन् मानव-निर्मित एक ऐसा कृत्रिम साधन है जिसे अपनी निश्चित आवश्यकता की पूर्ति हेतु रचा गया है। "यह साध्य पर ले जाने के लिए एक साधन-मात्र है; स्वयं साध्य नहीं है।" थॉमस हॉब्स के अनुसार, "राज्य का उद्देश्य व्यक्तियों के व्यक्तिगत हितों का योग-मात्र है; इसके अतिरिक्त उसका कोई सामूहिक लक्ष्य नहीं है।" थॉमस हॉब्स का सिद्धान्त राजशक्ति के प्रति सम्मान एवं भक्ति को कोई महत्त्व नहीं देता, वह तो राज्य को केवल उपयोगिता के स्तर पर ले आता है। राज्य इसीलिए श्रेष्ठ है कि उससे हम लाभान्वित होते हैं अन्यथा उसकी स्थिति मनुष्य की सुरक्षा के एक साधन अथवा यन्त्र की सी ही है। मनुष्य राजाज्ञा का पालन इस विवेकपूर्ण भय से करता है कि आत्म-रक्षण के उद्देश्य की राज्य द्वारा ही सर्वाधिक सुगमता से पूर्ति हो सकती है। राज्यादेशों का पालन बुद्धिमान व्यक्ति इसलिए करता है कि राज्य सभी व्यक्तियों का जिसमें वह भी शामिल है, प्रतिनिधित्व करता है।

प्रभुसत्ता

थॉमस हॉब्स प्रभुसता का प्रचण्ड समर्थक है। उसकी प्रभुसत्ता का आधार है सामाजिक संविदा। स्पष्ट या अस्पष्ट किसी भी रूप में हो, संविदा या अनुबन्ध से ही प्रभुसत्ता प्राप्त होती है।

थॉमस हॉब्स का 'लेवियाथान' अथवा सम्पूर्ण प्रभुत्व-सम्पन्न शासक पूर्णतः निरंकुश है। उसका आदेश ही कानून है। उसका प्रत्येक कार्य न्यायपूर्ण है। प्रभुसत्ता निरपेक्ष, अविभाज्य, स्थाई एवं अदेय है। राज्याज्ञा न्याय-सम्मत और कानून-सम्मत दोनों है। उसका हस्तक्षेप कार्यों और विचारों दोनों पर है। बोदाँ ने प्रभुसत्ता पर जो मर्यादाएँ लगाई हैं, थॉमस हॉब्स ने उन्हें हटा दिया है। गैटल के अनुसार, 'थॉमस हॉब्स के अतिरिक्त अन्य कोई ऐसा लेखक नहीं हुआ है जिसने सम्प्रभुता के बारे में इतना अतिवादी दृष्टिकोण अपनाया हो।"

सेबाइन के अनुसार थॉमस हॉब्स की दृष्टि में निरंकुश शक्ति और पूर्ण अराजकता, सर्वशक्ति-सम्पन्न शासक और समाजहीनता इन दोनों के बीच कोई विकल्प नहीं है।

किसी भी सामाजिक संस्था का अस्तित्व उसकी संविहित सत्ताओं के माध्यम से ही हो सकता है। उसके सदस्यों को जो भी अधिकार मिलते हैं, वे केवल प्रत्यायोजन के द्वारा मिलते हैं। इस सिद्धान्त के अनुसार सम्पूर्ण सामाजिक सत्ता शासक में केन्द्रित होनी चाहिए। विधि और आचार केवल उसकी इच्छा है। उसकी सत्ता असीमित होती है। यदि वह सीमित भी होती है, तो केवल उसकी शक्ति के द्वारा। इसका कारण यह है कि उसकी सत्ता के अतिरिक्त अन्य कोई भी सत्ता केवल उसकी अनुमति द्वारा ही होती है। यह भी स्पष्ट है कि प्रभुसत्ता दिखाई नहीं देती और उसे काटा नहीं जा सकता। इसका कारण यह है कि या तो उसकी सत्ता को स्वीकार किया जाता है और राज्य का अस्तित्व होता है अथवा राज्य को अभिज्ञात नहीं किया जाता और अराजकता रहती है। शासक को सम्पूर्ण शक्तियाँ, उदाहरणार्थ विधि-निर्माण, न्याय-व्यवस्था, शक्ति-प्रयोग, निम्न प्रशासनिक इकाइयों का संगठन-सम्प्रभु में ही निहित होती है।

थॉमस हॉब्स के अनुसार सम्प्रभुता सभी विधेयात्मक कानूनों की स्त्रो है। लोग सुरक्षा के लिए अपने प्राकृतिक अधिकारों तथा वैयक्तिक शक्तियों या परित्याग कर देते हैं, अत: स्वाभाविक रूप से उन सबकी तरफ से विधि-निर्माण की शक्ति केवल सम्प्रभु के पास रह जाती है। सम्प्रभु ही महत्त्वपूर्ण समाज की ओर से यह निर्णय करता है कि सामाजिक शान्ति और सुरक्षा के लिए क्या किया जाना चाहिए?

सम्प्रभु को सर्वसाधारण पर अपरिमित अधिकार प्राप्त हैं। वह निरपेक्ष है। उसकी विधि निर्माण शक्ति किसी भी मानवीय शक्ति से अप्रतिबन्धित है। राज्य में सम्प्रभु का कोई भी समकक्ष अथवा प्रतिद्वन्द्वी नहीं होता। सम्प्रभु ही कानूनों का व्याख्याता भी है। प्राकृतिक कानून भी उस पर बन्धन नहीं लगा सकते क्योंकि वे वस्तुत: कानून न होकर विवेक के आदेश होते हैं जिनके पीछे किसी विवशकारी शक्ति का प्रभाव होता है। दैवी कानून भी सम्प्रभु को प्रतिबन्धित नहीं करते क्योंकि वही उनका व्याख्याता होता है।

थॉमस हॉब्स की प्रभुसत्ता की धारणा में यह गम्भीर असंगति है कि वह एक ओर तो सम्प्रभु की सर्वोच्चता का प्रतिपादन करता है तथा दूसरी ओर सम्प्रभु की ऐसी आज्ञाओं के उल्लंघन की स्वीकृति देता है जिनसे व्यक्ति के आत्म-रक्षण का उद्देश्य नष्ट होता हो। राजाज्ञा-पालन के अपवाद की यह बात प्रभुसत्ता के सिद्धान्त के मार्ग में गम्भीर कठिनाई है। थॉमस हॉब्स यह भी स्पष्ट नहीं करता कि इसका निर्णय कौन करेगा कि वस्तुत: ऐसी स्थिति उत्पन्न हो गई है जिसमें राजाज्ञा की अवहेलना की जाती है।

थॉमस हॉब्स के प्रभुता-सिद्धान्त से यह भी प्रकट है कि राज्य-निर्मित कानूनों के अनुकूल सभी बात उचित हैं और उनके प्रतिकूल बातें अनुचित हैं। आशय यह हुआ कि केवल राज्य में ही नीति के अस्तित्व की कल्पना की जा सकती है। प्राकृतिक अवस्था में व्यक्ति के जो अधिकार हैं उन्हें छीन कर कर्त्तव्यों की व्यवस्था कानून द्वारा की

जाती है और यह कानून सम्प्रभ का आदेश है। अतः हम किसी भी कानून को अन्यायपूर्ण नहीं कह सकते। सम्प्रभु ही न्याय का व्यवस्थापक है और उसके निर्देश ही नीति शास्त्रात्मक भेदों के आधार हैं। यदि प्रत्येक व्यक्ति अपनी अन्तरात्मा के नाम पर सत्य-असत्य का निर्णय करने लगेगा तो अराजकता की स्थिति पैदा हो जाएगी। अतः कानून को ही 'सार्वजनिक अन्तरात्मा' की संज्ञा दी जा सकती है। यह स्वीकार करना होगा कि शुभ-अशुभ, न्याय-अन्याय, नैतिक-अनैतिक सभी का स्त्रोत केवल सम्प्रभु हैं।

थॉमस हॉब्स ने बोदाँ द्वारा सम्प्रभुता पर लगाए गए सम्पत्ति सम्बन्धी बन्धन को ठुकरा दिया है। उसके अनुसार सम्प्रभु ही सम्पत्ति का सृजनहार है क्योंकि वही समाज में शान्ति और व्यवस्था स्थापित करता है जिसके फलस्वरूप लोग धनोपार्जन कर पाते हैं। धन-संग्रह से ही सम्पत्ति का उत्पादन होता है, अतः सम्प्रभुता को सम्पत्ति सम्बन्धी विधायन का अधिकार है। वह सम्पत्ति का विधाता है तथा करारोपण और प्रजा की सम्पत्ति लेने तक का अधिकारी है। उसके लिए आवश्यक नहीं है कि वह करारोपण के बारे में जन-स्वीकृति ले।

पुनश्च; सम्प्रभु ही सब अधिकारियों की सत्ता का मूल स्त्रोत है। दूसरे देशों से युद्ध अथवा सन्धि करने तथा अपनी नीति के क्रियान्वयन के लिए लोगों के सम्पूर्ण साधनों पर नियन्त्रण रखने का वह अधिकारी है। वही सेना का सर्वोच्च कमाण्डर है और न्याय का सर्वोच्च स्त्रोत है। समस्त विधायिनी और कार्यपालिका शक्तियाँ सम्प्रभु में ही केन्द्रित हैं। थॉमस हॉब्स के चिन्तन में शक्ति-विभाजन, नियन्त्रण एवं संतुलन के सिद्धान्त के लिए कोई स्थान नहीं है।

अन्त में, सम्प्रभु के अधिकार अपरिवर्तनीय, अहस्तान्तरणीय और और अविभाज्य हैं। सम्प्रभुता के प्रयोग में किसी को भागीदार नहीं बनाया जा सकता। ऐसा करना सम्प्रभुता को नष्ट करना है। गृह-युद्ध का उद्देश्य सम्प्रभुता पर प्रतिबन्ध लगाना अथवा उसमें भागीदार होने का प्रयत्न करना नहीं होता बल्कि यह निर्धारित करना होता है कि सम्प्रभुता पर किस का अधिकार हो और कौन उसका प्रयोग करे?

बोदाँ की भाँति ही थॉमस हॉब्स ने भी शासन-प्रणालियों का अन्तर इस बात पर आधारित किया है कि प्रभुसत्ता का निवास कहाँ है? यदि प्रभुसत्ता एक व्यक्ति में निहित है तो शासन का स्वरूप राजतन्त्र है, कुछ व्यक्तियों में निहित है तो कुलीनतन्त्र है और सब लोगों में निहित है तो लोकतन्त्र है। मिश्रित अथवा सीमित शासन-प्रणाली की बात करना व्यर्थ है क्योंकि प्रभुसत्ता अविभाज्य है। लोग राजतन्त्र को पसन्द करते हैं, अतः इसे अन्य शासन-व्यवस्थाओं की अपेक्षा अच्छा बतलाते हैं। शासन-व्यवस्था जो भी हो, उसमें कही न कहीं सम्प्रभुता अवश्य रहती है। कोई न कोई व्यक्ति ऐसा अवश्य होना चाहिए जो अन्तिम निर्णय करता हो और जो ऐसा कर सकता है वही सम्प्रभु है। लोग जब

अत्याचारी शासन का विरोध करते हैं तो इसका अभिप्राय केवल यही है कि वे सत्ता के एक विशेष प्रयोग को पसन्द नहीं करते। इसी प्रकार यदि लोगों में स्वतन्त्रता के प्रति उत्साह है तो इसका मतलब है कि वे या तो भावात्मक उद्वेग का परिचय दे रहे हैं या पाखण्ड रच रहे हैं। थॉमस हॉब्स ने राजतन्त्र को सर्वश्रेष्ठ इसलिए माना है कि प्रथम तो इसमें राजा का और राज्य का वैयक्तिक तथा सार्वजनिक हित एक होता है एवं द्वितीय, इसमें शासन का स्थायित्व अपेक्षाकृत अधिक पाया जाता है। यद्यपि राजतन्त्र में कृपापात्रों को धन और अधिकार देने की प्रवृत्ति होती है, तथापि कुलीनतन्त्र और लोकतन्त्र में यह प्रवृत्ति अथवा बुराई अधिक बढ़ जाती है। इन शासन-व्यवस्थाओं में शासकों की संख्या अधिक होती है अत: उसी अनुपात में कृपा-पात्रों की संख्या भी बढ़ जाती है।

थॉमस हॉब्स की प्रभुता की धारणा से यही निष्कर्ष निकलता है कि वह उसे पूर्ण, अविभाज्य और असीम मानता है। प्रभुसत्ता पर जो बन्धन लगाए गए हैं वे वैधानिक नहीं है। बोदाँ के समान ईश्वरीय नियमों, प्राकृतिक नियमों तथा राज्य के मौलिक नियमों के प्रतिबन्ध थॉमस हॉब्स स्वीकार नहीं करता। इसी प्रकार वह बोदाँ के समान यह भी नहीं मानता कि राजा को प्रजा की वैयक्तिक सम्पत्ति छीनने का अधिकार नहीं है। साराँशत: थॉमस हॉब्स की प्रभुसत्ता बोदाँ की प्रभुसत्ता की तुलना में अधिक निरंकुश और अधिकार-सम्पन्न है।

नागरिक कानून पर थॉमस के विचार

थॉमस हॉब्स के अनुसार सामान्य नागरिक विधियाँ सम्प्रभु की इच्छा का प्रतिनिधित्व करती हैं। विधियों में पुरातन नियमों अथवा ऐतिहासिक परम्पराओं का नहीं वरन् सम्प्रभु की दृढ़ संकल्प-क्रिया ही प्रधान है। विधि सम्प्रभु की शक्ति की द्योतक है जो प्रजाजन के लिए कर्त्तव्यों की घोषणा करती है। इन विधियों से ही व्यक्ति को यह ज्ञात होता है कि किसे उनका कहें और किसे दूसरे का; क्या न्यायपूर्ण है और क्या अन्यायपूर्ण; क्या ईमानदारी और क्या बेईमानी तथा क्या शुभ है और क्या अशुभ? इस प्रकार विधियाँ मानव-व्यवहार को विनियमित करने के साथ ही उसका मानदण्ड भी प्रस्तुत करती हैं। साथ ही ये उस सम्प्रभु का आदेश हैं जिसमें अपने आदेशों का पालन कराने की क्षमता है। प्रजा इन विधियों को नैतिक मूल्य की दृष्टि से नहीं बल्कि इसलिए मानती है कि वे सम्प्रभु की इच्छा की अभिव्यक्ति हैं। थॉमस हॉब्स के अनुसार विधि के दो विभाग हैं- वितरणात्मक या निषेधात्मक एवं आज्ञात्मक या दण्डात्मक। प्रथम विभाग में नागरिकों को वैध-अवैध कार्यों का ब्योरा बतलाया जाता है और दूसरे विभाग में राज्य के मन्त्रियों को, जनता के प्रति अपराधनुसार क्या दण्डविधान है, इसकी व्याख्या की जाती है? सम्प्रभु ही विधि का एकमात्र स्त्रोत और व्याख्याकार है।

थॉमस हॉब्स ने नागरिक विधि और प्राकृतिक विधि में अन्तर किया है। सेबाइन

के शब्दों में "नागरिक विधि प्रभुसत्ता का आदेश है जिसे बलपूर्वक लागू किया जा सकता है जबकि प्राकृतिक विधि विवेक का आदेश है जिसका केवल आलंकारिक महत्त्व है। नागरिक विधि का मूल तत्त्व यह है कि उसमें आदेश का अथवा बल-प्रयोग का भाव निहित है। थॉमस हॉब्स के मतानुसार संसदज्ञों तथा कोक जैसे सामान्य विधि-वेत्ताओं की स्थिति में यही भ्रम है। संसदज्ञ समझते हैं कि प्रतिनिधिक-संस्था की सहमति में कुछ गुण हैं और सामान्य विधि-वेत्ताओं का विचार है कि प्रथा में कुछ वैधता है। वस्तुस्थिति यह है कि बल-प्रयोग करने वाली शक्ति ही विधि को बंधनकारी बनाती है। विधि उसी की है जिसके हाथ में शक्ति है। सत्ता-सम्पन्न व्यक्ति प्रथा को जारी रहने दे सकता है किन्तु उसकी गर्भित स्वीकृति की प्रथा को विधि शक्ति देती है। कोक का यह अन्धविश्वास मूर्खतापूर्ण है कि सामान्यविधि का अपना विवेक होता है।"

थॉमस हॉब्स द्वारा विधियों के उचित-अनुचित होने के अधिकार से जनता को वंचित कर देना किसी दृष्टि से न्याय-संगत नहीं माना जा सकता। फिर भी यह समझ से परे है कि मनुष्य का वह सद्विवेक जिसे वह प्राकृतिक अवस्था में व्यवहार में लाता था, राज्य की स्थापना होते ही एकाएक लुप्त कैसे हो गया? राज्य में तो उस सद्विवेक को अधिक प्रभावशाली होना चाहिए था क्योंकि मनुष्य तब प्राकृतिक अवस्था की अपरिष्कृत भावनाओं से बहुत ऊपर उठ चुका था। सम्प्रभु की इच्छा को ही सद्विवेक की अभिव्यक्ति मानना और प्रजा को इस दृष्टि से कोई महत्त्व न देना आज के प्रजातान्त्रिक युग में स्वीकार नहीं किया जा सकता। इसके अतिरिक्त यदि मान भी लिया जाए कि सम्प्रभु द्वारा निर्मित कानून उसकी इच्छा को नहीं वरन् उसके विवेक को अभिव्यक्त करते हैं तो इसका अर्थ यह होगा कि सम्प्रभु विधि निर्माण में पूर्ण स्वतन्त्र नहीं है, क्योंकि उसे यह ध्यान रखना पड़ता है कि निर्मित-विधि सद्विविक के अनुरूप हो। पुनश्च, थॉमस हॉब्स ऐसे राज्यादेशों की अवहेलना की अधिकार देता है जो व्यक्ति की आत्म-रक्षा के उद्देश्य का हनन करने वाले हों। थॉमस हॉब्स के इस विचार में यह निष्कर्ष निकाला जा सकता है कि सम्प्रभु का विवेक सद्विवेक ही हो यह आवश्यक नहीं है, वह केवल दुराग्रह हो सकता है। प्रत्यक्ष रूप में सम्प्रभु को विधि का अन्तिम स्त्रोत और व्याख्याकार मानना तथा परोक्ष रूप में विधि के औचित्य अनौचित्य का अधिकार व्यक्ति को देना (क्योंकि तभी तो व्यक्ति राज्यादेश को अपनी आत्म-रक्षा के उद्देश्य विपरीत मानते हुए इसकी अवहेलना करने का निश्चय करता है) थॉमस हॉब्स के चिन्तन में एक गम्भीर दोष है।

थॉमस हॉब्स का सम्प्रभु को यह भी परामर्श है कि उसे बहुत अधिक विधियों का निर्माण नहीं करना चाहिए क्योंकि एक तो उन्हें लागू करना बड़ा कठिन हो जाता है और दूसरे जनता के हृदय में विधियों के प्रति सम्मान में कमी आ जाती है। थॉमस हॉब्स के इन विचारों से उसका यह सन्देह छिपा नहीं रहता है कि राजकीय विधि और प्राकृतिक

विधि में पूर्ण तद्नुरूपता नहीं भी हो सकती है। वह इस बारे में सुनिश्चित नहीं था कि क्या प्रजा को सम्प्रभु के प्रत्येक कानून को शुभ मानना चाहिए। वंस्तुतः थॉमस हॉब्स का निरंकुशतावाद उतना निरपेक्ष और अशर्त नहीं है जितना सामान्यतः वह दिखलाई देता है। "उपयोगितावाद के आधार पर निरंकुशतावाद का समर्थन करके वह उदारवाद के लिए एक आधार प्रस्तुत करता है।" उसके चिन्तन में संविधानवाद के तन्तु विद्यमान हैं जिनका वह स्वयं आदरपूर्वक करना चाहता है।

राज्य तथा चर्च

सम्प्रभुतावादी थॉमस हॉब्स यह स्वीकार नहीं करता कि अन्य कोई संस्था राज्य के समकक्ष है अथवा उसके मुकाबले खड़ी हो सकती है। हुड के शब्दों में, "थॉमस हॉब्स ने एक ऐसे राज्य का निर्माण किया जो केवल सर्वोच्च सामाजिक शक्ति के रूप में ही नहीं वरन् सर्वोच्च आर्थिक शक्ति के रूप में भी निरपेक्ष था।" सभी संस्थाएँ-निगम, संवास, संघ राज्य के अन्तर्गत हैं, उसकी कृपा पर आश्रित हैं। थॉमस हॉब्स प्रत्येक क्षेत्र को सम्प्रभुता के अधीन लाना चाहता है, चाहे वह कोई धार्मिक संस्थान ही क्यों न हो। सर्व-प्रभुत्वपूर्ण राज्य में स्थानीय और स्वतन्त्र चर्च के लिए जो राज्य का प्रतिद्वन्द्वी हो, कोई स्थान नहीं हो सकता। थॉमस हॉब्स की दृष्टि में चर्च, राज्य की समशक्तिमति (समान शक्तिवाली) संस्था न होकर उसके अधीनस्थ एक विभाग था। जिस सार्वभौमिक चर्च का स्वप्न ग्रेगरी सप्तम, इन्नोसेन्ट तृतीय और बोनीफेस अप्टम देखा करते थे, थॉमस हॉब्स ने उसका बौद्धिक निराकरण किया। उसने कहा पोपशाही, रोमन साम्राज्य का प्रेत है और उसकी कब्र पर बैठा है।" उसकी मान्यता थी कि यदि विभिन्न धार्मिक सम्प्रदायों को स्वच्छन्द रूप से मत-प्रचार की छूट दी जाएगी तो राज्य की सुरक्षा और कल्याण के प्रति संकट उत्पन्न हो जाएगा। वह इस बात से अपरिचित न था कि तत्कालीन पादरी और पोप अपने असीमित दावों द्वारा समाज में अव्यवस्था फैलाएँ। धार्मिक क्षेत्र से आगे बढ़कर वे शासकों को पदच्युत् करने का अधिकार भी अपने हाथ में रखना चाहते थे। उनके ऐसे अप्रतिबन्धित विचारों और प्रयासों ने सम्पूर्ण यूरोप में अराजकता की सी स्थिति पैदा कर दी थी। कैथोलिकों और प्रोटेस्टेन्टों के आपसी खूनी-संघर्ष ने सम्पूर्ण फ्राँस को अशान्त बना दिया था। इन परिस्थितियों में यह अस्वाभाविक न था कि थॉमस हॉब्स ने चर्च पर सम्प्रभु के पूर्ण अधिकार का समर्थन किया। उसे यह स्वीकार्य नहीं हुआ कि सम्प्रभु के कानूनों पर शक्तिधारक के रूप में बाइबिल के नियमों की प्रभुता रहे। उसने यही माना कि धार्मिक सत्ता पूरी तरह राजसत्ता के वशवर्ती है आध्यात्मिक शासन जैसी कोई वस्तु नहीं है। राज्य में केवल राजनीतिक प्रभुता रखने वाले का ही शासन होता है। राज्य में सम्प्रभु ही सर्वोच्च आध्यात्मिक शक्ति है और बिशप उसकी ही कृपा से (ईश्वर की कृपा से नहीं) आध्यात्मिक सत्ता ग्रहण करते हैं। जब लोग शिक्षा और बुद्धि की उपेक्षा करते हुए

यह आग्रह करते हैं कि केवल अलौकिक अनुभवों से ही सत्य-असत्य का वास्तविक ज्ञान प्राप्त हो सकता है, तो राज्य में अव्यवस्था और अराजकता का वातावरण पनपता है। थॉमस हॉब्स ने रोमन कैथोलिक चर्च को अन्धकार का राज्य कहा तथा स्कॉटिश प्रेसबिटेरियनिज्म एवं साधारण एंग्लीकन हाई चर्च का विरोध किया।

थॉमस हॉब्स ने कहा कि धर्म का आधार अदृष्ट शक्ति का भय है। मनुष्य शाश्वत नरक के भय से काँपता है और आध्यात्मिक सत्ता उसकी इस कमजोरी से लाभ उठाती है। अत: राज्य को इस खतरे से अपनी प्रजा की रक्षा करनी चाहिए। जो अदृष्ट शक्तियाँ राज्य द्वारा स्वीकृत हैं उनसे भय करना धर्म है और जो अदृष्ट शक्तियाँ राज्य द्वारा स्वीकृत नहीं है उनसे भय का नाम अन्धविश्वास है।

थॉमस हॉब्स के इन विचारों ने क्रान्तिकारी विस्फोटक चिंगारी छोड़ दी। थॉमस हॉब्स को नास्तिक गिना जाने लगा जबकि उसका कहना केवल यही था कि ईश्वर का वस्तुगत ज्ञान नहीं हो सकता, उसकी पूजा हो सकती है। वह भौतिकवादी अथवा गतिवादी था किन्तु उसने खुल्लम-खुल्ला निरीश्वरवाद का समर्थन कदापि नहीं किया।

स्पष्ट है कि थॉमस हॉब्स ने चर्च को पूरी तरह नागरिक शक्ति के अधीन कर दिया। मार्सीलियो ऑफ़ पेडुआ ने आध्यात्मिक एवं लौकिक शक्तियों को एक-दूसरे से पृथक् करके चर्च को नागरिक शासन की अधीनता में रखने की प्रक्रिया प्रारम्भ कर दी थी। थॉमस हॉब्स ने इस प्रक्रिया को पूरा कर दिया। उसने स्पष्ट शब्दों में घोषित किया- "यदि धार्मिक विधि-निषेधों, धार्मिक पुस्तकों के सिद्धान्तों, धर्म-तत्त्वों और चर्च शासन को कोई सत्ता प्राप्त नहीं होती है तो वह प्रभु द्वारा प्राधिकृत होती है। चूँकि धार्मिक विधि का कोई वस्तुपरक मापक नहीं है, अत: किसी धर्म अथवा उपासना पद्धति की स्थापना प्रभु की इच्छा के ऊपर आधारित होनी चाहिए एवं चर्च एक निगम मात्र है। किसी भी निगम की भाँति उसका एक प्रधान होना चाहिए और उसका यह प्रधान प्रभु है। यह कई व्यक्तियों की एक कम्पनी है जो प्रभु के व्यक्तित्व में संगठित है और इसलिए इसे स्वयं राज्य से भिन्न अथवा अलग नहीं किया जा सकता। लौकिक एवं आध्यात्मिक शासन समरूप है।" धर्म-ग्रन्थ की व्यवस्था करने का एकमात्र उचित अधिकार शासक को ही है। राजकीय विधि और दैवी विधि में कोई विरोध नहीं हो सकता। दैवि विधि वही है जिसकी सम्प्रभु व्याख्या करे।

साराँशत: थॉमस हॉब्स के अनुसार, चाहे किसी भी दृष्टि से देखा जाए, धर्म पूरी तरह से विधि एवं शासन के नियन्त्रण में है। मार्सीलियो की भाँति वह चर्च का काम शिक्षा देना मानता है. लेकिन वह यह भी कहता है कि कोई भी शिक्षण तभी विधि-संगत है जब सम्प्रभु उसे प्रमाणित कर दे। धर्म-बहिष्कार का अथवा चर्च द्वारा दिया जाने वाला कोई अन्य दण्ड सम्प्रभु ही आरोपित करता है। थॉमस हॉब्स ने अपने ग्रन्थ 'लेवियाथान'

के लगभग आधे भाग में धर्म-शास्त्र और चर्च से सम्बन्ध रखने वाले प्रश्नों की मीमाँसा की है और विशुद्ध तर्क की कसौटी पर कसा है।

राज्य का वर्गीकरण

(Classification of States)

वर्गीकरण का आधार (The Basis of Classification)

थॉमस हॉब्सने राज्य के लिए कॉमनवेल्थ (Common wealth) शब्द का प्रयोग किया है। अत: राज्यों के वर्गीकरण का विवेचन करते हुए उन्होंने कहा है कि "**कॉमन वेल्थ अर्थात राज्यों का अन्तर सम्प्रभु अथवा सब जनता या उसके प्रत्येक व्यक्ति के प्रतिनिधि व्यक्ति के अन्तर में निहित होता है।**"[1] अत: यह स्पष्ट है कि राज्यों के वर्गीकरण के आधार थॉमस हॉब्सने संप्रभुत्व शक्ति का अधिवास (Location of Sovereignty) को माना है तथा उसी के आधार पर राज्यों का वर्गीकरण किया है।

राज्यों के विविध प्रकार (Various Kinds of States)

संप्रभुता के अधिवास के आधार पर थॉमस हॉब्सने अरस्तू की तरह राज्यों के तीन प्रकारों का प्रतिपादन किया है तथा कहा है कि "जब प्रतिनिधि एक व्यक्ति होता है तो राज्य राजतन्त्र (Monarchy) होता है, जब प्रतिनिधित्व सब की पूरी सभा करत है, तो वह केवल लोकृतन्त्र (Democracy) अथ्वा जन राज्य होता है तथा जब जनता के कुछ भाग की सभा प्रतिनिधि होती है, तब उसे कुलीनतन्त्रीय (Aristocracy) कहा जाता है।"[1] इस प्रकार थॉमस हॉब्सने राज्यों के केवल तीन प्रकारों-राजतन्त्र, लोकतन्त्र व कुलीनतन्त्र का ही प्रतिपादन किया है,क्योंकि उनका मत था कि "**सम्प्रभु शक्ति केवल एक, एक से अधिक या सब में ही निहित हो सकती है।**"

राज्यों के उक्त तीन प्रकारों के अतिरिक्त थॉमस हॉब्सने निरंकुशतन्त्र (Tyranny) गुटतन्त्र (Oligarchy) एवं अराजकतन्त्र (Anarchy) नामक राज्य के अन्य रूपों का भी उल्लेख किया है, पर उन्हें राज्य के प्रकारों के रूप में नहीं माना है। इस सम्बन्ध में उन्होंने कहा है कि "**वे शासन के प्रकारों के नाम नही हैं, पर वे उन्हीं के अवांछनीय रूप हैं, क्योंकि वे लोग, जो राजतन्त्र में असन्तुष्ट होते हैं, उसे निरंकुशतन्त्र कहते हैं, तथा वे जो कुलीनतन्त्र के अप्रसन्न होते हैं उसे गुटतन्त्र कहते हैं। इसी प्रकार वे लोग जो लोकतन्त्र में दुखी होते हैं,उसे अराजकतन्त्र कहते हैं, (जिसका अर्थ शासन का अनस्तित्व होता है।)**"[2]

शासन का सर्वोत्तम प्रकार-राजतन्त्र (Monarchy—the Best from of Government)

थॉमस हॉब्सने राजतन्त्र को शासन का सर्वोत्तम प्रकार माना है तथा के उन्होंने

निम्नलिखित आधार बताये हैं :

1. राजतन्त्र में राजा का हित तथा प्रजा का हित परस्पर अत्यधिक सम्बद्ध होता है। अत: राजा अपने हित की साधना के साथ-साथ जनता का भी हित साधन पूरी तरह से करता है। थॉमस हॉब्स अनुसार लोकतन्त्र व कुलीनतन्त्र में ऐसा नहीं होता, क्योंकि उसमें शासकों व जनता के हित अलग-अलग होते हैं।

2. राजतन्त्र में राजा योग्य से योग्य व्यक्तियों के परामर्श के शासन चला सकता है। अत: शासन कुशल होता है। थॉमस हॉब्स अनुसार यह लोकतन्त्र व कुलीनतन्त्र में नहीं होता, क्योंकि उनमें परामर्शदाता निश्चित होते हैं, जिन्हें आवश्यकतानुसार बदला नहीं जा सकता तथा जो प्राय: ज्ञानवान न होकर धनवान होते हैं।

3. राजतन्त्र में जो विनिश्चय किये जाते हैं, वे अन्तिम होते हैं, जिससे शासन में क्षमता आती है। थॉमस हॉब्स अनुसार लोकतन्त्र व कुलीनतन्त्र में विनिश्चयों में शिथिलता चलती रहती है तथा शासन अक्षम रहता है।

4. राजतन्त्र में राजा ईर्ष्या अथवा हितों की भिन्नता के कारण अपने से ही असहमत नहीं हो सकता। पर लोकतन्त्र व कुलीनतन्त्र में शासक समूह अपने में ही विभाजित हो सकता है, जिसके कारण गृह-युद्ध तक हो सकते हैं।

5. थॉमस हॉब्सने यह माना है कि राजतन्त्र में शक्ति के एक व्यक्ति में निहित होने के कारण उसका प्रयोग किसी एक व्यक्ति के लाभ के लिए इस प्रकार किया जा सकता है, जिससे अन्य किसी व्यक्ति या व्यक्तियों को हानि होती हो। पर थॉमस हॉब्सका मत है कि यह दोष लोकतन्त्र व कुलीनतन्त्र में और भी अधिक होता है, क्योंकि उनमें शासकों को राजा से अधिक बहुसंख्यक लोगों की परवाह करनी होती है। इस सम्बन्ध में थॉमस हॉब्सने कहा है कि **"राजाओं के कृपापात्र कम होते हैं और न उन्हें केवल अपने हितैषियों का ही हित साधन करना होता है, जबकि राजाओं की तुलना में किसी सभा के कृपापात्र बहुसंख्यक होते हैं और उनके हितैषी और भी अधिक बहुसंख्यक होते हैं।"**[1]

राजतन्त्र एंव उत्तराधिकार की समस्या (Monarchy and the Problem of Hership)

थॉमस हॉब्स अनुसार राज्यतन्त्र में उत्तराधिकार की समस्या का समाधान सरलता से नहीं होता। इस दृष्टि से थॉमस हॉब्सने कुलीनतन्त्र व लोकतन्त्र को श्रेष्ठ माना है। लोकतन्त्र में उनके अनुसार उत्तराधिकार की कोई समस्या नहीं होती, क्योंकि उसमें संप्रभुत्व प्रतिनिधि सभा में निहित होता है, जिसका अन्त नहीं होता। कुलीनतन्त्र के विषय में उन्होंने कहा है कि उसमें प्रतिनिधि संस्था में से किसी की जब मृत्यु हो जाती है, संस्था का पुन: निर्वाचन कर लेती है। पर राजतन्त्र में उत्तराधिकार के सम्बन्ध में अत्यधिक

कठिनाई होती हे, क्योंकि राजतन्त्र में उत्तराधिकार के निर्णय का अधिकार यदि जनता को प्राप्त माना था, तो राजा के मरते ही जनता पुनः बिना संप्रभु के हो जाती है तथा फिर स्थिति वही हो जाती हे, जो संप्रभु की स्थापना के पहले थे। अतः थॉमस हॉब्सका प्रतिपादन है कि "**राजतन्त्र की संस्थापना द्वारा उनकी उत्तराधिकारी की व्यवस्था करना सदा वर्तमान अधिकारी के निर्णय व उसकी इच्छा पर छोड़ दिया जाता है।**"[2] थॉमस हॉब्स अनुसार उत्तराधिकार की यह प्रथा इसी कारण प्रचलित है कि उत्तराधिकार वंशक्रमानुगत होना चाहिए। थॉमस हॉब्सने इस सम्बन्ध में स्पष्ट कहा है कि "**वह शासन पूर्ण नहीं होता, जिसमें उत्तराधिकार की व्यवस्था करने का अधिकार वर्तमान संप्रभ में निहित नहीं हो।**"[1]

थॉमसने राजतन्त्र को सर्वोत्तम क्यों माना है? (Why Hobbes regards Monarchy as the Best)

थॉमस हॉब्सने राज्य की उत्पत्ति का उद्देश्य शान्ति व सुरक्षा को माना है तथा यह प्रतिपादित किया है कि मनुष्य के सवार्थी स्वभाव के कारण मनुष्य-समाज में शान्ति व सुरक्षा तभी बनाये रखी जा सकती हैं, जब राज-सत्ता निरंकुश हो तथा राज सत्ता की निरंकुशता की व्यवस्था चूँकि राजतन्त्रों में ही सबसे अच्छी हो सकती है, अतः थॉमस हॉब्सने राजतन्त्र को ही शासन का सर्वोत्तम प्रकार माना है। यही कारण है कि जोन्स ने कहा है कि, "**मानव स्वभाव के विषय में थॉमसकी मान्यताओं को यदि हम सही मान लें, तो यह बात निःस्संदेह सही प्रतीत होती है कि सम्प्रभुता एक व्यक्ति के हाथ में होना ही सबसे अच्छी बात है अथवा अधिक शुद्धता के साथ यह कहा जा सकता है कि वह सबसे कम बुरा विकल्प है।**"[2]

नागरिक विधि

(Civil Law)

थॉमस हॉब्स द्वारा प्रतिपादित नागरिक विधि की प्रमुख विशेषताएँ निम्न प्रकार से हैं

1. नागरिक विधि सम्प्रभुसत्ता की आज्ञा होती है-

थॉमस हॉब्स मतानुसार नागरिक विधि (Civil Law) का तात्पर्य उन विधियों के समूह से हैं, जिसका निर्माण सामाजिक अनुबन्धों द्वारा आविर्भूत सामाजिक दशा में मनुष्यों के पारस्परिक सम्बन्धों के नियमन के लिए सामाजिक अनुबन्धों द्वारा स्थापित सम्प्रभु सत्ता द्वारा किया जाता है। नागरिक विधियों के निर्माण का अधिकार केवल संप्रभु सत्ता का है तथा नागरिक विधि क्या होनी चाहिए, इसका निर्धारण करने का अन्तिम अधिकार भी केवल संप्रभुता सत्ता का है। उनके अनुसार, "**विधि सदा व केवल वही होती है, जो संप्रभु की आज्ञा हो।**" विधि को विधि कहे जाने के लिए केवल यही आवश्यक है कि वह सम्प्रभु की आज्ञा हो तथा यह आवश्यक नहीं है कि आज्ञा नैतिक

अथवा उस न्याय पर आधारित हो, जिसे लोग न्याय समझें।

2. सम्प्रभु विधि के ऊपर होता है

थॉमस हॉब्सकी मान्यता के अनुसार सम्प्रभु विधियों का एकमात्र स्रोत होता है, वह उनका एकमात्र व्याख्याकार होता है, पर ह उनके अधीन व से बँधा हुआ नहीं होता है। जैसा वेपर ने कहा है कि, "थॉमस हॉब्स लिए उस मध्यकालीन परम्परागत विचार का कोई मूल्य नहीं नही है, जिसके अनुसार राजा पर कई विधियों के पालन का प्रतिबन्ध माना जाता है। उसके लिए उस मौलिक विधि का भी कोई मूल्य नहीं है, जिसके विषय में यह कहा जाता है कि उस परिवर्तित नहीं किया जा सकता है।.......लेवियेथन अधिकार व न्याय के नियामक है। अत: उसके आवेश व कानून कभी अन्यायपूर्ण व अनैतिक नहीं हो सकते।.....विधियाँ अनुचित व अनावश्यक हो सकती है। यदि वे प्राकृतिक विधियों अर्थात् शान्ति की धाराओं की विरोधी होंगी, तो वे अनुचित कही जायेंगी। यदि वे उन कार्यों की मनाही करने वाली होंगी, जिनसे शान्ति के लिए एक कोई खतरा न हो, तो वे अनावश्यक होंगी। परन्तु फिर भी वे विधियाँ होंगी, क्योंकि सदा व केवल वही होती है, जो सम्प्रभु की आज्ञा हो।"[1]

3. विधि द्वारा विनियमित क्षेत्र के अतिरिक्त व्यक्ति स्वतन्त्र होता है

संप्रभु की पूर्ण निरंकुशता का समर्थन करते हुए भी थॉमस हॉब्सने यह माना है कि पूर्ण निरंकुश संप्रभु के अधीन व्यक्ति की कोई स्वतन्त्रता ही न हो, ऐसी बात नहीं है। जैसा वेपर ने कहा है, "लेवियेथन ऐसा नहीं है, जो किसी भी प्रकार की स्वतन्त्रता को सहन न कर सके। उसके अधीन स्वतन्त्रता होती है तथा वह उन सब बातों में होती है, जिनके विषय में विधियाँ मौन हों। लेवियेथन अनावश्यक हस्तक्षेप करने का आकांक्षी नहीं है, क्योंकि विधियों का प्रयोग लोगों को उनकी इच्छा के सब कार्यों के करे से रोकने के लिए नहीं किया जाता, वरन् उनका प्रयोग उनका मार्गदर्शन करने एंव उन्हें इस प्रकार सक्रिय रखने के लिए किया जाता है कि अपनी महत्त्वकांक्षी, उद्देश्यों एवं अविवेक के कारण वे अपने लिए ही हानि न पहुँचा लें। यह उसी प्रकार से है कि जिस प्रकार झाड़ियाँ लोगों के रोकने के लिए नहीं, वरन् उन्हें रास्ते पर बनाये रखने के लिए लगायी जाती हैं।"[2]

यही कारण है कि थॉमस हॉब्सने मनुष्य के सब कुछ कार्यों को राज्य की विधियों के क्षेत्र के बाहर की वस्तु माना है। उदाहरणार्थ, बुद्धि व आत्मा को उन्होंने राज्य की विधियों से बाहर की वस्तु माना है। उनके अनुसार राज्य अपनी विधियों द्वारा व्यक्ति के बाह्य व्यवहार का नियमन कर सकता है, पर व्यक्ति के विश्वास व उसके विचारों को राज्य की विधियों द्वारा नियन्त्रित नहीं किया जा सकता। राज्य की विधियाँ व्यक्ति के विचारों व विश्वासों का नियमन नहीं कर सकती, इसको थॉमस हॉब्सने यह कहकर दर्शाया है कि

"लेवियेथन लोगों को किसी अमुक ढंग से विश्वास करने के लिए बाध्य नहीं कर सकता" तथा विचार स्वतन्त्र होता है।[1]

राज्य व धर्म का सम्बन्ध

(Relation between State and Religion)

इस सम्बन्ध में थॉमस हॉब्सने उस परम्परा का पालन किया है, जिसका प्रारम्भ पडुआ के मार्सीलिओ (Marsigleo of Pauda) ने किया था तथा जिसके अनुसार धर्म को राज्य की सत्ता के अधीन माना गया था। थॉमस हॉब्सका मत है कि अराजकता व अव्यवस्था का एक महत्त्वपूर्ण कारण यह भी होता है कि धार्मिक संस्थाएँ धर्म के क्षेत्र में अपने को राज्य की सत्ता स्वतन्त्र मानती है और यदि राज्य की सत्ता से स्वतन्त्र मानती है और यदि राज्य सत्ता उनकी किसी मनमानी में कोई हस्तक्षेप करती है, तो वे राजसत्ताधारी को सत्ता से हटाने के लिए विद्रोह करती हैं। थॉमस हॉब्स इस विचार का आधार वह रक्तपातपूर्ण विद्रोह नहीं था, जो फ्रांस के कैथोलिक व प्रोटेस्टेण्ट लोगों में हुआ था तथा जिसने फ्रांस को तबाह कर दिया था तथा यही कारण है कि उन्होंने धर्म व धार्मिक संस्थाओं को राज्य की अधीनता में ही रखना श्रेयस्कर मानते हुए दोनों का सम्बन्ध का प्रतिपादन निम्नलिखित आधारों पर किया है :

1. धर्म दर्शन की वस्तु न होकर विधि की वस्तु है-थॉमस हॉब्सने धर्म को राज्य सत्ता के अधीन करने के लिए यह प्रतिपादित किया है कि धर्म दर्शन (Philsophy) की वस्तु न होकर विधि (Law) की वस्तु है तथा उसके सिद्धान्तों का नियमन राज्य सत्ता की विधियों के द्वारा होना चाहिए। थॉमस हॉब्सने राज्य की विधि के क्षेत्र में प्रसंग में यह प्रतिपादित किया है कि व्यक्ति के विश्वास व विचार उसके अन्तर्गत नहीं आते और उनका नियमन राजकीय विधियों द्वारा नहीं किया जा सकता। राज्य व धर्म तथ चर्च के सम्बन्ध में प्रसंग में भी वे स्वीकार करते हैं कि व्यक्तियों के धार्मिक विश्वासों पर कोई राजकीय नियन्त्रण नहीं हो सकता। पर साथ ही साथ उनकी मान्यता यह है कि धर्म का पालन व्यक्ति का एक बाह्य कृत्य है तथा उसका नियमन राज्य की विधि द्वारा किया जा सकता है। सैबाइन के शब्दों में थॉमस हॉब्स अनुसार, **"(किसी के) विश्वास पर बल नहीं चल सकता, पर विश्वास पर चलना एक बाह्य कृत्य होता है तथा इसलिए वह विधि के क्षेत्र में आता है। जहाँ तक बाह्य परिणामों का सम्बन्ध है, विश्वास की स्वतन्त्रता का कोई क्रियान्वन नहीं हो सकता। सब (धार्मिक) नीतियों व घोषणाओं, धार्मिक पुस्तकों के सिद्धान्तों, धार्मिक तत्त्वों तथा चर्च-शासन को यदि कोई सत्ता प्राप्त होती है, तो वह संप्रभु द्वारा प्राधिकृत होती है। धार्मिक सत्यता के विषय में चूँकि कोई वस्तुपरक मानक नहीं है, अत: किसी धर्म अथवा उपासना-पद्धति के स्थापना संम्प्रभु की इच्छा पर आधारित होनी चाहिए।"**[1]

2. चर्च राज्य के अधीन एक निगम–चर्च को थॉमस हॉब्सने एक निगम माना है तथ कहा है कि प्रत्येक निगम की तरह उसका भी एक अध्यक्ष होता है तथा वह अध्या संप्रभु होता है। सैबाइन के शब्दों में थॉमस हॉब्सअनुसार, "**वह लोगों का एक ऐसा संस्थान है, जिसका संगठन सम्प्रभु के व्यक्तित्व के प्रमुख लोगों के अधीन होता है और इसलिए उसे राज्य से भिन्न नहीं किया जा सकता।**"[2] चर्च का सही कार्य सही शिक्षा देना है और वह शिक्षा केवल वही होनी चाहिए, जो सम्प्रभु द्वारा स्वीकृत व प्राधिकृत हो। धर्म के विषय में कोई सार्वजनिक विवाद नहीं होने दिया जाना चाहिए तथा संप्रभु द्वारा जिस धर्म को उचित समझा जाय, उसे लोगों द्वारा पूरी तरह से मनवाया जाना चाहिए। जनता द्वारा धर्म के विषय में किये जाने वाले वाद-विवाद को थॉमस हॉब्सरोगी द्वारा दवा की किसी गोली के निगलने के बजाये चबाये जाने जैसा समझता है, जो उनके मतानुसार रोगी को लाभकरारी नहीं होती। धर्म की तुलना दवा की ऐसी गोली से करते हैं, जिससे जनता उनके मतानुसार तभी लाभन्वित हो सकती है, जब वह उसके उनके राज्य द्वारा निर्धारित पूर्ण रूप से ही सेवन करे। इस सम्बन्ध में उन्होंने कहा है कि "**हमारे धर्म के रहस्यों का स्थिति रोगियो के लिए दी जाने वाली ऐसी स्वास्थ्यप्रद गोलियों जैसी है, जिन्हें पूरा निगलने से स्वास्थ्य लाभ होता है तथा जिन्हें यदि चबा लिया जाय, तो जो बिना किसी प्रभाव के बाहर निकल जाती हैं।**"[3]

इस प्रकार थॉमस हॉब्सने चर्च को पूरी तरह राज्य के अधीन माना है तथा धर्म के रूप में निर्धारण के विषय में अन्तिम निर्णायक भी राज्य को माना है, क्योंकि ऐसा न होने के धर्म के विषय में लोग एकमत न हो सकेंगे औ र राज्य की एकता व दृढ़ता को सदा भय बना रहेगा। थॉमस हॉब्सने इस विचार को यह कहकर दर्शाया है कि "**यदि लोग अपने स्वप्न व अपनी कल्पनाओं अथवा व्यक्तिगत स्वप्न व कल्पनाओं को ईश्वर की आज्ञाएं मानने के लिए स्वतन्त्र होंगे तो किन्हीं भी दो में इस सम्बन्ध में एकमत नहीं हो सकेगा कि ईश्वर की आज्ञा क्या है? तथा उनके सम्बन्ध में प्रत्येक व्यक्ति राज्य की आज्ञाओं का अनादर करेगा।**"

❑❑❑

3

थॉमस हॉब्स का दार्शनिक मूल्यांकन

राजनीतिक दार्शनिकों में थॉमस हॉब्सका क्या स्थान है तथा उसके राजनीतिक विचारों का क्या मूल्य व महत्व है, इस सम्बन्ध में लेखकों ने परस्पर विरोधी विचार व्यक्त किये हैं। एक ओर कुछ लेखक हमें ऐसे मिलते हैं, जिनके अनुसार राजनीत दर्शन के विकास की दृष्टि से थॉमस हॉब्स दर्शन कोई महत्त्व नहीं है और न उस पर उसका कोई महत्त्वपूर्ण प्रभाव ही पड़ा प्रतीत होता है। सी.ई बांघा ने ऐसा ही मह व्यक्त किया है और कहा है कि "**जहाँ तक राजनीतिक विचारधारा के महत्त्वपूर्ण विकास का सम्बन्ध है, लेवियेथन का कोई प्रभाव व परिणाम न हुआ और न होना चाहिए था, (क्योंकि) उसका रूप ऐसा वर्णशंकरीय था कि अपनी जाति का विस्तार करने की क्षमता उसमें नहीं थी।**"[2] मरे के थॉमस हॉब्सकी महत्त्वहीनता यह कहकर दर्शायी है कि "**थॉमस जीवनीकार को समर्थक कोई विरला ही मिल सकता था, यद्यपि उनके विरोधियों की संख्या अगणित थी।**"[3] इसके विपरीत कुछ लेखक ऐसे भी हैं, जिनके अनुसार राजनीतिक विचारों के विकास की दृष्टि से थॉमस हॉब्सका एक अत्यन्त विशिष्ट स्थान है। उदाहरण के लिए, हम सैबाइन को ले सकते हैं, जिन्होंने थॉमस हॉब्स दर्शन के विषय में कहा है कि "**उनका दर्शन बेकन के इस कथन की सार्थकता सिद्ध करता है कि सत्य भ्रम की अपेक्षा भूल से अधिक आसानी से निकलता है। इस स्पष्टता के कारण तथा अपनी शैली के बाँकेपन के कारण थॉमसअंग्रेजी भाषी जनता के सबसे महान राजनीतिक दार्शनिक थे।**"[1] इसी प्रकार वेपर ने भी थॉमस हॉब्स कृतित्व के महत्त्व का प्रतिपदन किया है और यह कहा है कि "**राजनीतिक विचार के इतिहास में उनका कृतित्व पूर्ण सम्प्रभुता की पहली व्याख्या है।**"[2] इस प्रकार हम देखते हैं कि उनके विषय में लेखकों के विचार परस्पर विरोधी हैं तथा उनके दो स्पष्ट पक्ष हैं। उन दोनों पक्षों को हम एक-एक करके देख सकते हैं।

थॉमस विचारोंकी आलोचना (**Criticism of Hobbe's Thought**)

थॉमस हॉब्स विचारों की आलोचना में जो कुछ कहा जाता है, उसे हम निम्न प्रकार रख सकते हैं :

1. थॉमसका मानव प्रकृति सम्बन्धी विचार एकांगी है-थॉमस हॉब्सने मनुष्य को प्रकृतित: स्वार्थी, दुष्ट, युद्धप्रिय तथा भीरू प्राणी माना है तथा यह प्रतिपादित किया है कि मनुष्य की प्रकृति का सही रूप यही है। उनके अनुसार मनुष्य में प्रधानता आसुरी लक्षणों की होती है तथा उसके व्यवहार में यदि किन्हीं दैवी लक्षणों का प्रभाव दिखाई देता है तो वह केवल इसलिए दिखाई देता है कि उसे उसके किसी स्वार्थ की सिद्धि होती है। पर थॉमस हॉब्सका यह विचार त्रुटिपूर्ण है। मनुष्य के उपरोक्त अवगुणों की अपेक्षा सद्‌गुण अधिक होते हैं, जिन्हें सज्जनता, शान्तिप्रियता, निर्भीकता तथा त्याग आदि कहा जाता है। मनुष्य में स्वार्थ की अपेक्षा त्याग व परमार्थ की भावना अधिक होती है। तथा उसी के कारण वह अन्य व्यक्तियों की की सेवा करने के लिए प्रेरित होता है। पुत्र के प्रति माता का स्नेह स्वार्थ के स्थान पर त्याग गर्व परमार्थ की भावना से अधिक प्रेरित होता है, जिसके कारण वह अपार दुखों को सहन करके भी पुत्र का लालन-पालन करती है। माता के हृदय की इस ममता की भावना से ही वसतुत: समाज की नीवं पड़ती है। मनुष्य स्वभावत: केवल भीरु ही नहीं होता, वरन् वह निर्भी व साहसी भी होता है। किसी मकान में आग लग जाने पर, वे लोग जिनका उस मकान वालों से कोई सम्बन्ध नहीं होता, जब अपनी जान की बाजी लगाकर आग में फँसे व्यक्तियों को निकालकर उनकी प्राणरक्षा का प्रयत्न करते हैं ,तो उसका कारण उनका कोई स्वार्थ नहीं होता, वरन् पदार्थ होता है तथा ऐसा वे भयभीत होकर नही ,वरन् निर्भीक होकर व उच्चकोटि के साहस की भावना की प्रेरणा के अधीन करते हैं। इसी प्रकार उन देशों में भूकम्प आदि आने पर जिनके, निवासियों से अन्य देशों का कोई सवार्थगत सम्बन्ध नहीं होता और न जिनके निवासियों से अन्य देशों कोई भय होता है, जब अन्य देशों के लोग विधि प्रकार की सहायता पहुंचाते हें, तो ऐसा लोग स्वार्थ व भय के कारण नहीं ,वरन् अपनी परमार्थ की भावना क़े कारण करते हैं। इस प्रकार, थॉमस हॉब्सद्वारा किया हुआ मानव प्रकृति का चित्रण एकांगी है तथा उसमें उसके विकृत पक्ष पर अनावश्यक बल दिया गया है।

2. राज्य की उत्पत्ति मनुष्य के स्वभाव के विकृत पक्ष के कारण नहीं हो सकती-मानव स्वभाव के जिस विकृत पक्ष को थॉमस हॉब्सने राज्य की उत्पत्ति का करण माना है, उसके अनुसार मनुष्य को दुष्ट, स्वार्थी, युद्धप्रिय तथा भीरू माना है। मनुष्य की स्वार्थ भावना उसे केवल अपने हितों के प्रति ही सजग रहने के लिए प्रेरित करती है। स्वार्थ भावना के कारण वह केवल अपने अधिकारों को ही अधिकार समझता है। अपने स्वार्थों की सिद्धि के लिये वह अपने पास अधिक से अधिक शक्ति का संचय भी करना चाहता है तथा अपने स्वार्थों की रक्षा के लिए वह अन्यों से संघर्ष करने से भी नहीं चूकता है। पर इस सम्बन्ध में यह विचारणीय है कि यदि मनुष्य के स्वभाव का केवल उक्त विकृत पक्ष ही प्रधान है, तो क्या यह सम्भव है कि वह किसी ऐसे समझौते द्वारा राज्य की स्थापना

करने की बात सोचें, जिसमें उसे अपने अधिकार व अपनी शक्तियों को छोड़ देना पड़े। थॉमस हॉब्सकी यह कल्पना वस्तुत: तर्कसंगत नहीं है कि मनुष्य के स्वभाव में प्रधानता विकृत पक्ष की है और उसके परिणामस्वरूप हुए सामाजिक समझौते के द्वारा राज्य की उत्पत्ति होती है। इसके त्रिपरीत तथ्य के निकट यह अधिक प्रतीत होता है कि मनुष्यों की सज्जनता की प्रवृति उन्हें परस्पर समीप लाती है तथा पारस्परिक संघर्ष व घृणा के बजाय पारस्परिक सहयोग व प्रेम उनमें सामाजिकता की उस भावनों को उत्पन्न करते हैं, जिनके कारण राज्य अस्तित्व में आता है। स्वार्थी मनुष्य सामाजिक हों और वह समाज व राज्य की स्थापना इसलिए करें कि उनके स्वार्थों की सिद्धि पर अंकुश लगे, यह थॉमस हॉब्स विचारों की एक गम्भीर असंगति है। लॉक ने थॉमस हॉब्स विचारों की इस असंगति की आलोचना बड़े आलंकारिक ढंग से की है और कहा है कि **"इसका अर्थ मनुष्यों को इतना मूर्ख मानना है कि वे उन परेशानियों से तो बचना चाहते हैं, जो उनके लिए लोमड़ी व चूहों द्वारा पैदा की जा सकती है, पर उन्हें इस बात से सन्तोष है और वे इसे सुरक्षा समझते हैं कि उन्हें शेर खा जाएँ।"**[1]

3. थॉमसकी प्राकृतिक अवस्था व प्राकृतिक व्यवस्था की कल्पना अनैतिहासिक-थॉमस हॉब्सने राज्य विहिनता की एक दशा की कल्पना की है तथा उसे उन्होंने प्राकृतिक अवस्था (The State of Nature) की संज्ञा दी है। प्राकृतिक अवस्था के समय के लिए उन्होंने एक प्राकृतिक अवस्था (The Law of Nature) की भी कल्पना की है। उन्होंने यह प्रतिपादित किया है कि इस अराजक और (राज्य विहीन) दशा की असुविधाओं का निवारण करने के लिए मनुष्यों ने राज्य की स्थापना की। थॉमस हॉब्स उक्त प्रतिपादन का अर्थ यह हो जाता है कि मानव इतिहास को दो कालों में बाँटा जा सकता है, जिनमें से एक को राज्य विहिनता का काल तथा दूसरे को राज्य के अस्तित्व का काल कहा जा सकता है। पर क्या इतिहास में ऐसा कोई का रहा है, जिसमें मनुष्य अराजक एवं असामाजिक अथवा प्राकृतिक अवस्था में रहा हो? विश्व के किसी देश के इतिहास में हमें यह ज्ञात नहीं होता कि किसी समय कहीं भी थॉमस हॉब्सद्वारा कल्पित अराजक अथवा राज्य विहीनता की दशा रही हो। अत: इस दृष्टि से थॉमस हॉब्सकी यह मान्यता कि राज्य की स्थापना से पहले की प्राकृतिक अवस्था का अन्त होकर मनुष्यों की सहमति से राज्य की स्थापना हुई, आलोच्य है।

4. प्राकृतिक अवस्था में राजनीतिक चेतना की मान्यता असंगत है-थॉमस हॉब्स विचार के अनुसार प्राकृतिक अवस्था मनुष्य की एक ऐसी दशा है, जिसमें उसका रूप एक ऐसी असामाजिक प्राणी का रहता है, जो केवल अपनी ही स्वार्थों की सिद्धि में रत रहते हुए प्रत्येक अन्य व्यक्ति से अपने स्वार्थों की रक्षा के लिए संघर्षरत रहता है। पर इसके साथ ही थॉमस हॉब्सने यह भी प्रतिपादित किया है कि उन्हीं असामाजिक मनुष्यों द्वारा

सहमति से एक राजनीतिक समाज की स्थापना की जा सकती है। यह वस्तुतः थॉमस हॉब्सके विचारों की एक असंगति है, प्राकृतिक अवस्था में रहने वाले उस मनुष्य से जो पूर्णतः असामाजिक व राजनीतिक हो, यह आशा करना असंगत है कि यकायक उसमें सामाजिकता व राजनीतिकता की भावना उदय हो और वह अन्य सब मनुष्यों के साथ इस बात के लिए सहमत हो जाय कि प्राकृतिक अवस्था का अन्त करके सामाजिक व राजनीतिक अवस्था की स्थिति को अस्तित्व में लाया जाय।

5. प्राकृतिक अवस्था के प्राकृतिक अधिकारों की मान्यता असंगत है-थॉमस हॉब्सने यह भी प्रतिपादित किया है कि प्राकृतिक अवस्था में व्यक्ति को कुछ अधिकार भी प्राप्त होते हैं, जिनका रूप प्राकृतिक होता है। अराजकतापूर्ण प्राकृतिक अवस्था में व्यक्ति का कोई अधिकार हो सकता है, यह न कहा जाना ठीक है। अराजकता की प्राकृतिक अवस्था वस्तुतः एक ऐसी स्थिति ही हो सकती हैं, जिसमे मात्सनयाय हो तथा जिसकी लाठी उसकी भैंस हो। व्यक्ति के अधिकार वस्तुतः उनकी माँगे होती हैं, जिनमें सामाजिक उपयोगिता के आधार पर समाज मान्यता प्रदान करता है और राज्य उनका संरक्षण करता है। अतः थॉमस हॉब्सकी यह कल्पना असंगतिपूर्ण है कि प्रयोग सामाजिक एवं अराजक समाज़ में भी व्यक्ति के कोई अधिकार थे, जिन्हें समर्पित करके उसने राज्य की स्थापना की हो।

6. थॉमसद्वारा प्रतिपादित समझौता विधि की दृष्टि से आपत्तिजनक है-कोई भी समझौता साधारणतः दो पक्षों में होता है। वे दोनों पक्ष समझौते के अनुसार आचरण करने के लिए विधि द्वारा बाध्य होते हैं तथा कोई न कोई व्यवस्था ऐसी अवश्य होती है, जिसके अन्तर्गत दोनों पक्ष किसी भी किये हुए समझौते से पृथक हो सकते है। इसके अतिरिक्त प्रत्येक समझौते में कोई व्यवस्था इस प्रकार की भी होती है कि यदि कोई पक्ष समझौते की शर्तों पर है, तो ऐसी दशा में क्या होगा। दूसरे शब्दों में कोई एक वैद्य सत्ता प्रायः ऐसी होती है, जो उल्लंघन करन वाले पक्ष को उचित दण्ड-व्यवस्था के द्वारा समझौते का पालन करने के लिए तत्पर रख सके। थॉमस हॉब्सद्वारा प्रतिपादित समझौता इन सभी दृष्टियों से आपत्तिपूर्ण है। थॉमस हॉब्सका समाजिक समझौता ऐसा है, जिसमें उन्होंने सभी मनुष्यों को-न मनुष्यों को भी जो उसके विरोधी हों-सम्मिलत हों-सम्मिलित माना है तथा कहा है कि समझौता सभी के लिए अनिवार्य रूप से मान्य है तथा उसका उल्लंघन दण्डनीय है। इस सम्बन्ध में थॉमस हॉब्सका कहना है कि **''संप्रभु की घोषणा चूँकि एक बड़े भाग के सहमतिपूर्ण स्वर से होते है, अतः उसे भी जो उससे असहमत हो, शेष से सहमत होना चाहिए, अन्यथा.यह न्याय्य होगा कि शेष उसे नष्ट कर दें।''**[1] इस प्रकार एक बार समझौता होने के बाद वह सभी लोगों के लिए सदा के लिए अनिवार्य हो जाता है, जो किसी विधिपूर्वक किये गये समझौते में प्रायः नही होता। इसके अतिरिक्त

थॉमस हॅाब्सका समझौता समय होता है, जिस समय कोई सत्ता उसका पालन कराने वाली नहीं होती, क्योंकि राज्य सत्ता की स्थापना समझौते के बाद होता है तथा विधि की दृष्टि से यह आपत्तिपूर्ण है।

7. थॉमस समझौते के परिणामस्वरूप राज्य का आधार अवांछनीय व उसका उद्देश्य हेय हो होता है-थॉमस हॉब्स अनुसार मनुष्यों ने समझौता इसलिए किया कि वे अराजक दशा के जीवन से भयभीत थे तथा उस दशा के भय से छुटकारा पाने के स्वार्थ के कारण उन्होंने समझौता किया। थॉमस हॉब्स विचार के अनुसार राज्य सत्ता की स्थापना इस प्रकार भय व स्वार्थ साधना के आधार पर हुई मानी गयी है, जो अनुचित है। समाज व राज्य का आधार भय व स्वार्थ नहीं है, वरन् उनका आधार सद्‌भावना, सहयोग व सामाजिक हित की भावना है तथा जैसा अरस्तू ने कहा है उनका अस्तित्त्व अच्छे (नैतिक) जीवन के लिए है।

8. उद्देश्य के अनुसार राज्य के कार्य भी निम्न कोटि के ही हो जाते हैं-थॉमस हॉब्स अनुसार, राज्य की उत्पत्ति के कारण लोगों का पारस्परिक भय माना गया है। अत: उसी के अनुसार राज्य का कार्य भी केवल निषेधात्मक (negative) हो जाता है। थॉमस हॉब्स की धारणा के अनुसार राज्य केवल एक पुलिस राज्य ही हो सकता है। नैतिक अथवा भौतिक विकास, शिक्षा एवं संस्कृति की उन्नति आदि से उसका कोई सम्बन्ध नहीं हो सकता। जैसा गूच ने कहा है, "**लेवियेथन केवल महा मानवाकार का एक पुलिस का सिपाही है, जो अपने हाथ में दण्ड लिये है।.....उसका राज्य एक आवश्यक बुराई व दबाव का यन्त्र है। वह स्वतन्त्र व विकासशील सभ्यता की प्राप्ति का कोई अपरिहार्य साधन नही है।**"[1]

9. थॉमसद्वारा प्रतिपादित समझौते के परिणामस्वरूप स्थापित शासन का रूप एक अत्यधिक स्वेच्छाधारी व निरंकुश शासन का होता है-राज्य की स्थापना समझौते द्वारा व्यक्ति की सुरक्षा के लिए की गयी है। पर इसके लिए उसे इतना अधिक अधिकार प्राप्त होता है कि वह भयंकरता की सीमा तक पहुँच गया है। थॉमस हॉब्स द्वारा स्थापित शासन पर किसी प्रकार का कोई नियन्त्रण नहींहै। वह पूरी तरह से निरंकुश है। उस पर न तो कोई कानून का अंकुश है, न व्यक्ति के मौलिक अधिकारों का कोई अंकुश है। उसके आदेश न तो कोई कानून कभी भी अन्यायपूर्ण नहीं मान जा सकते। प्राकृतिक विधि (Nature of Law) का भी उसके ऊपर कोई प्रतिबन्ध नहीं हो सकता। ईश्वरीय विधि (The Law of God) भी उस पर कोई अंकुश नहीं लगा सकती। थॉमस हॉब्स लेवियेथन के विरुद्ध विवेक का भी कोई बन्धन नहीं हो सकता। इस प्रकार थॉमस हॉब्स अनुसार राज्य के सम्बन्ध में व्यक्ति की स्थिति केवल उसके दास की है और उसका अपना कोई स्वतन्त्र व्यक्तित्व नहीं है।

10. राज्य व सरकार का अन्तर थॉमस मस्तिष्क के ओझल हो गया है-राज्य की सत्ता की सर्वोच्चता का प्रतिपादन करते हुए थॉमस हॉब्सने सरकार की सत्ता की सर्वोच्चता का प्रतिपादन कर दिया है तथा इस सम्बन्ध में उन्होंने राज्य व सरकार में कोई अन्तर नहीं रहने दिया। व्यक्ति द्वारा राज्य का कोई विरोध नहीं होना चाहिए, इसका प्रतिपादन करते हुए उन्होंने यह भी प्रतिपादित कर दिया है कि व्यक्ति द्वारा सरकार का भी कोई विरोध नहीं होना चाहिए। राज्य के कुछ उद्देश्य होते हैं तथा सरकार राज्य का वह यन्त्र होता है, जिसके द्वारा राज्य के उद्देश्यों की सिद्धि के लिए कार्य किया जाता है। यदि कोई सरकार उस प्रकार कार्य करने में असमर्थ रहे, जिस प्रकार राज्य के उद्देश्यों की सिद्धि होती हो तो सरकार की स्थापना करने वाले व्यक्ति का अधिकार व कर्तव्य की सिद्धि होती है कि वह उस सरकार का विरोध करे और उसे बदल कर ऐसी सरकार की स्थापना करे, जो राज्य के उद्देश्यों की सिद्धि करने में सक्षम है। ऐसी दशा में थॉमस हॉब्सका यह प्रतिपादन कि व्यक्ति सरकार का भी विरोध नहीं कर सकता, त्रुटिपूर्ण है तथा जैसा वेपर ने कहा है, **"वे सरकार का अन्तर समझने में सफल रहे हैं, उन्होंने राज्य की विधि सम्बन्धी निरंकुशता को सरकार की निरंकुशता बना दिया है तथा वे यह नहीं समझ सके हैं कि सरकार के रूपों के परिवर्तन का अर्थ राज्य को भंग करना नहीं होता।"**[1]

थॉमस विचारों का महत्त्व

थॉमस हॉब्स विचारों की आलोचना में जो कुछ ऊपर कहा गया है, उसके होते हुए भी राजनीति दर्शन के विकास की दृष्टि से उनके विचारों का बड़ा महत्त्व है राजनीतिक दर्शन के क्षेत्र में उनके अनुदाय को हम निम्न प्रकार रख सकते हैं :

1. थॉमसने राजनीति विचार-शैली को वैज्ञानिक बनाया-माध्यमिक काल में राज्य व चर्च के विवाद से राजनीतिक विचारधारा का विकास एक प्रकार से कुठिंत हो गया था। चर्च व राज्य दोनों की प्रतियोगिता के कारण दोनों के ही पक्ष धर अपने-अपने संस्थान को मनुष्य की भक्ति का पात्र सिद्ध करने लगे हुए थे। धर्म व चर्च के पक्षधरों के अनुसार चर्च की सत्ता राज्य की सत्ता से ऊपर थी क्योंकि उनके अनुसार धर्म व चर्च की सत्ता ईश्वरीय थी राज्य का अस्तित्व मनुष्य को उसके पापों का दण्ड देकर उसे पाप कर्म से अलग रखने के लिए था। राज्य के विरुद्ध चर्च के समर्थकों के अनसार राज्य के अन्तर्गत रहना तथा उसकी अधीनता स्वीकार करना मनु के पतन का परिणाम था तथा उस पतन से उठाने के काम चूँकि चर्च कर सकता था, उसकी सत्ता राज्य की सत्ता उच्चतर थी। इसके विपरीत राज्य की सत्ता की सर्वोच्चता के समर्थकों का प्रतिपादन यह था कि चर्च के धर्म का सम्बन्ध व्यक्ति के पारलौकिक जीवन से हो सकता था तथा मनुष्य के जीवन के उस पक्ष का नियमन चर्च कर सकता था। पर शान्ति व व्यवस्था की उन परिस्थितियों की रक्षा, जिनमें धर्म का आचरण व चर्च का कार्य सम्भव हो सकता थ, चूँकि राज्य ही कर

सकता था, अतःउसकी सत्ता चर्च की सत्ता से भी उच्चतर थी। इस प्रकार दोनों ही पक्षों के दावे अपने-अपने पक्ष के अवश्य थे, पर दोनों ही द्वारा उनके लिए कोई वैज्ञानिक आधार प्रस्तुत नहीं किया गया था। राज्य का व्यक्ति के जीवन से क्या सम्बन्ध है, उसका वह सम्बन्ध क्यों है तथा उसका क्या उद्देश्य है, तथा ऐसे ही अन्य पश्नों उत्तरों का कोई वैज्ञानिक आधार तत्कालीन राजनीतिक विचारधारा में नहीं मिलता था। अतः थॉमस हॉब्सने राजनीतिक विचारशैली में वैज्ञानिकता प्रविष्ट करके वैज्ञानिक भौतिकवाद (Scientific materialsm) के आधार पर यह प्रतिपादित किया कि सामाजिक संसार में होने वाली प्रत्येक क्रिया-प्रतिक्रिया **किसी** निश्चित गति का परिणाम होती है और इस आधार पर व्यक्ति के सामाजिक **कृत्यों की** गति के प्रसंग में कार्य-कारण सम्बन्धों की खोज की जा सकती है तथा उसके परिणा**मों की** सहायता से उन्हें विनियमित व नियन्त्रित किया जा सकता है।

अपनी उक्त मान्यता के आधार पर उन्होंने मनुष्य के स्वभाव के वैज्ञानिक अध्य**यन** द्वारा यह परिणाम निकलता है कि वह स्वभावतः स्वार्थी, असामाजिक, आत्मरक्षक, झगड़ालू, अविश्वासी, असहयोगी, युद्ध-प्रिय, लोभी, अंहकारी एवं स्वार्थी होता है, इसी प्रकार के स्वभाव के कारण पास्परिक कटुता के परिणामस्वरूप उसका जीवन "**एकाकी, दीन, घृणित, पाशविक एवं क्षणिक**" हो जाता है तथा इस प्रकार के जीवन से छुटकारा पाने के लिए वह राज्य की स्थापना करता है।

इस प्रकार थॉमस हॉब्सने राज्य का आधार ढूँढ़े जाने की उस प्रथा से हटकर, जिसमें उसे धार्मिक अन्धविश्वास अथवा ईश्वरीय इच्छा के परिणाम के रूप में समझा जाता था, एक ऐसी परिपाटी का प्रारम्भ किया, जिसमें राज्य के आधार को मनुष्य के स्वभाव के वैज्ञानिक अध्ययन द्वारा निकाले गये परिणामों के माध्यम से खोजने का प्रयत्न किया गया था।

2. हॉब्स ने राजनीतिशास्त्र को असीमित व निरंकुश संप्रभुता का विचार दिया- थॉमस हॉब्सने राजनीति शास्त्र को असीमित व निरंकश संप्रभुता का विचार प्रदान किया है। अमरीका के राजनेता अलेक्जैण्डर है मिल्टर ने "**फैडरलिस्ट**" में लिखा था कि "**ऐसे किसी शासन की स्थापना करने में, जिसमें मनुष्य-मनुष्य पर शासन करे, सबसे बड़ी कठिनाई इस बात की होती है कि पहले शासन को इस योग्य बनाया जाय कि वह शासितों पर नियन्त्रण रख सके और फिर उसे बात बात के लिए बाध्य किया जाय कि वह स्वयं नियन्त्रित रह सके।**" शासन की स्थापना विषयक इस कठिनाई को करने में प्रयत्न समय-समय पर किये जाते रहे हैं। तथा इस सम्बन्ध में संप्रभुसत्ता की सर्वोच्चता तथा उस पर किन्हीं मर्यादाओं का प्रतिपादन किया जाता रहा है। उदाहरणार्थ, मध्ययुगीन विचारकों के अनुसार संप्रभुसत्ता की निरपेक्षता का विचार अमान्यप्राय

तथा दैवीय विधि, प्राकृतिक विधि, परम्परागत विधि आदि राजा की शक्ति से ऊपर माना जाता है। राज्य उनका उल्लंघन का विरोध करे, यह भी उचित नहीं समझा जाता था। बोदां ने भी थॉमस हॉब्ससे पहले संप्रभुता का प्रतिपादन किया था और कहा था कि **''समप्रभुता राज्य में जारी आदेश जारी करने की निरंकुश व स्थायी शक्ति होती है।''** पर साथ ही साथ उन्होंने इस सम्बन्ध में यह भी कहा था कि **''इस शक्ति पर ईश्वरीय विधि या प्रकृत द्वारा लगाये गये प्रतिबन्धनों को छोड़कर अन्य कोई प्रतिबन्ध व शर्त नहीं होते।''**[1] बोदां के इस कथन से यह स्पष्ट है कि संप्रभुता पर ईश्वरीय विधि अथवा प्राकृतिक विधि का प्रतिबन्ध होना चाहिए। पर थॉमस हॉब्सने सम्प्रभुता के विषय में यह विचार जगत के सम्मुख रखा कि राज्य की सम्प्रभुता निरंकुश तथा प्रतिबनधित होनी चाहिए। वस्तुत: जैसा वैपर ने कहा है, **''न्याय की उत्पत्ति विधि द्वारा होता है और विधि न्याय का प्रतिबिम्ब नहीं होती, उसका प्रतिपादन करना तथा राज्य का निरंकुश व प्रतिबन्ध रहित सम्प्रभुता का प्रचार करना हॉबस का कार्य रहा।''**[1]

3. थॉमसने राजसत्ता के मानवीय स्वरूप का प्रतिपादन किया-थॉमस हॉब्सने कदाचित सर्वप्रथम इस तथ्य का जगत के समक्ष प्रस्तुत किया कि राज्य संस्था ईश्वरीय व दैवी न होकर मानवीय है तथा उसका निर्माण ईश्वर द्वारा न होकर मनुष्य द्वारा किसी निश्चित उद्देश्य की पूर्ति के लिये हुआ है। वेपर ने इस सम्बन्ध में कहा है, **''थॉमसने यदि लेवियेथन को सर्वशक्तिमान बना दिया है, तो वे यह नहीं भूले हैं कि वह एक निर्मित वस्तु है।''**[2] राज्य क। निर्माण समझौते के परिणामस्वरूप हुआ बताकर उन्होंने राज्य के विषय में प्रचलित उस रहस्य को समाप्त कर दिया था, जिसके कारण उसे ईश्वरीय संस्था तथा शासक कोई ईश्वर का प्रतिनिधि माना जाता था। इसका एक लाभ यह हुआ कि जैसे ही लोगों ने यह माना कि राज्य उनकी अपनी बनाई हुई वस्तु है,उन्होंने यह भी सोचना प्रारम्भ किया के वे राज्य के रूप को आवश्यकतानुसार और अच्छा भी बना सकते हैं तथा राज्य के अच्छे या बुरे होने का दायित्व मनुष्य का अपना दायित्व है। थॉमस हॉब्सद्वारा प्रदत्त इस विचार को बाद में आने वाले लोकतन्त्र के विचार का मूल माना जा सकता है।

4. थॉमसने अपनी विचारधारा में व्यक्तिवाद का भी समर्थन किया-थॉमस हॉब्स विषय में यह प्राय: यह कहा जाता है कि उन्होंने सम्प्रभुता की निरंकुशता का समर्थन किया है तथा उनकी विचारधारा के राज्य में व्यक्ति व उसके अधिकारों का कोई स्थान नहीं है, क्योंकि उन्होंने राज्य की निरंकुश असीमित सत्ता का प्रतिपादन किया है। पर यदि बारीकी से देखा जाय, तो उनके चिन्तन में व्यक्तिवाद का भी समर्थन मिलता है। राज्य की निरंकुशता एवं व्यक्ति की महत्ता दोनों ही ऐसे विचार हैं, जिनका सामंजस्य साधारतणत: नहीं हो सकता। पर थॉमस हॉब्सने अपनी विचार अभिव्यक्ति के चमत्कार से दोनों परस्पर

विरोधी विचारों में सामंजस्य स्थापित कर दिया है। उन्होंने राज्यसत्ता को जो निरंकुशता प्रदान की है,वह निरंकुशता, निरंकुशता के ही लिए नहीं है, वरन् वह व्यक्ति के कल्याण के उद्देश्य की सिद्धि के लिये है। थॉमस हॅाब्स राज्य की निरंकुशता का प्रतिपादन करते हुए भी थॉमस हॅाब्सने यह याद बनाये रखा है कि राज्य का अस्तित्व व्यक्ति की आवश्यकताओं की पूर्ति करने के लिए होता है तथा उसका अधिकार शासितों की अनुमति पर आधारित होता है।

फिर भी व्यक्ति की आवश्यकताओं की पूर्ति अथवा उसके कल्याण का रूप थॉमस हॅाब्स चिन्तन में लोकतान्त्रिक अथवा सामाजिक नहीं है, वरन् वह पूर्णत. व्यक्तिवादी है, क्योंकि उसके अनुसार राज्य स्वयं व्यक्ति का उद्देश्य नहीं है, वरन् व्यक्ति राज्य का उद्देश्य है। यही कारण है कि वेपर ने इस सम्बन्ध में कहा है कि, **''लेवियेथन सम्प्रभुता के सिद्धान्त तथा राज्य के नियन्त्रक रूप का शक्तिशाली स्पष्टीकारण ही नहीं है, वरन् वह व्यक्तिवाद का भी एक सशक्त प्रतिपादन है।..........थॉमसन तो उदारवादी है और न लोकतन्त्रवादी, वरन् हैं एक व्यक्तिवाद हैं।........उनके लिए जनता जैसी कोई वस्तु नहीं है, सामान्य इच्छा नहीं है, कोई साधारण इच्छा नहीं है और न कोई सामान्य हित है।....राज्य व्यक्ति के उद्देश्य नहीं है वरन् व्यक्ति अवश्य ही राज्य का उद्देश्य है।''**[1]

5. थॉमसने राज्य के उपयोगितावादी हितकारी स्वरूप का भी प्रतिपादन किया- थॉमस हॅाब्स विचारों के विश्लेषण में हम देख चुके हैं कि वह व्यक्तिवादी है और राज्य के अस्तित्व का आधार व्यक्ति के लिए उसकी उपयोगिता है। अत: यदि व्यक्ति के हितों की रक्षा की दृष्टि से राज्य का कोई उपयोग नहीं है, पर व्यक्ति तो राजसत्ता को प्रदत्त अपनी सहमति को वापस ले सकता है, क्योंकि यही उसकी सहमति का मूल आधार है। इस दृष्टि से थॉमस हॅाब्सकी विचारधारा का महत्त्व इस कारण भी है कि उनका प्रभाव उसके बाद की राजनीतिक विचारधारा पर पड़ा। उपयोगितावादी विचारक जर्मी बेन्थम ने हॅाबस की विचारधारा से देखा कि उन्होंने व्यक्ति को स्वभावत: एक स्वार्थी प्राणी माना है। इससे उन्होंने यह निष्कर्ष निकाला ह कि अपनी स्वार्थी प्रकृति के कारण वह वही कार्य करता है, जो उसके लाभप्रद हो अथवा दुखप्रद हो। दूसरे शब्दों में, उससे यह निष्कर्ष निकाला कि थॉमस हॅाब्सद्वारा प्रतिपादित व्यक्ति स्वभावत: उपयोगितावादी है। अत:उन्होंने राज्य के विषय में उपयोगितावादी का प्रतिपादन किया है और कहा हे कि राज्य का उद्देश्य **'अधिकतम संख्या का अधिकतम हित'** है। वेपर ने इसे बेन्थम पर थॉमस हॅाब्स प्रत्यक्ष प्रभाव का परिणाम माना है और कहा है कि **''यह कोई संयोग की बात नहीं है कि कोई जर्मी बेन्थम इस (राज्य के उपयोगितावादी रूप के) सम्बन्ध में थॉमसका ऋणी उसी प्रकार है, जिस प्रकार वह उसके सुख विषयक विचारों के सम्बन्ध में है।''**

कहा जाता है कि विचित्र विज्ञान के बोध से थॉमस हॉब्सबहुत ही प्रफुल्लित और मग्न था। उस रात को जब वह सो गया तब उसने सबसे पहले देखा कि प्रचण्ड वायु या आँधी उसे उड़ा रही है वह अपना पैर तक नहीं रखने पाता। वह लॉ फ्लैश कालेज चर्च प्रार्थना करने के लिए पहुँचना चाहता था। ज्योंहि वह आँधी से उड़ा जा रहा था त्योंही वह एक आदी से जिस उसने नमस्कार नहीं किया था, कुशल-क्षेम पूछने मुड़ा। आँधी उसे चर्च की विपरिती दिशा में उड़ा ले गयी। शीघ्र ही उसने का कालेज के आँगन में एक आदमी कहता है-आपका कोई परिचित आदमी आपको तरबूज देना चाहता है। बस यहीं थॉमस हॉब्सकी नींद टूट गई।जगने पर उसे दर्द मालूम हुआ। फिर उसने ईश्वर से प्रार्थना की और सो गया। तुरन्त ही उसने दूसरा स्वप्न देखा जो उसे डरबा देता है। बिजली की तड़क और बाद की गरज होती है, इससे वह जग जाता है। और तीसरा स्वप्न देखता है। इस बार वह अपनी मेज परएक शब्दकोश और एक काव्य-संग्रह देखता है। काव्य-संग्रह का एक पृष्ठ खुला है। जहाँ आउसोनियस की पंक्ति लिखी है-मैं जीवन में किस मार्ग का अनुसरण करूँगा। एक अपरिचित व्यक्ति उसे एक पद्य देता है जिसके तीन शब्द उसको दृष्टिगोचर होते हैं-हाँ और नहीं। फिर स्वप्न में ही थॉमस हॉब्सइन स्वप्नों की व्याख्या करता है। शब्दकोश का अर्थ विभिन्न विज्ञानों को एकत्र संकलित करना है। काव्य-संग्रह का अर्थ दर्शनशास्त्र है और बोध का संयोग है। हाँ और नहीं जो पाइथागोरस के शब्द हैं, सत्य और झूठ के प्रतीक हैं। मैं जीवन में किस मार्ग का अनुसरण करूँगा-यह किसी बुद्धिमान मनुष्य या नीति-विद्या की भली सलाह है। आँधी कोई दुष्ट प्रेत है, जो उसे बलात् उस स्थान पर फेकने का प्रयास करता है। जहाँ वह स्वेच्छा से जाना चाहता है। तरबूज एकान्तवास का प्रेम है जिसे थॉमस हॉब्स चाहता है। जिस भय से वह दूसरे सपने में आक्रान्त था वह अनुपात है जिसे उसने अपने किए गए पापों पर किया है। अन्तत: बिजनी की तड़क और बादल की गरज सत्य आत्मा है जो उसके ऊपर उतरी और उसको अपने वंश में कर लिया।

बैले ने लिखा है कि प्रथम दो सपनों को थॉमस हॉब्सअपनी बीते हुए जीवन के बारे में चेतावनी समझता था और तीसरे सपने को अपने भावी जीवन का कार्यक्रम मानता था। उसका विश्वास था कि किसी आत्मा ने उसके लिए इन सपनों के द्वारा सत्य का उद्घाटन किया है। दूसरे दिन प्रात: काल वह अपने जीवन-मार्ग के बारे में सोचने लगा। उसे अब विश्वास हो गया कि उसके जीवन का उद्देश्य तर्क द्वारा सत्य का अनुसंधान करना है। उसने ईश्वर से प्रार्थना की, क्योंकि उसने अपनी इच्छा उसके सामने प्रकट की थी। अन्त में उसने प्रतिज्ञा की कि वह अपनी यात्रा के प्रसंग में इटली में लौरेटी के हमारी देवी के मन्दिर का दर्शन करेगा। किन्तु उसने सैन्य

कर्म छोड़ दिया और कुछ समय के लिए पेरिस चला गया। वहाँ अपना काम करके अपनी जायदाद बेंच करके, उसने कई वर्श पुनः स्विट्जलैण्ड तथा इटली की यात्रा में बिताये। फिर उसने लौरेटी की तीर्थ-यात्रा की और हमारी देवी का दर्शन किया। अन्त में उसने फ्रांस को छोड़ दिया और स्थायी रूप में हालैण्ड में बस गया। 1646 तक वह वहाँ 13 विभिन्न स्थानों में रहा जिनमें फ्रैनेकर, एमर्स्डम, यूट्रैक्ट और लीडेन मुख्य है। फ्रांस में इस समय उसका पता केवल फादर मेसैन जानता था। वह उसका ला फ्लैश कालेज का सहपाठी और मित्र था। दोनों में पत्राचार होता रहता था।

हालैण्ड में बसेने से पहले 1628 में उसने बुद्धि के निर्देश के लिए नियम नामक ग्रन्थ लिखा। किन्तु उसका प्रकाशन उसके मरने के बाद 1701 में हुआ। हालैण्ड मेंबसने के ठीक बाद ही वह जगत नामक ग्रन्थ लिखने लगा जिसमें उसने प्रकाश की व्याख्या की थी। यह ग्रन्थ 1633 में पूरा हुआ। किन्तु 1633 में गलीलियों की ताडना का समाचार पाकर थॉमस हॉब्सने इस ग्रन्थ का प्रकाशन स्थगित कर दिया। उसके मरने के बाद 1664 में इसका प्रकाशन हुआ। थॉमस हॉब्सचर्च की ताड़ना तथा दण्ड से भयभीत था। वह चर्च को असन्तुष्ट न करने का प्रयत्न करता था। भौतिक जगत् में सम्बन्धित अपने वैज्ञानिक विचारों को उसने तीन निबन्धों में 1637 में प्रकाशित किया-भौजायनी, उल्काएँ और ज्यामिति। इन निबन्धों की भूमिका के रूप मं उसने प्रणाली का विमर्श भी प्रकाशित किया। बहुत लोगों के विचार से प्रणाली का विमर्श नामक ग्रन्थ में ही थॉमस हॉब्सका वह विचित्र विज्ञान वैज्ञानिक प्रणाली है जो सभी विज्ञानों अथवा ज्ञान मात्र की प्रणाली है। इसको वह कभी-कभी सार्वभौतिक गणित कहता है। और कभी-कभी सार्वभौतिक विज्ञान 1641 में उसने विद्वज्जनों के लिए अपने दार्शनिक विचारों को तत्त्वज्ञान के ऊपर ध्यान नामक ग्रन्थ छपवाया। 1644 में उसने अपने विचारों को मध्यगुगीन दर्शन की शैली में दर्शन के मूलतत्त्व के नाम से प्रकाशित करवाया। इसके पश्चात् उसका ध्यान नीतिशास्त्र की ओर गया। 1646 में उसने पैलटिनेट की राजकुमारी एलिजाबेथ के लिए मन की वासनाएँ नामक ग्रन्थ लिखा जो 1646 में प्रकाशित हुआ। में वह स्वीडेन की रानी क्रिश्चियाना को दर्शन पढ़ाने स्टाकहोल्म गया। वहाँ उसे रानी के इच्छा के अनुसार प्रातः 5 बजे उठना पड़ता था। उसे वहाँ की सर्दी लग गयी। वह बीमार पड़ गया और 11 फरवरी 1650 में करीब 54 वर्ष की अवस्था में उसका देहान्त हो गया। उसका भौतिक शरीर स्टाकहोल्म के कैथलिक कब्रिस्तान में दफनाया गया। लेकिन 1666 में उसे वहाँ से हटायिा गया आर पेरिस में दफनाया गया। उसके मित्र चेन ने उसके मजार पर निम्नलिखित सारगर्भित वाक्य लिखा-अपने दीर्घकालीन शीत अवकाश में गणित के नियमों के साथ प्रकृति के गुह्य तथ्यों की तुलना करते हुए उसने यह बलवती

आशा पैदा की कि दोनों के रहस्यों का उद्घाटन एक ही कुन्जी से हो सकता है।

थॉमस हॉब्स दर्शन का विकास-क्रम

नार्मन केम्प स्मिथ ने थॉमस हॉब्सकी रचनाओं का मार्मिक अनुशीन करके दिखाया है कि उसके दर्शन के विकास की आठ अवस्थाएँ है। जो निम्न प्रकार से हैं-

पहली अवस्था-ये पाँच साल ला फ्लैश कॉलेज छोड़ने से लेकर 10 नवम्बर 1696 तक है। इस अवस्था में थॉमस हॉब्स प्रत्येक वस्तु पर संशय करता था। उसका मनं शंकाशील या संशयालु हो गया था। वह किसी महान् खोज में चल पड़ा था और अनवरत चलता रहता था। इस काल की महत्त्वपूर्ण घटना हालैण्ड में थॉमस हॉब्सऔर बीकमन की मैत्री है। बीकमन गणित और भौतिक विज्ञान का विद्वान् था। उसके सम्पर्क में थॉमस हॉब्सने गणित और भौतिक विज्ञान की खोजों में रुचि ली। बीकमन ने अपनी कृतियों में थॉमस हॉब्स चार गणित-सम्बन्धी लेख संगीत-चयन नामक ग्रन्थ तथा विज्ञान-सम्बन्धी कुछ अन्य लेखों को प्रकाशित किया था। मार्च 1618 में थॉमस हॉब्सने बीकमन को अपना पहला महान् अनुसंधान बतलाया। यह एक नया विज्ञान था, एक नयी ज्यामिति थी। इसकी खोज में थॉमस हॉब्सको एक नयी प्रणाली की झलक मिली। यह प्रणाली बुद्धि के निर्देश के लिए नियम नामक ग्रन्थ में बाद में अभिव्यक्ति की गयी।

दूसरी अवस्था-यह थॉमस हॉब्स लिए संकटकाल था। इसमें उसको एक विचित्र विज्ञान की पूरी तस्वीर मिली जिसका कुछ आभाष उसको पहली अवस्था में हुआ था। इसी काल में उसने तीन स्वप्न देख जिन्हें वह अपने जीवन की सबसे महत्त्वपूर्ण घटना मानता था।

तीसरी अवस्था-इस अवस्था में 1616 से लेकर 1621 तक की लिखी हुई तीन पुस्तकें है जिनके मूल उपलब्ध नहीं है। बैले ने उनके कुछ अंशों का उद्धरण दिया है। ये पुस्तकें हैं ओलम्पिका, प्राइवेट चिंतन और मानसिक कल्याण का अनुशीलन। इसी काल में उसने बुद्धि के निर्देश के लिए नियम नामक ग्रंथ की रचना की। लाइबनीज ने उनमें से एक की अर्थात् ओलेम्पिका की प्रतिलिपि तैयार की थी।

चौथी अवस्था-इसकी अवधि नवम्बर 1629 है। इस काल में थॉमस हॉब्सका सम्पर्क बेरूले से हुआ। जो पेरिस की ओरेटरी नामक पादरियों की एक संस्था का संस्थापक था। ओरेटरी में सन्त आगस्टिन का मत माना जाता था। जैसे उसकी पहली अवस्था में गणितज्ञ बीकमन ने उसको चिन्तन की प्रेरणा दी, वैसे इस अवस्था में बेरूले ने उसको प्रेरणा दी।

ओरेटरी के माध्यम से थॉमस हॉब्सपर आगस्टिन मत का प्रभाव पड़ा। इस

संस्था में तर्क से अधिक प्रातिभ ज्ञान पर बल दिया जाता था, धार्मिक वचनों से अधिक व्यक्तिगत स्वानुभूति पर बल दिया जाता था। गिल्सन और गिब्सन ने दिखाया है कि थॉमस हॉब्सका दर्शन हमें चाहे जितना विवश करे, किन्तु हम उसे उसके समकालीन आगस्टिनी और नव-अफलातूनी मतानुयायियों के प्रभावों से हटा नहीं सकते हैं। नि:संदेह इस कथन में बहुत सच्चाई है। थॉमस हॉब्ससन्त टामस अक्विना और अरस्तू के विपरीत जाते हुए भी सन्त आगस्टिन और प्लाटिनस के मौलिक सिद्धान्तों के समीप।

इस अवस्था के अंत में थॉमस हॉब्सहालैण्ड में बसकर एकान्तवास और चिंतन करने लगा।

पाँचवी अवस्था। इस अवस्था में थॉमस हॉब्सने अपने समय की प्रचलित टाइम आक्विना की धर्म-मीमांसा का संशोधन किया और जगत्

आत्मा और देह का सम्बन्ध

मनुष्य विचारवन् और विस्तारवान् है। उसका मन या आत्मा विचारवान् है और उसका देह विस्तारवान् है। इस तरह मनुष्य आध्यात्मिक और भौतिक दोनों है। जहाँ तक उसके शरीर या देह की बात है उसकी व्याख्या वैसे ही की जा सकती है जैसे पुश की व्याख्या। उसका देह एक यन्त्र है यद्यपि वह बहुत विचित्र है। फिर उसकी आत्मा उसकी देह से बिलकुल भिन्न है। आत्मा विस्तार-रहित है और देह विस्तार सहित हैं, दोनों एक दूसरे के विरोधी है। आत्मा ओर आत्मा में होने वाले ज्ञान तथा इच्छा को देह से स्वतन्त्र कहा जा सकता है। इसं तरह आत्मतत्त्व और देहतत्तव की अलग-अलग व्याख्या हो सकती है। किन्तु इन पृथक् व्याख्यानों से मनुष्य की समस्या का समाधान नहीं होता। मनुष्य दोनो में सम्बन्ध का अनुभव करता है। वह विदेह आत्मा नहीं है और न निरात्मक देह ही है। वह देहधारी आत्मा है या आत्मवान् देह है। वह शरीरक है। उसके लिए आत्मा और देह के सम्बन्ध को जानना अपने को समझने में जरूरी है।

किन्तु थॉमस हॉब्सने आत्मा और देह को परस्पर विरोधी कहकर मनुष्य को दो ऐसे खण्डों में बाँट दिया जिनमें मेल हो नहीं सकता। उसने मनुष्य की एकता कोभंग कर दिया है। अब उसके लिए समस्या होती है कि आत्मा और देह में क्या सम्बन्ध है? मनुष्य की एकता कैसे स्थापित की जाए।

इस सम्बन्ध की व्याख्या में थॉमस हॉब्सका कोई निश्चित मत नहीं प्रतीत होता है। यद्यपि यह सत्य है कि उसने इसकी व्याख्या है अन्तरक्रियावाद को प्रस्तावित किया था तथापि इस प्रसंग में वह सदा सोचता ही रहा और कई अन्य वादों को कभी-कभी मानता रहा। अन्तरक्रियावाद के अनुसार मन देह पर क्रिया करता है और

देह मन पर। यह पारस्परिक क्रिया पुरीतत् नाड़ी के माध्यम से होती है। पुरीतत् नाड़ी दिमाग (मस्तिष्क का सूक्ष्मतम मध्य भाग है। वह दैहिक है, वह आत्मा का पीठासन है। यद्यपि आत्मा देह के प्रत्येक अंग में व्याप्त है तथापि उसका आसन देह के एक विशेष स्थान, पुरीतत् नाड़ी में है। संवेदना तथा भावना के अवसरों पर देह की गति से पुरोतत् नाड़ी गतिशील होती है और उसको गति से वहाँ बैठी आत्मा को धक्का पहुँचता है और तब वह संवेदना तथा भावना का अनुभव करती है। ऐच्छिक कार्यों के अवसरों पर आत्मा प्रवर्तक होती है। वह क्रियाशील या गतिशील होती है। उसकी क्रिया से उसका आसन, पुरीतत् नाड़ी, हिल जाता है और इसके फलस्वरूप दिमाग और सारा देह गतिशील हो जाता है। इस तरह पुरीतत् नाड़ी के माध्यम से आत्मा और देंह का क्रियात्मक संवाद होता रहता है।

किन्तु अन्तरक्रियावाद थॉमस हॉब्सकी मान्यताओं के विपरीत जाता है। आत्मा विस्तार-रहित या देश-रहित है। वह कैसे स्थान ग्रहण कर सकती है? उसका आसन कैसा है? आसन तो दैशिक वस्तु का होता है। फिर यदि आत्मा पुरीतत् नाड़ी को प्रवर्तित करती है तो वह नयी गति का सूत्रपात करती है। यह गति थॉमस हॉब्स उस गतिसिद्धान्त के प्रतिकूल है जिसके अनुसार गति का महायोग सदा एक रहता है। जब-जब आत्मा पुरीतत् को प्रवर्तित करती है तब-तब वह गति के सहयोग में बुद्धि करती है। फिर पुरीतत् नाड़ी को ही आत्मा का आसन मानना युक्तिसंगत नहीं प्रतीत होता। आत्मा को देहव्यापी कहते हुए भी केवल पुरीतत् में उसका निवास मानना असंगत है। वास्तव में अन्तरक्रियावाद थॉमस हॉब्स आत्मवाद का लीपा-पोती कर देता है। वह आत्मा को अस्तिकाय या विस्तारवान् बना देता है। यदि आत्मा दे हसे मूलत: भिन्न है तो दोनों की पारस्परिक क्रिया असम्भ है।

अन्तक्रियावाद के अतिरिक्त थॉमस हॉब्स कभी-कभी समानान्तरवाद की ओर संकेत करता है। समानान्तरवाद के अनुसार आत्मा और देह दोनों समानान्तर है। प्रत्येक में जो घटना घटती है उसके समानान्तर दूसरे में वही घटना घटती है। लेकिन थॉमस हॉब्सने इस मत को स्पष्ट नहीं किया था। आगे चलकर स्पिनोजा ने इसको स्पष्ट किया।

फिर, थॉमस हॉब्स का कहना है कि आत्मा और देह का सम्बन्ध जिस क्षण घटता है वह विचित्र क्षण है। उस क्षण या तो आत्मा देह की क्रिया का निमित्त बन जाती है और या तो देह आत्मा की क्रिया का निमित्त बन जाता है। इस सिद्धान्त को निमित्तवाद कहा जाता है। इस सिद्धान्त का संके त पहले गेंलिक्स ने किया जो थॉमस हॉब्स का अनुयायी था। थॉमस हॉब्स दूसरे अनुयायी मैलाब्रान्श ने इसका और विकास किया। इन दोनों के अनुसार आत्मा और देह के सम्बन्ध में व्यवस्था

ईश्वर करता है। ईश्वर दोनों की पारस्परिक क्रिया का हेतु या निमित्त है। वह एक तरह से दुभाषि है जो शारीरिक परिवर्तनों की सूचना आत्मा को और आत्मिक परिवर्तनों की सूचना देह को देता है। जब-जब दोनों में पारस्परिक क्रिया होती है तब-तब ईश्वर दोनों का संयोजक बन जाता है।

थॉमस हॅाब्स ने ईश्वर को स्वतन्त्र द्रव्य और आत्मा तथा देह को परतन्त्र द्रव्य कहा था और फिर दोनों को ईश्वर पर निर्भर माना था। उसके इस सिद्धान्त से ही निमित्तवाद या ईश्वर-निमितवाद विकसित हुआ। इसलिए थॉमस हॅाब्स अनुयायियों का मैतव्य है कि आत्मा और देह के सम्बन्ध के बारे में निमित्तवाद ही थॉमस हॅाब्सका असली मत है।

किन्तु थॉमस हॅाब्स की रचनाओं से इसका समर्थन करना कठिन है। कभी-कभी वह कहता है कि आत्मा और देह के सम्बन्ध का ज्ञान बुद्धि द्वारा नहीं होता है, यह ज्ञान केवल इन्द्रियजन्य और भावात्मक है। बुद्धि से इसका ज्ञान न होने से इसका ज्ञान अस्पष्ट है। थॉमस हॅाब्स मत से केवल स्पष्ट और विवेकपूर्ण ज्ञान का ही नैमित्तिक सम्बन्ध किसी वस्तु-सत् से होता है। आत्मा और देह के सम्बन्ध का ज्ञान स्पष्ट और विवेकपूर्ण नहीं है। अतः इस समबन्ध का ज्ञात वास्तविक नहीं है। आत्मा और देह का सम्बन्ध वास्तविक नहीं है, यह मात्रा आरोपित है।

लेकिन कभी-कभी वह कहता है कि आत्मा और देह का सम्बन्ध वास्तविक है, वह द्रव्यवत् है और जैसे आत्मा तथा देह द्रव्य है और मूल तत्व हैं वैसे आत्मा और देह का सम्बन्ध भी द्रव्य है और मूलतत्त्व है। किन्तु यदि यह सम्बन्ध द्रव्यवत् है और मूल त्तव है तो आत्मा और देह सदा अपृथक् है और दोनों को पृथक् करना असम्भव है। फिर आत्मा-रहित देह नहीं हो सकता, जैसा कि मृत देह देखा जाता है। अतः आत्मा और देह के सम्बन्ध में द्रव्य मानना ठीक नहीं है।

इन विभिन्न मत-मतान्तरों से स्पष्ट है कि थॉमस हॅाब्सआत्मा और देह के सम्बन्ध पर हमेशा विचार ही करता रहता और कभी उसको निर्विवादों समाधान नहीं मिला। निःसन्देह आत्मा और देह के सम्बन्ध की समस्या डेकार्ट-दर्शन की सबस उलझी हुई समस्या है।

प्रत्यक्ष का सिद्धान्त

प्रत्यक्ष आत्मा और देह के सम्बन्ध का एक उदाहरण है। थॉमस हॅाब्स अनुसार प्रत्यक्ष की प्रक्रिया में निम्नलिखित सोपान होते है-

1. विस्तृत जगत् सत् है। किसी इन्द्रिय के माध्यम से इस विस्तृत जगत् का प्रतिबिम्ब दिमाग पर पड़ता है।

2. इस प्रतिबिम्ब का अनुवाद प्रत्यख में होता है। प्रत्यय विस्तार-रहित

है।

3. यही प्रत्यय यथार्थतः प्रत्यक्ष का साक्षात् विषय है। बाह्य घटना या वस्तु या उसका दिमाग पर पड़ा प्रतिबिम्ब प्रत्यक्ष का साक्षात् विषय नहीं है।

प्रत्यक्ष के इस सिद्धान्त को प्रतिनिधिक प्रत्यख का सिद्धान्त कहते हैं, क्योंकि यहाँ जिस प्रत्ययय का प्रत्यक्ष होता है वह किसी ब्राह्य वस्तु का प्रतिनिधि है। इस सिद्धान्त में ब्राह्य वस्तु का प्रत्यख नहीं होता, वर्न उसके प्रतिनिधि का प्रत्यक्ष होता है।

उदाहरण के लिए, सूर्य के प्रत्यक्ष को लीजिए। सूर्य एक नक्षत्र हैं। वह एक वस्तु है। उसका प्रतिबिम्ब दिमाग पर पड़ता है, आँख के माध्यम से। इस प्रतिबिम्ब के अनुवाद सूर्य के प्रत्यय में होता है जो विस्तार-रहित है। इसी प्रत्यय का प्रत्यक्ष हमें करते हैं। सूर्य के प्रत्यय का प्रत्रूख बताना है कि सूर्य बहुत विशाल है। किन्तु यदि हम दिमाग पर पड़े सूर्य-प्रतिबिम्ब को लें तो पता चलता है कि सूर्य एक गोलाकार थाली की आकृति वाला है। इस प्रकार यदि प्रतिबिम्ब का प्रत्यख ही सूर्य का प्रत्यक्ष होता तो फिर सूर्य की आकृति का भ्रमपूर्ण ज्ञान होता है। किन्तु हम सूर्य के प्रत्यय का प्रत्यक्ष करते हैं, इसलिए हमें सूर्य की आकृति का भ्रमपूर्ण ज्ञान नहीं होता है।

प्रतिनिधिक प्रत्यख का सिद्धान्त विस्तार के वास्तविक और स्वतन्त्र प्रत्यय पर निर्भर है। विस्तार का ज्ञान प्रत्यक्ष का पूर्ववर्ती है। वह प्रत्यक्ष-जन्य नहीं है वह आजानिक प्रत्यय है। उसका ज्ञान प्रातिभ ज्ञान से होता है। इस प्रातिभ ज्ञान की भूमिका में ही प्रतिनिधिक प्रत्यख सम्भव है। इन्द्रिय-प्रत्यक्ष से जिस प्रत्यय का साक्षात ज्ञानहोता है उसका आधार विस्तार का आजानिक प्रत्यय है। उदाहरण के लिए, सूर्य के प्रत्यक्ष में हमें जो ज्ञान होता है उसका आधार विस्तार का आजानिक प्रत्यय है। इस आजानिक प्रत्यय के विश्लेषण से ही हमें पता चलता है कि सूर्य विशालकाय है, न कि लघुकाय जैसा कि इसके प्रतिबिम्ब से विदित होता है। प्रातिभ ज्ञान प्रत्यक्ष का आधार और मानदण्ड है। प्रत्यक्ष स्वतः अप्रामाणिक है। किन्तु प्रातिभ ज्ञान इसको प्रमाणिक करके उपयोग मेंला सकता है और लाता है।

प्रत्यक्ष का अन्तिम आधार आत्मा और देह का सम्बन्ध है। विशुद्ध आत्मा के लिए जैसे प्रातिभ ज्ञान है वैसे ही देही आत्मा या शारीरिक के लिए प्रत्यक्ष है। प्रत्यख का उद्देश्य शारीरिक की आवश्यकताओं को पूरा करना है। आवश्यकताएँ जीवित रहने से सम्बन्धित हैं, न कि किसी दार्शनिक या वैज्ञानिक की ज्ञान-साधना से। प्रत्यक्ष ज्ञान की कसौटी नहीं है, प्रत्युत जैविक उपयोगिता की कसोटी है। इसके द्वारा हमें केवल यह सूचना मिलती है कि क्या लाभप्रद है और क्या हानि-कारक है।

के अद्वैत वेदान्त में। दोनों के लिए प्रत्यक्ष केवल लोक-व्यवहार में उपयोगी

है। वह विशुद्ध प्रामाणिक ज्ञान का साधन नहीं है।

आजानिक प्रत्यय

थॉमस हॉब्सआत्मा को अनिवार्यत: ज्ञान-शक्ति से सम्बन्धित मानता है। इसके अनुसार आत्मा के पास कुछ प्रत्यय हैं जो आजानिक है। आजानिक प्रत्ययों में कुछ पद हैं और कुछ पद-सम्बन्ध हैं।

आजानिक प्रत्यय सामान्यत: ज्ञान की शर्तें हैं। उनके बिना ज्ञान सम्भव नहीं है। इस दृष्टिकोण को आगे चलकर कांट ने स्पष्ट किया है। उसने आजानिक प्रत्ययों को वर्गणाओं का नाम दिया है। किन्तु थॉमस हॉब्स आजानिक प्रत्यय कांट की वर्गणाओं से भिन्न हैं। कांट की वर्गणाओं का सह-सम्बन्ध इन्द्रिय-प्रदत्तों से हैं, किन्तु आजानिक प्रत्ययों का सह-सम्बन्ध इन्द्रिय-प्रदत्तों से नहीं है।

आत्मा, ईश्वर, विस्तार और कारणता के आजानिक प्रत्ययों को हम देख चुके हैं और यह भी समझ चुके हैं कि ये प्रत्यय डेकार्ट-दर्शन के मूलाधार हैं। इन्हीं के स्पष्ट ज्ञान से उसका दर्शन सम्पन्न होता है।

आरम्भ में थॉमस हॉब्समानता था कि कुछ ही प्रत्यय आजानिक है। उस समय वह इन्द्रियजन्य प्रत्ययों को आजानिक नहीं मानता था। किन्तु बाद में चलकर जब उसने अपने इस सिद्धान्त का पूरा विवेचन किया तब वह सभी प्रत्ययों को आजानिक मानने लगा। जो भी स्पष्ट और विवेकपूर्ण प्रत्यय है, वह आजानिक है। जो स्पष्ट और विवेकपूर्ण नहीं है वह प्रत्यय नहीं है। किन्तु कल्पना, संवेद या स्मृति है। संवेद,स्मृति और कल्पना केवल लोक-व्यवहार में उपयोगी हैं। उनसे दर्शन और विज्ञान को कोई लाभ नहीं होता है।

सभी आजानिक प्रत्यय अनिवार्य और सार्वजनिक हैं। वे सही अर्थ में सामान्य हैं। वे विशेष नहीं है और न विशेषों से उत्पन्न होते हैं।

आजानिक प्रत्ययों का ज्ञान आत्मा की स्वाभाविक ज्ञानशक्ति के विकास के साथ होता है। हम इन्हें प्रातिभ ज्ञान द्वारा जानते हैं और प्रातिभ ज्ञान में निहित निगमन द्वारा हम इनके पारस्परिक सम्बन्ध का ज्ञान प्राप्त करते हैं। संक्षेप में थॉमस हॉब्सका दर्शन प्रातिभ ज्ञान का समग्र विश्लेषण है या प्रातिभ ज्ञान और तन्मूलक निगमन के द्वारा आत्मा में निहित आजानिक प्रत्ययों को उपलब्ध कराना और उनके यथार्थ सम्बन्ध को जानना है।

यहाँ पर प्रश्न हो सकता है कि यदि आजानिक प्रत्यय आत्मा या मन में विद्यमान रहते हैं तो उन्हें जानने की आवश्यकता क्यों होती है? क्या प्रत्ययों का होना ही उनका जानना नहीं है? इस प्रश्न के उत्तर में थॉमस हॉब्सका कहना है कि आजानिक प्रत्ययों का यह मतलब नहीं है कि वे मन या आत्मा के समक्ष उपस्थित

रहते हैं। उनका मतलब यह है कि मन या आत्मा में ही एक शक्ति है जिसमें उन प्रत्ययों की जानकरी होती है। यदि आत्मा अपने को देह से पूर्णतया मुक्त कर ले, यदि वह देह का तनिक भी विचार न करे और केवल अपने स्वरूप की अवधारणा करे, तब उसे जो प्रत्यय मिलेंगे वे ही आजानिक प्रत्यय हैं। आत्मा में जो अव्यक्ति रहता है वही व्यक्त होता है। इस तरह आजानिक प्रत्यय यद्यपि सभी आत्माओं में अव्यक्त रूप से रहते हैं तथापि उनको सभी लोग नहीं जानते हैं। बच्चे, अज्ञानी तथा इन्द्रियन्मुख लोग उनको नहीं समझ पाते हैं। इन्द्रिय-निरपेक्षता तथा अपरोक्षता आजानिक प्रत्ययों का लक्षण है। वे न्द्रिय-निरपेक्ष तथा अपरोक्ष होने के ही कारण आजानिक कहे जाते हैं। आजानिक प्रत्ययों का सिद्धान्त ज्ञानमीमांसा के क्षेत्र में सांख्य-दर्शन का सत्कार्यवाद है। सभी प्रत्यय पहले से ही आत्मा में अव्यक्त रूप में सत है। वाद में ज्ञान-विकास के द्वारा होते हैं।

थॉमस हॉब्सका दार्शनिक सम्प्रदाय

सबसे पहले थॉमस हॉब्स दर्शन का स्वागत हालैण्ड में हुआ। वहाँ यूट्रॉक्ट विश्वविद्यालय में उसका दर्शन उसके जीवन-काल में ही पढ़ाय जाने लगा। वहाँ का प्रोफैसर साइप्रियन पेनरी उसका पहला प्रोफैसर-अनुयायी था। इसके बाद शीघ्र ही लीडेन, एमस्टर्डन, ग्राटिन्जेन, फ्रैनेकर और ब्रेडा विश्वविद्यालयों में डेकांट के दर्शन की पढ़ाई की व्यवस्था हुई और वहाँ के प्रोफेसर थॉमस हॉब्स अनुयायी हुए। इस प्रकार सबसे पहले हालैण्ड में उसके दर्शन का प्रचार-प्रयास हुआ। तदनन्तर हालैण्ड में जर्मनी और फ्रांस में उसके दर्शन का प्रचार हुआ। फ्रांस से उसका दर्शन स्विट्जरलैण्ड, इंगलैण्ड और इमेंली गया। थॉमस हॉब्सकी मृत्यु के पचास-साठ साल के अन्दर उसका दर्शन योरोप भर में फैल गया और सभी विश्वविद्यालयों में उसके दर्शन का अध्यापन होने लगा। थॉमस हॉब्स दर्शन केलिए यह कम उपलब्धि नहीं थी। 17वीं शती में उसके दर्शन की ओर प्रत्येक जिज्ञासु का ध्यान गया। 18वीं शती के आरम्भ में ही उसके ग्रन्थ विभिन्न विश्वविद्यालयों में पाठ्यग्रंथ हो गये। यद्यपि मसीही दीक्षा-विद्यालयों में थॉमस हॉब्स दर्शन का विरोध होता रहा तथापि वहाँ भी उसके दर्शन का प्रवेश हुआ। थॉमस हॉब्समत का अग्रणी दार्शनिक फादर मैलब्रान्श ऐसे ही दीक्षा-विद्यालय से निकला था। उसने डेकार्टवाद का समर्थन किया और इसको एक नयी दिशा में विकसित किया। उसका मत ईश्वर निमित्तवाद है जो सर्वेश्वरवाद से मिलता-जुलता है। थॉमस हॉब्स अनुयायियों में दूसरा अग्रणय दार्शनिक आर्नाल्ड गैलिक्स था जो हालैण्ड के लीडेन विश्वविद्यालय में प्रोफेसर था। उसने डेकार्ट-दर्शन के आत्मा और देह के सम्बन्ध पर काफी विचार किया और अन्त में निमित्तवाद की स्थापना की। उसके और मैलब्रान्श के निमित्तवाद में थोड़ा अन्तर है। उसके मत में ईश्वर

के अतिरिक्त आत्मा भी स्वतः देह को कुछ सीमा तक प्रवर्तित करती है। किन्तु मैलब्रान्श के मत में आत्मा देह को प्रवर्तित नहीं कर सकती और यह कार्य केवल ईश्वर करता है। मैलब्रान्श ने इस तथ्य को भली-भाँति स्पष्ट किया है कि बिना ईश्वर के एक पत्ता भी नहीं हिल सकता है। वह यहाँ तक कहता है कि हम भौतिक वस्तुओं को नहीं जानते प्रत्युत ईश्वर में स्थित भौतिक वस्तुओं के प्रत्ययों को जानते हैं। स्पष्ट है कि यह मैलब्रान्श का सर्वेश्वरवाद है। जगत का ज्ञान ईश्वर के माध्यम से होता है।

थॉमस हॉब्स का महत्त्व

थॉमस हॉब्स को आधुनिक दर्शन का जनक कहा जाता है और यह कथन वस्तुतः सत्य है। आधुनिक दर्शन में थॉमस हॉब्सका वही महत्त्व है जो यूनानी दर्शन में सुकरात का है या मध्ययुगीन दर्शन में आरस्तु का है। थॉमस हॉब्स समय से बहुत पहले योरोप के विश्वविद्यालयों में अरस्तु का दर्शन मुख्यतः पढ़ाया जाता है और दर्शन के सभी प्रोफेसर अरस्तूवादी थे। थॉमस हॉब्स दर्शन ने विश्वविद्यालयों में अरस्तु के दर्शन को निष्कासित किया और उसका पद उसने स्वयं ग्रहण कर लिया। इस पद पर वह 18 वीं शती के मध्य तक आसीन रहा और अब अन्य आधुनिक दर्शनों का विकास हुआ तब उसके साथ उनको भी इस पर स्थान मिला।

थॉमस हॉब्स की मुख्य क्रान्ति क्या थी? किसलिए उसे आधुनिक दर्शन का जनक कहा जाता है? विक्टर काजिन ने कहा है कि थॉमस हॉब्सने दर्शन को गुलामी से उन्मुक्त किया। उसके पहले दर्शन धर्मशास्त्र का दास था। थॉमस हॉब्सने उसी दासता की बेड़ी काटी, उसे धर्मशास्त्र से स्वतन्त्र किया। यदि थॉमस हॉब्सकी मुख्य क्रान्ति यह थी तो निःसन्देह आधुनिक दर्शन इस अर्थ में थॉमस हॉब्स मार्ग का अनुयायी है। थॉमस हॉब्स से लेकर आज तक दर्शन धर्मशास्त्र से स्वतन्त्र है। यह उसकी क्रान्ति का निषेधात्मक पक्ष है। फिर, उसकी क्रान्ति का एक विधायक पक्ष है। हाकिन्स ने लिखा है, थॉमस हॉब्स पख या विपक्ष में चाहे जो कुछ कहा जाए, किन्तु यह स्पष्ट है कि उसने दर्शन को एक नयी दिशा दी आज तक चली आ रही है। ज्ञान के सुव्यवस्थित सिद्धान्त की योजना उसी की है। उसने पूछा- अनुभव के मूल और अकाट्य प्रदत्त कौन हैं? और ऐसे प्रदत्तों से किन-किन तत्त्वों का आलोचनात्मक समर्थन हो सकता है? थॉमस हॉब्ससे लेकर आज तक दार्शनिकगण इन प्रश्नों को करते आये हैं।

सर्वप्रथम थॉमस हॉब्स ने ही पूर्वाग्रहणें के उन्मूलन और अकाट्य मूल प्रदत्तों की छानबीन और इन प्रदत्तों से तर्कतः निष्कर्ष निकालने का काम शुरू किया। उसके बाद की पीढ़ियाँ इस कर्म को पुनःपुनः करती रहीं, भले ही उनके मंतव्य थॉमस

हॉब्स मंतव्यों से भिन्न रहे हों। एकमात्र स्वाभाविक मानवीय जिज्ञासा के पीछे चलकर सत्य का अनुसंधान करना जहाँ जिज्ञासा ले जाय उनको स्वीकार करना-यह थॉमस हॉब्सका क्रान्तिकारी सन्देश है। जिसका अक्षरश: पालन प्रत्येक आधुनिक दार्शनकि करता है। उसकी प्रणाली जिसमें संशय और निश्चय, विश्लेषण और संश्लेषण तथा प्रातिभज्ञान और निगमन की संतुलित प्रक्रियाएँ हैं, आज भी वैज्ञानिक पद्धति के नाम से मान्य है। आधुनिक दर्शन पर जितना प्रभाव थॉमस हॉब्सकी प्रणाली का है। उतना प्रभाव उसके किसी विशिष्ट सिद्धान्त का नहीं है। इतनी प्रभावशाली और वैज्ञानिक प्रणाली की खोज करने के कारण थॉमस हॉब्सको आसानी से आधुनिक दर्शन का जनक कहा जा सकता है। किन्तु थॉमस हॉब्सकी क्रान्ति का यह मतलब नहीं है कि उसने सहसा आधुनिक दर्शन का सूत्रपात किया। अगर कुछ लोग समझते हैं कि थॉमस हॉब्सने अकस्मात् आधुनिक दर्शन को उत्पन्न किया, ठीक वैसे ही जैसे कई पैगम्बर अपनी मजहब को पैदा करता है, तो वे गलती करते हैं। डेकार्ट-दर्शन का महापंतिड गिलसन कहता है कि थॉमस हॉब्स दर्शन का विकास धर्मशास्त्र से भरे वातावरण में हुआ और उसने बिलकुल नया आरम्भ नहीं किया। डेकार्ट-दर्शन के विशिष्ट सिद्धान्तों की जहाँ तब बात है वे बिल्कुल नवीन नहीं है। किन्तु जो उसके दर्शन की सामान्य बात है अर्थात् जो उसका बुद्धिवादी दृष्टिकोण है वह मध्ययुगीन दर्शन से नवीन है और इस अर्थ में उसकी क्रान्ति नवीन है।

उसके बुद्धिवादी दृष्टिकोण के कई स्पष्ट फल है। दर्शन को धर्म से स्वतन्त्र करना, अन्धविश्वासों और रूढ़ियों को मानना, विज्ञान की प्रणाली को आत्मसात् करना और सामान्य या सार्वभौमिक विज्ञान की खोज करना, इन सभी फलों का प्रभाव आज तक है। इस अर्थ में थॉमस हॉब्सनि:सन्देह आधुनिक दर्शन का जनक है।

अब थॉमस हॉब्स विशिष्ट सिद्धान्तों को भी देख लेना चाहिए। क्या उनका भी प्रभाव आधुनिक दर्शन पर पड़ा है?

आधुनिक दर्शन की प्रधानत: दो धाराएँ रहीं है- पहली धारा वस्तुवाद, भोतिकवाद और यान्त्रिकतावाद की है। यह धारा अनात्मवादी है। यह जगत् और मनुष्य की व्याख्या वैसे ही करती है जैसे थॉमस हॉब्सने जगत् और पशु की व्याख्या की थी। फिर दूसरी धारा अध्यात्मवादी, आदर्शवादी, ईश्वरवादी और प्रत्ययवादी है। यह जगत को आध्यात्मिक मानती है। थॉमस हॉब्सने आत्मा और ईश्वर के बारे में जो कुछ कहा है वह इस धारा को पूर्णत: मान्य है। इस प्रकार थॉमस हॉब्सको दोनों धाराएँ अपना आदि प्रवर्तक मानती है। थॉमस हॉब्सका द्वैतवाद उसे आधुनिक दर्शन का जनक बनाने में बहुत बड़ा हेतु है। यदि वह अद्वैतवादी होता, यदि वह दोनों धाराओं में से एक का ही प्रवर्तन करता तो वह आधुनिक दर्शन का जनक

न कहा जाता। किन्तु आत्मतत्त्व और भूततत्व को एक-दूसरे से पृथक्, स्वतन्त्र और निरपेक्ष करके उसने अध्यात्मवादी और भौतिकवादी दोनों धाराओं के जनक का पद ले लिया और दोनों धारों को आगे बढ़ने की दिशा दी है। उसने यहाँ तक प्रेरणा दी है कि एक धारा दूसरी धारा की परवाह न करते हुए भी जगत् और मनुष्य की समस्त समस्याओं का समाधान करने का प्रयास करती रहे।

किन्तु अपने इस द्वैतवाद से वह प्रशंसा और निन्द दोनों का पात्र हो गया है। प्रशंसा इस बात की है कि प्रत्येक धारा वाले उसको अपने पक्ष में समझते हं और वह दोनों धाराओं में शामिल हो जाने से सर्वमान्य हो जाता है। फिर निन्दा इस बात की है कि आत्मवादी उसको उसके भौतिकवाद के लिए गुमराह कहते हैं और भौतिकवादी उसको उसके अध्यात्मवाद के लिए गुमराहमानते हैं। दोनों का समन्वय ठीक से न करने के कारण सभी उसको असंगत कहते हैं। उसकी असंगति से प्रश्न उठता है कि वास्तविक थॉमस हॉब्सक्या है, अध्यात्मवादी या भौतिकवादी? फिर प्रकट थॉमस हॉब्सऔर प्रच्छन्न थॉमस हॉब्सकी चर्चा होने लगती है। कोई कहता है कि वह प्रच्छन्न भोतिकवादी है तो कोई कहता है कि वह प्रच्छन्न अध्यात्मवादी है। कुछ भी हो, जहाँ तक उसके आधुनिक दर्शन के जनक होने का प्रश्न है वहाँ तक ये सभी विवाद सिद्ध करते हैं कि वह सही अर्थ में आधुनिक दर्शन का जनक है। महान् दार्शनिकों के बारे में कहा जाता है कि वे प्राय: असंगति कर जाते है क्योंकि इससे वे सत्य को जिन रूपों में दखेते हैं उसका वर्णन करने में हिचकते नहीं है। उनकी महानता सुसंगत वर्णन में न होकर सारगर्भित उन्मेषों को प्रकट करने में है।

कैथलिक दार्शनिक मैरीटेन जो थॉमस हॉब्सया डेकार्टवाद को आधुनिक इतिहास में बहुत बड़ा फ्रांसीसी पोप मानता है, उसकी प्रशंसा मेंकहता है, अपने प्रयोजन में डेकार्ट-दर्शन वस्तुवादी है, और अपने ज्ञान-सिद्धान्त तथा आत्मवाद के द्वारा वह आधुनिक दर्शन में गहरे प्रत्ययवाद का अंकुर लगाता है। इन्द्रिय-प्रत्यक्ष में तत्त्वदर्शन को पृथक करके और भौतिक जंगत को यान्त्रिकतावाद के क्षेत्र में रख कर वह आधुनिक काल में होने वाले विज्ञान के तत्त्वदर्शन के धातक अलगाव को तैयार करता है। व्यवहार-क्षेत्र में वह प्रचलित मर्यादा को मान्यता देता है और बौद्धिक चिन्तन के क्षेत्र में वह हर तरह से व्यक्तिवाद को विजयी बनाता है। यद्यपि मैरीटेन का अभिप्राय डेकार्टवाद के विरोधों के प्रकट करके उसको असंगत तथा हास्यास्पद दिखाना है तथापित उसने ऐसा करने में प्रकारान्त से सिद्ध किया। कि थॉमस हॉब्सआधुनिक दर्शन की कई परस्पर विरोधी प्रवृथ्तयों का जनक है।

थॉमस हॉब्सने जिन वस्तुओं या सत्ताओं को सिद्‌ध किया हैं वे नवीन नहीं

है और न वे पहले अज्ञात ही थीं। आत्मा, ईश्वर और भूततत्त्व तीनों पहले से ही ज्ञात थे। किन्तु जिन युक्तियों से थॉमस हॉब्सने इनको सिद्‌ध किया है वे सर्वथा नवीन हैं। थॉमस हॉब्सने प्राचीन प्रमाणों के स्थान पर नवीन प्रमाणों की स्थापना की। फिर उसने आत्मा, ईश्वर और जगत् की जैसी अवधारणाएँ की, वैसी पहले किसी ने नहीं की थी। आत्मा का अनिवार्य या यौक्तिक है अर्थात् निगमन से ईश्वर को जाना जा सकता है। जगत् विस्तार तथा गति का संस्थान है। उसका ज्ञान प्रत्यक्ष से नहीं होता, वरन् अनुमान से होता है। वास्तविक जगत् रंगीन, ध्वनित, सुगन्धित, कोमल, मधुर, इतयादि नहीं है। थॉमस हॉब्स ये सभी सिद्धान्त सर्वथा नवीन थे। फिर यद्यपि उसने प्रचलित सत्ताओं का व्याख्यान किया है तथापि उसके व्याख्यान ने इस सत्ताओं का वास्तविक रूप स्पष्ट हुआ है और उनके बारेमें प्रचलित कल्पनाएँ गलत सिद्ध हुई है।

किन्तु इन सत्ताओं के व्याख्यानों से अधिक मूल्यवान् थॉमस हॉब्स अन्य विचार हैं। संशय से चिन्तन का आरम्भ करना, विचारवान् आत्मा का स्वत: प्रमाणित होना, प्रत्ययों की उत्पत्ति का प्रश्न, द्रव्य का प्रत्यय, विचार और विस्तार का अनिवार्य भेद और भौतिक जगत् की पूर्ण यान्त्रिकता, ये विचार सदियों से विलुप्त नहीं हुए हैं और इन्होंने थॉमस हॉब्सको अमरत्व प्रदान किया है।

थॉमस हॉब्सफ्रान्स का सर्वलेष्ठ दार्शनिक है। इसके बारे में गिल्सन ने ठीक ही कहा है कि- उसकी एकमात्र कामना ज्ञान में शान्त प्राप्त करो की थी। वह केवल विचार के द्वारा केवल विचार के लिए जीवित रहा। उसके अस्तित्व से शानदार कभी कोई अस्तित्व नहीं था।

कोई आश्चर्य नहीं यदिऐसा मनुष्य आधुनिक दर्शन का जनक हो जाता है।

उसमें उसने अपने समकालीनों के द्वारा की गयी आपत्तियों और उनके उत्तर भी प्रकाशिता किये। इस अवस्था तक उसके दर्शन का पूर्ण विकास हो चुका था।

सातवीं अवस्था। इसमें उसनें दर्शन के भूलतत्व नामक ग्रन्थ को प्रकाशित किया। इस ग्रन्थ में उसकी तर्कवाक्य की शैली में लिखा गया था। जिसे उस समय के दार्शनिकगण पसन्द करते थे। इसका उद्देश्य लैटिन भाषा के माध्यम से मध्युगीन दर्शनशास्त्र का अध्ययन-अध्यापन करने वाले विद्यार्थियों को नवीन दर्शनशास्त्र का ज्ञान कराना था।

आठवीं अवस्था । इस अवस्था में थॉमस हॉब्सने बोहेमिया की राजकुमारी एलिजाबेथ को पत्र लिखे जिनमेंउ सने मन और देह के सम्बन्ध की व्यवस्था की। मन की वासनाएँ, सत्य की खोजें तथा अन्य प्रकीर्ण रचनाएँ भी इस काल में लिखी गयीं।

थॉमस हॉब्सकी प्रणाली

थॉमस हॉब्सकी प्रणाली का सुविस्तृत व्याख्यान बुद्धि के निर्देशन के लिए नियम नामकन ग्रन्थ में हुआ है। इसका संक्षिप्त व्याख्यान प्रणाली का विमर्श, तत्त्वाज्ञान के ऊपर ध्यान तथा दर्शन के मूलतत्त्व में भी हुआ है। इसको समझने के पहले हमें मानव ज्ञान के स्वरूप को समझना चाहिए।

थॉमस हॉब्समानता है कि संसार की सभी चीजों में से सबसे सुन्दर बुद्धि का ही सबसे अधिक समान वितरण है। सुन्दर बुद्धि का अर्थ अच्छे ढंग से निर्णय करने की और सत्य तथा झूठ का **विवेक** करने की शक्ति है। यह सभी मनुष्यों मे प्रकृतित एक समान है। इसी **को वह** बुद्धि का स्वाभाविक प्रकाश करता है। इस बुद्धि को दो व्यापार है, प्रतिभान **और** निगम।

प्रतिभान बौद्धिक दर्शन है। यह स्पष्ट ज्ञान है। किन्तु यह प्रत्यक्ष तथा कल्पना से भिन्न हैं, क्योंकि यह स्वयं प्रकाश या स्वतः प्रमाणित है और प्रत्यक्ष तथा कल्पना स्वतः प्रमाणित नहीं है। प्रतिभान से हम कभी-कभी किसी भौतिक वस्तु को जानते हैं और कभी-कभी ऐसी वस्तुओं के सम्बन्ध को। प्रतिभान वास्तव में विशुद्ध तथा सावधान बुद्धि के ारा किया गया प्रत्यक्ष है। जो इतना सरल और सुबोध है कि उसके बारे में कोई अनिश्चितता नहीं रहती। वह आकट्य तथा सन्देह से परे है।

कोई भी आदमी प्रतिमान द्वारा देख सकता हे कि वह है, वह चेतन है, या त्रिभुज वह आकृति है जो तीन सीधी रेखाओं से घिरी रहती है।

प्रतिभान निगमन से भिन्न है। प्रतिभान स्वतः प्रमाणित है, किन्तु निगमन की प्रामाणिकता परतः है यानी स्मृति से निकाली है। प्रतिभान साक्षात् और अपरोक्ष ज्ञात है। निगरम परोक्षा ज्ञान है। किन्तु निगमन भी उतना ही सत्य और अकाट्य है जतना प्रतिभान। निगमन प्रतिभान पर निर्भर करता है। उदाहरण के लिए यह एक प्रतिभान है। यह दूसरा प्रतिभान है। इन दोनों प्रतिभानों के आधार पर हमें यह सत्य औ अकाट्य ज्ञान मिलता है कि की सत्यता को हम साक्षात् तथा अपरोक्ष ढंग से नहीं जानते, किन्तु की सत्यता को साक्षात् तथा अपरोक्ष ढंग से जानते हैं।

निगमन गति या क्रम है । यह कई प्रतिभानों का सम्बन्ध है। प्रतिभान के द्वारा हम कुछ मूल वाक्यों को जानते हैं। उनके दूरवर्ती निष्कार्षों को हम निगमन के द्वारा जानते है।

वास्तव में प्रतिभान और निगमन दोनों ज्ञान की प्रत्येक क्रिया में निहित हैं। निगमन द्वारा किसी वस्तु के अन्तर्तत्त्वों और उनके क्रमबद्ध सम्बन्धों का ज्ञान होता है, प्रतिभान द्वारा उन अन्तर्तत्वों का साक्षात् दर्शन होता है आर उनकी एकता का बोध होता है। उदाहरण के लिए, सामने वाली मेज के ज्ञान को लीजिए। यह

मेज है-यह एक ज्ञान है। यहाँ प्रतिभान द्वारा मेज के उन अनके अविश्लेष्य तत्त्वों का ज्ञान होता है जिनमें मेज बनी है और साथ ही यह बोध होता है कि ये सभी तत्व मेज नामक एक वस्तु में गुँथे हुए और अर्थात् उनकी एकता का ज्ञान होता है। फिर निगमन द्वारा ज्ञान होता है कि एक तत्व दूसरे से दूसरा तीसरे से, तीसरा चौथे से ओर इसी प्रकार सभी तत्व एक दूसरे से सम्बन्धित है। संक्षेप में मेज के ज्ञान में दो बातें हैं-पहली, यह एक वस्तु है, एक इकाई है और दूसरी, यह एक रचना है जो कई तत्त्वों से या कहिए अनुभवों से बनी है। पहली बात का ज्ञान प्रतिभान से और दूसरी का ज्ञान निगमन से होता है।

किन्तु यद्यपि थॉमस हॉब्स मानता है कि प्रतिभान और निगमन ज्ञान की प्रत्येक प्रतिक्रय में विद्यामन रहते हैं, तथापि वह उनको वियोजनीय या परस्पर पृथक् मानता है और कहता है कि उनमें मात्र संयोग या बाह्य सम्बन्ध है।

जब कभी ज्ञान होता है तो उसमें प्रतिभान और निगमन निहित रहते है। यह प्रत्यक्ष, कपना और स्मृति के बारे में भी सत्य है। किन्तु प्रत्यक्ष, कल्पना और स्मृति में बुद्धि अथवा प्रतिभान और निगमन के अतिरिक्त शारीरिक परिवर्तनों का भी सहयोग रहता है। यही कारण है कि प्रत्यक्ष, कल्पना और स्मृति नितान्त सत्य नहीं हैं, उनमें सत्य और झूठ दोनों मिले हैं। थॉमस हॉब्सउन्हें ज्ञान के प्रकार नहीं मानता है। वे केवल ज्ञान के सहकारी साधन है।

थॉमस हॉब्स का विश्वास है कि यदि मानव बुद्धि को अपने तई छोड़ दिया जाए तो वह प्रतिभान तथा निगमन द्वारा क्रमशः सत्य की खोज स्वभावः कर लेगी। सत्य के खोज की प्रणाली संक्षेप में प्रतिभान और निगमन की संयुक्त प्रक्रिया है। हम इसे निगमनात्मक प्रणाली कह सकते हैं। अपनी प्रणाली के बारे में थॉमस हॉब्स कहता है-प्रणाली से मेरा मतलब उन निश्चिय और सरल नियमों से है जिनका पालन यदि कोई मनुष्य ठीक-ठीक करे तो वह कभी मिथ्या को सत्य न समझे और अपनी बौद्धिक चेष्टाओं की कभी निष्प्रयोजन न पाये, बल्कि वह हमेशा अपने ज्ञान की बुद्धि करे और जो कुछ उसकी शक्तियों से परे नहीं उसकी सत्य अवधारणा करे। किन्तु यदि हमारी प्रणाली ठीक से बताती है कि किस प्रकार हमारी बौद्धिक दृष्टि का प्रयोग हो जिससे वह निपर्ययय में न पड़े और किस तरह उस निगमन की खोज हो जिसमें हमें समस्त वस्तुओं की अवधारणा हो, तो मैं नहीं देखता कि हमारी प्रणाली के लिए कुछ और अपेक्षित है, क्योंकि प्रतिभान और निगमन को छोड़कर किसी अन्य मार्ग से कोई ज्ञान प्राप्त नहीं किया जा सकता है।

यहाँ बौद्धिक दृष्टि या प्रतिभान और निगमन को ही थॉमस हॉब्स अपनी प्रणाली के सम्पूर्ण अंग मानता है। किन्तु ऐसा होना कठिन है। बुद्धि पर शरीर का

प्रभाव पड़ता है या शरीर के प्रभाव में पड़कर बुद्धि विकृत होती है। शरीर बुद्ध विरोधी तत्त्व है। अतः उसके प्रभाव में पड़कर बुद्धि को जो ज्ञान होता है उसमें भ्रम और विपर्यय की पूर्ण सम्भावना है। हमें जो विपर्यय और भ्रम होता है उसके कारण निम्नलिखित हैं-

(क) बचपन से ही हमारी बुद्धि शरीर में इतनी निमग्न रहती है कि इसे

1. आधुनिक प्रत्ययवादी दार्शनिक मानते हैं कि इन दोनों का सम्बन्ध आन्तरिक है।

2. बुद्धि के निर्देश के लिए नियम,।

किसी वस्तु का विवेकपूर्ण ज्ञान नहीं होता है, हालांकि इसे स्पष्ट ज्ञान होता है, इस कारण यह अनेक गलत निर्णयों और पूर्वाग्रहों को बना लेती है जिनमें हममें से अधिकांश लोग अपने को मुक्त नहीं कर पाते।

मनुष्य की प्रकृति दो है, बौद्धिक और शारीरिक या भौतिक। बचपन से ही वह भौतिक प्रकृति के प्रभाव में ज्यादा रहता है। फलतः जिस वस्तु का इन्द्रिय प्रत्यक्ष या प्रतिबिम्ब वह नहीं कर पाता, उसे वह समझ नहीं पाता। किन्तु यह उसकी बुद्धि के स्वाभाविक विकास में बाधक है। उसकी बुद्धि की माँग है कि वह स्पष्ट तथा विवेकपूर्ण ज्ञान प्राप्त करे। किन्तु जब तक वह विशुद्ध बुद्धि के स्तर पर नहीं रहता तब तक उसे विवेकपूर्ण ज्ञान नहीं मिलता, स्पष्ट ज्ञान भले ही मिल जाय। विवेकपूर्ण ज्ञान न मिलने से वह अज्ञान की अवस्था में रहता है।

(ख) हम अपने विचारों के संचालन और प्रकाशन के लिए भाषा का प्रयोग करते हैं। भाषा-प्रयोग के द्वारा संकेतो शब्दों और विचारों में इतना गाढ़ा सम्बन्ध हो जाता है कि विचारशील बुद्धि की जगह पर मात्र शब्द ही काम करने लगते हैं।

थॉमस हॉब्स कहता है कि इस कारण अधिकांश लोग वस्तुओं पर ध्यान न देकर शब्दों पर ध्यान देते हैं और उनके अर्थ को बिना समझे ही उनको सवीकार कर लेते हैं।

(ग) माता-पिता की शिक्षा, जनश्रुति, परम्परा, लोकाचार तथा गलत शिक्षा भी मानव-बुद्धि को दूषित करते हैं जिससे वह भ्रम और विपर्यय में पड़ जाती है।

इन कारणों से मानव-बुद्धि भ्रान्त है। उसके भ्रान्त होने के कारण निगमानात्मक प्रणाली का प्रयोग नहीं हो सकता है। उसका प्रयोग तभी हो सकता है। जबकि बुद्धि निर्भ्रान्त और स्वस्थ हो। अतः थॉमस हॉब्सकी निगमनात्मक प्रणाली की पहली शर्त है। बुद्धि के भ्रमों और पूर्वाग्रही में उन्मुक्त करना, सत्त्व-शुद्धि करना या बुद्धि का परिष्कार करना। इसके लिए थॉमस हॉब्सने संशय का सहारा लिया। उसके संशय को प्रक्रियात्मक या उपचारात्मक संशय कहा जाता है। इसका मतलब है कि हमें

अपने सभी मतों पर तब तक संशय करना चाहिए जब तक हमें उनकी प्रामाणिकता और असन्दिग्धता सिद्ध न हो जाए। उसका संशय संशयवादी का संशय नहीं है। उसके उद्देश्य और उपयोग निश्चित तथा विहित है। वह मात्र निर्षध नहीं है। वह संशश, संशय के लिए नहीं, किन्तु निश्चय के लिए। अत: थॉमस हॉब्सका संश वितण्डावां नहीं है। यह एक उपाय या विधि है। जिससे सत्य को असत्य से मूल को गौण से पृथक् किया जाता है। इस विधि से थॉमस हॉब्सने जिन नियमों का पाल किया है वे चार हैं। ये चार नियम उसके शब्दों मे निम्नलिखित हैं-

पहला नियम था, जिस वस्तु को मैं प्रामाणिक रूप में सत्य नहीं जानता उंसे सत्य न मानता। अर्थात् सावधानी से उतावलेपन और पूर्वाग्रह से दूर रहना और अपने निर्णयों में किसी ऐसी वस्तु को न शामिल करना जो बुद्धि के समक्ष स्पष्ट और विवेकपूर्ण ढंग से न प्रकट हो और जिस पर संशय करने की गुन्जा इश रहे।

दूसरा, मुझे जिन समस्याओं का परीक्षण करना था उनमें से प्रत्येक को उतने भागों में बाँटना जिसने उसके समाधान के लिए अपेक्षित थे।

तीसरे, अपने विचारों को एक क्रम में रखना। पहले उन चीजों को रखना जो मूल है उस सरलता से जानी जाती है। फिर थोड़ा-थोड़ा करके क्रमश= उनसे क्लिष्ट चीजों को रखना। उन चीजों को भी इस क्रम में रखना जो वास्तव में इस क्रम में नहीं है। इन सभी चीजों को सरलता-कठिनता (क्लिष्टा) के क्रम में रखना भले ही या क्रम काल्पिनक हो।

अन्त में प्रत्येक प्रसंग में आगणन को इतना पूर्ण बनाना और परीक्षण को इतना व्यापक बनान कि मुझे विश्वास हो गया कि कोई चीज छूट नहीं गयी।

पहले नियम के अनुसार जिस वस्तु को स्पष्ट और विवेकपूर्ण ज्ञान न हो उसे सत्य न समझना चाहिए अर्थात् उस पर संशय करना चाहिए। यहाँ संशय और निश्चय की कसौटी है। संशय का अन्त तभी होता है जब स्पष्ट और विवेकपूर्ण ज्ञान हो। यह स्पष्ट और विवेकपूर्ण ज्ञान क्या है?

जिन विषयों का साक्षात् और अपरोक्ष अनुभव होता है, जैसे प्रत्यख या कल्पना के विषय, उनका ज्ञान स्पष्ट कहा जाता है। किन्तु यह ज्ञान विवेकपूर्ण ज्ञान नहीं है। ज्ञान को प्रामाणिक होने के लिए स्पष्ट और विवेकपूर्ण दोनों होना चाहिए।

दोनों की व्याख्या करते हुए थॉमस हॉब्सकहता है-

मैं स्पष्ट उसे कहता हूँ जो सावधान बुद्धि के समक्ष उपस्थित और प्रकट है। जब विषय प्रातिभ दृष्टि के सामने उपस्थित रहते हैं, तब हम कहते हैं कि हम विषयों को स्पष्ट देख रहे है। ये विषय दृष्टि में काफी दृढ़ता और विशदता से आते है। संक्षेप में स्पष्टता का अर्थ है अपरोक्ष रूप में अनुभव किया जाना।

फिर विवेकपूर्ण वह है जो इतना निश्चित और अन्य विषयों से भिन्न हो कि उसके अन्दर केवल उतना ही समाविष्ट ही जितना उसका द्रष्टा उसको प्रकट रूप से देखता है और समझता है।

नार्मन केम्प स्मिथ ने बताया है कि जो स्वत: जाना जा सके यानी अपने द्वारा और अपने में जाना जा सके वह विवेकपूर्ण ज्ञान है। विवेकपूर्णता का अर्थ असंग और मूल वस्तु का ज्ञान है। जो विषय केवल स्पष्ट है वे सम्मिश्रित है। किन्तु जो विषय मूल है अर्थात् जो मूल तत्त्व हैं, उनका ज्ञान स्पष्ट और विवेकपूर्ण दोनों है।

जो ज्ञान स्पष्ट है, हो सकता है कि वह विवेकपूर्ण न हो। किन्तु जो विवेकपूर्ण है उसके लिए अनिवार्य है कि वह स्पष्ट भी हो। यही कारण है कि जहाँ केवल ज्ञान की अपरोक्षता है वहाँ स्पष्टता और विवेकपूर्णता में भेद नहीं है। प्रातिभ ज्ञान स्पष्ट और विवेकपूर्ण दोनों है। प्रत्यक्ष और कल्पना केवल स्पष्ट है। वे विवेकपूर्ण नहीं है।

स्पष्टता और विवेकपूर्णता सत्यता की कसौटी है। जो ज्ञान स्पष्ट और विवेकपूर्ण नहीं है वह मिथ्या है। इस विचार के केवल प्रातिभ ज्ञान ही सत्य है। किन्तु यदि तीसरे नियम के अनुसार कोई संमिश्रित विषय किसी या किन्हीं प्रातिभाज्ञानों से तर्कत सुसम्बद्ध है तो वह भी प्रामाणिक अर्थात् सत्य है। उसकी सत्यता प्रातिभ ज्ञान की सत्यता से निकलती है।

दूसरा नियम विश्लेषण का सूत्र है और तीसरा समन्वय या संश्लेषण का सूत्र है। दूसरे नियम के अनुसार किसी संमिश्रित विषय को अनेक भागों में बाँटा जाता है। विभाजन की यह प्रक्रिया तब तक चलती रहती है। जब तक उसके भाग या अंश अविष्लेष्य न हो जायें। वे अविश्लेष्य तभी होता है जब उनका स्पष्ट और विवेकपूर्ण ज्ञान होता है। तभी पता चतला है कि वे भाग परम तत्त्व या मूल तत्त्व है जिनसे प्रस्तुत सम्मिश्रित विषय बना है। इस प्रकार पहले नियम और दूसरे नियम की सहायता से मूल तत्त्वों की खोज होती है। यह सारी प्रक्रिया विश्लेषण है।

किन्तु थॉमस हॉब्सकी प्रणाली मात्र विश्लेषण नहीं है। वह संश्लेषण भी हे। संश्लेषण रचना है। यह तीसरे नियम से संपादित होता है। इसके सम्पादन में प्रतिभान और निगमन की प्रक्रिया है। विश्लेषण द्वारा हमें जिन मूल तत्त्वों का ज्ञान होता है, उनमें हम धीरे-धरीरे निष्कर्ष या निगमन निकालते है। इन निगमित निष्कर्षो का जयामिति की प्रणाली में रखा जाता है। ज्यामिति की प्रणाली में एक क्रम होता है। वहाँ पहले स्वयंसिद्धियाँ होती हैं जिन्हें स्वयंसिद्धियों द्वारा सिद्ध किया जाता है। जब ये प्रतिज्ञाएँ सिद्ध हो जाती है तब ये प्रमेय कही जाती हे। आरम्भ के प्रमेय स्वयंसिद्धि के द्वारा सिद्ध होते है। उनके परवर्ती प्रमेय स्वयंसिद्धियों औ

आरम्भिक प्रमेयों से सिद्ध होते है। फिर उनके परवर्ती प्रमेय केवल बीच के प्रमेयों द्वारा ही सिद्ध होते है। इस तरह ज्यामिति के प्रमेयों में एक क्रम है। पूर्ववर्ती प्रमेयों को सिद्ध करने में परवर्ती प्रमेयों का उपयोग नहीं किया जाता है। प्रमेयों को इस ढंग में रखा जाता है कि परवर्ती प्रमेयों को सिद्ध करने में पूर्ववर्ती प्रमेयों का उपयोग हो और पूर्ववर्ती प्रमेयों की सिद्धि में परवर्ती प्रमेयों की आवश्यकता न हो। इस तरह ज्यामिति में प्रमेयों के अपने निश्चित स्थान है। बिल्कुल इसी तरह तीसरे नियमें के आधार पर थॉमस हॉब्समूल तत्त्वों के निष्कर्षों को संगठित करता है। उसे इस नवीन प्रणाली को खोजने की प्रेरणा ज्यामिति से मिली थी। उसकी प्रणाली में ज्यामिति-प्रणाली के समस्त गुण है। अथवा यह कहिए कि उसने ज्यातिमति की प्रणाली का ही उपयोग दर्शन तथा विज्ञान में किया। यहीं नहीं, उसने दिखाया कि प्रत्येक सत्य ज्ञान को प्राप्त करने की एकमात्र यही प्रणाली है।

इस तरह जैसे पिरामिड बनता है वैसे तीसरे नियम के द्वारा थॉमस हॉब्सअपने दर्शन और विज्ञान के सिद्धान्तों को एक क्रम में रखता है।

पहले और दूसरे नियम वैज्ञानिक अनुसंधान की विधि है। तीसरा नियम वैज्ञानिक उपपत्ति या प्रमाण की विधि है। चौथा निमय इन सब का परीक्षण है जिससे किसी एक प्रातिभ ज्ञान के द्वारा बुद्धि ज्ञान की समरसता को जानती है। थॉमस हॉब्सकी यह प्रणाली निगमनात्मक होते हुए भी न्यायवाक्यात्मक चिन्तन-प्रणाली से भिन्न है। उसका कहना है कि ज्ञान प्रतिाान से होता है। प्रत्येक सत्य ज्ञान प्रतिभान से उत्पन्न ही नहीं होता प्रत्युत उसका विकास भी एकमात्र प्रतिभान द्वारा ही होता है। निगमन ज्ञान के किसी विशेष प्रकार को जानने का साधन नहीं है। वास्तव में निगमन एक ऐसी प्रक्रिया है जिसके द्वारा प्रातिभ ज्ञान अपने को उस रूप में विस्तृत करता है जो प्रथमत: उसकी पहुँच प्रतीत होता है। निगमन के द्वारा प्रतिभान अपने को विकासशील का वर्धमान सिद्ध करता है। इससे प्रकट होता है कि प्रतिभान कोई पृथक क्रिया नहीं है।

यहाँ यह कहना आवश्यक है कि प्रतिभान कोई रहस्यमयी शक्ति नहीं है जो योगियों, भक्तों या सन्तों के पास समझी जाती है। यह बुद्धि का स्वाभाविक प्रकाश है। यह हमारी चेतना की अपने को भी पार कर जाने वाली शक्ति है। यह दूरंगमा और पारंगमा है।

न्यायवाक्य की आलोचना के प्रसंग में थॉमस हॉब्सने कहा किइसमें किसी नये सत्य की प्राप्तिनही हो सकती है। इसका उपयोग केवल दूसरों को समझाने में है। न्यायवाक्य में तीन तर्कवाक्य होते है। उदाहरण के लिए निम्न लिखित न्यायवाक्य को लीजिए।

जो वस्तु जो एक वस्तु के बराबर हो वे आपस में बराबर है। अ और व ऐसी वस्तुएँ है जो एक ही वस्तु स के बराबर है। अतः अ और व आपस में बराबर है।

इनसें से पहले दो साध्यवाक्य और हेतुवाक्य प्रदत्त है। इन्ही के आकार पर निष्कर्ष का ज्ञान होता है। किन्तु यदि साध्यवाक्य ओर हेतुवाक्य का ज्ञान है तो निष्कर्ष का कोई नवीन ज्ञान होता है। यहाँ जो सामग्री जो हेतु वाक्य में व्यक्त है वही सामग्री अनुमान है। इस हेतुवाक्य को जानना ही पूरे अनुमान को जानना है। फिर इस हेतुवाक्य को कैसे जाना जाय? इस पर न्यानवाक्य कुछ प्रकाश नही डालता है। फिर जो सामगी साध्यवाक्य में व्यक्त है उसका ज्ञान निरूकर्ष से-जैसे विशेष वाक्य के ज्ञान से ही होता है। हमारी जो विशेष तत्त्वों को अनुशासित करते हैं। जब तक हमें बुद्धि के द्वारा देश, काल, कारणता, गति, पदार्थ, सम्बद्धता आदि का स्पष्ट और विवेकपूर्ण ज्ञान न हो जाए, तब तक किसी विशेष तथ्य का प्रत्यक्ष हमारी समझ में आ नहीं सकता। अतः प्रत्यक्ष और प्रयोग बिना प्रतिभान और निगमन के संभव नही है।

इस प्रकार थॉमस हॉब्सने मध्ययुगीन न्यायावाकय-प्रणाली और अपने समकालीनों की प्रत्यक्षमूलक प्रणाली का खण्डन किया और निगमनात्मक प्रणाली का प्रतिपादन किया। समस्त विज्ञानों की एकमात्र यही प्रणाली है। संक्षेप में उसकी प्रणाली के निम्नलिखित सोपान हैं-

1. प्रक्रियात्मक संशय।
2. विश्लेषण या अन्तर्भाव-प्रकिया।
3. मूल-तत्त्व का प्रातिभ ज्ञान।
4. निगमन।
5. संश्लेषण अर्थात् निगमनात्मक रचना।
6. रचित विषय का अखण्ड और समग्र प्रतिभान।

इसी प्रणाली से उसने दर्शन की खोज की। अब हम उसके दर्शन का अनुशीलन करेगे।

आत्मा का अस्तित्व

थॉमस हॉब्सने अपनी प्रणाली के बारे में अनुभव किया कि जब तक इसका आधार कोई अखण्डनीय सत् नहीं होता तब तक वह स्वतः प्रमाणित नहीं है। उसने गणित की प्रणाली का ही विस्तार करके अपनी प्रणाली बनायी थीं, किन्तु गणित की प्रणाली में दो कमियाँ रहती है। पहली, यह असत्शास्त्र है अर्थात् इसका विषय किसी वस्तु-सत् से सम्बन्धित न होकर मात्र प्रत्यक्ष से ही सम्बन्धित है। दूसरी,

यह आत्यन्तिक संशय की अग्नि-परीक्षा में जल जाती है। यह उस संशय के विरोध में अपनी प्रामाणिकता को सिद्ध नहीं कर पाती। यदि थॉमस हॉब्सकी प्रणाली का आधार कोई ऐसा सत् नहीं होता जो आत्यन्तिक संशय के परे है तो उसकी प्रणाली में भी ये दोष हो जायेंगे। इस कारण वह अपनी प्रणाली के स्थायी आधार की खोज में अग्रसर हुआ। इस प्रसंग में उसने आत्मा के अस्तित्व की खोज की। आत्मा को ही उसने वह सत् पाया जो अखण्डनीय या संशय के परे है और इस कारण उसीक प्रणाली का स्थायी आधार है।

थॉमस हॉब्सने जिस तरह आत्मा के अस्तित्व की खोज की है वह दार्शनिक चिन्तन का एक आदर्श नमूना है। अत: हम थॉमस हॉब्स ही शब्दों में उस खोज का विवरण प्रस्तुत करेंगे।

बहुत दिनों तक मैंने देखा कि जिन मतों को हम अत्यन्त आनिश्चित जानते हैं, कभी-कभी उनको निर्विवाद समझकर अनुसरण करना सामान्य जीवन में अपेक्षित है। किन्तु क्योंकि मैंने अपने को सत्य की खोज के लिए पूर्णतया समर्पित कर दिया है, इसलिए मैंने सोचा कि मेरे लिए जरूरी है कि विपरीत मार्ग का ग्रहण करना और जिनके बारे में मैं लेशमात्र संशय की कल्पना कर सकता हूँ उन चीजों को पूर्णतया मिथ्या समझकर छोड देना। इसके फलस्वरूप मैं अन्त में चलकर देख सकता हूँ कि क्यों मेरे विश्वास में कोई नितान्त निश्चिय वस्तु शेष रहती है। इस प्रकार चूँकि हमारी इन्द्रियाँ कभी-कभी हमें धोखा देती हैं मैंने मानना चाहा कि इन्द्रियों से हम किसी सत् वस्तु की जैसी कल्पना करते हैं वह वस्तु वैसी नहीं है। और चूँकि ज्यामिति के अत्यन्त सरल प्रश्नों के सभी विषय में कुछ लोग सिद्ध करने में गलती करते हैं और तर्क-दोष के भागी होते हैं, और मैं भी अपने को उनसे कम में गलती करते हैं और तर्क-दोष के भागी होते हैं, इसलिए मैंने उन सभी तर्कनाओं को असत्य समझकर छोड़ दिया जिन्हें मैं पहले प्रमाण के रूप में मानता था। और चूँकि वे सभी विचार और प्रत्यक्ष जिन्हें हम जाग्रत अवस्था में प्राप्त करते हैं, हमें स्वप्न में भी मिल सकते हैं और तब उनमें से एक भी सत्य नहीं रहता हे· इसलिए मैंने इस मान्यता को प्रस्तुत किया कि जो भी चीजें मेरे मन में जब भी आयी हैं वे सभी मेरे स्वप्नों के भ्रमों से अधिक सत्य नहीं है। किन्तु ज्यों ही मैंने सोचा कि सब मिथ्या है त्यों ही यह पूर्णतया अनिवार्य हो गया कि मैं अहम् जिसने इसे सोचा, अवश्य कुछ है। फिर मैंने देखा कि मैं सोचता हूँ इसलि मैं हूँ यह सत्य इतना निश्चिय और प्रमाणित है कि संशयवादियों की बड़ी से बड़ी मान्यताएँ भी इसको हिला सकने में असमर्थ हैं। अत: मैंने निष्कर्ष निकाला कि बिना किसी हिचकिचाहट के मैं इसे दर्शनशास्त्र का वह यदि मूलतत्त्व मान सकता हूँ जिसकी खोज में मैं लगा था।

फिर मैंने सावधानी से परीक्षण किया कि मैं क्या हूँ। मैंने देखा कि मैं सोच सकता हूँ कि मेरे देह नहीं था, कोई जगत् या स्थान नहीं था। जहाँ मैं हो सकता। इतना होते हुए भी मैंने देखा कि मैं यह नहीं सोच सकता था कि मैं नहीं था। इसके ठीक विपरीत अन्य वस्तुओं की सत्य पर संशय करने का मैंने जो विचार किया, उसी से स्पष्टतः और निश्चित रूप से यह निष्कर्ष निकला कि मैं था। यदि मैं क्षण भर के लिए सोचना बन्द कर देता तो मुझे यह विश्वास करने का आधार तक न मिलता कि उस क्षण मैं का अस्तित्व भी हो सकता था, भले ही जिन वस्तुओं की मैंने कल्पना की थी वे सत् होती। इससे मुझे ज्ञात हुआ कि मैं एक द्रव्य था जिसका सम्पूर्ण स्वभाव सोचना है और जिसके अस्तित्व के लिए किसी स्थान की आवश्यकता नहीं है, या जो किसी भौतिक वस्तु पर निर्भर नहीं है। अतः यह मैं अर्थात् आत्मा जिसके द्वारा मैं जा हँ सो हूँ, देह से पूर्णतया भिन्न है और इसको जानना देह को जानने से अधिक आसान है। यह जो है वह नष्ट न होगा, यदि देह नेष्ट हो जाए तो भी।

इस प्रकार थॉमस हॉब्सने आत्मा के अस्तिव और स्वरूप की खोज की। इस खोज को उसने सार्वभौमिक संशय की कसौटी पर भी सत्य पाया।

गौडपाद और थॉमस हॉब्सदेनों ने स्वप्न तथा जाग्रत को एक समान पाया। दोनों इन दोनों अवस्थाओं में समस्त ज्ञान को असत्य पाते हैं। दोनों ने इन दोनों अबस्थाओं और उनके ज्ञान के अतिरिक्त एक ज्ञान को बताया जिसे आत्मा कहा जाता है। किन्तु इतनी समताओं के होते हुए भी थॉमस हॉब्सका दर्शन गौडपाद के दर्शन से भिन्न है। थॉमस हॉब्सवस्तुवापदी और द्वैतावादी है, गौडपाद प्रत्ययवादी और अद्वैतवादी है।

मैं विश्वस्त हो गया थ कि जगत् में कुछ भी सत् नहीं था। आकाश नहीं था, धरती नहीं थी, आत्माएँ नहीं थी, भौतिक वस्तुएँ नहीं थीं। फिर क्या मैं इस पकार विश्वस्त नहीं था कि मैं नहीं था? नहीं, बिलकुल नहीं, निःसन्देह मैं था, यदि मैं विश्वस्त था, या यदि मैं कुछ सोचता था, तो । यदि मान लिया जाए कि कोई बहुत शक्तिशाली, बहुत षड़यन्त्री और धोखेबाज है, जो मुझे लगातार धोखा देने में अपनी सारी ताकत लगा रहा है, तो भी लेशमात्र संशय नहीं है कि मैं हूँ, क्योंकि वह मुझे धोखा देता है। उसे अपनी इच्छा भर मुझे धोखा देने दीजिए, वह मुझे कभी भी असत् नहीं बना सकता, जब तक मैं सोचता हूँ कि मैं कुछ हूँ। इस प्रकार इस मामले पर अच्छी तरह विचार करके, सावधानी से सभी वस्तुओं का परीक्षण करके अन्तोगत्वा मुझे अवश्य निष्कर्ष निकालना है ओर प्रतिपादन करना है कि मैं हूँ मेरा अस्तित्व है यह वाक्य जब-जब मैं इसे बोलता हूँ या अपने मन में सोचता हूँ तब-तब अवश्य सत् है।

थॉमस हॉब्स की प्रणाली में सत्य की कसौटी है स्पष्टता और विवेकपूर्णता। इस कसौटी पर उसने मैं सोचता हूँ को प्रमाणित किया। इस वाकय का ज्ञान स्पष्ट और विवेकपूर्ण है। यह स्पष्ट है क्योंकि यह प्रातिभ ज्ञान है। फिर यह विवकपूर्ण हैं क्योंकि इसका ज्ञान स्वत: होता है। इसके ज्ञान मे किसी अन्य ज्ञान की अपेक्षा नहीं है। तात्पर्य यह है कि जानामि अत: अस्मि इस वाक्य का ज्ञान साक्षात और अपरोक्ष है। थॉमस हॉब्सको वास्तव में इसी वाक्य की स्पष्टता औ रविवेकपूर्णता से पता चला कि सत्य वाक्य की कसौटी स्पष्टता और विवेकपूर्णता है।

पश्चिमी जगत् के किसी भी दार्शनिक ने थॉमस हॉब्स से बढ़कर आत्मा के अस्तित्व को सिद्ध नहीं किया है। इस प्रसंग में थॉमस हॉब्स अद्वितीय है। भारतीय दर्शन में केवल अद्वैत वेदान्तियों ने उसकी तरह आत्मा के अस्तित्व और स्वरूप का प्रतिपादन किया है। डकार्ट का आत्मावा अद्वैतवादियों के बहुत समीप है। थॉमस हॉब्सका वाक्य में सोचता हूँ इसलिए मैं हूँ दर्शनशास्त्र का एक प्रमुख वाक्य हो गया है। काजिटो अरगो सम लैटिन भाषा का वाक्य है, काजिटो= मैं सोचता हूँ, आरगो= इसलिए और सम= मैं हूँ। संस्कृत भाषा में हम इसे चिन्तयामि अत: अस्मि या जानामि अत: अस्मि कह सकते है। यहाँ लैटिन वाक्य को संस्कृत वाक्य में रखने में यह सुविधा होगी कि भारतीय विद्यार्थी भी योरोपीय विद्यार्थी की तरह इस वाक्य को तीन पदों में निर्मित समझेगा और उनके सम्बन्ध को जानने की इच्छा करेगा।

जानामि अत: अस्मि में अत: पद से व्यक्त होता है कि वह वाक्य किसी न्याय-वाक्य के हेतु -वाक्य और निष्कर्ष में बदला जा सकता है। वह पूरा न्याय वाक्य निम्नलिखित हैं-

सभी चिन्तनशील प्राणी सत् है।

मैं चिन्तनशील प्राणी हूँ।

अत: मैं सत् हूँ।

किन्तु थॉमस हॉब्स ने कहा है कि उसका वाक्य, जानामि अत: अस्मि, किसी न्याय वाक्य के हेतु-वाक्य और निष्कर्ष में बदला नहीं जा सकता है। यह दो वाक्यों का मिश्रण नहीं है। यह कोई मिश्रित या संयुक्त वाक्य नहीं है। यह एक साधारण वाक्य है। थॉमस हॉब्स लिए यह मूलवाक्य है तथाकथित न्याय-वाक्य का साध्य वाक्य थॉमस हॉब्स लिए अप्रमाणित है। उसकी प्रामाणिकता उसके निष्कर्ष पर निर्भर है। अत: उसके जानामि अत: अस्मि में सीधे किसी युक्ति से सिद्ध नहीं किया जा सकता।

वास्तव में जानामि अत: अस्मि का सीधा अर्थ है कि चिन्तनशील आत्मा सत् है या चेतना सत् है। इसका ज्ञान प्राति है, न कि परोक्ष या यौक्तिक। यह निगमन नहीं है। यह विशुद्ध प्रतिभान है। चेतना, उसकी सत्ता और चेतना तथा उसकी सत्ता

का सम्बन्ध-यह सब एक ही अखण्डत प्रातिभ ज्ञान है। इसको तीन खण्डों में बाँटा नहीं जा सकता है। जानामि अत: अस्ति में अत: निष्कर्ष का द्योतक नहीं है। यह सामानाधिकरण्य का द्योतक है। यह बताता है कि जानामि का अर्थ अस्मि है और अस्मि का अर्थ जानामि है अर्थात् जानामि और अस्मि समानाधि करण है। जानामि=अस्मि और अस्मि= जानामि। अद्वैत वेदान्त की भाषा में जानामि अत: अस्मि को सत् तथा चित् की एकता कहा जाता है। सत्ता बोध है और बोध सत्ता है सत्तैव बोध: बोध एवं सत्ता। जो सत् है वहीं चित् है। जो चित् है वही सत् है। किन्तु अद्वैत वेदान्त सत् और चित् की एकता की आनन्द से अभिन्न करता है। वह सच्चिदानन्द को मूल तथ्य या मूलवाक्य मानता है। थॉमस हॅाब्सवल सच्चित को मूल तथ्य मानता है।

यद्यपि डकार्ट आत्मा के अस्तित्व को स्वयं सिद्ध प्रातिभ ज्ञान मानता है, तथापि उसकी रचनाओं का अनुशीलन करने से पता चलता है कि उसने आत्मा के अस्तित्व के लिए निम्नलिखित दो प्रमाण दिये हैं-

1. प्रातिभ प्रमाण-आत्मा स्वयं प्रकाश और स्वयं सिद्ध है। उसका ज्ञान प्रातिभ है। मुझे प्रातिभ ज्ञान से पता चला है कि मैं हूँ। यह ज्ञान स्पष्ट और विवेकपूर्ण है। यह अपनी प्रामाणिकता स्वयं पेश करता है। यह स्वत: प्रमाणित है।

2. अखण्डनीयता-आत्मा का अस्तित्व अखण्डनीय है क्योंकि उसका खण्डन वदतोबयाद्यातक है। जैसे कोई वक्ता नहीं कह सकता कि वह मौनी है क्योंकि वक्तव्य और मौन परस्पर व्याघातक है वैसे कोई मनुष्य नहीं कर सकता है कि मैं नहीं हूँ। क्योंकि उसका यह कथन व्याघातक है। यदि वह अपने को नहीं हूँ ऐसा मानता है। तो फिर वह यह कैसे कह सकता है? वह अपने को नहीं हूँ तभी कह सकता है जबकि वह स्वयं हो। किन्तु यदि वह है, तो उसका कथन कि मैं नहीं हूँ गलत है। इस प्रकार उसका कथन कि मैं नहीं हूँ व्याघातक है। डेकार्ट ने इस प्रकार आत्मा के अस्तित्व को सिद्ध किया। उसने आत्मा को एक द्रव्य माना जिसका अनिवार्य लक्षण या गुण चिन्तन करना है। वह कहता है-किन्तु अब मैं क्या हूँ? एक वस्तु जो सोचती है। जो वस्तु सोचती है वह क्या है? यह वह वस्तु है जो सन्देह करती है, समझती है, विधि करती है, निषेध करती है, इच्छा करती है, अस्वीकार करती है और कल्पना करती है तथा भावना करती है। की आत्मा न तो अगोचर तत्त्व है और न गोचर जीव। वह वस्तु-सत् है। किन्तु फिश्टे की अगोचर आत्मा की भाँति वह ज्ञेय विषयों से परे नहीं है। वह अद्वैतवादियों की आत्मा की भाँति प्रतिबोध-विदित है। यानी प्रत्येक ज्ञेय के माध्यम से विदित है। फिर वह कोई गोचर जीव नहीं है। मैं जाता हूँ, मैं बोलता हूँ, मैं खाता हूँ, मैं सोता हूँ, आदि में जो मैं है वह थॉमस हॅाब्स की आत्मा नहीं है।

थॉमस हॉब्स की आत्मा मैं सोचता हूँ मैं जानता हूँ मैं संशय करता हूँ मैं कल्पना करता हूँ, मैं क्रोध, मोह आदि करता हूँ, और मैं इच्छा करता हूँ के मैं का अर्थ देती है।

किन्त इतना होते हुए भी थॉमस हॉब्स की आत्मा मात्र ज्ञानिक या प्रत्ययात्मक नहीं है। वह वस्तु- सत् है, द्रव्य है। थॉमस हॉब्स प्रत्यय से प्रत्यक् का ज्ञेय से ज्ञात का, या विचार से विचारक का अथवा ज्ञान से सत्ता का गठबन्धन करता है। इस गठनबन्धन पर वह संशय नहीं करता है। यहाँ वह रूढ़ि को या मध्ययुगीन परम्परा को मान लेता है जिसके अनुसार द्रव्य, गुण, विकार, ज्ञान और सत्ता दार्शनिक चिन्तन के विषय है। वह द्रव्य, गुण और विकार, इन वर्गणाओं की आधारशिला पर खड़ा होकर चिन्तन करता है। जहाँ वह अन्य सभी वर्गणाओं पर संशय करता है, वह इन पर संशय नहीं करता। वह ज्ञान या सोचने और सत्ता या होने का अर्थ स्पष्ट नहीं करता। वह इनके रुढ़िगत प्रचलित अर्थ की स्वीकार कर लेता है। इस कारण उसने माना कि आत्मा द्रव्य है। वास्तव में वह विचार कर रहा था। विचार और सत्ता में अन्तर है। उसके विचारों से विचारों का अस्तित्व सिद्ध होता है। उनसे किसी वस्तु का अस्तित्व नहीं सिद्ध होता। सत्ता या वस्तु का अस्तित्व विचारों का अस्तित्व नहीं है। मैं जहाँ तक सोचता हूँ वहाँ तक मैं मात्र विचार हूँ। मेरा अस्तित्व, मैं का अस्तित्व, मात्र वैचारिक है। वह कैसे वस्तु-सत् होता है? इस प्रश्न का समाधान थॉमस हॉब्सने नहीं किया।

आज इसकी लेकर दो मत हैं-एक मत हुसर्ल जैसे प्रदृश्यतावादियों का है जो कहते हैं कि थॉमस हॉब्सतर्कत: विचार से विचारक का अस्तित्व नहीं सिद्ध कर सकता है। दूसरा मत वस्तुवादियों और प्रत्ययवादियों का है जो कहते हैं कि थॉमस हॉब्स प्रातिभ ज्ञान से सिद्ध करता है। कि मैं की सत्ता चिन्तन करने वाली है, यह चिन्तनकर्त्ता वस्तु-सत् है। दूसरे मत के अनुसार चिन्तन और आत्मा की सत्ता में अनिवार्य सम्बन्ध यह महत्त्वपूर्ण है कि वस्तुवादी, प्रत्ययवादी, प्रदृश्यतावादी और अस्तित्ववादी सभी थॉमस हॉब्सकी इस प्रतिज्ञा से सहमत है कि दर्शनशास्त्र का आरम्भ जानामि अत: अस्मि से होना चाहिए। इस अर्थ में वे सभी थॉमस हॉब्ससे प्रभावित हे। किन्तु जानामि और अस्मि में क्या सम्बन्ध है? दोनों का क्या अर्थ है? इन प्रश्नों पर इन सभी में मतभेद है। प्रत्ययवादी कहते हैं कि दोनों एकार्थक है, दोनों में अभेद सम्बन्ध है। आत्मा की सत्ता अद्वितीय है। यदि वह द्रव्य है तो अद्वितीय द्रव्य है। फिर कोई अनात्मा द्रव्य नहीं है। यदि वह व्यक्ति है तो वह अद्वितीय व्यक्ति है और कोई अनात्मा व्यक्ति नहीं है। यदि वह वस्तु है तो वह अद्वितीय वस्तु है। इस प्रकार प्रत्ययवादी आत्मा के अस्तित्व को अद्वितीय समझकर उसकी व्याख्या करते है।

वस्तुवादी आत्मा को द्रव्य मानते हैं और चिन्तन को उसका अनिवार्य लक्षण या गुण कहते हैं। प्रदृश्यतावादी कहते हैं कि अस्मि का पूर्ण अन्तर्भाव जानामि में हो जाता है और आत्मज्ञान से पृथक कोई आत्मा नहीं है। अस्तित्वादी कहते हैं कि अस्मि मूल सत्ता है और इसका ज्ञान ऐसा ही अन्य सत्ताओं के संदर्भ में होता है।

थॉमस हॉब्स स्वयं वस्तुवादी है। किन्तु उसके सिद्धान्त की समीचीन व्याख्या प्रतययवाद में ही होती है। इस दृष्टि से हम कह सकते है कि जानामि अत: अस्मि की सुन्दरतम व्याख्या प्रत्ययवाद से होती है। यह वाक्य प्रत्ययवाद का मूल मन्तव्य है। कुछ भी हो, थॉमस हॉब्स ने जानामि और अस्मि के, आत्मा के ज्ञान और आत्मा के होने वाले सम्बन्ध की जब व्याख्या की तब उसने अभेदसम्बन्ध का सहारा लिया और या द्रव्य-गुण के सम्बन्ध का। पहले के अनुसार वह प्रत्ययवादी सिद्ध होगा और दूसरे के अनुसार वस्तुवादी। चूँकि वह प्राय: इस सम्बन्ध को द्रव्य-गुण के सम्बन्ध के रूप में लेता है इसलिए उसे वस्तुवादी कहना ही उचित है। किन्तु इतना मानना पड़ेगा कि इस सम्बन्ध की व्याख्या में थॉमस हॉब्स अस्पष्ट और रुढ़िवादी है। कांट ने इन सब कारणों से उसके मत को संभाव्य प्रत्ययवाद कहा है।

प्रत्यय-भदे और स्वयं सिद्धियाँ

आत्मा के अस्तित्व का ज्ञान जितना स्पष्ट और विवेकपूर्ण है उतने ही स्पष्ट और विवेकपूर्ण और ज्ञान है। आध्यात्मिक ज्ञान पर विचार करते हुए थॉमस हॉब्स ने कहा कि आत्मा के पास तीन प्रकार के प्रतयय है-आगन्तुक प्रत्यय, काल्पनिक प्रत्यय और आजानिक प्रत्यय आगन्तुक प्रत्यय आत्मा में बाहर से आते हैं। काल्पनिक प्रत्ययों को आत्मा स्वयं रचती है। आजानिक प्रत्यय आत्मा में निगूढ़ हैं और वे आत्मा की स्वाभाविक शक्ति के अनुसार धीरे-धीरे स्वत: ज्ञात होते हैं।

ये सभी प्रत्यय स्वरूपत: मानसिक हैं। ये मनोवृत्ति हैं। किन्तु वस्तुत: इनमें भेद है। सभी प्रत्यय वस्तुत: एकसमान नहीं है। उनमें से कुछ बाह्य वस्तुओं का प्रति निधित्व करते हैं और कुछ नहीं। जो बाह्य वस्तुओं का प्रतिनिधित्व करते हैं उनमें से कुछ अधिक वास्तविक हैं और कुछ कम। कुछ प्रत्यय द्रव्यों का प्रतिनिधित्व करते है और कुछ विकारों का।

आजानिक प्रत्ययों में से एक प्रत्यय ईश्वर का प्रत्यय है। यह परम ईश्वर का प्रतिनिधित्व करता है। यह परम ईश्वर, नित्य, अनन्त, सर्वज्ञ, सर्वशक्तिमान् तथा उन सकल वस्तुओं का सृष्टिकर्त्ता है जो उसके अतिरिक्त है।

अब देखना है कि क्या ईश्वर सत् है? क्या ईश्वर का प्रत्यय किसी सत्ताधारी ईश्वर का प्रतिनिधित्व या संकेत करता है? अथवा क्या वह ऐसे ही है जैसे सुमेरुगिरि, नृसिंह आदि अवास्तविक वस्तुओं के प्रत्यय।

अभी तक हमने केवल आत्मा के अस्तित्व को सिद्ध किया है और देखा है कि जानामि अत अस्मि यह वाक्य स्पष्ट तथा विवेकपूर्ण है। अब हम इसे स्वयं सिद्ध मानत हैं। थॉमस हॉब्सको ऐसे ही कुछ और स्वयं सिद्ध वाक्य मिलते हैं जिनमें से निम्नलिखित मुख्य है-

(क) सत्ता की विविध मात्राएँ हैं। द्रव्य की सत्ता विकार की सत्ता से अधिक है। अनन्त द्रव्य की सत्ता सान्त या सीमित द्रव्य की सत्ता से अधिक है। इसी प्रकार द्रव्य के प्रत्यय की सत्ता विकार के प्रत्यय की सत्ता से अधिक है। अनन्त द्रव्य के प्रत्यय की सत्ता सीमित द्रव्य के प्रत्यय की सत्ता से अधिक है।

(ख) जो विषय या गुण सत् है उसका कोई विषय या गुण कारण है और वह भी सत् हे। प्रत्येक विषय या गुण का कारण है। अकारण कोई विषय नहीं है। असत् से किसी सत् की उत्पत्ति नहीं हो सकती। कथम् असतः सत् जायेत् असत् में सत् कैसे उत्पन्न हो सकता है?

(ग) कारण में कार्य के बराबर या कार्य से अधिक गुण या सत्ता अवश्य है। यदि ऐसा न हो तो किसी कारण से उसके कार्य की उत्पत्ति न हो।

(घ) किसी विषय को उत्पन्न करने के लिए जिस कारण की आवश्यकता होती है उसके संरक्षण के लिए उस कारण से कम प्रबल कारण न होना चाहिए।

इस स्वयं सिद्धियों की स्पष्टता तथा विवेकपूर्णता प्रकट। इनमें से दूसरी स्वयं सिद्धि अर्थात् कारणता काी स्वयंसिद्धि तो उतनी ही महत्वपूर्ण है जितवी आत्मा विषयक स्वयंसिद्धि। यदि इस स्वयंसिद्धि को नहीं माना जाता तो फिर मैं सोचता हैं अतः मैं हूँ यह भी स्वयंसिद्धि नहीं रह जाती, क्योंकि विचार तब आकरण हो सकता है, और मैं भले ही नहीं हूँ लेकिन सोच सकता हूँ। किन्तु ऐसा नहीं। अतः कारण की स्वयंसिद्धि भी मान्य है। फिर, कारणता का सिद्धान्त भी उतना ही अखंडनीय है जितना आत्मा का अस्तित्व, क्योंकि यदि कारणता खंडनीय है तो उसका सम्बन्ध किसी खंडन करने वाले हेतु से होगा और कारणता का खंडन करते हुए भी खंडन और उसके हेतु भी खंडन और उसके हेतु में कार्य तथा कारण का सम्बन्ध मानना परस्पर व्याघातक नहीं तो क्या है? इस तरह कारणता के सिद्धान्त का खंडन नहीं हो सकता। यह भी एक स्वयंसिद्ध सिद्धान्त है।

विचारों के उपर्युक्त मूल्यांकन से जैसा हमने देखा, मानव प्रकृति के एकांगी चित्रण के कारण, उनके द्वारा चित्रित प्राकृतिक अवस्था एवं प्राकृतिक व्यवस्था की अनैतिहासिकता के कारण, प्राकृतिक अवस्था में राजनीतिक चेतना की मान्यता के कारण, विधि की दृष्टि से समझौते के आपत्तिजनक होने के कारण, राज्य के हेय उद्देश्य के प्रतिपादन के कारण, राज्यसत्ता की निरंकुशता के प्रतिपादन के कारण तथा राज्य व सरकार के अन्तर को न

समझ सकने के कारण एक ओर थॉमस हॉब्स की जहाँ कड़ी आलोचना की गयी ,वहाँ दूसरी ओर राजनीतिक शैली को वैज्ञानिक बनाने के लिए, राजनीतिक शास्त्र को असीमित व निरंकुश संप्रभुता का विचार प्रदान करने के लिए,राजसत्ता के मानवीय स्वरूप के प्रतिपादन के लिए, व्यक्ति की महत्ता के प्रतिपादन के लिए तथा राज्य के उपयोगितावादी रूप के प्रतिपादन के लिए उसे श्रेय भी दिया है। यही कारण है कि वेपर थॉमस हॉब्स का मूल्यांकन यह कह कर किया है कि "**बाद के युग के लोग साधारणतः उससे सहमत नहीं हुए, पर यह कहना कोई अतिशयोक्ति नहीं होगी कि उनके विचारों में उन्हें उनके काम की एक ऐसी खान मिल गयी है, जिसमें पाये जाने वाले खनिज को समृद्ध बनाने के लिए वे काम कर सकते हैं।**"

❑❑❑

4

थॉमस हॉब्स के विचारों का प्रभाव

थॉमस हॉब्स के विचारों पर भी उसके युग की सामाजिक, आर्थिक तथा राजनीतिक परिस्थितियों का प्रभाव रहा। उसके विचारों पर अग्रलिखित तत्त्वों का प्रभाव पड़ा-

(1) गैलिलियो के गति के सिद्धान्त का प्रभाव-थॉमस हॉब्स का राजनीतिक सिद्धान्त गैलिलियो के गति के सिद्धान्त से अत्यधिक प्रभावित है। इस नियम के अनुसार प्रत्येक वस्तु जो विद्यमान है, वह **पिण्ड** है अर्थात् प्रत्येक वस्तु कणों से बनी हुई है, जो भौतिक नियमों की भाँति गति में रहती है। इस दृष्टिकोण से बिलियर्ड के गेंदों के व्यवहार में, जो उछलते और आपस में टकराते हैं और पौधों, पशुओं और व्यक्तियों के व्यवहार में कोई अन्तर नहीं। थॉमस हॉब्स का मत है कि हर जगह व्यवहार के नियम एक जैसे हैं। जैसे-जैसे कणों की मात्रा में अधिकता होती जाती है, वैसे-वैसे प्रत्येक उत्तरवर्ती दशा में गति जटिल होती जाती है। स्थितियों में किसी भी प्रकार के परिवर्तन चाहे व्यक्तियों द्वारा जानबूझकर किये जायें या स्वत: हो जायें या वे पारस्परिक टकराव के परिणाम हों, वे सब पूर्ववर्ती घटनाओं द्वारा निर्धारित होते हैं, जिनकी निश्चित भविष्यवाणी की जा सकती है। जिस प्रकार से बिलियर्ड की मेज पर एक गेंद का व्यवहार दूसरे गेंदों के होने से परिवर्तित और जटिल हो जाता है, उसी प्रकार से व्यक्तियों का समाज में दूसरे व्यक्तियों के सम्पर्क में आने से परिवर्तित एवं जटिल हो जाता है। दूसरे शब्दों में सारा ब्रह्माण्ड परमाणु कणों से बना हुआ है, जो आपस में टकराते रहते हैं और व्यक्ति को, जो इस पृथ्वी पर निवास करते हैं, उन परमाणु कणों की भाँति देखा जा सकता है, जो निरन्तर गति में रहते हैं। परन्तु 'स्वायत्ता' और 'गति' जिनमें टकराव अवश्यम्भावी है, का परिणाम सर्वव्यापी मानव स्वार्थ और भय की स्थिति है। व्यक्ति अपने स्वार्थी हितों को प्राथमिकता देते हैं और ऐसा करते हुए वे कभी निश्चित रूप से नहीं कह सकते कि जिस लूटमार को एक-दूसरे पर लादते हैं, क्या वे उससे सुरक्षित रह सकेंगे? गति के इस सिद्धान्त से प्रभावित होते हुए भी थॉमस हॉब्स अपने मनोवैज्ञानिक व समाजशास्त्रीय सिद्धान्त को गति के सिद्धान्त से

निकालने में असफल रहा।

(2) ज्यामिति का प्रभाव-थॉमस हॉब्स ज्यामिति के विषय क्षेत्र की प्रकृति से इतना प्रभावित नहीं हुआ था, जितना कि वह उसके परिणामों को सिद्ध करने के कठोर तरीकों से प्रभावित हुआ था। थॉमस हॉब्स ने ज्यामिति के तरीकों को प्राकृतिक घटनाओं की व्याख्या करने में और मनोवैज्ञानिक तथा राजनीतिक विषयों के भौतिक शास्त्रों के साथ समीकरण करने में भी प्रयोग किया, परन्तु इस प्रयास में भी वह असफल रहा।

(3) इंग्लैण्ड के गृह-युद्ध का प्रभाव-थॉमस हॉब्स की विचारधारा पर इंग्लैण्ड के गृह-युद्ध और उसमें घटित निर्दयी घटनाओं का अत्यधिक प्रभाव पड़ा। गृह-युद्ध में मानव प्रकृति के स्वयं के पर्यवेक्षण के आधार पर थॉमस हॉब्स इस निष्कर्ष पर पहुँचा कि मानव **भय और स्वार्थ-हित** के विचारों से गतिमान या प्रभावित होता है। थॉमस हॉब्स ने मानव को प्रेरित करने वाले अन्य सभी तत्त्वों को इन्हीं दो तत्त्वों में समाहित कर लिया। थॉमस हॉब्स इस बात को स्वीकार करता है कि मानव में विवेक की शक्ति है, जो उसे अन्य पशुओं से भिन्न करती है, परन्तु **'भय** और **स्वार्थ हित'** उसके जीवन को इतना कठोर और निर्दयी बना देते हैं कि उसका जीवन निरन्तर संघर्ष की स्थिति में हो जाता है। थॉमस हॉब्स कहता है कि जहाँ-जहाँ परस्पर हितों में विरोध तीक्ष्ण नहीं होता, वहाँ एक-दूसरे का भय इसे अवश्य पैदा कर देता है।

गृह-युद्ध के काल में इंग्लैण्ड में अराजकता की स्थिति थी। जीवन असुरक्षित ही नहीं, बल्कि भयुक्त भी था। सरकार कारगर नहीं थी और स्टुअर्ट राजाओं की शक्ति को सभी ओर से चेतावनी दी जा रही थी। इंग्लैण्ड के चर्च की अधिमान्य स्थिति के सम्बन्ध में बड़ा असंतोष था, नये सम्प्रदाय मान्यता की मांग कर रहे थे, व्यावसायिक परिवर्तनों में भी नए नेताओं को जन्म दे दिया था, जो अपनी सामाजिक और राजनीतिक स्थिति प्राप्त करने के इच्छुक थे, धार्मिक और आर्थिक शक्तियाँ प्रतिनिधि सभा की मांग कर रही थी, संसद राजा के दैवी अधिकारों को स्वीकार करने के लिए तैयार नहीं थी। जनवरी 30, 1649 को चार्ल्स प्रथम का वध कर दिया गया था, जिसने प्रशासनों को यह चेतावनी दे दी थी कि राजनीतिक शक्ति ईश्वर तथा स्वर्ग की अपेक्षा पृथ्वी और उस पर निवास करने वाले व्यक्तियों से सम्बन्ध रखती है। इस घटना ने राजा के दैवी अधिकारों की कब्र सदा के लिए खोद दी।

इंग्लैण्ड की घटनाओं का प्रभाव थॉमस हॉब्स के चिन्तन पर अत्यधिक पड़ा। यही कारण है कि उसने सभ्य और प्रगतिशील जीवन के लिए, जहाँ शक्तिशाली और स्थायी शासन का समर्थन किया, वहाँ राज्य शक्ति के प्रति प्रजा की भक्ति पर बल भी दिया। **थॉमस का यह कथन अत्यधिक महत्त्वपूर्ण है कि अराजकता की स्थिति से बचने के लिए शक्तिशाली राज्य, नागरिकों के संगठन और राजनीतिक सत्ता की**

आज्ञाओं की पालना आवश्यक है। यद्यपि थॉमस की शर्तें कठोर है, परन्तु राजनीतिक सिद्धान्त के लिए उसने सम्प्रभुता के विचार को हमेशा के लिए स्थापित कर दिया।

उपर्युक्त तत्त्वों के अतिरिक्त थॉमस थॉमस हॉब्स की डरपोक तथा भीरु मानसिकता तथा उसकी स्वार्थपरता ने उसे निरंकुश राजतंत्र का समर्थक बना दिया।

थॉमस का वैज्ञानिक भौतिकवाद

पाश्चात्य राजनीतिक चिन्तन में थॉमस हॉब्स का स्थान उसके निरपेक्षतावाद के समर्थन के कारण नहीं और न ही उसकी प्रसिद्धि इस कारण है कि उसने राजनीति को धर्म को पूर्णत: पृथक् रखा, बल्कि उसकी प्रसिद्धि इस कारण है कि **उसने निरपेक्षतावाद और धर्म निरपेक्षतावाद को वैज्ञानिक आधार प्रदान किया।** उसके पूर्व के लेखकों ने, जैसा कि बोदाँ ने, निरपेक्ष राजतंत्र का समर्थन तो किया था, परन्तु उन्होंने राजा की शक्ति पर धर्म और सम्पत्ति की शर्तें लगा दी थीं। इसी तरह मैकियावली ने राजनीति को धर्म से पृथक् तो रखा, परन्तु उसके लिए कोई वैज्ञानिक आधार प्रस्तुत नहीं किया। **थॉमस वह दार्शनिक है, जिसने निरपेक्ष राजतंत्र का समर्थन "दैवी अधिकारों" के स्थान पर मानव प्रकृति की दृष्टि से किया, जो अखण्डनीय है। इसी तरह उसने धर्म को राजनीति के अधीन रखने के लिए वैज्ञानिक और तार्किक आधार प्रदान किया।** मैकियावली की भाँति थॉमस हॉब्स ने राजनीति सत्ता का आधार मानव के अन्तर्निहित स्वार्थ और उसकी प्रतियोगिता की प्रकृति को बनाया। परन्तु जहाँ मैकियावली मानव के अहम् और स्वार्थ को वैज्ञानिक आधार देने में असफल रहा, वहाँ थॉमस हॉब्स उसे वैज्ञानिक आधार देने में सफल रहा। थॉमस हॉब्स ने ज्यामिति के वैज्ञानिक तरीकों को अपने राजनीतिक सिद्धान्तों का आधार बनाया। इन तरीकों के अनुसार जो चीज इस ब्रह्माण्ड में होती हैं, उसकी पूर्व की घटनाओं के आधार पर व्याख्या की जा सकती है। थॉमस हॉब्स के लिए द्रव्य के अतिरिक्त और कुछ वास्तविक नहीं है, जो "पिण्ड" या "द्रव्य" नहीं, वह ब्रह्माण्ड का भाग नहीं। इसी कारण थॉमस हॉब्स पूर्ण भौतिकवादी और यांत्रिक बन गया।

थॉमस वह दार्शनिक है, जिसने कॉमनवैल्थ की व्याख्या करने से पूर्व मानव प्रकृति और उनके व्यवहार की व्याख्या की। साथ में उसने मानव के मस्तिष्क की क्रियाओं जैसे संवेदनाओं, भावनाओं, विचारों और इच्छाओं का विश्लेषण भी किया। इनका वर्णन करने के पश्चात् ही थॉमस हॉब्स राज्य की प्रकृति की व्याख्या करता है और यह सिद्ध करने का प्रयास करता है कि ऐसे मानव को, जो स्वार्थी और क्रूर है तथा जो संघर्षमय जीवन में आत्म-रक्षा और शांति हेतु सामाजिक जीवन के लिए प्रेरित होते हैं, नियंत्रित करने के लिए किस प्रकार के निरपेक्ष राज्य की आवश्यकता है।

थॉमस हॉब्स मानव को ब्रह्माण्ड की भाँति, जिसका मानव एक भाग हैं, एक यंत्र मानता है। **थॉमस** ने लिखा है कि **"मानव ब्रह्माण्ड का सूक्ष्म दर्शन है।"** वह पौधों

और पशुओं से अधिक जटिल है, परन्तु गतिमान कणों के मिश्रण के अतिरिक्त और कुछ नहीं। यदि उस नियम को जान लिया जाये, जिसके आधार पर मानव में कणों की गति होती है तो मानव के दूसरे मानव के साथ सम्बन्धों को आसानी से समझा जा सकता है अर्थात् राजनीति की प्रकृति को समझा जा सकता है। तभी तो **थॉमस** कहता है कि राजनीतिक समाज का अध्ययन मानव प्रकृति के अध्ययन से शुरू होना चाहिए और इसी आधार पर उसने राजा के अधिकारों तथा नागरिकों के अधिकारों और कर्त्तव्यों की व्याख्या की।

थॉमस की पद्धति निगमनात्मक है। उसके राजनीतिक दर्शन का आधार मनोवैज्ञानिक है। उसकी पद्धति में ऐतिहासिक घटनाओं, ग्रन्थों या श्रुतियों के उदाहरण नहीं मिलते। वह शुद्ध सच्चाइयों से प्रारम्भ करता है और उनसे निष्कर्ष निकालता है। वह भूत से पूर्णत: सम्बन्ध विच्छेद करता है और पूर्णत: आधुनिक है।

थॉमस हॉब्स की पद्धति से निम्नलिखित निष्कर्ष निकाले जा सकते हैं-

(i) थॉमस हॉब्स ने मानव का पिण्ड के साथ तादात्म्य स्थापित किया और मध्ययुग के इस विचार को समाप्त कर दिया कि आत्मा का पृथक् अस्तित्व है। थॉमस हॉब्स की धारणा है कि मानव की संवेदनाएँ, भावनाएँ, इच्छायें, विचार आदि उसके मस्तिष्क में द्रव्य की गति के भिन्न रूप के अतिरिक्त और कुछ नहीं। यही कारण है कि थॉमस हॉब्स ने मानव व्यवहार के नैतिक मानदण्डों को व्यक्ति को व्यक्ति में ढूँढने का प्रयास किया और मध्ययुगी विचार को अस्वीकार कर दिया कि उनका स्त्रोत अनुभवातीत है। थॉमस हॉब्स ने आदर्श और वास्तविकता के मध्ययुगी भेद को समाप्त कर दिया, क्योंकि आदर्श स्वयं मानव की प्राकृतिक शक्तियों की उत्पत्ति है।

(ii) जहाँ मध्ययुगी सिद्धान्त ने मानव के विनाश में राज्य के ढाँचे को तैयार किया, वहाँ थॉमस हॉब्स का समाज मानव के विनाश का परिणाम नहीं बल्कि यह अपार विकास है, जो मानव को अराजक और भययुक्त स्थिति से छुटकारा दिलाता है और उसके सभ्य तथा प्रगतिशील बनने की संभावनाएँ प्रस्तुत करता है।

(iii) थॉमस हॉब्स निरपेक्षतावाद का समर्थक है। उसके द्वारा प्रस्तुत समझौता मानव स्वतन्त्रता का चार्टर नहीं। फिर भी उसे उदारवाद का दार्शनिक कहा जा सकता है। इस दृष्टि से थॉमस हॉब्स बैन्थम और मिल का आध्यात्मिक पूर्वज है। थॉमस हॉब्स ने नैतिकता और राजनीति को मानव पर आधारित किया। इससे व्यक्तिवादी विचारधारा का विकास हुआ। इसने शासकों के कार्यों के निरीक्षण करने के आधार को प्रदान किया। **प्रो. स्ट्रॉस** ने थॉमस हॉब्स की विचारधारा के इस पहलू का 19वीं शताब्दी के आमूल परिवर्तनवादी विचारकों विशेषकर बैन्थम के विचारों से, गहरा सम्बन्ध स्थापित किया है।

सारांश में, थॉमस थॉमस हॉब्स ने वैज्ञानिक सिद्धान्तों के आधार पर अपनी

समग्र राजनीति का निर्माण करना चाहता था। इसीलिए उसकी प**द्धति को 'वै**ज्ञानिक भौतिकवाद' की संज्ञा दी जाती है। उसने अपने अध्ययन में वैज्ञानि**क भौतिकवा**द को अपनाकर मध्ययुगी अध्ययन पद्धतियों को अस्वीकार कर दिया।

मानव प्रकृति पर थॉमस हॉब्स के विचार

थॉमस हॉब्स की रचना **लेविआथन** चार भागों में विभक्त है। **इसके प्रथम भाग के ग्यारह अध्यायों में** मानव प्रकृति के लक्षणों का वर्णन किया गया है। उसके राजनीतिक दर्शन का आधार मानव की प्रकृति के लक्षणों का वर्णन किया गया है। उसके राजनीतिक दर्शन का आधार मानव की प्रकृति और उसको प्रेरणा देने वाले तत्त्व हैं। उसके निरंकुश दर्शन का आधार मानव की प्रकृति और उसको प्रेरणा देने वाले तत्त्व हैं। उसने निरंकुश राजतंत्र के औचित्य को सिद्ध करने के लिए ही अपने ढंग से मानव स्वभाव का चित्रण किया। थॉमस हॉब्स अरस्तू के इस कथन से सहमत नहीं कि मानव एक सामाजिक प्राणी है। वह मानव को एक असामाजिक प्राणी मानता है। थॉमस हॉब्स के अनुसार मानव को कार्य करने की प्रेरणा देने वाली मुख्य प्रवृत्तियाँ निम्न हैं-

"क्रोध, लज्जा, लोलुपता, निराशा, स्पर्धा, आनन्द, भ्रम,
धृष्टता, हर्ष, सहानुभूति, दयालुता, हँसी, गतिशीलता,
प्राकृतिक कामुकता, मत, शक्ति, रोष, व्याख्यान, यथार्थ
धर्म, समझौता, वैभव, विनोद आदि।"

मानव की उपर्युक्त प्रवृत्तियाँ ही थॉमस हॉब्स के राजनीतिक दर्शन का आधार है। उसका मत है कि मानव व्यवहार ही दैनिक राजनीति का निर्धारण करता है।

थॉमस हॉब्स के चिन्तन की विशेषता यह है कि वह समाज से पृथक् व्यक्ति का अध्ययन करता है। उसके लिए समाज एककों से बड़ा नहीं। समाज तो स्वायत्त और दुराग्रही व्यक्तियों का तथा पूर्ण अंगों का समूह है, उससे बड़ा नहीं। स्पष्ट है थॉमस हॉब्स अपने चिन्तन में व्यक्ति को अत्यधिक महत्त्व देता है।

थॉमस हॉब्स के अनुसार व्यक्ति की **दो प्रमुख विशेषताएँ हैं**- (1) सभी व्यक्ति समान हैं, परन्तु यह समानता धार्मिक निष्कर्ष का परिणाम नहीं बल्कि प्रतिदिन के अनुभव पर आधारित है। (2) मानव गतिशील है।

(1) सभी व्यक्ति समान हैं-थॉमस हॉब्स के इस कथन के निम्नलिखित पहलू हैं-

(i) शारीरिक और मानसिक शक्ति में समानता-राजनीतिक चिन्तन के इतिहास में प्लेटो, सन्त थॉमस तथा अन्य अनेक राजनीतिक दार्शनिकों का मत है कि मानव शारीरिक और मानसिक (बौद्धिक) शक्तियों में समान नहीं। परन्तु थॉमस हॉब्स की मान्यता और अनुभव के आधार पर वह यह सिद्ध करने का प्रयास करता है कि मानव

शारीरिक और मानसिक शक्तियों में समान है। **थॉमस** लिखता है कि **"जहाँ तक शारीरिक शक्ति का प्रश्न है, वहाँ निर्बल के पास षड्यंत्र, छल, कपट या गुटबन्दी व समझौते द्वारा एक शक्तिशाली व्यक्ति को मार डालने की शक्ति है और जहाँ तक बौद्धिक शक्तियों का प्रश्न है...** व्यक्ति शारीरिक शक्ति से भी अधिक समान है, क्योंकि विवेक (समझदारी) केवल अनुभव है, जो समय के अनुसार सबको समान मात्रा में प्राप्त हो जाता है।"

थॉमस लिखता है कि कोई व्यक्ति मानसिक (बौद्धिक) शक्तियों के आधार पर अधिमान्य स्थिति की मांग नहीं कर सकता, क्योंकि अच्छे जीवन के लिए मानव को जिन हितों या लाभों की आवश्यकता है, उनकी सब व्यक्तियों को आवश्यकता है। **थॉमस** लिखता है कि प्रत्येक व्यक्ति में इतना विवेक है कि वह बात को समझ सके कि एक तथ्य का दूसरे पर क्या प्रभाव पड़ता है और उसके क्या परिणाम है? इस पर भी व्यक्ति दूसरे को तीक्ष्ण बुद्धि या योग्य समझते हुए भी अपने आपको कम योग्य नहीं समझते। **थॉमस** कहता है कि व्यक्ति अपने गुणों में अधिक विश्वास करते हैं और योग्यता के दावे को दूसरों पर लादने के लिए प्रयत्नशील रहते हैं। यही कारण है कि व्यक्ति देसरों का प्रतिनिधित्व करके अपने-आपको सर्वोच्च बनाना चाहते हैं और आवश्यकता पड़ने पर वे पशु-बल के आधार पर भी अपने विचारों को दूसरों पर लादने का प्रयास करते हैं और उन्हें अपने अनुयायी बनाने की फिराक में रहते हैं। थॉमस हॉब्स के सिद्धान्त में व्यक्तिनिष्ठ विश्वास वस्तुनिष्ठ विश्वासों से सर्वोच्च है और वे अपने विश्वासों द्वारा ही चाहे वे अच्छे या बुरे सिद्धान्तों पर आधारित हों, कार्य करते हैं। **थॉमस** कहता है कि मानव गतिशील, अहंकारी और स्वाथी प्राणी है, जो अपने श्रेष्ठता से प्रभावित रहता है और जिसे अपना स्वार्थ ही सक्रिय बनाता है।

(ii) लक्ष्यों की प्राप्ति में समानता-थॉमस हॉब्स की धारणा है कि मानव में अपने लक्ष्यों को प्राप्त करने की अभिलाषा समान होती है। इसलिए यदि कोई दो व्यक्ति किसी एक चीज की इच्छा करते हैं, जिन्हें वे दोनों प्राप्त नहीं कर सकते, तो वे एक-दूसरे के शत्रु हो जाते हैं और अपने उस लक्ष्य को प्राप्त करने के लिए एक-दूसरे को नष्ट करने या दबाने का प्रयत्न करते हैं।

(iii) संघर्ष स्वाभाविक-थॉमस हॉब्स की धारणा है कि लक्ष्यों की प्राप्ति का उद्देश्य ही मानव को निरन्तर संघर्ष में संलग्न रखता है। जहाँ **थ्यूसाईडाइडस** ने **धन, सुरक्षा और सम्मान** को निरन्तर संघर्ष के तीन महान् कारण माने हैं, वहाँ थॉमस हॉब्स ने इस ग्रीक लेखक का नाम लिए बिना **प्रतिस्पर्धा, अविश्वास (भय)** और **वैभव को संघर्ष के तीन कारण स्वीकार किये हैं।** प्रतिस्पर्धा के आधार पर व्यक्ति लाभ प्राप्ति के लिए, अविश्वास या भय के आधार पर सुरक्षा प्राप्त करने के लिए और वैभव के आधार पर

ख्याति या कीर्ति प्राप्त करने के लिए, वे एक-दूसरे पर आक्रमण करते हैं। पहले में व्यक्ति हिंसा के प्रयोग द्वारा अन्य व्यक्तियों, उनकी स्त्रियों, बच्चों और पशुओं पर अपना आधिपत्य स्थापित करते हैं, दूसरे में उनकी सुरक्षा के लिए और तीसरे में मित्रों, व्यवसाय या राष्ट्र के लिए वैभव प्राप्त करने के लिए शक्ति का प्रयोग करते हैं।

(iv) स्वार्थी व स्वकेन्द्रित मानव–थॉमस हॉब्स की धारणा है कि मानव की सब भावनाओं का आधार इच्छा या अनिच्छा है। जो पदार्थ आकर्षित करते हैं, उनकी सब इच्छा करते हैं और जो विकर्षित करते हैं, उनसे सब घृणा करते हैं। किसी पदार्थ के लिए अच्छा प्रेम और अनिच्छा घृणा उत्पन्न करती है। एक की प्राप्ति सुख देने वाली और दूसरे की दु:ख देने वाली होती है। एक आशाजनक, क्रियाशील और प्रोत्साहित करने वाली और दूसरी निराशाजनक और हतोत्साहित करने वाली होती है। थॉमस हॉब्स की धारणा है कि क्रोध, लोलुपता, स्पर्धा, हर्ष, दया, सहानुभूति, नम्रता, शौर्य, आनन्द, भूख, भय आदि सब प्रवृत्तियाँ इन्हीं दो भौतिक भावनाओं द्वारा प्रेरित होती है। ये सब मानव के स्वार्थ या अहम् सिद्धि के भिन्न रूप हैं।

थॉमस हॉब्स का सिद्धान्त सुखवादी नहीं। उसका मानव अपनी आवश्यकताओं को संतुष्ट करने वाली प्राणी है न कि सुखवाद का इच्छुक, जैसा कि बैन्थम का मानव। **थॉमस के मानव का उद्देश्य सुरक्षा की प्राप्ति है, सुख की नहीं।** वह वस्तुओं को सुख-दु:ख के मान-दण्ड में नहीं तोलता जैसा कि बाद में उपयोगितावादियों ने किया। वह तो उन्हें केवल आत्म संतुष्टि की दृष्टि से देखता है। **थॉमस का आधार सुख-दु:ख नहीं उत्प्रेरणा और अनुक्रिया है।** प्रत्येक विस्फुरण किसी न किसी ओर अनुकरण करता है। यदि विस्फुरण अनुकूल है तो व्यक्ति की इच्छा होती है कि वह जारी रहे और यदि वह प्रतिकूल है तो उसकी उससे छुटकारा पाने की इच्छा होती है।

प्रो. सेबाइन ने लिखा है कि "मानव के प्रत्येक व्यवहार के मूल में आत्मरक्षा का मनोवैज्ञानिक सिद्धान्त विद्यमान रहता है। शुभ वह है, जो इस उद्देश्य की पूर्ति करे, अशुभ वह है, जो इसके विपरीत हो।" जीवन सुरक्षा के उद्देश्य में मानव स्वार्थी और अहम्‌वादी है। यह इच्छा मृत्यु में ही समाप्त होती है, अन्यथा यह जीवन पर्यन्त निरन्तर बनी रहती है।

(2) मानव सतत गतिशील है–थॉमस हॉब्स के पूर्ववर्ती दार्शनिकों के लिए मानव राजनीतिक प्रक्रिया में केवल 'निष्क्रिय दार्शनिक' है, जिसे केवल प्रजातांत्रिक या क्रांतिकारी काल में ही क्रियाशील बनाया जा सकता है। क्योंकि इस काल में ही नेता उसके मनोभावों और अनभिज्ञता पर हावी हो जाते हैं। परन्तु **थॉमस प्रत्येक मानव की सतत गतिशीलता पर बल देता है और कहता है कि मानव पशुओं की भाँति भावनाओं का दास है।** मानव और पशुओं में केवल इतना अन्तर है कि मानव में विवेक, तर्क और

भाषण की शक्ति होती है, जो पशुओं के पास नहीं होती।

थॉमस हॉब्स का मत है कि **मानव की गतिविधियाँ सप्रयोजन** होती हैं। इन गतिविधियों का आरम्भ, 'पूर्ण कल्पना' पर आधारित होता है। दूसरे शब्दों में, प्रत्येक व्यक्ति स्वेच्छा से अपने मस्तिष्क द्वारा कार्य करता है। इन 'विचारों' और 'कार्यों' के सम्मिश्रण को थॉमस हॉब्स व्यक्ति की इच्छा कहता है। किसी कार्य को करने के लिए इच्छा या अनिच्छा इसी मानवीय इच्छा पर निर्भर करती है। इसी आधार पर स्वतंत्र इच्छा, सामान्य इच्छा या इच्छा-पत्र की इच्छाएँ उत्पन्न होती हैं। ये इच्छाएँ मानसिक निर्णय को प्रकट करती है कि मानव कार्य के होने की सम्भावना है। इनसे यह निश्चित नहीं होता कि मानव क्या करेगा या किस कार्य को करने का विचार कर रहा है? ये केवल कार्य की वास्तविकता को स्पष्ट करती है। इस तरह इच्छा व्यक्ति को गतिशील बनाती है और क्योंकि इच्छा सतत बनी रहती है और एक इच्छा की पूर्ति दूसरी इच्छा का कारण बन जाती है और यह क्रम जीवन पर्यन्त रहता है। अत: मानव निरन्तर गतिशील रहता है।

थॉमस लिखता है कि शक्ति प्राप्त करने की इच्छा केवल राजनीतिक अभिजात वर्ग में ही नहीं होती, बल्कि प्रत्येक मानव में होती है। क्योंकि सुरक्षा के कोई स्थायी साधन नहीं होते। **थॉमस** लिखता है कि "यदि मानव अधिक शक्ति का संचय न करे तो इस बात का क्या आश्वासन है कि जितनी शक्ति जिसके पास है, वह उसका विकास किए बिना उसका उपयोग कर सकता है।" अत: मानव में **"अधिकाधिक शक्ति प्राप्त करने की एक निरन्तर और निर्विश्राम इच्छा है।"** **थॉमस** लिखता है कि जो शांत या संयमी रहता है तथा जो शक्ति प्राप्त करने में प्रयत्नशील नहीं रहता, उसकी स्वयं की सुरक्षा सर्वदा खतरे में पड़ी रहेगी, क्योंकि उसके पड़ोसी अपने-आपको सुरक्षित रखने के लिए उसकी सुरक्षा का अपहरण कर लेंगे।

थॉमस हॉब्स की यह धारणा है कि **व्यक्ति भय की उत्पत्ति** है। प्रत्येक व्यक्ति अपने इर्द-गिर्द के व्यक्तियों से इस कारण भयभीत रहता है कि उनके संकल्प भी वही हैं, जो उसके हैं।

मानव-मनोवेगों और विवेक की सृष्टि

थॉमस हॉब्स की विचारधारा निराशाजनक है। जब मानव इतना स्वार्थी, अहमी और समाज विरोधी है तो उसके लिए नागरिक समाज का निर्माण करना असम्भव है। परन्तु इस पर भी थॉमस हॉब्स आशावादी है, क्योंकि जहाँ मानव मनोवगों की सृष्टि है, वहाँ वह विवेकशील प्राणी भी है और यह विवेक ही उसे प्राकृतिक दशा से निकलने की प्रेरणा और योग्यता प्रदान करता है। थॉमस हॉब्स लिखता है कि उसका विवेक ही उसमें "हिंसक मृत्यु के भय" से शांति की ओर अग्रसर होने की इच्छा पैदा करता है। यश और शक्ति का आकर्षण उसमें सुरक्षा की भावना पैदा करता है।

थॉमस पक्का हेतुवादी है, परन्तु उसका विवेक उसके लिए कोई ऐसी ईश्वरीय शक्ति नहीं, जो अद्वितीय कार्य करने की सामर्थ्य रखता है। जहाँ सुकरात और प्लेटो कह सकते हैं कि अच्छाई को जानना ही उसकी अनुभूति है तथा, जिस कार्य को करना चाहिए, उसका ज्ञान ही किसी कार्य को करने के लिए पर्याप्त प्रेरक शक्ति है, वहाँ थॉमस हॉब्स के लिए विवेक का ज्ञान कार्य की प्रेरक शक्ति नहीं। विवेक उसे केवल इस बात का ज्ञान कराता है कि शांति और सुरक्षा तभी प्राप्त की जा सकती है, जब वह अपने मनोवेगों और भावों को नियंत्रित रखे। यह जान लेने के बाद कि उसकी पशुवत् प्रतिद्वन्द्विता ही उसके "हिंसक मृत्यु के भय" का कारण है, जो उसे निरन्तर युद्ध की स्थिति में रखता है तो विवेक उसे इस स्थिति से छुटकारा पाने का रास्ता बता देता है। **थॉमस के लिए विवेक स्वयं प्रेरक शक्ति नहीं, यह केवल नियामक है, जो प्रकृति की अराजक दशा से छुटकारा पाने का माध्यम और समाज निर्माण करने का यंत्र है।**

थॉमस हॉब्स की धारणा है कि मानव में "हिंसक मृत्यु के भय" से विवेक समझदारी और संयम सीखने की योग्यता है, परन्तु जब तक उसके मनोवेगों और भावनाओं को नियंत्रित करने वाली कोई बाह्य सर्वोच्च शक्ति नहीं तब तक "सत्ता" और "यश" की इच्छाएँ उन्हें अपने वचनों को तोड़ने के लिए लालायित करती रहेगी, क्योंकि **''शक्ति के बिना समझौते केवल शब्द हैं, जो सुरक्षा प्रदान करने की क्षमता नहीं रखते।" थॉमस** लिखता है कि मनोवेग केवल मनोवेगों की भाषा समझते हैं न कि विवेक की। मानव मनोवेगों को स्वयं नियंत्रित रखने में असमर्थ है। उन्हें नियंत्रित रखने और प्राकृतिक नियमों को लागू करने के लिए किसी बाह्य सर्वाच्च शक्ति की आवश्यता है।

मानव स्वभाव की आलोचना

थॉमस थॉमस हॉब्स द्वार प्रतिपादित मानव स्वभाव की अनेक आधारों पर आलेचना की जा सकती है-

(1) थॉमस थॉमस हॉब्स ने मानव स्वभाव की एकपक्षीय तथा अतिरंजित व्याख्या की है।

(2) थॉमस हॉब्स द्वारा मानव के बाह्य पक्ष का ही सतही या उथला वर्णन किया गया है। उसके आन्तरिक पक्ष की अवहेलना की है।

(3) मानव केवल असामाजिक या आसुरी प्रवृत्तियों का ही दास नहीं है, उसमें सद्‌गुणों का भी अधिवास पाया जाता है। थॉमस थॉमस हॉब्स ने मानव के सामाजिक गुणों की उपेक्षा की है।

(4) थॉमस थॉमस हॉब्स ने मानव स्वभाव का मात्र काल्पनिक वर्णन किया है। व्यवहार में, ऐसा मानव कहीं भी नहीं पाया जाता है।

(5) मानव स्वभाव के ऐसे घृणित चित्रण के कारण ही, राजनीतिक, चिन्तन के इतिहास में थॉमस थॉमस हॉब्स की कटु आलोचना की जाती है।

प्राकृतिक दशा पर थॉमस के विचार

थॉमस हॉब्स ने **प्राकृतिक दशा का वर्णन दो उद्देश्यों को सिद्ध करने के लिए** किया है (i) प्रशासन या सरकार के अभाव में मानव का जीवन असहाय, असभ्य, भययुक्त और अवांछनीय होता है और (ii) प्रगति और सभ्यता के लिए प्रशासन की आवश्यकता है।

थॉमस हॉब्स की प्राकृतिक दशा **राज्य विहीन, समाज विहीन दशा है। यह असहाय असभ्य, भययुक्त और अवांछनीय दशा है**। यह युद्ध की स्थिति है। इसमें प्रत्येक व्यक्ति दूसरे व्यक्ति का शत्रु है। यह विधिहीन दशा है, इसमें मानव का जीवन असुरक्षित और अल्प है। इसमें जीवन संघर्षमय है। इसमें सभ्यता का अभाव है। **इसमें मानव का जीवन "एकांकी, दीन, मलिन, जंगली और अल्प है।"** इसकी प्रमुख विशेषताएँ शक्ति अर्जन और कपट, भय और संघर्ष है।

प्राकृतिक दशा की 'निरन्तर युद्ध' की स्थिति का अर्थ 'वास्तविक युद्ध' से नहीं है। इसका केवल यह अर्थ है कि मानव इस दशा में निरन्तर हिंसक मृत्यु के भय से भयभीत रहता है अर्थात् वह 'भय का दास' है। **थॉमस** लिखता है कि यदि प्राकृतिक दशा में दण्ड देने वाली कोई शक्ति होती तो उसमें व्यवस्था और शांति स्थापित की जा सकती थी। यहाँ थॉमस हॉब्स का मनोविज्ञान स्पष्ट है। वह **"भय" को समाप्त करना नहीं चाहता, बल्कि व्यक्तियों के हृदयों में एक-दूसरे के भय को समाप्त कर एक सामान्य सत्ता के भय को स्थापित करना चाहता है। थॉमस** लिखता है कि "सर्वोच्च शक्ति के अभाव में अविश्वास सर्वत्र विद्यमान रहता है।" थॉमस हॉब्स की धारणा है कि मानव में अविश्वास की भावना केवल प्राकृतिक दशा के मानव की भावना नहीं, यह सभ्य राज्य के मानव की भी भावना है।

थॉमस हॉब्स के लिए प्राकृतिक दशा पूर्ण स्वतन्त्रता की दशा है। यह वह दशा है, जिसमें 'सब कुछ प्राप्त करना और कार्य करना सबसे के लिए वैधपूर्ण है।' इसमें **"जिसकी लाठी उसकी भैंस", "जंगल के नियम", "छल, कपट और धोखाधड़ी"** सर्वत्र विद्यमान है। इस दशा में शक्ति ही अधिकार है। इसमें सम्पत्ति की कोई सुरक्षा नहीं, क्योंकि सम्पत्ति पर उसी का अधिकार है, जो इसे प्राप्त कर सकता है और वह भी उस समय तक, जब तक वह उसे अपने पास रखने की क्षमता रखता है। इसमें मानव को चौबीसों घंटे और वर्ष के 365 दिन अपनी सुरक्षा के साधनों को जुटाना पड़ता है।

प्राकृतिक दशा में कोई प्रतिद्वन्द्विता नहीं, कोई कानून नहीं, कोई नैतिकता नहीं, कोई न्याय नहीं। इसमें प्रतिद्वन्द्विता इसलिए अनुपस्थित थी कि इसे सार्थक बनाने के लिए कोई मध्यस्थ शक्ति नहीं थी। इसमें कानून का महत्त्व इसलिए नहीं था कि कोई सामान्य शक्ति नहीं थी। इसमें नैतिकता का महत्त्व इसलिए नहीं था कि प्रत्येक व्यक्ति

प्रत्येक दूसरे व्यक्ति का शत्रु था। इसमें न्याय का अभाव था, क्योंकि न्याय के लिए जिन वैधानिक संस्थाओं की आवश्यकता होती है, वे इसमें विद्यमान नहीं थीं। थॉमस हॉब्स ने लिखा है कि **"जहाँ कोई सामान्य शक्ति नहीं होती, वहाँ कोई कानून नहीं होता, वहाँ कोई न्याय नहीं होता।"** इसलिए प्राकृतिक दशा में उचित-अनुचित, न्याय-अन्याय, नैतिक-अनैतिक, धर्म-अधर्म, अच्छाई-बुराई, वैध-अवैध का कोई भेद नहीं था। **हेकर** ने ठीक लिखा है कि **"जिन मान दण्डों को लागू नहीं किया जा सकता, वे कोई मानदण्ड नहीं।"**

थॉमस हॉब्स द्वारा वर्णित प्राकृतिक दशा की प्रमुख विशेषताएँ निम्नांकित हैं-

(1) यह समाज या राज्य निर्माण से पूर्व की दशा थी।

(2) यह असहाय, असभ्य, भययुक्त जंगली और अवांछनीय दशा थी।

(3) इसमें सामान्य दण्ड देने वाली शक्ति का अभाव था।

(4) इसमें उचित-अनुचित, न्याय-अन्याय, वैध-अवैध, नैतिक-अनैतिक मान-दण्डों का अभाव था।

(5) इसमें पशु शक्ति जंगल के नियम का बोल-बाला था।

(6) इसमें हिंसक हत्या का भय सर्वदा विद्यमान रहता था।

(7) यह निरन्तर युद्ध और अविश्वास की दशा थी। इसमें प्रत्येक व्यक्ति दूसरे व्यक्ति का शत्रु था।

(8) यह पूर्ण स्वतन्त्रता की दशा थी, जो स्वयं की शारीरिक शक्ति पर निर्भर करती थी।

(9) इसमें कोई व्यक्तिगत सम्पत्ति नहीं थी। इसमें व्यक्ति की वही सम्पत्ति थी, जिसे वह प्राप्त कर सकता था और वह भी उस समय तक उसकी थी, जब तक उसमें उसे रखने की शारीरिक शक्ति थी।

(10) इसमें मानव का जीवन एकाकी, दीन, मलिन, जंगली और अल्प था।

(11) प्राकृतिक दशा में प्राकृतिक कानूनों का अस्तित्व था। मानव को ये अधिकार प्रकृति से ही प्राप्त थे।

सारांश में, प्राकृतिक अवस्था 'मत्स्य-न्याय' की अवस्था थी।

प्राकृतिक अवस्था की आलोचना

थॉमस थॉमस हॉब्स द्वारा प्रतिपादित प्राकृतिक अवस्था की निम्नलिखित आधारों पर आलोचना की जा सकती है-

(1) थॉमस थॉमस हॉब्स ने मानव प्रकृति के आधार प्राकृतिक अवस्था का वर्णन किया है, जो बुनियादी रूप में ही गलत है।

थॉमस थॉमस हॉब्स द्वारा चित्रित प्राकृतिक अवस्था का कोई ऐतिहासिक आधार नहीं है।

प्राकृतिक अवस्था तार्किक दृष्टि से भी सही नहीं है। प्राचीनतम अवस्था में भी मानव जीवन प्राकृतिक नियमों, रिवाजों तथा परम्पराओं द्वारा नियंत्रित था।

समालोचना

थॉमस हॉब्स की प्राकृतिक दशा की आलोचना उचित प्रतीत नहीं होती। इसके मुख्य कारण निम्नलिखित हैं-

(1) थॉमस हॉब्स ने कभी इस बात का दावा नहीं किया कि मानव प्राकृतिक अवस्था में रहते थे। उसकी प्राकृतिक दशा नागरिक समाज का एक परिकल्पनात्मक विकल्प है, जिसके द्वारा थॉमस हॉब्स केवल यह सिद्ध करना चाहता है कि जहाँ शासन नहीं वहाँ दण्ड देने की शक्ति नहीं, वहाँ अव्यवस्था है, जो अंवाछनीय है।

(2) थॉमस हॉब्स द्वारा निकाले गये निष्कर्षों को तभी मिथ्या कहा जा सकता है, जब यह मान लिया जाये कि मानव में केवल सहयोग, सहानुभूति, प्रेम, दया, बलिदान आदि की भावनायें ही विद्यमान हैं और उसमें स्वार्थ, अहम्, निर्दयता, क्रूरता, शक्ति आदि की भावनायें नहीं। वास्तव में मानव में सहयोग और प्रेम की भावनायें होते हुए भी वह स्वार्थ, अहम्, भय तथा इसी प्रकार के अन्य मनोवेगों और मनोभावनाओं से ही अधिक प्रेरित होता है। क्योंकि व्यक्तियों में ये भावनाएँ गतिशील और क्रियाशील हैं। अत: विश्व में युद्ध हुए हैं। केवल व्यक्ति ही नहीं, बल्कि राज्य भी अपनी शक्ति और प्रभाव क्षेत्र बढ़ाने में लगे हुए हैं। यदि सभ्य व्यवस्था में मानव की यह दशा है तो असभ्य स्थिति में उसकी दशा की कल्पना की जा सकती है।

(3) प्राकृतिक दशा के वर्णन द्वारा थॉमस हॉब्स केवल यह बताना चाहता है कि मानव मनोवेगों का दास है और निरन्तर संघर्ष की स्थिति के कारण उसे शांति और सुरक्षा की चिन्ता लगी रहती है। थॉमस हॉब्स यह बताना चाहता है कि मानव यह जानते हुए भी कि उसका हित दूसरों से सहयोग करने में है, फिर भी यह मनोवेगों से ही कार्य करता है और मनोवेगों को एक शक्तिशाली सर्वोच्च सत्ता द्वारा ही नियंत्रित किया जा सकता है।

(4) मानवशास्त्रीय सामग्री जो हमें आज उपलब्ध है, वह थॉमस हॉब्स को उपलब्ध नहीं थी। पूर्ण व्यक्तिवादी और हेतुवादी होने से थॉमस हॉब्स इस बात से अनभिज्ञ था कि आदिम समाज में व्यक्ति के स्थान पर परिवार व कुल ही सामाजिक इकाई था और कानून के स्थान पर सामाजिक दबाव या रीति-रिवाज ही अनुकूलता लाने के यंत्र थे।

प्राकृतिक कानूनों एवं प्राकृतिक अधिकारों पर थॉमस के विचार

थॉमस हॉब्स की मान्यता है कि कानून मानव प्रशासन की रचना है। फिर भी वह ऐसे कानूनों की बात करता है, जिन्हें प्राकृतिक कानूनों के नाम से जाना जाता है। यद्यपि वह स्वीकार करता है कि प्राकृतिक कानूनों का प्राकृतिक दशा में कोई महत्त्व नहीं था। प्राकृतिक कानून की परिभाषा देते हुए **थॉमस** लिखता है कि **"वह ऐसा उपदेश या**

सामान्य नियम है, जिसे विवेक द्वारा जाना जाता है और उन कार्यों को करने की मनाही करता है, जो उसके लिए विनाशकारी है।"

प्राकृतिक कानूनों के बारे में थॉमस हॉब्स की विचारधारा थॉमस एक्वीनास की विचारधारा से भिन्न है। जहाँ थॉमस एक्वीनास के लिए केवल शासक अल्पमत ही इसे समझने की योग्यता रखता है, वहाँ थॉमस हॉब्स की धारणा है कि प्रत्येक मानव इसे समझने की योग्यता रखता है। **थॉमस** लिखता है कि यह सत्य है कि आशा, क्रोध, इच्छा, लोलुपता, स्वार्थ, घमण्ड, यश आदि की इच्छाएँ मानव मस्ततिष्क को प्रभावित एवं व्याकुल करती है। परन्तु प्रत्येक मानव के जीवन में कुछ क्षण ऐसे अवश्य आते हैं, जब वह समानुभूति (अपने आपको दूसरों की स्थिति में डाल कर देखना) का अनुभव करता है और यह क्षण ही प्राकृतिक कानून को समझने की योग्यता प्रदान करता है।

नैतिकता और कानून में भेद-थॉमस हॉब्स का कहना है कि प्राकृतिक कानून आन्तरिक आचरण के वे मानदण्ड हैं, जिन्हें मानना या न मानना व्यक्ति की स्वेच्छा पर निर्भर करता है। यहाँ थॉमस हॉब्स की विचारधारा से भिन्न है। जहाँ थॉमस मानव कानूनों को लागू करते समय शासकों से प्राकृतिक कानूनों की पालना की आशा करता है अन्यथा उन्हें स्वर्ग में स्थान नहीं मिलेगा, वहाँ थॉमस हॉब्स के लिए प्राकृतिक कानूनों का निवास स्थान मानव की अन्तरात्मा है। **थॉमस** लिखता है कि प्राकृतिक कानूनों वे निष्कर्ष या प्रमाण हैं, जो स्वयं की सुरक्षा के लिए सहायक हैं, जबकि कानून उस व्यक्ति के आदेश है, जिसे दूसरों पर आदेशात्मक शक्ति प्राप्त है। कानूनों में बाध्यकारी शक्ति होती है, उन्हें न मानना अपराध है और दण्ड को भोगना है, जबकि प्राकृतिक कानून में उन अर्थों में न बाध्यकारी शक्ति है और न ही दण्ड देने की शक्ति है।

प्राकृतिक कानून को थॉमस सामाजिक कानूनों की संज्ञा देता है और इनका महत्त्व तभी है, जब इनका सब पालन करते हैं। **थॉमस** लिखता है कि यदि एक ही व्यक्ति अपनी प्रतिज्ञाओं या समझौते के प्रति वफादार हैं, जबकि अन्य दूसरे नहीं तो वह व्यक्ति स्वयं को नष्ट कर लेगा।

थॉमस हॉब्स के लिए प्राकृतिक कानून मानव और राजनीतिक समाज की तार्किक शर्तें हैं, अत: वे स्थिर और सतत है। परन्तु इनकी स्थिरता और सततता इस बात पर निर्भर नहीं करती है कि वे नैतिक नियम हैं, बल्कि इस बात पर निर्भर करती है कि वे समाज की शांति और व्यवस्था के लिए आवश्यक है। इसलिए ही इन नियमों से अनुरूपता 'अच्छाई' या 'सद्‌गुण' हैं। **थॉमस** लिखता है कि "इन नियमों से अनुरूपता जितनी अधिक होगी, उतना अधिक संतोष पैदा होगा।" थॉमस हॉब्स प्राकृतिक कानूनों की पालना हो "उपयोगिता" की दृष्टि से देखता है। उसके लिए नैतिक दर्शन का यही एकमात्र आधार है। जो दार्शनिक अच्छाई-बुराई के किसी अन्य मानदण्ड को प्रस्तुत करता

है थॉमस हॉब्स उसे गलत मानता है। **थॉमस** कहता है कि प्राकृतिक कानूनों को मनवाने के लिए "उपयोगिता" पर्याप्त नहीं। अतः वह सामान्य हित में सामान्य सम्प्रभु शक्ति का सुझाव देता है।

थॉमस पहला दार्शनिक है, जिसने प्राकृतिक अधिकारों और प्राकृतिक कानूनों में स्पष्ट भेद किया है। वह लिखता है कि प्राकृतिक अधिकार वे व्यक्तिगत अधिकार है, जिनके द्वारा व्यक्ति उन कार्यों को करने के लिए स्वतंत्र है, जो उसके अस्तित्व के लिए आवश्यक हैं। यहाँ स्वतन्त्रता का अभिप्राय बाह्य रुकावटों की अनुपस्थिति से है। व्यक्ति की स्वतन्त्रता पर केवल वे सीमाएँ हैं, जो परिस्थितियों द्वारा लगायी जाती हैं। जहाँ तक उसकी शक्ति है, वहाँ तक उसका अधिकार पूर्ण है। दूसरी ओर, प्राकृतिक कानूनों का अभिप्राय स्वतन्त्रता की उपेक्षा प्रतिरोध, बाध्यता या रुकावट है। ये वे नियम है, जिन्हें विवेक द्वारा जाना जाता है और जो उन कार्यों को करने की आज्ञा नहीं देते जो व्यक्ति के अस्तित्व को बनाये रखने के प्रतिकूल हैं। जहाँ **प्राकृतिक अधिकार व्यक्ति की अपनी इच्छाओं की संतुष्टि के लिए कुछ भी करने का अधिकार देते हैं, वहाँ प्राकृतिक कानून उसे कुछ अधिकारों को त्यागने के लिए कहते हैं, ताकि वह अन्य अधिकारों का भली-भाँति उपयोग कर सके। हर्नशा** ने लिखा है कि "अधिकार किसी कार्य को करने की स्वतन्त्रता या रुकावट है, जबकि कानून उनमें से किसी एक को निश्चित कर बाध्य करता है। कानून और अधिकार में वही अन्तर है, जो दायित्व और स्वतन्त्रता में है।" प्राकृतिक अधिकार जहाँ प्राकृतिक दशा को युद्ध की स्थिति बनाते हैं और जीवन को असुरक्षित करते हैं वहाँ प्राकृतिक कानून विवेक द्वारा स्थापित किये गये नियमों का ऐसा संग्रह है, जो जीवन को सुरक्षित रखते हैं।

प्राकृतिक अधिकारों और प्राकृतिक कानूनों में भेद निम्नलिखित हैं-

थॉमस हॉब्स की मान्यता है कि शांति और सुरक्षा प्राकृतिक कानूनों पर आधारित है। थॉमस हॉब्स ने ऐसे **प्राकृतिक कानूनों की संख्या उन्नीस** बतायी है, जिनमें प्रमुख निम्नलिखित हैं-

(1) शांति और सुरक्षा को बनाये रखना। यदि शांतिमय साधनों से यह सम्भव न हो तो इसे युद्ध द्वारा बनाये रखना।

(2) यदि व्यक्ति स्वयं चाहता है कि दूसरे उसकी शांति और सुरक्षा की इच्छाओं का आदर करें तो उसे भी दूसरों की ऐसी इच्छाओं का आदर करना चाहिए। **थॉमस** लिखता है कि प्रतिरोध सामान्य और पारस्परिक होना चाहिए।

(3) व्यक्ति समझौते का पालन करें, क्योंकि समझौता ही प्राकृतिक अधिकारों को न्याय के नियमों में परिवर्तित करता है। समझौते की पालना ही न्याय है। सही सामाजिक अस्तित्व और पारस्परिक विश्वास का मूल आधार है।

(4) प्रत्येक व्यक्ति शिष्टाचार का व्यवहार करे।

(5) कोई व्यक्ति अपने कार्यों, शब्दों या भावों द्वारा दूसरे के प्रति प्रतिरोध, घृणा या ईर्ष्या अभिव्यक्त न करे।

(6) प्रत्येक दूसरे को अपने समान समझे।

(7) जिन वस्तुओं का विभाजन नहीं हो सकता, उनका उपयोग सामान्य हो।

(8) शांति के लिए मध्यस्थता का कार्य अपनाने वालों को सुरक्षा प्राप्त हो, आदि।

थॉमस हॉब्स के **प्राकृतिक नियमों** को संक्षेप में, इस वाक्य में स्पष्ट किया जा सकता है कि **"दूसरों से वैसा व्यवहार न करो, जो आप स्वयं अपने आपसे नहीं करेंगे।**

थॉमस हॉब्स का मत है कि प्राकृतिक कानूनों के आधार पर सभ्य समाज का निर्माण किया जा सकता है। **प्रो. सेबाइन** ने कहा है कि "वे एक साथ ही दूरदर्शिता के सिद्धान्त और सामाजिक आधार के नियम है, जो व्यक्तिगत कार्य के मनोवैज्ञानिक उद्देश्यों से आगे बढ़कर सभ्य कानून तथा नैतिकता के मूल्य तक पहुँचना सम्भव बनाते हैं।" यही कारण है कि थॉमस हॉब्स इन नियमों का प्राकृतिक दशा में नहीं, बल्कि समाज में व्यक्तियों के लागू करता है और प्राकृतिक नियमों की व्याख्या में उसका यही उद्देश्य है। थॉमस हॉब्स लिखता है कि अपनी विवेक शक्तियों के आधार पर व्यक्ति यह अनुभव करते हैं कि प्राकृतिक कानूनों की पालना की जाये। **थॉमस** लिखता है कि मानव में प्रारम्भिक (आदिम) अवस्था से ऊपर उठने की प्रवृत्ति है और प्राकृतिक नियमों में वे सब तत्त्व विद्यमान हैं-शांति स्थापित करने, सामान्य सत्ता को बनाने, समझौते को लागू करने और मानव समानता को स्वीकार करने, आदि-जो उसे युद्ध की स्थिति को समाप्त करने और मानव समानता को स्वीकार करने, आदि-जो उसे युद्ध की स्थिति को समाप्त करने और शासन को स्थापित करने की प्रेरणा देते हैं। ये नियम ही प्रशासनिक कानूनों का निर्माण करते हैं। **थॉमस** लिखता है कि यद्यपि प्राकृतिक कानून प्राकृतिक दशा में लागू नहीं होते, फिर भी वे प्रशासन से पूर्व हैं। इसलिए यह नहीं कहा जा सकता कि प्राकृतिक कानून सरकार के साथ उत्पन्न होते हैं वे तो ऐसी राजनीतिक परिस्थितियाँ उत्पन्न करते हैं, जो उन्हें सार्थक बनाती है। थॉमस हॉब्स के लिए प्राकृतिक कानून स्थिर और सतत है, क्योंकि वे मानव की अन्तरात्मा में निवास करते हैं। अत: जब तक मानव इस पृथ्वी पर निवास करता है, तब तक मानव प्रशासन के अधीन रहना पसन्द करेगा।

थॉमस थॉमस के प्राकृतिक नियमों तथा प्राकृतिक अधिकारों की आलोचना

थॉमस थॉमस हॉब्स द्वारा प्रतिपादित प्राकृतिक नियमों तथा प्राकृतिक अधिकारों की अवधारणा की निम्नलिखित आधारों पर आलोचना की जा सकती है-

(1) थॉमस थॉमस हॉब्स ने मानव को आसुरी प्रवृत्तियों का दास बताया है। ऐसे

असामाजिक मानव से प्राकृतिक नियमों तथा प्राकृतिक अधिकारों का पालन करने की आज्ञा नहीं दी जा सकती है।

(2) थॉमस थॉमस हॉब्स की प्राकृतिक नियमों तथा प्राकृतिक अधिकारों की अवधारणा का कोई वास्तविक या यथार्थ आधार नहीं है। ये काल्पनिक हैं।

(3) थॉमस थॉमस हॉब्स ने प्राकृतिक नियमों तथा प्राकृतिक अधिकारों के बीच जो विभाजक रेखा खींची है, वह गलत है।

सारांश में, थॉमस थॉमस हॉब्स की प्राकृतिक नियमों तथा प्राकृतिक अधिकारों की अवधारणा उसके राजनीतिक चिन्तन की अभिनव विशेषता है।

❑❑❑

5

थॉमस हॉब्स का व्यक्तित्ववाद

मानव-स्वभाव, प्राकृतिक अवस्था और प्राकृतिक नियम पर विचार करते समय थॉमस हॉब्स द्वारा दी गई मनुष्य की आत्म-रक्षा की प्रकृति और बुद्धिसंगत आत्मरक्षा का आभास हम पा चुके है। किन्तु इस अत्यन्त महत्त्वपूर्ण विचार पर पृथक् रूप से चर्चा करना आवश्यक है। थॉमस हॉब्स के अनुसार "मनुष्य अपनी जीवन-शक्ति को कायम रखने और बढ़ाने के लिए सदैव प्रयत्नशील रहता है। आत्म-रक्षा का उद्देश्य मनुष्य के जैविक अस्तित्व को कायम रखना है। जो बात इसमें सहायक है वह शुभ है और जो असहायक है वह अशुभ है।" थॉमस हॉब्स को यह स्पष्टत: मालूम था कि आत्म-रक्षा का सिद्धान्त इतना आसान नहीं था जैसा कि वह अब तक माना गया है। जीवन एक ऐसा अवकाश नहीं है जिसमें साध्य को एक बार में ही हमेशा के लिए प्राप्त कर लिया जाए। जीवन में आत्म-रक्षा के साधनों की पग-पग पर खोज करनी पड़ती है। चूँकि सुरक्षा के साधन कम हैं इसलिए जीवन-संघर्ष अनन्त है। मानव प्रकृति की मूल आवश्यकता सुरक्षा की इच्छा है। इस इच्छा को शक्ति की इच्छा से पृथक् नहीं किया जा सकता। हम में आज सुरक्षा की जितनी भावना है-उसे नित्यप्रति सशक्त करने की जरूरत है। थॉमस हॉब्स के शब्दों में "सम्पूर्ण मानव-जाति शक्ति की शाश्वत और अविश्रान्त इच्छा से प्रेरित है। इस लालसा का अन्त मृत्यु के साथ ही होता है। कारण यह नहीं है कि मनुष्य के पास इस समय जितनी खुशी है वह उससे अधिक खुशी चाहता है अथवा उसका कुछ कम शक्ति से काम नहीं चल सकता। इसका कारण यह है कि मनुष्य के पास इस समय जीविका के जो साधन हैं जो शक्ति उनसे बिना और अधिक प्राप्त किए हुए उनकी रक्षा का आश्वासन नहीं होता।"

थॉमस हॉब्स के विचार का स्वाभाविक अर्थ है कि मनुष्य निरन्तर सुरक्षा की आवश्यकता का अनुभव करता है। वह शक्ति, धन, पद, सम्मान आदि को इसलिए प्राप्त करना चाहता है कि अपनी सुरक्षा के साधन जुटा सके और विनाश को रोक सके जो किसी न किसी दिन अन्तत: प्रत्येक व्यक्ति पर आता है। मनुष्य के सामने प्रधान लक्ष्य अपनी सुरक्षा का होता है, अत: उसके लिए अन्य मनुष्यों का वहीं तक महत्त्व है जहाँ तक वे

इस पर प्रभाव डालते हैं।

थॉमस हॉब्स मानव-प्रकृति में अभिलाषा और विवेक-इन दो सिद्धान्तों की चर्चा करता है। इच्छा अथवा अभिलाषा के कारण मनुष्य उन सभी वस्तुओं को स्वयं प्राप्त करना चाहता है जिन्हें अन्य व्यक्ति चाहते हैं। इसका परिणाम यह होता है कि वे निरन्तर संघर्षरत रहते हैं। लेकिन विवेक अथवा बुद्धि द्वारा मनुष्य पारस्परिक संघर्षों को भूलना सीखते हैं। "विवेक एक प्रकार की नियामक शक्ति है जिससे सुरक्षा की खोज आत्म-रक्षा के सामान्य सिद्धान्त का अनुसरण किए बिना ही अधिक कारगर हो जाती है।" विवेक बतलाता है कि आत्म-रक्षा का उद्देश्य तभी प्राप्त किया जा सकता है जब शान्ति हो। विवेक का प्रथम आदेश यह है कि **मनुष्य को** शान्ति की खोज और शान्ति स्थापित करने का प्रयत्न करना चाहिए। विवेक शा**न्ति-स्थाप**ना पर इतना अधिक बल इसलिए देता है कि 'प्रत्येक का प्रत्येक के विरुद्ध युद्ध' **की** स्थिति मानव-जीवन को दीन-हीन-क्षीण और लघु बनाती है। विवेक प्राकृतिक अवस्था की विपत्तियों से बचने का मार्ग दिखलाता है।

मानव-प्रकृति के दो विरोधी तत्त्वों आदिम इच्छा और विकर्षण से तभी प्रवृत्तियाँ और भावनाएँ पैदा होती हैं। विवेक का भी यही स्त्रोत हैं। "विवेक द्वारा ही मनुष्य आत्म-रक्षा के कार्य में बुद्धिमत्तापूर्वक प्रवृत्त हो सकता है। विवेक की नियामक शक्ति के द्वारा ही मनुष्य अपनी जंगली और एकाकी स्थिति से निकल कर सभ्य और सामाजिक स्थिति में प्रवेश करता है। यह परिवर्तन प्रकृति की विधियों द्वारा होता है। ये विधियाँ बतलाती हैं कि यदि एक विवेकशील प्राणी अपनी सुरक्षा से सम्बन्धित सभी प्रश्नों के बारे में अन्य मनुष्यों के साथ अपने सम्बन्धों की समस्या पर निष्पक्षता से विचार करे तो वह क्या करेगा।" थॉमस हॉब्स के अनुसार, "इसलिए प्रकृति की विधि उचित विवेक का आदेश है। वह उन वस्तुओं की निरन्तर अभ्यस्त है जिन्हें जीवन की सतत् रक्षा के लिए या तो करना पड़ता है या छोड़ना पड़ता है।"

स्पष्ट है कि थॉमस हॉब्स के अनुसार संकुचित और विवेकहीन स्वार्थ बैर-भाव को उत्पन्न करता है जबकि विवेकपूर्ण स्वार्थ समाज के अस्तित्व को सम्भव बनाता है। विवेक की माँग है कि व्यक्ति अपना कल्याण चाहता है तो दूसरे के हितों में हस्तक्षेप नहीं करे। विवेक में स्वयं शान्ति स्थापित करने की सामर्थ्य नहीं है, वह केवल मनुष्य को इतनी दूरदर्शिता प्रदान करता है कि वह अपने और दूसरों के हितों में इस तरह समन्वय स्थापित कर सके जिसमें स्वयं के हित सुरक्षित रहें।

थॉमस का व्यक्तिवाद

थॉमस हॉब्स के राजदर्शन के आधार पर यह कहना गलत न होगा कि निरपेक्ष सम्प्रभुता का कट्टर समर्थक होते हुए भी वह कई अर्थों में व्यक्तिवादी है। प्रथम, वह

मनोवैज्ञानिक व्यक्तिवादी है जिसके राजदर्शन का प्रारम्भिक सूत्र व्यक्ति है, अरस्तू के समान समाज नहीं। "उसकी विचारधारा में व्यक्ति बिल्कुल अलग-अलग इकाइयाँ हैं और राज्य बाहर की एक ऐसी शक्ति है जो उन्हें एकता के सूत्र में बाँधती है और उनके समान स्वार्थों में सामंजस्य स्थापित करती है।" प्राय: समशक्तिमान स्वार्थी बिखरे हुए अणुव्रत-मनुष्य थॉमस हॉब्स के राजदर्शन की प्रारम्भिक इकाई हैं। उनकी जीवन-रक्षा तथा सुख-शान्ति का संरक्षक राज्य पारस्परिक समझौते का परिणाम है और तब तक चलता जाता है जब तक वह अपने मूल उद्देश्य की पूर्ति से संलग्न है। थॉमस हॉब्स के अनुसार व्यक्ति के स्वार्थ से भिन्न किसी संस्था का उद्देश्य न हो सकता है और न होना चाहिए। जब तक राज्य प्रजानन की जीवन-रक्षा के उद्देश्य को अथवा उस उद्देश्य को जिसकी पूर्ति के लिए राज्य का समझौते द्वारा उदय होता है, चलाता है तभी तक प्रजाजन में राजभक्ति है, आदेश-पालन है, आत्म-समर्पण है अन्यथा विद्रोह के लिए व्यक्ति स्वतन्त्र है। थॉमस हॉब्स प्रजा को राज्यादेश की अवहेलना करने की अनुमति उसी स्थिति में देता है जब राज्य द्वारा कोई ऐसा कार्य करने का आदेश दिया जाए जिससे व्यक्ति का जीवन ही खतरे में पड़ जाता हो। समाज अथवा राज्य को कृत्रिम मानना और व्यक्ति की जीवन-रक्षा के लिए उसके अस्तित्व को स्वीकार करना थॉमस हॉब्स को प्रथम श्रेणी का व्यक्तिवादी घोषित करता है। जहाँ आत्मरक्षा पर आघात पहुँचता हो वहाँ सम्प्रभु की आज्ञा की अवहेलना हो सकती है। इस विचार में सामाजिक या सामूहिक कल्याण की भावना कारणात्मक स्त्रोत नहीं है।" समाज की स्थापना, सम्प्रभुतामय राजशक्ति का समझौते से उदय और आत्मरक्षा के अभाव में सम्प्रभु की आज्ञा की अवहेलना इन सभी के पीछे थॉमस हॉब्स का व्यक्तिवाद ही प्रधान रूप में कारणभूत है।"

वास्तव में थॉमस हॉब्स ही पहला दार्शनिक था, जिसने व्यक्ति के हित को उसके जीवित रहने के अधिकार को सर्वोपरि माना। उसकी दृष्टि में यही राज्य की सबसे बड़ी उपयोगिता है कि वह अराजकता का अन्त करके व्यक्तियों के जीवन-संकट को दूर करे। राज्य को निरंकुश अधिकार इसी दृष्टि से दिए गए हैं कि वह समाज में शान्ति की व्यवस्था करे तथा व्यक्तियों के जीवन और सम्पत्ति को सुरक्षित रखे। इस तरह थॉमस हॉब्स के व्यक्तिवादी दर्शन में उसका उपयोगितावाद भी जुड़ा है। थॉमस हॉब्स का विचार है कि राज्य व्यक्ति की स्वार्थसिद्धि का साधन-मात्र है। साध्य तो व्यक्ति ही अपने आप में है। किन्तु यहाँ यह विशेष रूप से ध्यान रखने योग्य बात है कि थॉमस हॉब्स व्यक्ति को निजी सम्पत्ति, अभिव्यक्ति और विश्वास की स्वतन्त्रता के तथा ऐसे ही अन्य अधिकार लगभग बिल्कुल ही नहीं देता। कुछ दशाओं को छोड़कर (जिनका उल्लेख पहले अनेक बार किया जा चुका है), जैसे कि आत्मरक्षा की, प्रजाजन को अन्य किसी भी दशा में शासक के विरुद्ध कोई अधिकार प्राप्त नहीं है। उनकी स्वाधीनता उसी में निहित है कि

जिसकी राज्यसत्ता स्वीकृति दे।

थॉमस हॉब्स का निरंकुशवाद वास्तव में एकदम कट्टर नहीं है। नागरिक विधियों के संरक्षण में स्वतन्त्रता का उपयोग करते हैं। 'लेवियाथान' को अनुचित हस्तक्षेप का कोई शौक नहीं है। थॉमस हॉब्स के अनुसार विधियों का उद्देश्य प्रजाजन के सम्पूर्ण कार्यों पर रोक लगाना नहीं है अपितु केवल "उनका निर्देशन करना एवं उन्हें इस तरह रखना कि वे अपनी अनियन्त्रित इच्छाओं, जल्दबाजी अथवा अविवेक के कारण स्वयं को ही आघात न पहुँचा लें। विधि उस बाढ़ के समान है जिसे यात्रियों को रोकने के लिए नहीं प्रत्युत सन्मार्ग पर रखने के लिए खड़ा किया जाता है।"

थॉमस हॉब्स के व्यक्तिवाद पर टिप्पणी करते हुए सेबाइन महोदय ने लिखा है- "थॉमस हॉब्स के चन्तन में व्यक्तिगत का तत्त्व पूर्ण रूप से आधुनिक है। इस दृष्टि से थॉमस हॉब्स ने आगामी युग का संकेत अच्छी तरह से समझ लिया था। उसके दो शताब्दियों बाद तक अधिकाँश विचारकों को स्वार्थ, उदासीनता की अपेक्षा कहीं अधिक प्रेरक तत्त्व लगा था। वे किसी सामूहिक कार्यवाही की अपेक्षा प्रबुद्ध स्वार्थ के आधार पर सामाजिक बुराइयों को अधिक आसानी से दूर कर सकते थे। थॉमस हॉब्स का नाम प्रभु की निरंकुश शक्ति के सिद्धान्त के साथ विशेष रूप से संयुक्त हैं। यह सिद्धान्त उसके व्यक्तिवाद का ही एक पूरक तत्त्व है। थॉमस हॉब्स के दर्शन में एक मूर्त उच्च-मानव के अतिरिक्त जिसकी यात्रा का मनुष्य पालन करते हैं और जो आवश्यकता पड़ने पर अपनी आज्ञा का पालन करा सकता है, अन्य सब केवल व्यक्ति हैं और ऐसे व्यक्ति हैं जो केवल अपने स्वार्थों से प्रेरित हैं।" डनिंग का मत है कि "उसके (थॉमस हॉब्स के) सिद्धान्त में राज शक्ति का उत्कर्ष होते हुए भी मूल आधार पूर्णत: व्यक्तिवादी है। यह सिद्धान्त समस्त व्यक्तियों की प्राकृतिक समानता पर उतना ही बल देता है, जितना मिल्टन अथवा किसी अन्य क्रान्तिकारी विचारक ने दिया है। थॉमस हॉब्स ने सर्व-शक्तिशाली राज्य के विचार को स्वतन्त्र और समान व्यक्तियों के समुदाय से तार्किक ढंग से निकालने के लिए ही अपने इस नवीन विचार का विकास किया कि राज्य केवल व्यक्ति के साथ-व्यक्ति के समझौते से जन्म ग्रहण करता है।"

अत: ऊपर से देखने में ऐसा लगता है कि थॉमस हॉब्स पूर्ण निरंकुश सत्ता का समर्थक है लेकिन वास्तव में व्यक्ति के हित का समर्थक होने के कारण वह प्रबल व्यक्तिवादी भी है।

थॉमस के विचारों की आलोचना और मूल्याँकन

थॉमस हॉब्स के विचारों को समर्थन मिलना तो दूर रहा, सर्वत्र उनकी तीव्र आलोचना की गई। समकालीन कोई भी पक्ष उसकी तरफ न था। राजतन्त्रवादी, संसदज्ञ, धार्मिक विचारक सभी उसके आलोचक हो गए। "निरंकुश राजतन्त्र के समर्थक उसके

व्यक्ति-स्वेच्छा के सिद्धान्त तथा दैवी सिद्धान्त के निराकरण के कारण **संदिग्ध थे**। संसद् के समर्थक उसकी अमर्यादित अनुदार राजतन्त्रीय निष्ठा के कारण **नाराज थे।** धार्मिक विचारक उसकी धर्म-विरोधी धारणा तथा व्यवस्था से क्षुब्ध थे। **जनतन्त्रवादी** उसे अनैतिक तथा विचार-भ्रष्ट मानते थे। व्यक्तिवादी राज्य में व्यक्ति-स्वातन्य और मालिक अधिकारों की घोषणा के अभाव में उससे भयभीत थे। तर्कवादी उसके सिद्धान्तों में बौद्धिकता की अतिशयता से भिन्न थे। वैज्ञानिक उसकी बातों को भनुमती का पिटारा समझते थे। मनोवैज्ञानिक उसके मानव-स्वभाव के चित्रण को भ्रामक, अतिरजित, त्रुटिपूर्ण मानते थे। विधि-शास्त्री उसे संकीर्ण, अनभिज्ञ तथा उत्पीड़न मानते थे। लॉक और रूसो भी उसके विरुद्ध थे।" उसके ग्रन्थ 'लेवियाथान' की विचारकों द्वारा कटु आलोचना की गई। वाहन का विचार है कि "जहाँ तक राजनीतिक चिन्तन के सजीव विकास का प्रश्न है, लेवियाथान एक प्रभावहीन और परिणामहीन (निष्फल) ग्रन्थ रहा। वह एक प्रभावपूर्ण वर्णसंकर है जिसमें प्रजाजन की कोई सामर्थ्य नहीं है और वह इस उपेक्षा करता भी है।" क्लेरेडन ने थॉमस हॉब्स की पुस्तक को जलाकर यहाँ तक कह डाला "मैंने कभी कोई ऐसी पुस्तक नहीं पढ़ी जिसमें इतना राजद्रोह, विश्वासघात और धर्मद्रोह भरा हो।" मुरे के अनुसार "थॉमस हॉब्स की जीवनी लिखने वाले का एक ही समर्थक मिल सका जबकि उसके शत्रु अनेक थे।"

पर कुछ विचारक ऐसे भी हुए और आज भी हैं जिन्होंने थॉमस हॉब्स की महत्ता को स्वीकार किया। सेबाइन ने थॉमस हॉब्स की प्रशंसा करते हुए लिखा है कि "अंग्रेजी भाषा भाषी जातियों ने जितने भी राजनीतिक दार्शनिक उत्पन्न किए हैं उन सब में थॉमस हॉब्स सम्भवतः महानतम् है।" प्रो. ऑकशॉट के अनुसार, "थॉमस हॉब्स का 'लेवियाथन' सबसे अधिक ही नहीं, बल्कि केवलमात्र एक राजनीतिक ग्रन्थ है जो अंग्रेजी भाषा में लिखा गया था।" चाहे इन कथनों में कुछ अतिशयोक्ति हो फिर भी कटु आलोचनाओं के बावजूद यह मानना पड़ेगा कि थॉमस हॉब्स का सारे संसार के विचारकों में आदरपूर्ण स्थान है। सेबाइन और ऑकशॉट की प्रशंसा तथा वाहन की निन्दा से यद्यपि कोई संगति नहीं है, फिर भी इन दोनों ही विपरीत धारणाओं के पक्ष में कुछ कहा जा सकता है।

(1) थॉमस हॉब्स पर प्रथम दोष यह लगाया जाता है कि उसका मानव-स्वभाव का चित्रण अनुचित, अतिरंजित और एकपक्षीय है। थॉमस हॉब्स द्वारा मनुष्य को असामाजिक और समाज-विरोधी कहना अरस्तू के इस स्वाभाविक सत्य सिद्धान्त के विरुद्ध है कि मनुष्य एक सामाजिक प्राणी है जो समाज में रहना पसन्द करता है और समाज में रहकर ही अपनी उन्नति कर सकता है। मनुष्य की आत्म-भावना केवल अपने तक ही सीमित नहीं रहती। वह पत्नी, सन्तान और सजातीय मनुष्य से स्नेह करता है, उन्हें अपना समझता है। मनुष्य में यह प्रवृत्ति होती है कि अपनी आत्मबुद्धि को अधिकाधिक

विकसित एवं विस्तृत करे। उसमें, दया, सहानुभूति, सहयोग, प्रेम, त्याग आदि दैवी गुण होते है।

(2) थॉमस हॉब्स की सामाजिक अनुबन्ध की कहानी नितान्त भ्रमपूर्ण है। मनुष्य अपनी स्थिति ठीक करने पर ही किसी प्रकार के समझौते करने की अवस्था में आता है। सामाजिक समझौते की बात तो मनुष्य के अपेक्षाकृत विकसित होने पर ही समझ में आ सकती है। जब मनुष्य पूर्णत: असामाजिक, स्वार्थी, झगड़ालू और हिंसक हैं तो उसमें समझौते की सामाजिक भायना का उदय कैसे हो गया और वे कानून-प्रिय एवं विनम्र नागरिक कैसे बन गए? वाहन के शब्दों में, "थॉमस हॉब्स का कहना है कि प्राकृतिक अवस्था संघर्ष की वह अवस्था है जिसमें प्रत्येक व्यक्ति अन्य सभी व्यक्तियों के प्रति युद्धरत रहता है। पशुबल और धोखा इस अवस्था के विशेष गुण हैं। इस स्थिति में सही और गलत न्याय और अन्याय की धारणाओं के लिए कोई स्थान नहीं हो सकता। इन सब में कोई पारस्परिक संगति नहीं है लेकिन इसके अवसान की तो इससे कोई संगति हो ही नहीं सकती। यह कैसे माना जा सकता है कि ऐसे गुणों से विभूषित दानव-रूपी व्यक्ति किसी ऐसी अवस्था में प्रवेश कर सकते हैं अथवा प्रवेश करने की इच्छा भी कर सकते हैंकि जिसमें उनकी पूर्व-स्थिति एकदम विपरीत हो जाए अर्थात् ऐसी स्थिति या अवस्था जिसमें युद्ध की जगह शान्ति का साम्राज्य हो, पशुबल और धोखाधड़ी का परित्याग कर दिया गया हो और सत्य एवं न्याय जिनके आधार हों। जिस तरह एक हब्शी अपना रंग नहीं बदल सकता उसी तरह थॉमस हॉब्स द्वारा वर्णित रक्त-पिपासु व्यक्ति शान्तिप्रिय श्रमिक नहीं बन सकता।" वाहन की आलोचना में सत्य के गहरे बीज हैं। वास्तव में दानवों को एक ही क्षण में देवताओं के कायाकल्प करने की कपोल-कल्पना तो पौराणिक साहित्य में भी उपलब्ध नहीं होती।

इसमें कोई सन्देह नहीं कि थॉमस हॉब्स की मानव-स्वभाव में कृत्रिम विभाजन की व्यवस्था नितान्त दोषपूर्ण है। यदि मान लिया जाए कि थॉमस हॉब्स सचमुच में ऐसी प्राकृतिक अवस्था की ऐतिहासिकता में विश्वास करता था तो वाहन द्वारा की गई आलोचना उसके तर्क को खण्ड-खण्ड कर देती है। पर वास्तव में ऐसी प्राकृतिक अवस्था की सत्ता को थॉमस हॉब्स किसी ऐतिहासिक प्रमाण से पुष्ट नहीं करता। अत: हमारे लिए यह मानना आवश्यक नहीं है कि थॉमस हॉब्स का यह विश्वास था कि मनुष्य कभी सचमुच ही ऐसी प्राकृतिक अवस्था में रहते थे। प्राकृतिक अवस्था सम्बन्धी विचार से थॉमस हॉब्स का यह मन्तव्य प्रतीय होता है कि किसी नियन्त्रक शक्ति के अभाव में मनुष्य का जीवन वैसा ही हो सकता है जैसा प्राकृतिक दशा में उसने चित्रित किया है। थॉमस हॉब्स समझता है कि यह प्राकृतिक दशा यथार्थ है क्योंकि जब-जब राज्य-शक्ति निर्बल रही है, तब-तब समाज में इसी प्रकार की प्राकृतिक दशा का अस्तित्व रहा है।

थॉमस हॉब्स के कहने का उद्देश्य यही है कि एक शक्तिशाली राज्य के अभाव में मानव-जीवन दु:खी एवं असहनीय हो जाता है। उसके दैनिक जीवन के ऐसे तथ्य उपस्थित किए है जिनके आधार पर इसकी सत्ता का अनुमान किया जा सकता है। इनकी चर्चा 'प्राकृतिक अवस्था' के चित्रण में की जा रही है, अत: यहाँ इतना ही लिखना पर्याप्त है कि "थॉमस हॉब्स का उद्देश्य राज्य के काल-गत जन्म का वर्णन करना नहीं है, उसका ध्येय तो राज्य के स्वरूप का विश्लेषण करना तथा उसका औचित्य सिद्ध करना है।" वह बतलाना चाहता है कि शान्ति और सहयोग आत्मरक्षा के लिए हिंसा और प्रतियोगिता की अपेक्षा अधिक महत्त्वपूर्ण हैं और इसके लिए प्रभुसत्ता निरपेक्ष एवं असीमित होनी चाहिए।

(3) थॉमस हॉब्स समाज की अराजकता से बचाने का एकमात्र विकल्प सर्वोच्च एवं निरंकुश शासन-सत्ता को समझता है पर यह धारणा सही नहीं है। उसके सामने मध्ययुगीन यूरोप का इतिहास था जिसमें शासन-सत्ता चर्च एवं राज्य के मध्य विभाजित थी। उस समय संघर्ष होते थे किन्तु प्राकृतिक अवस्था-सी अराजकता नहीं थी। प्राकृतिक दशा की तुलना में स्थिति अत्यन्त ही सुधरी हुई थी। उस समय प्रभुसत्ता की अविभाज्यता का सिद्धान्त विद्यमान नहीं था। आज अमेरिका में प्रभुसत्ता शासन के तीन प्रधान अंगों में बँटी हुई है, किन्तु वहाँ अराजकता नहीं है। आधुनिक इतिहास इस बात का प्रमाण है कि मिश्रित तथा साँविधानिक शासनों में अराजकता नहीं रहती।

(4) राजसत्ता को निरंकुश एवं असीमित रूप से शक्तिशाली बनाए रखने के लिए थॉमस हॉब्स ने उसे समझौते में सम्मिलित पक्षों से अलग रखा है। तार्किक दृष्टि से ऐसा एक-पक्षीय समझौता असंगत है। समझौता तो सदैव दो पक्षों में होता है। फिर यह समझौता भंग भी नहीं किया जा सकता; यह बात मनुष्य-युक्ति के विपरीत है। थॉमस हॉब्स ने इस बात पर भी कोई विचार नहीं किया कि प्राचीन जीवन की इकाई व्यक्ति न होकर कुटुम्ब थी।

(5) थॉमस हॉब्स राज्य और सरकार के बीच कोई भेद नहीं करता जबकि ये दो भिन्न सत्ताएँ हैं। यदि जनता विद्रोह द्वारा किसी निरंकुश राजा का अन्त करने का प्रयत्न करती है तो वह राज्य संस्था की जड़ पर कुठाराघात नहीं करती। वह केवल सरकार में परिवर्तन करती है। थॉमस हॉब्स राज्य की स्वेच्छाचारिता और सरकार की स्वेच्छारिता में कोई अन्तर नहीं देखता।

(6) थॉमस हॉब्स के अनुसार अराजक दशा के जीवन से भयभीत होकर आत्म-रक्षा एवं शान्ति की स्थापना के लिए समझौते द्वारा राज्य को जन्म दिया गया। दूसरे शब्दों में, राजसत्ता की स्थापना एक अनुचित भय के आधार पर और एक अनैतिक उद्देश्य-मानव-स्वार्थ पूर्ति के लिए हुई। भय एवं स्वार्थ जैसी हेय-भावनाओं पर राज्यरूपी

कल्याणकारी संस्था की नींव खड़ी करना उचित नहीं कहा जा सकता। वास्तव में राज्य अथवा समाज भय एवं स्वार्थ पर नही बल्कि अनुमति, सद्भावना, सहयोग एवं सामाजिक हित की भावना पर आधारित है। थॉमस हॉब्स भूल जाता है कि लोकमत, बुद्धि और धार्मिक विश्वास, जिसका आधार ही भय हो, केवल पुलिस राज्य ही हो सकता है। थॉमस हॉब्स के राज्य का नैतिक एवं भौतिक विकास, शिक्षा एवं भौतिक विकास, शिक्षा एवं संस्कृति में योग आदि कर्त्तव्यों से कोई सम्बन्ध नहीं है। इस तरह उसके राज्य का कार्य-क्षेत्र अत्यन्त सीमित है। गूच के शब्दों में, "लेवियाथान केवल अतिमानवीय आकार का पुलिसमैन है जो अपने हाथ में दण्ड लिए है... उसका राज्य अनिवार्य बुराई है, दबाव का यन्त्र है-स्वतन्त्र विकासोन्मुख सभ्यता की प्राप्ति का अपरिहार्य साधन नहीं।" रूसों के अनुसार भी थॉमस हॉब्स का सबसे बड़ा दोष यह है कि वह एकदम निरंकुश शासन स्थापित करता है। उसका कहना है कि "जो व्यक्ति अपनी स्वतन्त्रता का परित्याग करता है वह अपने मनुष्यत्व को भी छोड़ देता है। उसके समझौते से बना हुआ समाज वस्तुत: समाज नहीं कहा जा सकता, क्योंकि उसमें सम्पूर्ण जीवन केवल एक ही व्यक्ति 'लेवियाथान' में केन्द्रित है और शेष सभी व्यक्ति इस धरती पर निरर्थक भार-मात्र हैं।" थॉमस हॉब्स के समाज में वे सब लेवियाथान के समक्ष नतमस्तक हैं, करबद्ध दास-मात्र हैं। थॉमस हॉब्स अपने राज्य में मनुष्यों को सर्वथा अधिकार-शून्य करके लेवियाथान रूपी चरवाहे द्वारा हाँके जाने वाले पशुओं की श्रेणी में ला खड़ा करता है। यह अवस्था तो थॉमस हॉब्स की प्राकृतिक अवस्था से भी अधिक शोचनीय है।

(7) हम थॉमस हॉब्स की वैज्ञानिक पद्धति की चर्चा कर चुके हैं। 17वीं शताब्दी में वैज्ञानिक पद्धति को ज्योमिति पद्धति अथवा निगमन पद्धति के तद्रूप माना जाता था। लेकिन बाद में विकसित विचारों से यह प्रमाणित हो गया कि ज्योमिति के नमूने पर राजदर्शन का महल बनाने का प्रयास भ्रम-मात्र है। जो भी हो, हम थॉमस हॉब्स के इस महत्त्व से इन्कार नहीं कर सकते कि उसके अपने चिन्तन को एक क्रमबद्ध और समन्वित रूप प्रदान किया।

(8) थॉमस हॉब्स के विधि सम्बन्धी विचार भी अति संकीर्ण हैं। वह विधि के केवल ऊपरी पालन से ही सन्तुष्ट प्रतीत होता है। लोग चाहे विधि में विश्वास करें या न करें, उन्हें विधि को मानना ही होगा पर होना यह चाहिए कि लोग विधि में भी विश्वास करें और उसका पालन भी करें।

थॉमस हॉब्स की चाहे कितनी भी आलोचना की गई हो, राजनीतिक चिन्तन को उसकी महान् देन है। वह राजनीतिशास्त्र की विस्तृत और व्यवस्थित पद्धति का निर्माण करने वाला पहला अंग्रेज विचारक है। प्रभुसत्ता का प्रतिपादन चाहे पहले किया जा चुका था, किन्तु एक निरपेक्ष और असीम प्रभुसत्ता का स्पष्ट विवरण सर्वप्रथम उसने ही

दिया। प्रभुसत्ता और कानून पर उसके विचार बोदाँ से आगे बढ़े हुए थे। उसकी प्रभुसत्ता और विधेयात्मक कानून सम्बन्धी धारणा का ही विकास 19वीं सदी के महान् विचारक जॉन ऑस्टिन ने किया। वास्तव में थॉमस हॉब्स ने ही सम्प्रभुता को वह स्वरूप दिया जो आज तक चला आ रहा है। थॉमस हॉब्स के अनुबन्ध सिद्धान्त द्वारा ही यह सुनिश्चि हुआ कि राजसत्ता सर्वोपरि है जिसके आदेशों का पालन राज्य के नागरिकों और निवासियों के लिए अनिवार्य है। इस मत की व्यावहारिकता से किसी को आपत्ति नहीं हो सकती कि शान्ति एवं व्यवस्था स्थापित करने के लिए दृढ़ तथा शक्ति-सम्पन्न शासन की आवश्यकता होती है।

थॉमस हॉब्स ही वह प्रथम विचारक था जिसने राज्य की उत्पत्ति के सिद्धान्त का अभिनवीकरण किया। यद्यपि पहले भी अनुबन्ध द्वारा राज्य की उत्पत्ति का चित्रण किया गया था लेकिन साथ ही इसकी उत्पत्ति को दैवी भी माना जाता था। थॉमस हॉब्स ने दैवी सिद्धान्त के समर्थकों द्वारा प्रस्तुत राज्य के रहस्यात्मक ऐश्वर्यपूर्ण चरित्र को नष्ट-भ्रष्ट करने का महान् कार्य किया। उसने ही स्पष्ट रूप से बतलाया कि राज्य दैवी इच्छा का नहीं बल्कि मानवीय इच्छा का परिणाम है। इस प्रकार उसने राज्य को एक मानवीय संस्था घोषित किया। धीरे-धीरे उसके ये विचार आज के कल्याणकारी राज्य के रूप में प्रस्फुटित हुए। जेगोरिन ने ठीक ही लिखा है कि थॉमस हॉब्स के दर्शन में हमें जो मिलता है वह है- 'अतिक्रमणवाद के प्रत्येक रूप का निषेध। प्राकृतिक विधि की परम्परागत प्रतिष्ठा को समाप्त किया गया है, दैविक ज्ञान की सम्भावना से इन्कार किया गया है और वहाँ केवल स्वतन्त्र प्राणी रह गया है जो सामाजिक जीवन के आदेशों का स्वयं अन्वेषी है। राजनीतिक व्यवस्था को पवित्र चरित्र से वंचित कर दिया गया है। उसमें अब वह दैविक चमत्कार नहीं रहा है जो सन्त पॉल ने अपने इस उपदेश द्वारा कि -"जो भी शक्ति है, परमात्मा द्वारा प्रदत्त है", समस्त ईसाइयों के हृदय पर अंकित कर दिया था। एक भावुकता आकर्षण उस धार्मिक आतंक का स्थान ले लेता है जिससे शासकों को देखा जाता था। अब राज्य मनुष्य की सृष्टि है और उसका एकमात्र औचित्य उसकी उपयोगिता है। जब राज्य मानव आवश्यकताओं की सन्तुष्टि में विफल रहता है तो वह अपने उस एकमात्र औचित्य को गँवा देता है। थॉमस हॉब्स की बहुत बड़ी देन उसके व्यक्तिवाद की है। सम्प्रभुवादी थॉमस हॉब्स के विचारों में हमें व्यक्तिवाद का प्रबल समर्थन मिलता है। उसके व्यक्ति के कल्याण और उसकी सुरक्षा को साध्य घोषित किया है। उसने राज्य को निरंकुश अधिकार इसीलिए दिए है कि वह समाज में शान्ति स्थापित रखे, व्यक्तियों का जीवन और सम्पत्ति सुरक्षित रखे। सेबाइन ने इसीलिए कहा है कि, "थॉमस हॉब्स के प्रभु की सर्वोच्च शक्ति उसके व्यक्तिवाद का आवश्यक पूरक है।" उसने बतलाया कि राज्य का एकमात्र औचित्य उसकी उपयोगिता है। स्मरणीय है कि "थॉमस हॉब्स कोई जनतन्त्रवादी

नहीं था। उसके लिए जनता, सामान्य इच्छा अथवा सामान्य हित जैसी किसी चीज का अस्तित्व नहीं है। अस्तित्व केवल व्यक्तियों का है। उनकी रक्षा करना राज्य का कर्त्तव्य है। उनके निजी हितों का योग ही सामाजिक हित है।" थॉमस हॅाब्स के विचारों से उपयोगितावादियों ने बहुत कुछ प्राप्त किया। "राज्य को व्यक्तियों के परस्पर विरोधी हितों का मध्यस्थ बना कर वह उपयोगितावादियों का पूर्व सूचक बन गया।" प्रो वेपर के अनुसार-"यह कोई आकस्मिक घटना नहीं है कि बैन्थम यहाँ भी उसका उतना ही ऋणी है जितना सुख विषयक थॉमस हॅाब्स के विचारों का। आने वाली सन्तति का प्राय: उससे मतभेद रहा है किन्तु यह कहने में कोई अतिशयोक्ति न होगी कि उन्हें एक ऐसी खान मिली जिसका खोदना उनके लिए श्रयेस्कर है क्योंकि उसमें से एक मूल्यवान धातु निकलती है।"

थॉमस हॅाब्स का महत्त्व इस दृष्टि से भी है कि उसने न्याय सम्बन्धी पुरानी मान्यता का खण्डन किया और बतलाया कि न्याय की रचना विधि द्वारा होती है तथा न्याय विधि का प्रतिबिम्ब नहीं है। वास्तव में उसने अपने प्रबल तर्कों द्वारा तत्कालीन राजनीतिशास्त्र-वेत्ताओं और विद्वानों को अपनी ओर आकृष्ट किया और उन्हें अपने सिद्धान्तों की तह में जाने के लिए विवश कर दिया है।

थॉमस हॅाब्स का विचार है कि हमारी भावनाएँ विवेक की भाषा को नहीं समझतीं अधिकाँश मनुष्य विवेक के प्रत्यादेशों, प्राकृतिक विधियों के अनुसार काम नहीं करते। मनुष्य अपनी क्षणिक भावनाओं के उद्वेगों से प्रभावित होता रहता है। वह अपनी भावनाओं को नियन्त्रित नहीं कर सकता। अत: एक ऐसी सर्वशक्तिमान, प्रभुत्व-सम्पन्न और विवशकारी शक्ति की आवश्यकता है जो मनुष्य को विवेक अथवा प्राकृतिक विधियों के अनुसार आचरण करने को विवश कर सके। ऐसा तभी हो सकता है जब एक प्रभावशाली शासन हो, क्योंकि सुरक्षा शासन पर निर्भर है।

थॉमस हॅाब्स के राजनीतिक दर्शन की प्रमुख विशेषता यह है कि वह निरंकुश निरपेक्ष और असीमित सम्प्रभुता तथा सुदृढ़ शासन का समर्थक होते हुए भी पक्का व्यक्तिवादी है। इसका कारण यह है कि **उसने राजनीतिक दर्शन का केन्द्र-बिन्दु व्यक्ति है, अरस्तू की भाँति, समाज या राज्य नहीं। उसका निरंकुशवाद भी व्यक्ति के जीवन और सम्पत्ति की सुरक्षा के लिए है।** उसके दर्शन में व्यक्ति ऐसी धुरी है, जिसके इर्द-गिर्द उसका पूर्ण मनोविज्ञान, दर्शन, सामाजिक समझौता तथा निरपेक्ष शासन चक्कर काटता है। सभी सामाजिक और राजनीतिक संस्थाएँ व्यक्ति की सुरक्षा के लिए है। **प्रो. डनिंग** ने लिखा है कि थॉमस हॅाब्स के सिद्धान्त में राज्य की शक्ति का उत्कर्ष होते हुए भी उसका मूल आधार पूर्ण रूप से व्यक्तिवादी है। यह सब व्यक्तियों की प्राकृतिक समानता पर उतना ही

बल देता है, जितना कि मिल्टन या अन्य किसी क्रांतिकारी विचारक ने बल दिया है।" **प्रो. सेबाइन** ने लिखा है कि **"सम्प्रभु की निरपेक्ष शक्ति, जिसके साथ थॉमस का नाम सामान्यतः जुड़ा हुआ है, वस्तुतः उसके व्यक्तिवाद का आवश्यक पूरक हैं।**

थॉमस के व्यक्तिवाद के मुख्य पहलू निम्नलिखित हैं-

(1) मनोवैज्ञानिक व्यक्तिवाद-थॉमस हॉब्स ने अपने राजनीतिक सिद्धान्त को मानव प्रकृति और उसको प्रेरित करने वाले तत्त्वों पर आधारित किया है। थॉमस हॉब्स अरस्तू के इस कथन से सहमत नहीं है कि व्यक्ति एक सामाजिक प्राणी है। थॉमस हॉब्स के लिए व्यक्ति एक असामाजिक प्राणी है, जो मनोवेगों से प्रेरित होता है। मानव स्वार्थी, अहमी और लोभी प्राणी है। जहाँ प्लेटो, सन्त थॉमस तथा अन्य दार्शनिक व्यक्ति को शारीरिक और बौद्धिक शक्तियों में असमान मानते हैं, वहाँ थॉमस हॉब्स उन्हें समान मानता है। **थॉमस** लिखता है कि शारीरिक शक्ति की कमी बौद्धिक शक्ति द्वारा पूरी की जाती है और बौद्धिक शक्ति की कमी शारीरिक शक्ति द्वारा पूरी की जाती है। **थॉमस** लिखता है कि प्रतिद्वद्विता, अविश्वास और वैभव संघर्ष के मुख्य तीन कारण हैं। नागरिक समाज में मानव की इन प्रवृत्तियों को नियंत्रित करने के लिए ही थॉमस हॉब्स ने निरपेक्ष सम्प्रभुता का समर्थन किया।

(2) राज्य एक कृत्रिम संस्था है-थॉमस हॉब्स का व्यक्तिवाद इस बात से स्पष्ट है कि उसके लिए राज्य या कॉमनवैल्थ या समाज एक स्वाभाविक या प्राकृतिक संस्था नहीं जैसा कि अरस्तू तथा अन्य विचारक मानते हैं। थॉमस हॉब्स के राज्य एक कृत्रिम संस्था है, जिसका निर्माण सामाजिक समझौते द्वारा हुआ। इसका निर्माण व्यक्तियों ने अपने उद्देश्यों की पूर्ति के लिए किया। थॉमस हॉब्स की दृष्टि में "व्यक्ति बिल्कुल पृथक्-पृथक् इकाइयाँ हैं। राज्य तो एक बाह्य शक्ति है, जो उन्हें एकता के सूत्र में बाँधती है और उनके समान स्वार्थों में सामंजस्य स्थापित करती है।" राज्य सामाजिक समझौते का परिणाम है। इसका अस्तित्व तब तक विद्यमान है, जब तक यह उस उद्देश्य की पूर्ति करता है, जिसके लिए इसे निर्मित किया गया है। राज्य व्यक्तिगत हितों के जोड़ के अतिरिक्त कुछ नहीं, यह मानव की सामाजिक भावना का परिणाम नहीं।

(3) राज्य साधन है, व्यक्ति साध्य-जहाँ आदर्शवादियों, फासीवादियों तथा नाजीवादियों के लिए राज्य साध्य है, वहाँ थॉमस हॉब्स के लिए राज्य साधन है और व्यक्ति साध्य। राज्य का अस्तित्व इसलिए नहीं कि यह अच्छे जीवन को सम्भव बनाता है या यह सार्वजनिक कल्याण की संस्था है, इसका अस्तित्व इसलिए है कि यह एक उपयोगी संस्था है, यह जीवन और सम्पत्ति को सुरक्षित रखता है। यही उसकी उपयोगिता और उद्देश्य है।

थॉमस व्यक्ति के जीवित रहने के अधिकार सर्वोच्च मानता है और वह

सम्प्रभु की शक्तियों को (यदि माना जाये कि थॉमस हॉब्स ने भी व्यक्ति को सम्प्रभु का प्रतिरोध करने का अधिकार दिया है) **मर्यादित करता है।** यह थॉमस हॉब्स के व्यक्तिवाद का शक्तिशाली वक्तव्य है। **सेबाइन** ने ठीक लिखा है कि **"शासन का मूल्य इसमें है कि वह क्या करता है?...** शासन के लाभ सुनिश्चित और वास्तविक है और शांति, सुख, निजी सुरक्षा और सम्पत्ति की सुरक्षा के रूप में ये वास्तविक नजर आते हैं। यह ही वे कारण हैं, जिनके आधार पर शासन को न्यायोचित ठहराया जा सकता है। सार्वजनिक अच्छाई, सार्वजनिक इच्छा की भाँति, कल्पना की वस्तु है, व्यक्ति जीवित रहने की इच्छा रखते हैं और जीवित रहने के साधनों की सुरक्षा चाहते हैं।" **वेपर** ने लिखा है कि "राज्य मानव आवश्यकताओं की पूर्ति के लिए विद्यमान है और उसकी नैतिक सत्ता शासितों की सहमति से प्राप्त होती है। थॉमस हॉब्स उदारवादी या प्रजातंत्रवादी है। परन्तु वह व्यक्तिवादी इसलिए नहीं कि वह व्यक्ति की पवित्रता में विश्वास करता है बल्कि इसलिए कि उसके लिए विश्व व्यक्तियों से मिलकर बना है और सर्वदा व्यक्तियों से मिलकर बना रहेगा। थॉमस हॉब्स के लिए सामान्य अच्छाई जैसी कोई चीज नहीं। लेविआथन व्यक्तियों पर नहीं पलता बल्कि उसके अस्तित्व का एक मात्र औचित्य यह है कि वह उन्हें सुरक्षित रखता है। राज्य व्यक्तियों का लक्ष्य (उद्देश्य) नहीं, बल्कि व्यक्ति राज्य का लक्ष्य है।"

(4) प्रतिरोध का अधिकार–थॉमस हॉब्स का व्यक्तिवाद इस बात से स्पष्ट है कि वह व्यक्ति को राजाज्ञाओं की अवहेलना (उल्लंघना) का अधिकार देता है। **थॉमस** लिखता है कि राज्य के प्रति नागरिकों की भक्ति उसके कानूनों की पालना या नागरिकों का उसके समक्ष आत्म समर्पण इस बात पर निर्भर करता है कि वह उनके जीवन और सम्पत्ति की रक्षा करता है। यदि राज्य सुरक्षा प्रदान करने में असमर्थ है, जिसके लिए व्यक्तियों ने समझौता किया है तो व्यक्ति उनके आदेशों की अवहेलना कर सकते हैं, उसके विरुद्ध विद्रोह कर सकते हैं और आवश्यकता हो तो किसी अन्य सम्प्रभु के प्रति भक्ति रख सकते हैं। **थॉमस** लिखता है कि यदि सम्प्रभु व्यक्ति को अपने आपकी हत्या करने या उन्हें जख्मी करने से मना करता है, जो उस पर आक्रमण करते हैं या उसे भोजन, वायु या दवाइयों के सेवन से मना करता है, जिस पर उसका जीवन निर्भर करता है, तो व्यक्ति ऐसे आदेशों की अवज्ञा कर सकता है। थॉमस हॉब्स तो व्यक्ति को जेल से भाग जाने का भी परामर्श देता है, यदि उसे मालूम हो जाये कि उसके विरुद्ध फौजदारी कार्यवाही की जा रही है। **लेविआथन** में थॉमस हॉब्स ने लिखा है कि **"सम्प्रभु के प्रति जनता की भक्ति तब तक है और उसके बाद नहीं, जब तक उसके पास वह शक्ति है, जिसके द्वारा वह उसकी रक्षा करने** में समर्थ है। जब लोगों की रक्षा और कोई नहीं कर सकता तो वे अपनी आत्मरक्षा के अधिकार को, जो उन्हें प्रकृति से प्राप्त हुआ है, किसी भी

समझौते द्वारा त्याग नहीं सकते। सम्प्रभुता राज्य की आत्मा है और एक बार राज्य के शरीर से इसका निष्कासन हो जाने पर लोग राज्य से कोई प्रेरणा प्राप्त नहीं करते। भक्ति का उद्देश्य है सुरक्षा और व्यक्ति अपनी या जिस किसी की तलवार में उसकी सम्भावना पाता है, प्रकृति के अनुसार उसकी आज्ञा के अधीन हो जाता है और उसी को स्थायी बनाने की चेष्ठा करता है।"

थॉमस हॉब्स के उक्त कथन को लेकर कुछ अंग्रेज दार्शनिकों ने थॉमस हॉब्स को उदारवादी और प्रजातंत्रवादी कहने का प्रयास किया है, परन्तु उन दार्शनिकों के इस कथन में अतिश्योक्ति है। थॉमस हॉब्स का सामाजिक समझौता व्यक्ति की स्वतन्त्रता का चार्टर नहीं, इसे तो दासता का बाण्ड ही कहा जा सकता है। यह सत्य है कि थॉमस हॉब्स व्यक्ति को जीवन सुरक्षा हेतु राजाज्ञाओं की अवहेलना करने का अधिकार देता है,, परन्तु उसने व्यक्तिवादियों या प्रजातंत्रवादियों की भाँति व्यक्ति के निरपेक्ष, अहरणीय या स्वाभाविक अधिकारों को स्वीकार नहीं किया। थॉमस हॉब्स ने इस प्रश्न का स्पष्ट उत्तर नहीं दिया कि इस बात का निर्णय कौन करेगा कि सम्प्रभु कब जनकी की सुरक्षा करने में असमर्थ हो गया है? यदि इस बात का निर्णायक व्यक्ति को माना जाये तो थॉमस हॉब्स लोकतंत्रवादी तो क्या उदारवादियों से भी आगे बढ़ जायेगा? परन्तु इस धारणा को स्वीकार करना उसके सम्प्रभु के सिद्धान्त पर सीमाएँ स्वीकार करना होगा, जो थॉमस हॉब्स कभी नहीं चाहता था।

थॉमस हॉब्स का निरपेक्षवाद भी पूर्ण या कट्टर नहीं। **हारमोन** ने कहा है कि "थॉमस हॉब्स का शासन जनता के लिए है, यद्यपि वह जनता द्वारा संचालित नहीं।" थॉमस हॉब्स के नागरिक विधियों के संरक्षण में स्वतंत्रता का उपयोग करते हैं **थॉमस** ने लिखा है कि "लेविआथन को अनुचित हस्पक्षेप का शौक नहीं। विधियों का उद्देश्य जनता के सम्पूर्ण कार्यों पर प्रतिबन्ध लगाना नहीं, बल्कि उनका निर्देशन करना एवं उन्हें ऐसी गति देते रहना है, जिससे वे अपनी अनियंत्रित इच्छाओं से जल्दबाजी या अविवेक के कारण स्वयं को हानि न पहुँचा लें। **विधि उस बाड़े के समान है, जिसे यात्रियों को रोकने के लिए नहीं, प्रत्युत् सन्मार्ग पर रखने के लिए खड़ा किया जाता है।**" थॉमस हॉब्स बौद्धिक और आत्मिक स्वतन्त्रता को स्वीकार करता है जैसा कि **थॉमस** ने लिखा है कि **"लेविआथन व्यक्तियों को विश्वास करने के लिए नहीं कह सकता...** विचार स्वतन्त्र है।"

थॉमस हॉब्स का व्यक्तिवाद कुछ अद्वितीय प्रकार का व्यक्तिवाद है। यह अपने युग में अत्यधिक क्रांतिकारी सिद्धा हुआ। यह सत्रहवीं और अठारहवीं शताब्दी के व्यक्तिवाद से मेल नहीं खाता, यद्यपि इसने इस शताब्दियों की व्यक्तिवादी और उपयोगितावादी विचारधाराओं को प्रभावित किया। **सेबाइन** ने ठीक लिखा है कि "उसके बाद दो

शताब्दियों तक विचारकों को नि:स्वार्थ के स्थान पर स्वार्थ हित ही अधिक प्रेरक तत्त्व नजर आया और सामाजिक बुराई के उपचार के रूप में सामूहिक कार्य के स्थान पर प्रबुद्ध स्वार्थ हित ही अधिक उपयुक्त दिखायी दिया।" **हेकर** ने लिखा है कि **थॉमस का व्यक्तिवाद "आधार में अनुभूतिमूलक और स्थिति में लौकिक है।"**

सारांश में, थॉमस थॉमस हॉब्स के व्यक्तिवादी विचारों के कारण ही राजनीतिक चिन्तन के इतिहास में 'व्यक्तिवाद के महान् प्रणेता' के रूप में याद किया जाता है। उसके सम्पूर्ण चिन्तन में व्यक्ति की आत्मरक्षा प्राथमिक है। उसी को दृष्टिगत रखकर उसने अपने विचारों का प्रतिपादन किया है।

थॉमस के विचारों का मूल्यांकन

थॉमस हॉब्स के सम्बन्ध में दो प्रकार के विचार व्यक्त किये गये हैं। एक विचार उसके आलोचकों का है। उदाहरणत: **कोली** ने थॉमस हॉब्स को **'माम्सबरी के महाराक्षक'** की संज्ञा दी है। **बैंटले** उसे "नैतिक पतन के लिए उत्तरदायी" मानता है। **ह्वाइटहाल** का मत है कि जीहुजूरिया की भाँति थॉमस हॉब्स विष से भरा पड़ा है। **वाहन** की मान्यता है कि "लेविआथन प्रभावहीन और निष्फल ग्रन्थ रहा है और यह उसके योग्य ही हे, वह ऐसा वर्ण-संकर है कि इसमें प्रजनन की शक्ति नहीं।" **गेटल** का मत है कि थॉमस हॉब्स को कोई तात्कालिक अनुयायी नहीं मिला। राजतंत्रवादी उससे अप्रसन्न थे क्योंकि उसने दैवी सिद्धान्त का समर्थन नहीं किया था। संसद के समर्थक उससे इसलिए अप्रसन्न थे कि उसकी निष्ठा अमर्यादित अनुदार राजतंत्र के प्रति थी। धार्मिक विचारक उसके धर्म विरोधी विचारों से क्षुब्ध थे। जनतंत्रवादी उसे अनैतिक और विचार भ्रष्ट मानते थे। व्यक्तिवादी उससे इसलिए अप्रसन्न थे कि उसके चिन्तन में व्यक्ति की स्वतन्त्रता से सम्बन्धित मौलिक अधिकारों की घोषणा नहीं थी। तर्कवादी उसके सिद्धान्तों में बौद्धिकता की अतिशयता समझते थे और वैज्ञानिक उसके विचारों को भानुमति का पिटारा समझते थे।

दूसरा विचार थॉमस हॉब्स के समर्थकों का है। वे उसे महान् राजनीतिक दार्शनिक समझते हैं, जिसने राजनीति शास्त्र की विस्तृत एवं व्यवस्थित पद्धति का निर्माण किया, सम्प्रभुता के विचार को निश्चित किया, राज्य को रहस्यमयी लोकोत्तर धारणाओं से मुक्ति दिलायी तथा उसे एक मानवीय संस्था बनाया और व्यक्ति को साध्य बनाकर व्यक्तिवादी और उपयोगितावादी विचारधाराओं को प्रेरित किया। **प्रो. सेबाइन** का मत है कि "अंग्रेजी भाषा-भाषी जातियों ने जितने भी राजनीतिक दार्शनिक उत्पन्न किये हैं, उनमें थॉमस हॉब्स सम्भवत: महानतम है।" **मैक्सी** ने भी थॉमस हॉब्स को "अंग्रेज जात का एक महानतम राजनीतिक चिन्तक" माना है। **ओकशॉट** का कथन है कि "लेवियाथन सबसे अधिक ही नहीं, बल्कि एक मात्र राजनीतिक ग्रन्थ है, जिसे अंग्रेजी भाषा में लिखा गया है।" **वेपर** का मत है कि "आने वाली सन्तानों के उससे प्राय: मतभेद रहे हैं, परन्तु

फिर भी यह कहने में कोई अतिशयोक्ति नहीं कि उन्होंने ऐसी खान को पाया, जिसे खोदना उनके लिए श्रेयस्कर रहा, क्योंकि उसमें से एक ऐसी धातु निकलती है, जो मूल्यवान है।"

थॉमस के सिद्धान्तों की मुख्यतः निम्नलिखित आधारों पर आलोचना की गयी है-

(1) त्रुटिपूर्ण मनोविज्ञान-थॉमस हॉब्स के राजनीति दर्शन का मनोवैज्ञानिक आधार त्रुटिपूर्ण है। थॉमस हॉब्स ने मानव प्रकृति से आसुरी तत्त्वों को अपने राजनीतिक दर्शन का आधार बनाया और मानव को केवल स्वार्थी, स्व-केन्द्रित, ईष्यालु, अहमी, युद्ध, लोलुप्त माना, जबकि मानव में आसुरी और दैवत्व दोनों गुणों का समावेश है। यदि मानव में स्वार्थ और अहम् है तो उसी मानव में प्रेम, सहयोग और दया भी है। अरस्तू का यह कथन सत्य है कि मानव एक सामाजिक प्राणी है और वह समाज में रहना पसन्द करता है। विकास संघर्ष की नहीं, मानव सहयोग की कहानी है।

(2) भ्रमपूर्ण समझौता-थॉमस हॉब्स के सामाजिक समझौते की धारणा भ्रमपूर्ण है। यदि मानव प्रकृति की दशा में स्वार्थी और युद्ध लोलुप्त था तो वह एकाएक सहनशील प्राणी नहीं बन सकता। वह एक क्षण में दानव से देवता नहीं बन सकता। **वाहन** ने ठीक लिखा है कि "जिस प्रकार एक हब्शी अपने रंग को नहीं बदल सकता, उसी तरह थॉमस हॉब्स द्वारा वर्णित रक्तपिपासु व्यक्ति शांतिप्रिय नहीं बन सकता।

(3) अनैतिहासिक-थॉमस हॉब्स की प्राकृतिक दशा अनैतिहासिक है। मानव विज्ञानशास्त्रियों का मत है कि प्राचीनतम अवस्था में भी मानव परिवार और समूहों में रहता था और मानव रीति-रिवाजों, परम्पराओं आदि द्वारा नियंत्रित था।

(4) अराजकता से बचने का एक मात्र उपाय निरंकुशता नहीं-थॉमस हॉब्स की यह धारणा मिथ्या है कि अराजकता से बचने का एक मात्र विकल्प निरंकुश शासन है। मध्ययुग में सत्ता राज्य और चर्च में विभक्त थी, फिर भी वहाँ वह अराजकता नहीं थी। 'मिश्रित संविधान' अराजक संविधान नहीं होते, बल्कि भिन्न-भिन्न तत्त्वों के संतुलन के लिए आवश्कय होते हैं।

(5) एकपक्षीय समझौता-थॉमस हॉब्स का समझौता विवेक और तर्क बुद्धि के विपरीत है। समझौता दो पक्षों की कल्पना करता है, एक की नहीं, जबकि थॉमस हॉब्स के सामाजिक समझौते में केवल एक पक्ष है, दूसरा पक्ष (सम्प्रभु) समझौता का परिणाम है, पक्ष नहीं। थॉमस हॉब्स आने वाले सन्तानों को भी यह अधिकार नहीं देता कि वे इस समझौते को भंग करें।

(6) समझौता स्वतन्त्रता का चार्टर नहीं, दासता का बाण्ड है-थॉमस हॉब्स ने समझौते द्वारा जिस राज्य की स्थापना की है, वह प्रजातंत्रवादी, उदारवादी या लोक

कल्याणकारी नहीं। उसका लेविआथन मात्र एक पुलिसमैन है, जो शांति और सुरक्षा के लिए उत्तरदायी है, वह लोगों के जीवन को अच्छा या सुखी बनाने के लिए नहीं। एक उद्देश्य (शांति और सुरक्षा) के लिए मानव की सारी स्वतन्त्रताओं को लेविआथन की इच्छा मात्र बना देना अनुचित है। **रूसों** ने ठीक कहा है कि "अपनी स्वतन्त्रता का त्याग मनुष्यत्व का त्याग है।" **गूच** ने लिखा है कि "लेविआथन केवल अतिमानवीय आकार का पुलिसमैन है, जो अपने हाथ में दण्ड लिए हुए है... उसका राज्य आवश्यक बुराई है, दबाव का यंत्र है, स्वतन्त्र विकासोन्मुख सभ्यता की प्राप्ति के अपरिहार्य साधन नहीं।

(7) थॉमस ने राज्य और शासन में कोई भेद नहीं किया, जबकि दोनों में भेद है।

(8) विधि सम्बन्धी थॉमस की कल्पना भी अनुचित है। विधि केवल आदेश नहीं। यह लोगों की सामाजिक सुदृढ़ता की भावना पर आधारित होती है। इसकी स्वीकृति दण्ड का भय नहीं, बल्कि लोगों की यह भावना और विश्वास है कि यह सामाजिक जीवन की आवश्यक शर्त है।

(9) थॉमस ने निरंकुश राजतंत्र की अवधारणा का प्रतिपादन किया है।

(10) थॉमस ने व्यक्ति को किसी भी प्रकार के अधिकारों की मान्यता नहीं दी है।

(11) थॉमस के राज दर्शन को घोर भौतिकवादी दृष्टिकोण कहा जाता है।

(12) राजदर्शन के विकास की दृष्टि से थॉमस थॉमस के विचारो का कोई महत्त्व नहीं है।

थॉमस का राजदर्शन

(1) सम्प्रभुता के विचार की स्पष्ट व्याख्या–थॉमस हॉब्स प्रथम दार्शनिक है, जिसने सम्प्रभुता के विचार की स्पष्ट व्याख्या की तथा उसके स्थान उसकी शक्तियों और सीमाओं को निर्धारित किया। जहाँ बोदाँ ने अपने सम्प्रभु के प्राकृतिक दैवी और संवैधानिक कानूनों व सम्पत्ति के अधिकारों से मर्यादित किया, वहाँ थॉमस हॉब्स ने सम्प्रभु पर किन्हीं दैवी, प्राकृतिक या सामाजिक व नैतिक मर्यादाओं को मानने से इनकार कर दिया। **थॉमस** लिखता है कि सम्प्रभु की इच्छा के माध्यम से ही इनका कोई महत्त्व है अन्यथा इनका कोई महत्त्व नहीं। थॉमस हॉब्स के सम्प्रभुता और सकारात्मक विधियों के सिद्धान्त के आधार पर ही आस्टिन ने अपने सिद्धान्त का विकास किया।

(2) राज्य एक मानवीय संस्था–थॉमस हॉब्स ने राज्य को एक मानवीय संस्था बताया, जो मानवीय विषयों से सम्बन्धित है। **थॉमस** कहता है कि राज्य दैवी इच्छा का नहीं, मानवीय इच्छा का परिणाम है। राज्य को मानवीय संस्था बनाकर थॉमस हॉब्स ने

उसे रहस्यमयी लोकोत्तर स्वरूप से मुक्त दिलायी। इस तरह थॉमस हॉब्स ने उस परम्परा को जारी रखा, जिसे सोफिस्टों ने शुरू किया था, एपिकूरीयन्स ने जारी रखा और कारनीड्स ने दोहराया।

(3) **व्यक्तिवाद**-थॉमस हॉब्स निरंकुश शासक का समर्थक होते हुए भी आरम्भ से अन्त तक व्यक्तिवादी रहा। उसका राज्य व्यक्ति के उद्देश्यों की प्राप्ति के लिए साधन है। थॉमस हॉब्स प्रथम दार्शनिक है, जिसने व्यक्ति के हितों तथा उसके जीवित रहने के अधिकार को प्राथमिकता दी। राज्य के अस्तित्व का कारण उसकी उपयोगिता है। बैन्थम और अन्य उपयोगितावादियों ने अपने सुख-दुःख के सिद्धान्त की प्रेरण थॉमस हॉब्स के व्यक्तिवाद से प्राप्त की।

(4) थॉमस थॉमस हॉब्स ने धर्म तथा राजनीति का पृथक्करण करके राजनीति विज्ञान को बहुत बड़ी देन थी।

(5) थॉमस थॉमस हॉब्स आधुनिक यथार्थवादी राजनीतिक चिन्तक था।

(6) थॉमस थॉमस हॉब्स को बुद्धिवाद के प्रणेता की संज्ञा दी जा सकती है।

(7) थॉमस थॉमस हॉब्स ने राजनीति विज्ञान के अध्ययन के लिए नूतन अध्ययन पद्धतियों का सूत्रपात किया।

(8) थॉमस थॉमस हॉब्स ने प्राकृतिक कानून की अवधारणा का खण्डन करते हुए वैधानिक कानून की सत्ता का प्रतिपादन किया।

(9) थॉमस थॉमस हॉब्स ने व्यक्तिवाद तथा निरंकुशवाद में अपूर्व समन्वय किया।

सारांश में, थॉमस थॉमस हॉब्स पाश्चात्य राजनीतिक चिन्तन के इतिहास का महानतम विद्वान था।

थॉमस का वैज्ञानिक भौतिकवाद

थॉमस हॉब्स का महत्त्व राजनीतिक दर्शन को एक वैज्ञानिक रूप प्रदान करने में है। उसने अपने राज-दर्शन में निरकुंशतावाद तथा धर्म-निरपेक्षतावाद के लिए एक वैज्ञानिक आधार तैयार किया और भौतिक विज्ञान में प्रयुक्त होने वाली पद्धति को दर्शन तथा राजनीतिक चिन्तन का आधार देकर राजनीति का विज्ञान का स्वरूप दिया।

वैज्ञानिक मानवतावाद का थॉमस हॉब्स पर बड़ा प्रभाव पड़ा। यह इसी बात से स्पष्ट है कि थॉमस हॉब्स ने यह सिद्ध करने का प्रयास किया है कि भौतिक नियमों की भाँति मानवीय व्यवहार के बारे में भी नियम बनाए जा सकते हैं। मनुष्य बुद्धिमान है जिसमें स्वहित के कार्य करने की क्षमता है और स्वार्थी होते हुए भी आपस में स्वयं समझौता कर अपनी भलाई के लिए इन्होंने राज्य का निर्माण किया है। इसके अतिरिक्त थॉमस हॉब्स ने बतलाया कि समझौता करने की मनुष्य में क्षमता है और वह राजाज्ञा-

पालन अपने इच्छा से करता है। वास्तव में वैज्ञानिक मानवतावाद ने व्यक्ति को स्वतन्त्रतावाद देकर राजनीतिक विचार का केन्द्र बनाया था और थॉमस हॉब्स में यही व्यक्तिवाद काफी सीमा तक अभिव्यक्ति पाता है।

थॉमस हॉब्स पर डेकार्ट का बहुत बड़ा प्रभाव पड़ा जो वैज्ञानिक पद्धति का प्रणेता माना जाता है। उसका मत था कि भौतिक विज्ञानों की भाँति सामाजिक विज्ञानों की भी एक निश्चित पद्धति होनी चाहिए। उसकी वैज्ञानिक पद्धति के आधारभूत सिद्धान्त थे- निर्णय लेने में शीघ्रता, निष्पक्षता, वस्तु को छोटे-छोटे भागों में बाँट कर व्याख्या से सम्पूर्ण हल निकालना, तथ्यों को देखते हुए आगे बढ़ना, सरलता से जटिलता की ओर बढ़ना, तथ्य एकत्रित कर फिर परीक्षण और तत्पश्चात् निष्कर्ष निकालना आदि। राजनीतिक चिन्तन के क्षेत्र में इस पद्धति को प्रयोग में लाने के प्रभाव-स्वरूप थॉमस हॉब्स के दर्शन में शुष्क बौद्धिक दृष्टिकोण का परित्याग हुआ।

थॉमस हॉब्स वस्तुत: वैज्ञानिक सिद्धान्तों के आधार पर एक सम्पूर्ण दर्शन की रचना करना चाहता था। राजनीतिक दर्शन उसके इस सम्पूर्ण चिन्तन का एक अंग-मात्र था और उसके इस सम्पूर्ण दर्शन को ही भौतिकवाद कहा गया है। गैलीलिया की भाँति ही थॉमस हॉब्स ने पुरने विषय में से एक नए विज्ञान को जन्म दिया और यह नया विज्ञान 'गति' का था। थॉमस हॉब्स ने इसी गति सम्बन्धी सिद्धान्त को अपने दर्शन को केन्द्र-बिन्दु बनाया। उसका विचार था कि मूल में प्रत्येक घटना एक गति के रूप में होती है और प्राकृतिक विभिन्न संश्लेषणों के मेल से गठित होती हैं। इन संश्लेषणों के मूल में भी कुछ गतियाँ हो रही हैं। यदि हम प्राकृतिक प्रक्रियाओं को समझना चाहते हैं, तो हमें इन मूल गतियों को समझना चाहिए। प्राकृतिक व्यापार को समझने का एक और सन्तोषजनक उपाय है। प्रत्येक घटना के मूल में पिण्डों की सरलतम गति रहती है। बाद में यह गति अधिकाधिक जटिल होती जाती है और प्रकृति का प्रत्येक व्यापार किसी न किसी रूप में इसी गति का द्योतक है। थॉमस हॉब्स के इन विचारों का विवेचन करते हुए सेबाइन ने लिखा है कि, "उसके दर्शन के तीन भाग माने जाते हैं-पहला भाग पिण्ड से सम्बन्ध रखता है और उसमें ज्योमिति तथा यान्त्रिकी (अथवा भौतिकी) का समावेश है, दूसरा भाग मानव-प्राणियों, शरीर-शास्त्र अथवा मनोविज्ञान से सम्बन्ध रखता है तथा तीसरा भाग सबसे कठिन है। वह समाज अथवा राज्य के नाम से प्रख्यात कृत्रिम पिण्ड से सम्बन्ध रखता है। ... थॉमस हॉब्स के दर्शन में सारी वस्तुओं का मूल आधार ज्योमिति और यान्त्रिकी है।"

थॉमस हॉब्स के दर्शन का उद्देश्य यह था कि मनोविज्ञान तथा राजनीति को विशुद्ध प्राकृतिक विज्ञानों के धरातल पर प्रतिष्ठित किया जाए। उसने मनोविज्ञान और राजनीति में इसी पद्धति का प्रयोग किया। 17वीं शताब्दी के सम्पूर्ण विज्ञान पर ज्योमिति

का जादू छाया हुआ था। थॉमस हॉब्स भी इसका अपवाद नहीं था। उसके विचार में श्रेष्ठ पद्धति वह थी जिसमें वह अपने चिन्तन को दूसरे विषयों में भी ले जा सके। ज्योमिति के क्षेत्र में यह बात विशेष रूप से सत्य थी। ज्योमिति, सर्वप्रथम सरल वस्तुओं को लेती है और जब आगे चल कर वह जटिल समस्याओं से उलझती है, तब उन्हीं चीजों का प्रयोग करती है जिन्हें वह पहले प्रमाणित कर चुकी होती है। ज्योमिति में किसी वस्तु को स्वयं स्वीकृत नहीं माना जाता। थॉमस हॉब्स ने भी अपने दर्शन का इसी प्रकार निर्माण किया।

भौतिक शास्त्र के आधार पर थॉमस हॉब्स ने अपने मनोविज्ञान की रचना की और मनोविज्ञान के आधार पर राजनीति शास्त्र की स्थापना की। समुदायवादी मनोविज्ञान के एक प्रणेता के रूप में विलियम जेम्स ने थॉमस हॉब्स का नामोल्लेख किया है। थॉमस हॉब्स के अनुसार भय-त्रस्त स्वार्थ-साधन मानव निरन्तर शक्ति की प्राप्ति और प्राप्त शक्ति की वृद्धि में लगा रहता है। जगत में निरन्तर गति-प्रवाह और मानव कहीं भी स्थिरता तथा शान्ति का अनुभव नहीं करता। प्रकृति में सर्वत्र ही गति व्याप्त है और मानवीय व्यवहार गति के ही प्रकार है। शासन-कला मानव के सामाजिक व्यवहार पर निर्भर है और सामाजिक व्यवहार में मानव एक-दूसरे से व्यवहार करते हैं अत: राजनीति-विज्ञान मनोविज्ञान पर आधारित है। "थॉमस हॉब्स का लक्ष्य यह प्रकट करना नहीं था कि शासन वास्तव में क्या होता है? उसका लक्ष्य तो यह था कि शासन को कैसा होना चाहिए ताकि वह प्रणालियों पर सफलतापूर्वक नियन्त्रण कर सके जिनकी अभिप्रेरणा मानव-मात्र की भाँति ही होनी चाहिए।"

मनोविज्ञान भी भौतिक शास्त्र के धरातल पर प्रतिष्ठित किया जा सकता है या नहीं, यह एक भिन्न प्रश्न ? लेकिन थॉमस हॉब्स ने गति के नियमों से संवेदन भावनाओं और मानवीय व्यवहार के लिए एक सिद्धान्त निकाला और यह बतलाने का प्रयास किया कि विभिन्न परिस्थितियों में यह सिद्धान्त किस प्रकार क्रियाशल होता है? इस पद्धति द्वारा ही वह मनोविज्ञान से राजनीति पर पहुँचा। थॉमस हॉब्स ने बतलाया कि मानव-प्रकृति एक मूल नियम से शासित होती है। उसने यह प्रदर्शित किया कि राजनीति में यह नियम किस भाँति कार्य करता है।

वैज्ञानिक भौतिकवाद का शाब्दिक अर्थ दो पद्धतियों का सम्मिश्रण है। "वैज्ञानिक" शब्द का अर्थ है व्याख्या, कार्य-कारण सम्बन्ध, व्यवस्था और निष्कर्ष निकालने की प्रवृत्ति-थॉमस हॉब्स में हम ये सब पाते हैं। वही इन्हीं आधारों पर अपने राजदर्शन का निर्माण करता है। उदाहरणार्थ वह सर्वप्रथम मानव-स्वभाव और उसके चरित्र का अध्ययन करता है, उसकी भावना, इच्छा एवं विचारों का विश्लेषण करता है और तब इस परिणाम पर आता है कि ऐसे प्राणी के साथ व्यवहार करने और उसके कार्यों को नियन्त्रित करने के लिए राज्य को कैसा होना चाहिए? वह समझौते द्वारा राज्य की उत्पत्त्वि बतलाता

है पर इसके पूर्व एक प्राकृतिक अवस्था का चित्रण भी करता है जिसके बाद नागरिक समाज का निर्माण आवश्यक हुआ था। इस प्रकार थॉमस हॉब्स, व्यवस्थित और क्रमगत आधार पर सर्वप्रथम मानव-स्वभाव का विश्लेषण, फिर प्राकृतिक कानून, तत्पश्चात् प्राकृतिक अवस्था और अन्त में समझौते द्वारा राज्य का निर्माण करता है। कारण एवं प्रभाव उसके सम्पूर्ण दर्शन में देखे जा सकते हैं। वह राज्य से आरम्भ करके नियामक तत्त्वों को पृथक् कर उसके स्वरूप की व्याख्या कर सकता था। लेकिन ऐसा न करके वह राज्य के निर्णायक अंगों अर्थात् व्यक्तिगत मानव-प्राणियों से अपना दर्शन आरम्भ करके बतलाता है कि किस प्रकार मानव-स्वभाव मनुष्य के लिए राज्य की सृष्टि आवश्यक बना देता है और उसका स्वरूप भी क्या होना चाहिए? वह व्यक्ति को महत्त्व देता है। उसके मनोविज्ञान के कारण ही समझौते और शक्तिशाली राजतन्त्र की स्थापना होती है। थॉमस हॉब्स के अनुसार, "संसार में पदार्थ के अतिरिक्त कुछ भी सत्य नहीं है। उसके लिए आध्यात्मिक सत्ता एक काल्पनिक वस्तुमात्र है। वह यह नहीं कहता कि अनुभूति नहीं होती या आध्यात्मिक सत्य नहीं होते। लेकिन उसका स्पष्ट मत है कि उनके बारे में कुछ नहीं कहा जा सकता।"

अत: थॉमस हॉब्स की सम्पूर्ण प्रणाली संसार के तीनों भाग-प्रकृति, पदार्थ और मनुष्य तथा राज्य की व्याख्या भौतिक सिद्धान्त के आधार पर हुई है। वह भौतिक वातावरण को बहुत महत्त्व देता है। उसके अनुसार यही मानव मनोविज्ञान का आधार और आरम्भ बिन्दु है। वैज्ञानिक भौतिकवाद से वह सिद्ध करता है कि वातावरण मानव-मनोवृत्तियों को निर्धारित करने में महत्त्वपूर्ण है। यहाँ वह मॉन्टेस्क्यू का पथ-प्रदर्शक है। बाह्य वातावरण के प्रभाव से ही मानव की आन्तरिक शारीरिक व्यवस्था प्रभावित होती है और फिर उसमें भावना, इच्छा, प्रेम, घृणा आदि का जन्म होता है।

भौतिकवाद थॉमस हॉब्स द्वारा दिए गए प्राकृतिक कानून के सिद्धान्त का मूल्य है। वह प्राकृतिक कानून का यन्त्रवादी दृष्टिकोण प्रस्तुत करता है जो प्राकृतिक कानून के दैविक या अति भौतिक रूप से पृथक् है और मनुष्य की व्याख्या और समझ से परे की वस्तु नहीं है। प्राकृतिक कानून विधि और परिणाम की संगठित व्यवस्था का ही दूसरा नाम है। इस संसार की गति की प्रक्रीया जिन कारणों और परिणामों से मिलकर बनी है, वही प्राकृतिक कानून है।

मानव स्वभाव का विश्लेषण भी थॉमस हॉब्स वैज्ञानिक भौतिकवाद के आधार पर ही करता है। मनुष्य तत्त्वत: शरीर है, एक ऐसा यन्त्र है जो पौधों और पशुओं के समान गतिमान अणुओं का सम्मिश्रण है जिसे मृत्यु-पर्यन्त क्रियाशील रहना है। मनुष्य जिस वस्तु की इच्छा करता है उसे अच्छा और नापसन्द करता है उसे बुरा कहता है। थॉमस हॉब्स मानव-भावनाओं का विवेचन करते हुए अन्त में उन्हें दो भौतिक तथा प्रारम्भिक

भावनाओं-इच्छा एवं अनिच्छा तक सीमित कर देता है। इच्छा वह **भावना है जो** किसी बाह्य वस्तु द्वारा चलित गति शरीर में चल रही प्राण प्रक्रियाओं **को तीव्र करती** है। अनिच्छा वह भावना है जो इन प्रक्रियाओं को अवरुद्ध करती है। इच्छा ऐसी वस्तु को प्राप्त करने का प्रयास है जबकि अनिच्छा उससे छुटकारा पाने का प्रयत्न। प्रिय वस्तु को पाने में हर्ष होता है और उसके खो जाने पर दुख होता है। थॉमस हॉब्स वैभव, ईर्ष्या, दया, नम्रता आदि भावनाओं का आधार भी इन्हीं दो मूल प्रवृत्तियों-इच्छा और अनिच्छा को मानता है। वह समस्त भावनाओं का केन्द्र मनुष्य का निजत्व बतलाता है। ये मनुष्य के अहंकार और स्वार्थपरता के विभिन्न रूप हैं। थॉमस हॉब्स की धारणा थी कि मनुष्य पूर्ण रूप से स्वार्थी हैं। समस्त मानव-व्यवहार को अहम् पर आधारित करने के प्रयास ने ही थॉमस हॉब्स की प्रणाली को एक निश्चित वैज्ञानिक रूप दिया है जो उसे मैकियावली से श्रेष्ठतर बनाता है।

वैज्ञानिक भौतिकवाद की दृष्टि से थॉमस हॉब्स का राजनीतिक चिन्तन के इतिहास में स्थान विवादास्पद है। लेवियाथान के प्रकाशित होने पर हेनरी मोर तथा कडवर्थ जैसे दार्शनिकों, कैवरलैण्ड जैसे धर्मशास्त्रियों तथा फिल्मर जैसे राजनीतिक दार्शनिकों ने उसके नास्तिकवाद तथा भौतिकवाद के सिद्धान्तों की तीव्र आलोचना की थी।

यद्यपि थॉमस हॉब्स ने अपने दर्शन के लिए वैज्ञानिक पद्धति को अपनाया परन्तु इस दृष्टि से उसका लेवियाथन एक प्रभावहीन ग्रन्थ रहा। सत्रहवीं शताब्दी में वैज्ञानिक पद्धति को ज्योमिति की पद्धति या निगमन पद्धति के अनुरूप समझा जाता था। थॉमस हॉब्स के बाद यह सिद्ध हो गया कि ज्योमिति के नमूने पर राजनीतिक विज्ञान या मानव-विज्ञान के निर्माण का प्रयास भ्रम है। राजनीतिक कल्प-विकल्प के क्षेत्र में इस पद्धति का अनुकरण स्पिनोजा के अतिरिक्त और किसी विचारक ने नहीं किया था। परन्तु थॉमस हॉब्स की पद्धति को हमें इस कसौटी पर नहीं कसना चाहिए कि उसके परिणाम कहाँ तक सही अथवा गलत निकले या वह मानव तथा राजनीति विज्ञान के बीच सम्पर्क स्थापन में सफल रहा अथवा विफल? उसकी विशेषता तो इस बात में है कि उसका चिन्तन क्रमबद्ध तथा समन्वित है, उसने संगतिबद्ध युक्तियाँ प्रस्तुत की है और अपने निष्कर्ष पर वह दृढ़ता से कायम है। यदि हम उसके प्रारम्भ बिन्दु को स्वीकार कर लें तो उसके अन्तिम परिणाम को ठुकराना असम्भव होगा।

सेबाइन का कहना है कि "यह पद्धति मूलतः निगमनात्मक थी।" उसमें अनुभव-प्रधानता का अभाव है और वास्तविकता का पुट नहीं आ पाया है। "थॉमस हॉब्स का राजनीतिक दर्शन यथार्थपरक निरीक्षण पर आधारित नहीं है। मनुष्य के नागरिक जीवन में प्रेरक तत्त्व कौन-कौन से रहते हैं? इससे थॉमस हॉब्स पूरी तरह परिचित नहीं था।

उसका मनोविज्ञान भी निरीक्षण पर आधारित नहीं है। वह इस बात का विवरण नहीं कहा जा सकता कि वास्तव में क्या है, प्रत्युत वह इस बात का विवरण था कि सामान्य सिद्धान्तों को ध्यान में रखते हुए मनुष्य को कैसा होना चाहिए।" आज अनुभववाद वैज्ञानिक पद्धति का महत्त्वपूर्ण तत्त्व है जिसका तात्पर्य है-जीवन के निरीक्षण एवं अनुभव के आधार पर विश्लेषणात्मक ढंग से निष्कर्ष निकालना। परन्तु थॉमस हॉब्स अपने मस्तिष्क द्वारा पूर्व-निर्धारित उपकल्पनाओं से आरम्भ कर निष्कर्ष निकालता है, जीवन की व्यावहारिकताओं से नहीं। वे स्वयं एक सिद्ध सत्य से आरम्भ होती हैं और उनसे परिणाम निकाले जाते हैं। परन्तु इस आलोचना के बावजूद भी यह स्मरणीय है कि सत्रहवीं शताब्दी की वैज्ञानिक पद्धति में, जो उस समय विकसित हो रही थी, अनुभववाद पर उतना बल नहीं दिया जाता था जितना आज दिया जाता है। इसके विपरीत वैज्ञानिक पद्धति गणितीय और भौतिक विज्ञानों की भाँति अधिक थी। अत: यहाँ थॉमस हॉब्स की यह युक्ति ठीक होगी कि वह वैज्ञानिक पद्धति की खोज में अपने समय की सीमाओं से आगे नहीं बढ़ सका। इस सम्बन्ध में वह सत्रहवीं शताब्दी का शिशु था।

सेबाइन ने एक अन्य आलोचना करते हुए लिखा है कि "थॉमस हॉब्स स्वयं अपनी पद्धति को व्यवहार में लाने में असफल रहा है। उसने अपनी पद्धति कुछ ऐसी मान्यताओं से आरम्भ की जो तर्क की दृष्टि से तो सही थी, किन्तु व्यावहारिकता की कसौटी पर खरी नहीं उतरती थी। वह गणितीय पद्धति में इतना अधिक विश्वास करता है कि गणितीय ज्ञान और ज्योमित पद्धति तथा अनुभव और व्यावहारिक ज्ञान के सम्बन्ध में भ्रम में पड़ जाता है तथा मान बैठता है कि जिन निष्कर्षों पर वह अपने गणितीय ज्ञान और ज्योमिति पद्धति से पहुँचा है वे व्यावहारिक जीवन में भी सही होंगे। दूसरे, थॉमस हॉब्स मानव जगत और भौतिक जगत के अन्तर को भी भुला बैठता है और दोनों में अपनी एक ही पद्धति से व्यवहार करने का असफल प्रयास करता है। उसकी धारणा है कि जिस प्रकार ज्योमति की सहायता से हम जटिल वस्तु का अध्ययन कर सकते है, वैसा मानव के जटिल व्यवहार के सम्बन्ध में किया जा सकता है। थॉमस हॉब्स ज्योमिति की सहायता से केवल मानव-मनोविज्ञान का अध्ययन ही नहीं करता वरन् उसका विचार है कि भौतिक विज्ञानों के नियम की भाँति 'मानवीय व्यवहार के नियम' भी बनाए जा सकते हैं जबकि वस्तुत: मानव-व्यवहार के बारे में ऐसा करना निश्चय ही कठिन है।"

सेबाइन ने थॉमस हॉब्स के दर्शन पर केवल उपयोगितावादी होने का आरोप लगाया है। थॉमस हॉब्स के लिए विज्ञान का यही अभिप्राय है कि सरल वस्तुओं के आधार पर जटिल वस्तुओं का निर्माण किया जाए। इसका सर्वश्रेष्ठ उदाहरण ज्योमिति है। परिणामत: थॉमस हॉब्स ने शासन को पूरी तरह से लौकिक और उपयोगितावादी माना है। शासन का महत्त्व इस बात पर निर्भर है कि वह क्या कार्य करता है? शासन का विकल्प

अराजकता है, अत: उपयोगितावादी चुनाव में भावना का कोई स्थान नहीं है। शासन के लाभ ठोस हैं जो व्यक्तियों को ठोस तरीके से ही प्राप्त होने चाहिए-शान्ति, सुविधा, सुरक्षा और सम्पत्ति के रूप में। यही एकमात्र आधार है जिस पर शासन का औचित्य निर्भर है। सार्वजनिक इच्छा की भाँति ही सामान्यहित कल्पना मात्र है। केवल व्यक्ति ही अपने जीवन-साधनों के लिए रहता और संरक्षण का उपयोग करना चाहता है। राज्य का अस्तित्व मनुष्य की आवश्यकताओं की पूर्ति, उसकी सुरक्षा की कल्पना के लिए है। उसका एकमात्र औचित्य उसकी उपयोगिता है। उसके भौतिक अधिकारों का स्त्रोत शासित जनता की अनुमति है। जनता की सामान्य इच्छा जैसी किस चीज का अस्तित्व नहीं है। अस्तित्व केवल व्यक्तियों का है। उनकी रक्षा करना उनका अपना कर्त्तव्य है। उनके निजी हितों का योग ही सामाजिक हित है। थॉमस हॉब्स के सिद्धान्त के इसी पहलू को बैन्थम तथा उसके अनुयायियों ने विकसित किया। राज्य को व्यक्तियों के परस्पर विरोधी हितों पर मध्यस्थ बनाकर वह उपयोगितावादियों का पूर्व-सूचक बन गया।

उपर्युक्त आलोचनाओं के बावजूद भी यह स्वीकार करना होगा कि थॉमस हॉब्स ने सामाजिक विज्ञानों हमें वैज्ञानिक पद्धति के विकास में महान् योग दिया है। इस दिशा में निर्देशन देने वाला वह सर्वप्रथम विचारक था। उसकी मान्यता थी कि राजनीतिक पद्धति में भौतिक विज्ञानों की पद्धतियों से बहुत कुछ लिया जा सकता है। उस राजनीतिक के लिए मनोवैज्ञानिक दृष्टिकोण प्रारम्भ किया। दूसरे शब्दों में उसने अपने राजनीतिक परिणामों का आधार उस पद्धति पर रखा जिसे उस युग में पूर्ण वैज्ञानिक समझा जाने लगा था। इस पद्धति का सार यह है कि समस्त दार्शनिक खोज ज्योमिति की पद्धति पर होनी चाहिए और भौतिक जगत को एक विशुद्ध यान्त्रिक प्रणाली के समान समझना चाहिए, जिसे प्रत्येक घटना की व्याख्या उसकी पूर्ववर्ती घटना अथवा घटनाओं के प्रकाश में की जा सके। वह राजनीतिक विज्ञान का मनन मनोविज्ञान की भित्ति पर करना चाहता है। उसकी पद्धति में अधिकारपूर्ण व्यक्तियों के उद्धरण देने के लिए या इतिहास की शिक्षाओं के लिए धर्म-ग्रन्थों के लिए कोई स्थान नहीं है। यही कारण है कि थॉमस हॉब्स आधुनिक माना जाता है। उसने भूत से अपना पूर्ण सम्बन्ध-विच्छेद कर लिया है।

आज 20वीं शताब्दी में थॉमस हॉब्स की पद्धति में आसानी से दोष निकालते हुए कह सकते हैं कि गत सौ वर्षों के सामाजिक विज्ञानों के विकास ने यह सिद्ध कर दिया है कि सामाजिक घटनाओं के अध्ययन में भौतिक विज्ञानों की पद्धति का प्रयोग एक मानव-विज्ञान की रचना करने का प्रयास थॉमस हॉब्स का एक कोरा भ्रम था। पर यदि थॉमस हॉब्स के प्रति हम न्याय से काम लें तो हमें यह नहीं भूलना चाहिए कि 17वीं शताब्दी में समस्त विज्ञान पर ज्योमिति का जादू छाया हुआ था। इस पद्धति को अपनाकर

ही ज्योमिति सफल हुई थी और उसे सामाजिक अध्ययन के क्षेत्र में अपना लेना उस समय के डेमार्टे, स्पिनोजा आदि महान् विचारकों की आकाँक्षा थी। यहाँ तक की लॉक भी, जिसे सामान्यत: अनुभव प्रधान प्रणाली का जनक माना जाता है, राजनीति को ज्योमिति की भाँति एक प्रदर्शनात्मक विज्ञान बनाना चाहता था। फिर थॉमस हॉब्स ने यदि ऐसा किया तो हमें आश्चर्य नहीं करना चाहिए।

थॉमस हॉब्स ने अपने परवर्ती अनेक राजनीति चिन्तकों और राजनीतिक विचारधाराओं को प्रभावित किया। उसके भौतिकवाद की छाप मॉन्टेस्क्यू और कार्ल मार्क्स पर देखी जा सकती है। इसमें उपयोगितावाद का भी आरम्भ मिलता है और बावजूद इस सत्य के कि समझौता नागरिक का स्वतन्त्रतापत्र न होकर दासता का बन्धन है। थॉमस हॉब्स का उदारतावाद का दार्शनिक और बैन्थम तथा मिल का पूर्वज समझा जाता है। वह एक ऐसी राजनीतिक तथा आचार-शास्त्र का प्रतिपादन करता है जिसका आधार मनुष्य है और जहाँ से व्यक्तिवादी विचार-पद्धति प्रजाजन को अपने 'शासकों' को तोलने के लिए आधार प्रस्तुत करती है। थॉमस हॉब्स के दर्शन को उसके युग का सबसे क्रान्तिकारी सिद्धान्त बनाने वाला तत्त्व उसका व्यक्तिवाद है। उसके 'लैसेज फेयर' की उस भावना को पकड़ लिया था जिसने सामाजिक चिन्तन को दो शताब्दियों तक अनुप्राणित रखा।

❑❑❑

6

थॉमस हॉब्स का समाजशास्त्रीय आधार

समाजशास्त्रीय समाज को केन्द्र मानकर विचार करते हैं ये व्यक्ति को समाज के परिप्रेक्ष्य में ही देखते हैं। शिक्षा को ये व्यक्ति और समाज को विकास का साधन कहते हैं। समाजशास्त्रियों के विचार में शिक्षा के विषय में निम्नलिखित बातें कहीं है–

शिक्षा एक अनवरत प्रक्रिया है–समाजशास्त्रियों का मानना है कि शिक्षा समाज में सदैव चलती रहती है। मनुष्य के जन्म के कुछ दिनों बाद से ही शिक्षा प्रारम्भ हो जाती है और मनुष्य के जीवन के समाप्त होने तक शिक्षा की प्रक्रिया अनवरत चलती रहती है। उनका मानना है कि मनुष्य तो आते–जाते रहते हैं लेकिन शिक्षा प्रक्रिया तो पीढ़ी–दर–पीढ़ी चलती रहती है वह रुकती नहीं है। अत: शिक्षा एक निरन्तर चलने वाली प्रक्रिया है।

शिक्षा एक सामाजिक प्रक्रिया है–समाजशास्त्रियों का मानना है कि शिक्षा एक सामाजिक प्रक्रिया है, क्योंकि मनुष्य समाज में एक–दूसरे के सम्पर्क में आकर ही एक दूसरे की भाषा विचार और आचरण से प्रभावित होते हैं, इसी प्रक्रिया को हम सीखना कहते हैं और सोद्देश्य सीखने की प्रक्रिया ही शिक्षा कहलाती है। मनुष्य में कुछ सामान्य शक्तियाँ ऐसी होती हैं जो वह जन्म के साथ ही लेकर आता है, प्राकृतिक एवं सामाजिक परिवेश में वह इन शक्तियों का विकास करता है और मनुष्य के व्यवहार में परिवर्तन होते रहते हैं। बोलने की शक्ति तो मनुष्य में जन्म से ही रहती है। लेकिन भाषा का विकास उसकें अपने समाज से ही हो पाता है जिससे वह अपने विचारों को प्रकट करता है। मनुष्य में सभ्यता और संस्कृति का विकास समाज से ही होता है। समाज के अभाव में मनुष्य में भाषा शक्ति एवं विचार शक्ति का विकास नहीं हो पाता है। उसकी शिक्षा होती है। शिक्षा का सम्बन्ध समाज के भूत, भविष्य और वर्तमान तीनों से होता है। शिक्षा के स्थानांतरण के लिए समाज

विद्यालय का सहारा लेता है। एक विशेष काल की विद्यालययी शिक्षा के उद्देश्य, पाठ्यचर्चा एवं शिक्षण विधियाँ सब निश्चित होते हैं। समाज में परिवर्तन के साथ ये सभी कारक ब दलते रहते हैं। आवश्यकता के अनुसार समाज शिक्षण विधियों, पाठ्यचर्चा एवं शिक्षा के उद्देश्यों में परिवर्तन होता रहता है। यदि शिक्षा गतिशील नहीं होती तो हम आज इतना विकास नहीं कर पाते।

शिक्षा एक द्विध्रुवीय प्रक्रिया है–समाजशास्त्रियों के अनुसार शिक्षा में एक पक्ष के प्रभावित होने पर दूसरा पक्ष भी प्रभावित होताहै। अतः हम कह सकते हैं कि शिक्षा प्रक्रिया के दो ध्रुव है। एक पक्ष प्रभावित करता है और दूसरा पक्ष प्रभावित होता है। जान डीवी ने भी शिक्षा के मनोवैज्ञानिक एवं सामाजिक दो ध्रुव माने हैं। सामाजिक अंग का अर्थ सामाजिक वातावरण है एवं मनोवैज्ञानिक अंग का अर्थ उसकें सीखने की रुचि एवं रुझान से है। केवल सामाजिक वातावरण ही नहीं बल्कि प्राकृतिक वातारण भी शिक्षा प्रक्रिया को प्रभावित करता है। नियोजित शिक्षा में शिक्षक, शिक्षण के उद्देश्य, पाठ्चचर्या आदि शिक्षा को प्रभावित करते हैं। ये सीखने–सिखाने की परिस्थितियाँ कहीं जाती हैं। अतः हम कह सकते हैं कि शिक्षा की प्रक्रिया सीखने वाले और सिखाने की परिस्थितियाँ के बीच चलती रहती है।

विकास की प्रक्रिया है शिक्षा

मनुष्य जब जन्म लेता है तो उसका व्यवहार पशु की भांति होता है। शिक्षा के द्वारा मनुष्य के व्यवहार में परिवर्तन किया जाता है। विस्तृत दृष्टिकोण से देखा जाए तो मनुष्य अपने अनुभवों को भाषा के आधार पर सुरक्षित रखता है और इनको आने वाली पीढ़ी को सौंप देता है। आने वाली पीढ़ी इस ज्ञान को और आगे बढाती है और अपने विचार और ज्ञान तथा अनुभव को भी उसमें जोड़ देती है। इसी तरह किसी भी समाज की सभ्यता एवं संस्कृति का विकास एवं निर्माण होता है जो शिक्षा के बगैर सम्भव नहीं है। अतः हम कह सकते हैं कि शिक्षा विकास की एक प्रक्रिया है। संसार का प्रत्येक व्यक्ति अपनी जाति के लोगों के बीच रहकर अनुकरण के द्वारा उनके अनुसार चलना, खाना और अन्य बातें सीखता है। पशुओं के जीवन पर विचार करने पर हम पाते हैं कि ये जन्म के कुछ दिन बाद ही अपनी जाति के पशुओं की भाँति सभी तरीके सीख जाते हैं लेकिन यह प्रक्रिया केवल जीवनयापन एवं आत्मरक्षा के कार्यों तक सीमित रहती है। जबकि मनुष्य केवल परिस्थितियों में समायोजन ही नहीं सीखता है, अपितु वह अपने आपमें अनुकूलन करने की क्षमता का विकास भी करता है। शिक्षा मनुष्य के खाने–पीने रहने, चलने–बोलने तथा जीवन को सुखमय बनाने में सहयोग करती है और इसी का दूसरा नाम विकास भी है। अतः शिक्षा मनुष्य के विकास का आधार है।

शिक्षा का राजनैतिक आधार–राजनीतिशास्त्री राज्य और राज्य के शासनतंत्र को आधार बनाकर कार्य करते हैं। वे व्यक्ति एवं समाज दोनों को राज्य और उसकें शासनतंत्र के परिपेक्ष्य में देखते हैं। राजनीतिशास्त्री शिक्षा को राष्ट्र निर्माण का साधन मानते हैं। अच्छे राष्ट्र का निर्माण अच्छे नागरिकों से होता है और नागरिक शिक्षा के द्वारा ही अच्छा नागरिक बन सकता है। राजनीतिशास्त्रियों के अनुसार, ''वास्तविक शिक्षा वही है जो अच्छे नागरिकों का निर्माण करती है।''

शिक्षा का वैज्ञानिक अर्थ–भौतिक जगत एवं भौतिक वस्तुएँ वैज्ञानिकों के विचार का केन्द्र होती है। वैज्ञानिक किसी भी वस्तु एवं क्रिया को वस्तुनिष्ठ ढंग से देखते हैं। वैज्ञानिक मनुष्य की जन्मजात शक्तियाँ के प्रश्न पर तो मनोवैज्ञानिकों से सहमत होते हैं लेकिन बात जब व्यवहार की होती है तब ये समाजशास्त्रियों का समर्थन करते हैं। वैज्ञानिक, शिक्षा को मनुष्य की बाह्य परिस्थितियों से अनुकूलन एवं विकास के साधन के रूप में स्वीकार करते हैं। इनके अनुसार, ''शिक्षा का अर्थ आन्तरिक शक्तियों का बाहरी जीवन में समन्वय स्थापित करना है।''

शिक्षा का आर्थिक अर्थ–समाज का आर्थिक श्रोत एवं तंत्र अर्थशास्त्रियों के विचार का केन्द्र होता है। ये मनुष्य एवं समाज की सभी क्रियाओं को आर्थिक आधार पर देखते हैं। अर्थशास्त्री शिक्षा को एक उत्पादक क्रिया मानते हैं। शिक्षा उत्पादन का कारक एवं उपयोग की वस्तु मानी जाती है। शोध प्रमाणित कर चुके हैं कि शिक्षित मनुष्य की उत्पादक क्षमता अशिक्षित व्यक्तियों की तुलना में अच्छी और गुणवत्तावाली होती है और यह अंतर इतना ज्यादा होता है कि उससे होने वाला अतिरिक्त लाभ उसकी शिक्षा पर किये गए व्यय से अधिक होता है। अर्थशास्त्री शिक्षा में किये गये निवेश को अच्छा आर्थिक निवेश मानते है। इसके अनुसार–शिक्षा एक आर्थिक निवेश है जिसके द्वारा व्यक्ति में उत्पादन एवं संगठन के कौशलों का विकास किया जाता है और इस प्रकार व्यक्ति, समाज राष्ट्र की उत्पादन क्षमता बढ़ाई जाती है और उनका आर्थिक विकास किया जाता है।

मनोवैज्ञानिक आधार पर शिक्षा–भारतीय मनोवैज्ञानिक के विचार का केन्द्र बिन्दु मनुष्य का बाह्‌य स्वरूप और उसका अन्त:करण दोनों होते हैं। बाह्‌य स्वरूप में वह उसकी कमेन्द्रियों एवं ज्ञानेन्द्रियों और अन्त: करण में मन, बुद्धि आदि का अध्ययन करता है। उनकी दृष्टि में शिक्षा–शिक्षा मनुष्य के अन्त:करण एवं बाह्य इन्द्रियों का प्रशिक्षण है।

पाश्चात्य मनोवैज्ञानिकों का विचार केन्द्र मनुष्य का शरीर, मस्तिष्क एवं व्यवहार होता है। वे अन्तः करण के मूल तत्त्व मन, बुद्धि और अहंकार की खोज

नहीं कर सकते हैं। वे मनुष्य को एक मनोशारीरिक प्राणी मानते हैं जिसकें पास जन्म से ही कुछ शक्तियाँ होती हैं और वह इन शक्तियों का ही विकास करता है। इन शक्तियों का विकास बहुत आवश्यक होता है। पेस्तालॉजी ने इस विषय पर विचार किया कि इन जन्मजात शक्तियों का विकास किस दिशा में और कितना किया जायें और कहा कि यह विकास स्वभाविक सम और प्रगतिशील होना चाहिए उन्होंने कहा, ''शिक्षा मनुष्य की जन्मजात शक्तियों का स्वाभाविक समरस और प्रगतिशील विकास है।''

शिक्षा का वास्तविक अर्थ– शिक्षा के विषय में सभी लोगों की दृष्टिकोण भिन्न–भिन्न हैं। ध्यान से देखने पर सभी दृष्टिकोण एक क्षेत्र विशेष पर सीमिति नजर आते हैं। शिक्षा के वास्तविक अर्थ को समझने के लिए हमें सभी तथ्यों पर ध्यान डालना होगा। सभी दृष्टिकोणों को देखने पर शिक्षा की प्रकृति के विषय में ये तथ्य उजागर होते हैं कि शिक्षा का सोद्देश्य, गतिशील एवं विकास की प्रक्रिया है। शिक्षा के कार्यों पर विचार करने से यह स्पष्ट होता है कि शिक्षा के द्वारा मनुष्य की जन्मजात शक्तियों का विकास, ज्ञान एवं कलाकौशल में वृद्धि तथा विचार एवं व्यवहार में परिवर्तन किया जाता है और इस प्रकार उन्हें सभ्य, सुसंस्कृत एवं योग्य नागरिक बनाया जाता है।

अभी तक हमने शिक्षा की परिभाषाओं का अध्ययन किया है इनमें दोष 1.उनसे शिक्षा प्रक्रिया की प्रकृति का स्पष्ट बोध नही होता है। 2. ये परिभाषाएं शिक्षा के किसी विशेष उद्देश्य पर जोर देती हैं। शिक्षा की सर्वोत्कृष्ट परिभाषा तो वह होगी जिसमें शिक्षा प्रक्रिया की प्रकृति एवं कार्य दोनों का स्पष्ट बोध हो सकें। हम शिक्षा को कुछ इस प्रकार परिभाषित कर सकते हैं–

शिक्षा सोद्देश्य सदैव चलने वाली वह प्रक्रिया है जिसके द्वारा मनुष्य की जन्मजात शक्तियों का विकास, उसके ज्ञान एवं कौशल में वृद्धि तथा व्यवहार में परिर्वतन किया जाता है और इस प्रकार उसे सभ्य, सुसंस्कृत एवं योग्य नागरिक बनाया जाता है इसके द्वारा व्यक्ति एवं समाज दोनों निरंतर विकास करते हैं।

शिक्षा की इस परिभाषा को पूर्ण माना जा सकता है। इस परिभाषा से शिक्षा प्रक्रिया की प्रवृत्ति और इसके कार्यों दोनों का स्पष्ट बोध हो जाता है। मनुष्य को सभ्य, सुसंस्कृत एवं अच्छा नागरिक बनाने में समाज की शिक्षा के सभी उद्देश्य एवं कार्य समाहित है।

शिक्षा का व्यापक अर्थ एवं संकुचित अर्थ

किसी भी समाज में किसी बालक की शिक्षा उसके परिवार छोटे–बड़े विभिन्न समूहों सामुदायिक केन्द्रों और विभिन्न प्रकार के विद्यालयों, महाविद्यालयों

और विश्वविद्यालयों में चलती है लेकिन कुछ लोग विद्यालयों एवं महाविद्यालयों में चलने वाली शिक्षा को ही शिक्षा कहते हैं। अतः शिक्षा शब्द का प्रयोग दो अर्थों में होता है। 1. व्यापक अर्थ में 2. संकुचित अर्थ में।

शिक्षा का व्यापक अर्थ

प्रत्येक प्राणी अपनी ही जाति में जन्म लेता है और उसके बीच रहकर अपनी जाति के लोगों की तरह चलना, बोलना, खाना, पीना, सुनना–बोलना और अन्य क्रियाएँ करना सीखता है। पैदा होते वह बहुत असहाय होता है लेकिन जन्म से कुछ दिन बाद ही वह अपनी जाति के सदस्यों का अनुकरण करने लगता है और धीरे–धीरे अन्य क्रियाएँ भी सीख लेता है। बालक अपना पहला पाठ मां की गोद में पढ़ता है फिर अपने आसपास के वातावरण से सीखता है और फिर अब अन्य लोगों के सम्पर्क में आता है तो उनसे भी कुछ न कुछ सीखता है। सभ्य समाज बालकों के उचित विकास के लिए विद्यालयों की स्थापना करता है। विद्यालय के बाहर भी बालक कुछ कुछ सीखता रहता है। इस शिक्षण व्यवस्था के उद्देश्य पाठ्यक्रम आदि व्यापक होते हैं लेकिन इसके बावजूद भी विद्यालय छोड़ने के बाद भी शिक्षा की प्रक्रिया चलती रहती है। व्यापक अर्थ में शिक्षा जीवन भर चलती रहने वाली प्रक्रिया है। मैकेन्जी ने शिक्षा के व्यापक अर्थ को परिभाषित करते हुए कहा है, ''व्यापक दृष्टि से शिक्षा जीवनपर्यन्त चलने वाली प्रक्रिया है और जीवन के प्रत्येक अनुभव के द्वारा इसका विकास होता है।''

ज्यादातर विद्वान् इस परिभाषा से सहमत हैं लेकिन इस परिभाषा से शिक्षा प्रक्रिया के स्वरूप एवं उसके परिणाम का ज्ञान नहीं होता है। हम व्यापक अर्थ में शिक्षा की परिभाषा इस प्रकार दे सकते हैं–

व्यापाक अर्थ में शिक्षा किसी समाज में सदैव चलने वाली वह सोद्देश्य सामाजिक प्रक्रिया है जिसके द्वारा मनुश्य की जन्मजात शक्तियों का विकास, उसकें ज्ञान एवं कला कौशल में वृद्धि एवं व्यवहार में परिवर्तन किया जाता है और उसे एक योग्य नागरिक बनाया जाता है। इसकें द्वारा व्यक्ति एवं समाज दोनों विकास करते हैं।

शिक्षा का संकुचित अर्थ

साधारणतया स्कूलों में चलने वाली शिक्षा को ही शिक्षा कहते हैं। यही शिक्षा का संकुचि अर्थ है। प्रत्येक समाज की अपनी जीवन शैली एवं आकांक्षाएँ होती हैं और समाज के वयस्क आने वाली पीढ़ी को इस जीवन शैली से प्रशिक्षित करने एवं अपनी आकांक्षाओं की पूर्ति के लिए शिक्षा की व्यवस्था करते हैं। इस शिक्षा व्यवस्था के उद्देश्य, पाठ्यक्रम एवं शिक्षण विधियाँ निश्चित होते हैं। यह

शिक्षा बालक की निश्चित आयु में प्रारम्भ होती है और निश्चित आयु में समाप्त हो जाता है। यह शिक्षा निश्चित समय में निश्चित स्थान पर निश्चित व्यक्तियों द्वारा दी जाती है। इस शिक्षा की व्यवस्था समाज या राज्य करता है। इस शिक्षा का उद्देश्य राज्य के उद्देश्यों की प्राप्ति का साधन होनी स्वाभाविक है। राष्ट्र की उन्नति इस शिक्षा पर निर्भर करती है। संकुचि अर्थ में शिक्षा विद्यालय जाने के पहले और विद्यालय छोड़ने के बाद नहीं चलती है। मैकेन्जी ने संकुचित अर्थ में शिक्षा को परिभाषित करते हुए कहा है, ''संकुचित दृष्टि में शिक्षा का अर्थ अपनी शक्तियों के विकास और सुधार के लिए किए गये किन्हीं भी चेतनापूर्ण प्रयासों से लिया जा सकता है।''

मैकेन्जी ने संकुचित अर्थ में शिक्षा की परिभाषा तो ठीक-ठीक दी है लेकिन इस परिभाषा से भी शिक्षा के स्वरूप एवं परिणाम का स्पष्ट ज्ञान नहीं हो पाता है। हम संकुचित अर्थ में शिक्षा की परिभाषा इस प्रकार दे सकते हैं।

''संकुचित अर्थ में शिक्षा किसी समाज में एक निश्चित समय तथा निश्चित स्थानों में सुनियोजित ढंग से चलने वाली सोद्देश्य सामाजिक प्रक्रिया है जिसके द्वारा मनुष्य की जन्मजात शक्तियों का विकास उसके ज्ञान एवं कलाकौशल में वृद्धि एवं व्यवहार में परिवर्तन किया जाता है और इस प्रकार उसे सभ्य सुसंस्कृत एवं योग्य नागरिक बनाया जाता है। इसके द्वारा व्यक्ति एवं समाज दोनों विकास करते हैं।

व्यापक एवं संकुचित शिक्षा में अंतर

हमने देखा कि व्यापक अर्थ में शिक्षा मनुष्य के जन्म से मृत्यु तक चलती है और इसमें संकुचित अर्थ वाली शिक्षा भी शामिल रहती है। लेकिन इसके समय पाठ्यक्रम उद्देश्य एवं शिक्षण विधियों में अंतर है और हम व्यापक एवं सुंकुचित अर्थ में शिक्षा में अंतर कुछ इस प्रकार कर सकते हैं-

व्यापक शिक्षा

1. व्यापक अर्थ में शिक्षा जीवन भर चलती है इसमें संकुचित अर्थ वाली शिक्षा भी सम्मिलित रहती है।

2. इसके अंतर्गत नियोजित एवं अनियोजन दोनों प्रकार की शिक्षा आती है।

3. इस शिक्षा के उद्देश्य बहुत व्यापक होते हैं, उन्हें सीमा में नहीं बांधा जा सकता है।

4. इसमें पाठ्यक्रम व्यापक होता है और किसी सीमा में उसे नहीं बांधा जा सकता है।

5. इस शिक्षा की शिक्षण विधियाँ विविध होती हैं उनका वर्णन सम्भव नहीं है।

संकुचित शिक्षा

1. संकुचित अर्थ में शिक्षा मनुष्य के जीवन में एक निश्चित काल तक ही चलती है। इसकें अंतर्गत केवल विद्यालयीय शिक्षा ही आती है।

2. इसमें केवल नियोजित शिक्षा ही आती है।

3. इस शिक्षा के उद्देश्य सुनिश्चित एवं विकासोन्मुख होते हैं उनकी अपनी सीमा भी निश्चित होती है।

4. इस शिक्षा का पाठ्यक्रम निश्चित होता है उसकी अपनी सीमा नहीं होता है।

5. इस शिक्षा के लिए कुछ शिक्षण विधियों का विधान किया जाता है, उनका वर्णन किया जा सकता है।

शिक्षा की परिभाषा- विभिन्न विद्वानों, दार्शनिकों, समाजशास्त्रियों, मनौवैज्ञानिकों एवं शिक्षाशास्त्रियों की विभिन्न परिभाषाएं दी गयी हैं। हम कुछ परिभाषाओं की चर्चा करेंगे

शंकराचार्य के अनुसार, ''शिक्षा वह है जो मुक्ति दिलाएँ।

विवेकानन्द के अनुसार ''मनुष्य की अन्तनिर्हित पूर्णता को अभिव्यक्त करना ही शिक्षा है।''

महात्मा गांधी ने शिक्षा को परिभाषित करते हुए कहा है ''शिक्षा से मेरा अभिप्राय बालक एवं मनुष्य के शरीर, मन तथा आत्मा के सर्वांगीण एवं सर्वोत्कृष्ट विकास से है।

प्लेटो के अनुसार,''शिक्षा का कार्य मनुष्य के शरीर और आत्मा को वह पूर्णता प्रदान करना है जिसके कि वे योग्य हैं।

अरस्तु ने शिक्षा विषय में कहा है, ''स्वस्थ शरीर में स्वस्थ मन का निर्माण ही शिक्षा है।''

चार्वाक के शब्दों में, ''शिक्षा वह है जो मनुष्य को सुखपूर्वक जीवन जीने के योग्य बनाती है।''

हरवर्ट स्पेन्सर के अनुसार, ''शिक्षा का अर्थ अंत: शक्तियों का बाह्य जीवन में समन्वय स्थापित करना है।''

प्रयोजनवादी डीवी के शब्दों में, शिक्षा व्यक्ति की उन सभी योग्यताओं का विकास है जो उसमें अपने पर्यावरण पर नियंत्रित रखने एवं अपनी सम्भावनाओं को पूर्ण करने में सामर्थ्य प्रदान करे।

शिक्षा की प्रकृति

विभिन्न दृष्टिकोण से विस्तार करने पर शिक्षा की प्रकृति के विषय में निम्नलिखित तथ्य उजागर होते हैं–

1. शिक्षा एक सामाजिक प्रक्रिया है जिसके तीन मुख्य अंग हैं– सिखाने वाला, सीखने वाला और प्रयुक्त होने वाली सामग्री या क्रिया। यह आवश्यक नहीं है कि सिखाने वाला सीखने वालों के सामने प्रत्यक्ष रुप में उपस्थित रहता है वह पर्दे के पीछे छुपा हुआ भी रह सकता है।

2. समाज में शिक्षा व्यापक एवं सामजिक दोनों अर्थों में चलती रहती है लेकिन हमें उसको व्यापक रूप में ही लेना चाहिए। अतः शिक्षा को हम एक अविरत प्रक्रिया भी कह सकते हैं।

3. शिक्षा प्रक्रिया के कुछ उद्देश्य होते हैं जो समाज के द्वारा निश्चित होते हैं और विकासोन्मुख होते हैं। अतः शिक्षा को हम विकास की प्रक्रिया कह सकते हैं।

4. शिक्षा की विषय सामग्री को किसी सीमा में बांधा जा सकता है व्यापक अर्थ में यह बहुत व्यापक होती है लेकिन संकुचित अर्थ में शिक्षा की सामग्री पाठ्यक्रम तक ही सीमिति रहती है लेकिन दोनों ही अर्थों में शिक्षा समाज का विकास करती है।

5. व्यापक अर्थ में शिक्षा की विधियाँ बहुत व्यापक होती है लेकिन प्रायः संकुचित अर्थ में सीमित ही होती है।

6. शिक्षा का स्वरूप समाज में धर्म, दर्शन, संस्कृति, समाज की संरचना, अर्थतंत्र एवं प्रगति पर निर्भर करता है।

7. किसी भी समाज के धर्म–दर्शन, शासन तंत्र अर्थतंत्र एवं वैज्ञानिक परिवर्तनों के साथ–साथ उसकी शिक्षा के स्वरूप में भी परिवर्तन होता रहता है। अतः हम कह सकते हैं कि शिक्षा की प्रकृति गतिशील होती है।

शिक्षा के विभिन्न अंग

शिक्षा के अंगों के विषय में शिक्षाशास्त्रियों में मतभेद हैं। जॉन एडम ने शिक्षा के दो ही अंग माने हैं– पहले शिक्षार्थी एवं दूसरा शिक्षक। जॉन डीवी भी शिक्षा के दो ही अंग मानते हैं लेकिन दो अंग एडम से भिन्न है उनके अनुसार शिक्षा के दो अंग हैं।

पहला **मनोवैज्ञानिक** (सीखने वाले की मानसिक स्थिति) दूसरा **सामाजिक** (सीखने वाले का सामाजिक पर्यावरण) रायबर्न के अनुसार, ''शिक्षा के तीन अंग है– शिक्षार्थी, शिक्षक एवं पाठ्यक्रम।'' लेकिन पिछले कुछ वर्षों में शिक्षा तकनीकी

के विकास से इस क्षेत्र में क्रान्ति आ गई है। शैक्षिक तकनीकी विशेषज्ञ शिक्षा के तीन अंगों को स्वीकार करते हैं- शिक्षार्थी, शिक्षक और सीखने-सिखाने की परिस्थितियाँ जिसमें शिक्षा की विधियाँ, पाठ्यक्रम एवं शिक्षण के साधन, प्रकृति पर्यावरण, सामाजिक परिवेश एवं मूल्यांकन की विधियाँ आती है। आधुनिक शिक्षाशास्त्री इन्हीं को शिक्षा के अंग मानते हैं। हम इन सभी की चर्चा यहाँ कर रहे हैं। शक्षार्थी का अर्थ होता है सीखने वाला। शिक्षार्थी शिक्षा प्रक्रिया का सबसे महत्त्वपूर्ण अंग माना जाता है। शिक्षार्थी के बिना शिक्षा प्रक्रिया के चलने का प्रश्न ही नहीं उठाता है। यह बात भी अक्षरा: सत्य है कि शिक्षार्थी अपनी रुचि, रूझान एवं योग्यता के आधार पर ही सीखता है। उदाहरण के लिए यदि बालक के सामने अध्यात्म की बात की जाए वो बेचारे कुछ भी समझ नहीं पायेंगे। सीखने का प्रश्न ही नहीं उठता है। अत: शिक्षा की प्रक्रिया बालक की रुचि, रूझान और योग्यता को ध्यान में रखकर ही चलाई जानी चाहिए। बच्चों की रुचि, रूझान और उनकी योग्यता उनकी आनुवंशिकता एवं पर्यावरण पर निर्भर करती है, अत: शिक्षक को बालक की आनुवंशिकता एवं वातावरण का ध्यान शिक्षा प्रक्रिया में अवश्य ही रखना चाहिए।

शिक्षार्थी कुछ बातें सीखते हैं और कुछ बातें नहीं सीखते हैं। ऐसा क्यों होता है? इस विषय में कई प्रकार के अध्ययन हुए हैं और निष्कर्ष यही निकला है कि सीखने की क्रिया शिक्षार्थी के शारीरिक स्वास्थ्य, मानसिक स्वास्थ्य, अभिवृद्धि, विकास एवं परिपक्वता, बालक की सीखने की इच्छा उसकें पूर्व अनुभव एवं ज्ञान, नैतिक गुण, चरित्र, उत्साह एवं थकान और इसकी अध्ययनशीलता पर निर्भर करता है। शिक्षक बालक को सीखने में सहायता करता है। इसी कारण से शिक्षार्थी को शिक्षा का केन्द्र माना जाता है और शिक्षा की समस्त योजनाएँ बालक या शिक्षार्थी को ध्यान में रखकर बनाई जाती हैं। यह बात भी सर्वमान्य है कि अंतत: हम समाज या राष्ट्र के आदर्श के अनुकूल बनाने का प्रयास करते हैं।

पाठयक्रम- नियोजित शिक्षा के उद्देश्य निश्चित होते हैं। इन निश्चित उद्देश्यों की प्राप्ति के लिए बालकों को विभिन्न विषयों का ज्ञान कराया जाता है। उनसे कई प्रकार की क्रियाएं कराई जाती हैं। इन्हें ही अमान्यत: पाठ्यक्रम कहा जाता है लेकिन अपने वास्तविक अर्थ में पाठ्यक्रम बहुत अधिक व्यापक होता है। उसकें अंतर्गत विषयों के ज्ञान एवं क्रियाओं के प्रशिक्षण के साथ-साथ पूरा का पूरा सामाजिक वातावरण आता है जिसकें द्वारा निश्चित किये गये उद्देश्यों को प्राप्त किया जाता है। पाठ्यक्रम शिक्षक एवं बालक के बीच एक कड़ी का काम करता है। शिक्षक को पाठ्यक्रम से यह पता चल जाता है कि उसे क्या सीखना है और शिक्षार्थी भी यह जानता रहता है कि उसे क्या सीखना है।

पाठ्यक्रम शिक्षक एवं शिक्षार्थी पर शासन करता है। चाहै वह राज्य द्वारा तय हो या समाज द्वारा। साम्यवादी एवं राजतंत्र वाले राज्यों में शिक्षा पूर्णतया राज्य के द्वारा चलाई जाती है। वैसे राज्यों में शिक्षक को अपने दर्शन को अभिव्यक्त करने का अधिकार नहीं होता है। शिक्षार्थी भी अपनी योग्यता एवं रुचि के अनुसार शिक्षा ग्रहण नहीं कर पाता है। वहाँ सभी को राष्ट्र के विचारधारा के अनुसार चलना पड़ता है। लोकतंत्र इस विषय में छूट देता है। लोकतंत्र में यद्यपि पाठ्यक्रम तो राज्य के द्वारा ही निश्चित होता है लेकिन उनमें विकल्प मौजूद रहते हैं और बालक अपनी रुचि,रूझान,के अनुसार विकास **करने का** अवसर पाता है। जो लोग मानव की प्रकृति का आदर करते हैं वे लोग **ऐसी ही** शिक्षा का समर्थन करते है। ऐसा नहीं होने पर संसार एक कारागार बन जाएगा **और** उसकी प्रगति अवरूद्ध हो जायेंगी हमें एक बात पर जरूर गौर करना चाहिए की पाठ्यक्रम स्वयं में साध्य नहीं है यह तो राज्य द्वारा निश्चित किये गये उद्देश्यों की प्राप्ति का साधन होती है।अत: पाठ्यक्रम को साधन में रूप में ही लेना चाहिए। हमारे देश में आज पाठ्यक्रम को ही साध्य माना जाता है और शिक्षक अपनी शक्ति पाठ्यक्रम का ज्ञान कराने में ही लगा देते हैं और बालक को परीक्षा में पास कराकर पीठ थपथपाते हैं। अत:बच्चो को पढ़ाने समय पाठ्यचर्चा नहीं अपितु उसकें द्वारा प्राप्त होने वाले उद्देश्य की प्राप्ति के लिए प्रयत्नशील होना चाहिए।

शिक्षक– शिक्षक के व्यापक अर्थ में रोज एक दूसरे से सीखते है। इसलिए हम सभी शिक्षार्थी एवं शिक्षक दोनों है लेकिन शिक्षा के संकुचित अर्थ में कुछ विशेष व्यक्ति जो जानबूझकर दूसरों को प्रभावित करते हैं और उनके आचार विचार में परिर्वन करते हैं वे शिक्षक कहे जाते है। पुराने जमाने में शिक्षक को बहुत ऊंचा स्थान प्राप्त था। लोग मानते थे कि गुरू के चरण में बैठकर कोई भी व्यक्ति ज्ञानी बन सकता है। लेकिन मनोवैज्ञानिक अध्ययन इस बात को साबित कर चुके हैं कि बालक का विकास उसकें शिक्षक से ज्यादा बालक के ऊपर ही निर्भर करता है। प्रत्येक व्यक्ति में कुछ जन्मजात शक्तियों के आधार पर उनके विकास में सहायता करता है। लेकिन शिक्षक के अभाव में नियोजित शिक्षा की कल्पना आज भी नहीं की जा सकती है। शिक्षक वर्ग में व्यक्ति के रूप में भी उपस्थित रहता है या लेखक के रूप में उपस्थित होता है। शिक्षक कम्प्यूटर या शिक्षण कम्प्यूटर या शिक्षण मशील के रूप में भी उपस्थित हो सकता है। शिक्षक की सहायता इस बात पर निर्भर करती है या शिक्षक अपने दायित्व का निर्वहन तभी का सकता है जब उनमें निनलिखित गुण हों। उत्तम शारीरिक एवं मानसिक, स्वास्थ, उच्चसामाजिक, उच्च सांस्कृतिक दृष्टिकोण, स्पष्ट जीवन दर्शन, नैतिकता एवं चरित्र बल, विषय का ज्ञान,

विभिन्न विषयों का सामान्य ज्ञान, शिक्षण कौशल एवं संगठन शक्ति। इन गुणों के साथ-साथ शिक्षक को अध्ययनशील एवं प्रगतिशील भी होना चाहिए शिक्षक को गम्भीर एवं विनोदी भी होना चाहिए।

शिक्षण विधियाँ एवं उपकरण-शिक्षण क्रिया द्वारा शिक्षक शिक्षार्थियों को ज्ञान प्राप्त करने एवं क्रियाओं में दक्षता के लिए तैयार करता है, उसका मार्गदर्शन करता है, सीखने में सहायता पहुँचाता है और अपनी ओर से कुछ बताकर बालक के ज्ञान में वृद्धि करता है और प्रशिक्षण करता है। यह सरल कार्य नहीं है। शिक्षण कार्य के लिए शिक्षक को अपने शिक्षार्थी को तैयार करना पड़ता है। जिससे की वह सीखने में रुचि ले।

वैसे तो शिक्षण विधियों पर विचार आदिकाल से होता रहता है। लेकिन गत शताब्दी में इस क्षेत्र में संतोषजनक कार्य हुआ है। विभिन्न प्रयोगों के आधार पर हमने उनके शिक्षण सिद्धान्त, शिक्षण सूत्र, शिक्षण यंत्रों का निर्माण किया है। इन प्रयोग एवं आविष्कारों के कारण अब शिक्षा प्रक्रिया बहुत बदल गई है और यदि कारण है कि अब ज्यादा से ज्यादा लोग विभिन्न शिक्षण विधियाँ एवं शिक्षण के उपकरण अपना रहे हैं।

प्राकृतिक वातावरण-शिक्षा जिस समय जिस स्थान पर चलती है उस समय एवं उस स्थान का प्राकृतिक वातावरण शिक्षण एवं शिक्षार्थी का प्राकृतिक वातावरण कहलाता है। यदि वातावरण दूषित होता है तो बालक जल्दी ठीक हो जाता है। अत्यधिक गर्मी एवं अत्यधिक सर्दी भी सीखने-सिखाने में बाधक बन जाती है। इसलिए शिक्षक एवं शिक्षार्थी दोनों के प्राकृतिक वातावरण का ध्यान रखना आवश्यक है और प्राकृतिक वातावरण को भी शिक्षा के अंग के रूप में स्वीकार किया गया है।

प्राचीन काल में बालक गुरूकुलों में रहते थे। गुरूकुल नगरों से दूर सुन्दर प्राकृतिक वातावरण में बनाए जाते थे। वहाँ का वातानवरण शुद्ध होता था लेकिन आज जब जनसंख्या बहुत ज्यादा बढ़ गई है और गुरूकुल या आश्रम प्रणाली सम्भव नहीं है, लेकिन विद्यालय प्रांगण को शुद्ध रखा जा सकता है। प्रांगण में फल-फूल के वृक्ष लगाये जा सकते हैं। बालक की पढ़ाई का समय जलवायु के अनुसार निश्चित होना चाहिए।

सामाजिक वातावरण-हम जिन लोगों के बीच रहते हैं, जिनसे बात करते हैं, वे और उनकी भाषा, विचार, सभ्यता एवं संस्कृति ही हमारा सामाजिक पर्यावरण होता है। यह देखा गया है कि बच्चे के सामाजिक पर्यावरण का पूरा-पूरा प्रभाव बालक की शिक्षा और विकास पर पड़ता है। इसी कारण से आज सामाजिक

पर्यावरण को भी शिक्षा का अंग माना जाता है।

प्राचीन गुरु आश्रमों जो नगरों से दूर सूरम्य प्राकृतिक वातावरण में होते थे, गुरू शिष्य के सम्बन्ध, शिक्षकों के आपसी सम्बन्ध, गुरूआश्रमों की व्यवस्था और गुरू आश्रमों की आचरण प्रणाली शिक्षक एवं शिक्षार्थियों का सामाजिक वातावरण होता था इस कारण बच्चों में उच्च संस्कार आ जाते थे। आज की शिक्षा में भिन्नता है आज तो शिक्षार्थी कुछ समय परिवार में, कुछ समय अपने पड़ोस में तथा कुछ समय अन्य सामाजिक स्थानों पर रहते हैं और इनका प्रभाव बालक पर पूरा-पूरा पड़ता है। वे समाज की धार्मिक, राजनैतिक और आर्थिक स्थिति से प्रभावित होते हैं और प्रभावित करते हैं। अतः बच्चों को सुसंस्कृत एवं सामाजिक बनने के लिए यह आवश्यक है कि घर, समाज या विद्यालय सभी जगह बच्चों के साथ प्रेम, सहानुभूति और सहयोग पूर्ण व्यवहार हो।

मूल्यांकन–शैक्षिक प्रक्रिया के तीन महत्त्वपूर्ण अंग हैं, शैक्षिक लक्ष्य सीखने-सिखाने की परिस्थितियाँ एवं मूल्यांकन या मापन। ये तीनों एक-दूसरे पर निर्भर करते हैं। बालकों की रुचि, बुद्धि, अभिरुचि अभिवृत्ति एवं व्यक्तित्व का मापन कर उन्हें शैक्षिक एवं व्यावसायिक निर्देश दिया जाता है तथा बालकों की कठिनाईयों का पता लगाया जाता है। शिक्षक के व्यवहार के गुण एवं दोष देखे जाते हैं। शिक्षण विधियों का मूल्यांकन कर उनमें भी सुधार किया जाता है और छात्रों का मार्गदर्शन किया जाता है। यही कारण है कि आज मूल्यांकन को शिक्षा का अंग माना जाता है।

शिक्षा एक त्रिधुवीय प्रक्रिया है

शिक्षा के ध्रुवों के विषय में शिक्षाशास्त्रियों में मतांतर है। जॉन एड इसे त्रिध्रुवीय प्रक्रिया मानते हैं। उनके अनुसार शिक्षा के केवल दो ध्रुव हैं इसे हम इस प्रकार व्यक्त कर सकते हैं।

जॉन डीवी ने इसे द्विध्रुवीय प्रक्रिया माना है। उनके अनुसार शिक्षा प्रक्रिया के दो ध्रुव हैं। मनोवैज्ञानिक एवं सामाजिक, जिसे इस प्रकार प्रकट किया जा सकता है।

रायबर्न के अनुसार- ''शिक्षा एक त्रिध्रुवीय प्रक्रिया है। शिक्षा के तीन ध्रुव हैं। शिक्षार्थी शिक्षक एवं पाठ्यक्रम। शैक्षिक तकनीकी के विकास के पूर्व तक शिक्षा के यहाँ तीन अंग अथवा ध्रुव माने जाते हैं। इसे हम इस प्रकार प्रकट कर सकते हैं।''

शैक्षिक मूल्यांकन के विशेषज्ञों ने शैक्षिक प्रक्रिया को तीन भागों में विभाजित किया है। वे तीन अंग हैं। उनके अनुसार शिक्षा की प्रक्रिया इन तीनों के

बीच ही चलती है। इसे हम निम्नलिखित रूप से प्रकट कर सकते हैं।

शिक्षा के लिए हम इस युग में सबसे ज्यादा काम तकनीशियनों ने किया है। शिक्षा तकनीशियन भी शिक्षा के तीन अंग या ध्रुव मानते हैं। उनके अनुसार शिक्षा के तीन ध्रुव हैं। शिक्षक, शिक्षार्थी तथा सीखने-सिखाने की परिस्थितियाँ। इसे हम इस प्रकार प्रकट कर सकते हैं।

सबसे अच्छी दृष्टि में शिक्षा के इन्हीं तीनो ध्रवुों को देखना समझना अच्छा होगा। जहाँ शिक्षा होगी सीखने वाला होगा ही साथ ही कोई सिखाने वाला भी होगा। सीखने वाला व्यक्ति हो सकता है या सिखाने के लिए वस्तु या प्राकृतिक पर्यावरण या सामाजिक पर्यावरण। बालक जो सीख रहा है पाठ्यचर्या कहलाता है। वह जैसे सीख रहा है उसे शिक्षण विधियाँ जिन उपकराणों का प्रयोग हो रहा है उन्हें शिक्षोपकरण और सीखने वाला जिस प्राकृतिक वातावरण में है उसे उसका प्राकृतिक पर्यावरण कहते हैं।

शिक्षा-शिक्षण और सीखना

भूलवश लोग शिक्षा, शिक्षण एवं सीखना तीनों का एक ही अर्थ निकालते हैं। जिसका मुख्य कारण है कि ये तीनों सोद्देश्य प्रक्रियाएँ हैं और मनुष्य के व्यवहार से सम्बन्धित हैं लेकिन तीनों अलग-अलग है। इनकी भिन्नता को समझने के लिए इन तीनों के अर्थ को अलग-अलग समझना होगा। शिक्षा को सामान्यत: हम ज्ञान एवं कौशल के रूप में देखा जाता है लेकिन वास्तव में यह एक प्रक्रिया है और ज्ञान एवं उसकें प्रक्रिया के परिणाम है विद्वानों ने इस प्रक्रिया की व्याख्या भिन्न रूपों में की है और इसे परिभाषित भी भिन्न रूपों में किया है। शिक्षा की विभिन्न परिभाषाओं एवं उन सबकी व्याख्याओं के आधार पर हम इस निष्कर्ष पर पहुँचते हैं कि-

शिक्षा किसी समाज में लगातार चलने वाली वह सामाजिक प्रक्रिया है जिसकें द्वारा मनुष्य की जन्मजात शक्तियों का विकास उसकें ज्ञान एवं कौशल में वृद्धि एवं व्यवहार में परितर्वन किया जाता है और इस तरह उसे सभ्य सुसंस्कृत एवं योग्य नागरिक बनाया जाता है। इसकें द्वारा व्यक्ति तथा समाज दोनों निरन्तर विकास करते हैं।

शिक्षण का अर्थ

शिक्षण को ज्ञान एवं कौशल के सम्प्रेषण के रूप में देखा जाता है। लेकिन यह एक ऐसी प्रक्रिया है जिसमें सिखाने वाला सीखने वाले को प्रभावित करता है और सीखने में उसकी सहायता करता है। विद्वानों में शिक्षण को भिन्न-भिन्न रूप में परिभाषित किया है और विभिन्न व्याख्याएँ की हैं। हम शिक्षण के वास्तविक कार्य

एवं रूप को ध्यान में रखकर हम शिक्षण का अर्थ कुछ इस प्रकार बता सकते हैं–

शिक्षण वह प्रक्रिया है जिसमें सिखाने वाले, सीखने वालों के लिए विभिन्न विधियों युक्तियों एवं साधनों द्वारा सीखने की परिस्थितियों का निर्माण करते हैं और सीखने वाले इसकी सहायता से सीखते हैं। शिक्षण का तब क कोई अर्थ नहीं जब तक सीखने वाले सीख नहीं जाते, उनके व्यवहार में वांछित परिवर्तन नहीं हो जाता है।

सीखने का अर्थ सामान्यत: ज्ञान एवं कौशल के अर्जन के रूप में लिया जाता है। विद्वानों ने इसकी विभिन्न परिभाषाएँ दी हैं और व्याख्याएँ भी भिन्न–भिन्न की हैं। सीखने की विभिन्न व्याख्याओं एवं परिभाषाओं से हम निम्न निष्कर्ष पर पहुँचते हैं–

सीखने का अर्थ अनुभव, शिक्षण, प्रशिक्षण या अध्ययन द्वारा भिन्न–भिन्न तथ्यों को जानना और नई–नई क्रियाओं को करना तथा इन्हें बहुत समय तक धारण करना और आवश्यकता होने पर इनका प्रयोग करना है। सीखने का तब तक कोई अर्थ नहीं होता है जब तक कि उससे सीखने वालों को व्यवहार में इस प्रकार परिवर्तन नहीं हो जाता है।

शिक्षा, शिक्षण एवं सीखने में अंतर

1. शिक्षा का उद्देश्य समाज निश्चित करता है ये उद्देश्य व्यक्तिगत एवं सामाजिक दोनों तरह के विकास के सम्बन्धित होते हैं। लेकिन शिक्षण एवं सीखने के उद्देश्यों उसकें अनुसार भी हो सकते हैं और उसकें प्रतिकूल भी। हम कह सकते हैं कि शिक्षा विकासोन्मुख होती है लेकिन शिक्षण एवं सीखना विकासोन्मुख भी हो सकते हैं और प्रतिकूल भी।

2. शिक्षा द्वारा सदैव विकास ही होता है। लेकिन शिक्षण एवं सीखना विकास में बाधक भी हो सकतेहैं और सहायक भी। समाज के सदस्यों को यदि हित की बातें सिखाते हैं तो वह विकास में सहायक हैं और यदि प्रतिकूल बातें सिखाते हैं तो वह उनके विकास में बाधक भी हैं।

3. वृहत अर्थ में शिक्षा के तीन पक्ष हैं–सिद्धान्त, क्रिया एवं परिणाम। अत: हम कह सकते हैं कि शिक्षण शिक्षा का क्रियात्मक पक्ष है और सीखना परिचयात्मक।

4. शिक्षा की प्रक्रिया में शिक्षण और सीखना निहित होते हैं लेकिन यह आवश्यक नहीं है कि जहाँ शिक्षण एवं सीखने की प्रक्रियाएँ हो वहाँ शिक्षा भी हो। समाज में लोग उन क्रियाओं को भी सीखते–सिखाते हैं वहाँ शिक्षण शासन तंत्र पर आधारित होता है।

अनुदेशन एवं प्रशिक्षण में अंतर

अनुदेशन सामान्य रूप में शिक्षक द्वारा शिक्षार्थियों के सम्मुख तथ्यों को सीधे प्रस्तुत करने की क्रिया से लिया जाता है जिसका अर्थ है, शिक्षक–शिक्षार्थी के बीच अंत:क्रिया का नहीं होना, प्रश्नोत्तर नहीं होना एवं शंका का समाधान नहीं होना एवं तर्क–वितर्क का अभाव। लेकिन अनुदेशन के लिए यह आवश्यक नहीं है कि सिखाने वाला सिखाने वाले के सामने उपस्थित हो ही। अब यह कार्य शिक्षण सामग्री, शिक्षण मशीनों, टेपरिकार्डरों, कम्प्यूटर आदि के द्वारा किया जाता है। अनुदेशन द्वारा अब तथ्यों का ज्ञान नहीं कराया जाता है अपितु क्रियाओं का भी ज्ञान कराया जाता है। अभिक्रमित अनुदेशन में सीखने वाले और सिखाने वाले में कोई सामाजिक अंत:क्रिया नहीं होती है इसलिए इन सभी को अभिक्रमित अनुदेशन कहा जाता है। अनुदेशन की परिभाषा कुछ इस प्रकार से दी जा सकती है। अनुदेशन शिक्षण की ऐसी प्रक्रिया है जिसमे सीखने वाले एवं सिखाने वाले को तथ्यों अथवा क्रियाओं का ज्ञान स्वयं अथवा किसी अन्य माध्यम से सीधे कराते हैं और सीखने वाले इन क्रियाओं को अपनी शक्ति के अनुसार सीखते हैं। सिखाने एवं सीखने वाले के बीच बहुत कम अत: क्रिया होती है।

प्रशिक्षण का अर्थ

सामान्यत: कौशलों के विकास की प्रक्रिया को प्रशिक्षण कहा जाता है। इसलिए विद्वान् अनुदेशन को बुद्धिपरक और प्रशिक्षण को क्रियापरक कहते हैं। आज कला, कौशल एक व्यवसाय के क्षेत्र में इतना विकास हो चुका है कि उसकें सिद्धान्त पक्ष को समझने बिना उसमें दक्षता प्राप्त नहीं की जा सकती है। प्रशिक्षण कार्यक्रम में सिद्धान्त एवं क्रिया दोनों पक्ष रहते हैं और सिद्धान्त पक्ष का ज्ञान बुद्धिपरक विधियों की सहायता से विकसित किया जाता है एवं उनका अनुप्रयोग अभ्यास के द्वारा सिखाया जाता है। हम कह सकते हैं किसी भी कला–कौशल अथवा व्यवसाय के सिद्धान्त पक्ष के ज्ञान के बाद उसकें सम्पादन में दक्ष करने की विधि को प्रशिक्षण कहते हैं। प्रशिक्षण की परिभाषा कुछ इस प्रकार दी जा सकती है–

''प्रशिक्षण का अर्थ है सीखने वालों को किसी कला, कौशल अथवा व्यवसाय में अभ्यास के द्वारा निपुण बनाना।''

शिक्षा एवं अनुदेशन में अंतर

लोग अनुदेशन को ही शिक्षा मान लेते हैं लेकिन दोनों भिन्न हैं। कला के अंदर शिक्षक द्वारा छात्र तक विषय के ज्ञान को पहुँचाने की क्रिया अनुदेशन कहलाती है। छात्र अनुदेशन की सहायता से ज्ञानार्जन करता है। यह आवश्यक नहीं

है कि अनुदेशन से छात्र शिक्षित ही हो जाए। एक ही अनुदेश का अलग–अलग छात्रों पर अलग–अलग प्रभाव पड़ता है। अत: अनुदेशन एवं शिक्षा दोनों अगल–अलग हैं। अनुदेशन एक कृत्रिम एवं सीमिति क्रिया है शिक्षा एक स्वाभाविक एवं व्यापक प्रक्रिया है। शिक्षा एक आजीवन चलने वाली प्रक्रिया है जबकि अनुदेशन सीमित समय के अंतर्गत एक निश्चित उद्देश्य से किया जाता है। अनुदेश में शिक्षक का लेकिन शिक्षा में शिक्षार्थी का स्थान महत्त्वपूर्ण होता है। राबर्टसन ने ठीक कहा है, "अनुदेशन कक्षा के अंदर समाप्त हो जाता है लेकिन शिक्षा जीवन के साथ समाप्त होती है।"

शिक्षाशास्त्र का अर्थ–

आज के वैज्ञानिक युगमें शिक्षा प्रक्रिया के स्वरूप एवं कार्यों की व्याख्या करने एवं विभिन्न समस्याओं का समाधान करने के लिए विभिन्न दर्शनशास्त्रियों, समाजशास्त्रियों, राजनीतिशास्त्रियों, मनोवैज्ञानिकों ने बहुत काम किया है। इन सभी प्रयत्नों ने एक नये अनुशासन को जन्म दिया जिसे शिक्षाशास्त्र कहते हैं। शिक्षाशास्त्र के अंतर्गत शिक्षा का प्रभावित करने वाले प्रयोग एवं विचारों की व्याख्या की जाती है। बदलते हुए समाज में शिक्षा के उद्देश्यं, पाठ्यचर्या और शिक्षण विधियों का स्वरूप क्या होना चाहिए इन सभी बातों का अध्ययन शिक्षाशास्त्र में किया जाता है। शिक्षाशास्त्र में शिक्षा की समस्त समस्याओं पर विचार किया जाता है और उनके समाधान ढूंढे जाते हैं।

शिक्षाशास्त्र का अपना अलग अध्ययन क्षेत्र है एवं अपनी अध्ययन एवं शोध की विधियाँ हैं। शिक्षाशास्त्र की परिभाषा कुछ ऐसे दी जा सकती है–

शिक्षाशास्त्र ज्ञान की वह शाखा है जिसमें शिक्षा के स्वरुप एवं उसकें विभिन्न अंगों एवं समस्याओं का दार्शनिक, समाजशास्त्रीय, राजनैतिक आर्थिक मनोवैज्ञानिक एवं वैज्ञानिक दृष्टिकोणों से अध्ययन किया जाता है।

शिक्षाशास्त्र का अध्ययन क्षेत्र एवं विषयवस्तु

प्राय: किसी भी विषय के अध्ययन क्षेत्र में और उसकी विषय वस्तु में अंतन नहीं माना जाता है लेकिन दोनों में थोड़ा अतंर है। अध्ययन क्षेत्र का अर्थ उस सीमा से होता है जिस सीमा तक उस विषय का अध्ययन किया जाता है और विषय–वस्तु का अर्थ उस सीमा से है जिस सीमा तक विषय का अध्ययन पूरा किया जा चुका है।

शिक्षाशास्त्र का अध्ययन क्षेत्र बहुत व्यापक है। लेकिन आज तक हम लोगों ने शिक्षाशास्त्र के विषय में जो अध्ययन कर लिया है वह उसकी विषय–वस्तु है। शिक्षाशास्त्र के अध्ययन क्षेत्र एवं विषय–वस्तु को निम्न भागों में बांटा जा सकता है।

शैक्षिक समाजशास्त्र—मानव सामाजिक प्राणी होने के कारण जो भी बात सीखता है समाज से ही सीखता है। मनुष्य के आचार-विचार को समाज एवं विभिन्न सामाजिक संगठन प्रभावित करते हैं। शिक्षा समाज को नियंत्रित करती है और उसका विकास करती है। शिक्षाशास्त्र के अंतर्गत समाज के सवयय, समाज का शिक्षा से सम्बन्ध एवं शिक्षा की प्रक्रिया में विभिन्न सामाजिक संगठनों के कार्यों, समाज के विद्यालय से सम्बन्ध तथा शिक्षा तथा सामाजिक परिवर्तन के आपसी सम्बन्ध आदि का अध्ययन किया जाता है इस तरह के अध्ययन क्षेत्र को शैक्षिक समाजशास्त्र कहा जाता है।

शिक्षा मनोविज्ञान—आज की शिक्षा में बालक को बहुत महत्त्वपूर्ण स्थान प्राप्त है, बालक के शारीरिक, मानसिक, संवेगात्मक एवं सामाजिक विकास के आधार पर ही उसकी शिक्षा की व्यवस्था की जाती है। इन बातों को समझने एवं तय करने के लिए हमें मनोविज्ञान का सहारा लेना पड़ता है। मनोविज्ञान की वह शाखा जिसमें बालक के विकास, सीखने की प्रक्रिया और अन्य समस्याओं का अध्ययन होता है शिक्षा मनोविज्ञान कहते हैं। शिक्षा मनोविज्ञान के अंतर्गत बालक की प्रकृति, उनकी योग्यता, रुचियों एवं अभिरुचियों तथा स्मृति, विस्मृति चिन्तन एवं कल्पना आदि का अध्ययन होता है। शिक्षा मनोविज्ञान में बच्चों की रुचियाँ बुद्धि एवं व्यक्तित्व के विकास की विधियों एवं उनको मापने की विधियों एवं दशाओं का व्यापक अध्ययन किया जाता है।

शिक्षा दर्शन—मानव का जीवन बहुत रहस्यमय है जब तक हम मानव जीवन के रहस्य को नहीं समझते हैं। तब तक यह तय नहीं हो सकता है कि हमें क्या सीखना है और क्या सिखाना है। इसलिए शिक्षाशास्त्र के अंतर्गत जीवन के विभिन्न दर्शनों के आधार इनके आधार पर शिक्षा के स्वरूप, शिक्षा के उद्देश्य और शिक्षा की पाठ्यचर्या आदि का अध्ययन किया जाता है। शिक्षाशास्त्र का यह भाग शिक्षादर्शन कहलाता है।

तुलनात्मक शिक्षा—आज का मानव केवल अपने आसपास के लोगों से नहीं सीखता है अपितु दूसरे देश के लोगों के अनुभवों का भी लाभ उठाता है। शिक्षाशास्त्र विषय के अंतर्गत भी विभिन्न देशों की शिक्षा प्रणालियों का तुलनात्मक अध्ययन किया जाता है और उनके गुण-दोषों की विवेचना की जाती है। इस प्रकार हम अपनी परिस्थितियों में अपने उपयोग की शिक्षा व्यवस्था का निर्माण करने में सफल होते हैं।

शिक्षा का इतिहास—वर्तमान की सुन्दर रचना अतीत के सुन्दर नींव पर ही होती है। शिक्षाशास्त्र के अंतर्गत हम शिक्षा के इतिहास का अध्ययन इसी दृष्टि

से करते हैं। जब तक हम अतीत की शिक्षा के स्वरूप, प्राचीन शिक्षा व्यवस्था तथा उनके परिणामों का अध्ययन नहीं करते हैं तब तक हम अपने लिए अच्छी शिक्षा व्यवस्था की स्थापना नहीं कर सकते हैं।

शैक्षिक समस्याएँ–इसकें अंतर्गत देश की वर्तमान शिक्षा समस्याओं पर विचार किया जाता है और उसकें समाधान तरीके ढूँढे जाते हैं। शैक्षिक समस्याओं में शामिल हैं, सभी क्षेत्रों में शिक्षा समान सुविधाएँ उपलब्ध कराना, शिक्षा को व्यावसायिक स्वरूप देना, धर्मनिरपेक्ष राज्य में धार्मिक शिक्षा की व्यवस्था तथा शिक्षा का राष्ट्रीयकरण करना।

शैक्षिक प्रशासन एवं संगठन–शिक्षाशास्त्र के अंतर्गत विद्यालयों के संगठन एवं संचालन की विधियों का अध्ययन किया जाता है। कुछ मुख्य बातें जिनका अध्ययन शिक्षाशास्त्र के अंतर्गत किया जाता है। शिक्षा का संचालन किसकें हाथ में है, राज्य का शिक्षा में क्या सहयोग है, समाज का सहयोग क्या है। इन सभी बातों के अध्ययन से हमें शिक्षा प्रक्रिया को सुचारू रूप से चलाने के लिए इन बातों की आवश्यकता है।

शिक्षण तकनीकी–शिक्षण में सीखना और सिखाना दोनों क्रियाएँ आती हैं सीखने की विधियाँ, उत्तम सीखना कब सम्भव है इन प्रश्नों का उत्तर हमें मनोविज्ञान से मिलाता है। नियोजित शिक्षा की व्यवस्था करने कि लिए शिक्षण तकनीकी एवं शिक्षण कलाओं का ज्ञान आवश्यक है।

शिक्षा के सामान्य कार्य

शिक्षा सामाजिक प्रक्रिया है। व्यापक अर्थ में शिक्षा अनेक स्थान एवं प्रत्येक समय पर चलती है और इसकें विभिन्न रूप भी है। शिक्षा के विभिन्न रूपों का वर्णन हम आगे कर रहे हैं।

व्यवस्था की दृष्टि से शिक्षा के तीन रूप होते हैं–

1. औपचारिक 2. औपचारिकेत्तर 3. अनौपचारिक

औपचारिक शिक्षा

विभिन्न विद्यालयों, महाविद्यालयों और विश्वविद्यालयों में चलने वाली शिक्षा को औपचारिक शिक्षा कहते हैं। औपचारिक शिक्षा के उद्देश्य, पाठ्यक्रम एवं शिक्षण विधियाँ निश्चित होती हैं। औपचारिक शिक्षा योजनाबद्ध होती है ओर इसकी योजना बहुत कठोर होती है। सीखने वालों को विद्यालय महाविद्यालय अथवा विश्वविद्यालय को समय सारणी के अनुसार कार्य करना पड़ता है। औपचारिक शिक्षा व्यवस्था में परीक्षा लेने एवं प्रमाणपत्र देने की व्यवस्था होती है।

औपचारिक शिक्षा की यह विशेषता है कि व्यक्ति, समाज एवं राष्ट्र की

आवश्यकताओं की पूर्ति करती है। यह व्यक्ति के ज्ञान का विकास करते हुए उसकें आचरण को उचित आधार प्रदान करती है और व्यक्ति को किसी व्यावसाय या उद्योग के योग्य बनाती है। औपचारिक शिक्षा समाज की दार्शनिक, सामाजिक, आर्थिक मांगों की पूर्ति में सहायक होती है औार उसकें लिए विशेषण तैयार करती है। समाज इसकें द्वारा उन्नति करता है। औपचारिक शिक्षा के माध्यम से ही अध्यापक, वकील, वैद्य, हकीम, डाक्टर, इन्जीनियर, वैज्ञानिक एवं तकनीशियन तैयार किये जाते हैं। औपचारिक शिक्षा के अभाव में इन सबका निर्माण नहीं होगा और जिस समाज में इनका निर्माण नहीं हेाता है वह समाज उन्नति नहीं कर सकता है। औपचारिक शिक्षा एक प्रकार से व्यवस्था होती है। औपचारिक शिक्षा के व्यवस्थापकों को अधिक धन एवं समय खर्च करना पड़ता है और औपचारिक शिक्षा प्राप्त करने वालों को भी अधिक धन एवं समय व्यय करना पड़ता हैं। बहुतेरे छात्रों को अपनी शिक्षा बीच में ही छोड़ देनी पड़ती है। और इस प्रकार इस शिक्षा में अपव्यय एवं अवरोध होता है यह शिक्षा कई स्तरों पर व्यवस्थित होती है सभी स्तरों पर परीक्षा होती है। और प्रमाण पत्र दिये जाते है। प्रमाणपत्रों के आधार या गैर सरकारी नौकरियां प्राप्त होती है। औपचारिक शिक्षा प्राय: परीक्षा प्रधान होती है। पढ़ने वाले छात्र ज्ञान एवं कौशल में वृष्टि करने की अपेक्षा अच्छें पान एवं प्रमाणपत्र प्राप्त करने की ओर प्रवृत्त होते हैं। औपचारिक शिक्षा में स्थान, समय एवं पाठ्यक्रम के बहुत ज्यादा बन्धन होते हैं जिसके कारण सभी बालक इसका लाभ नहीं उठा पातें हैं। भारत जैसे देश में तो यह सुविधा सबको सुलभ नहीं है।

औपचारिकेत्तर शिक्षा

जैसे कि नाम से ही स्पष्ट है औपचरिकेत्तर शिक्षा औपचारिक शिक्षा की भांति विद्यालय एवं महाविद्यालय की सीमा में नहीं बांधी जाती है और न ही अनौपचारिक शिक्षा की भांति आकस्मिक रूप से चलती है। औपचारिकेत्तर शिक्षा के उद्देश्य, पाठ्यक्रम एवं शिक्षण विधियाँ प्रात: निश्चित् होते हैं लेकिन ये औपचारिक शिक्षा कठोर नहीं होते हैं। औपचारिकेत्तर शिक्षा की योजना बहुत लचीली होती हैं। इस शिक्षा का उद्देश्य सामान्य शिक्षा का प्रसार और उसकें लिए सतत व्यवस्था करना है। इसका पाठ्यक्रम सीखने वालों की आवश्यकता को ध्यान में रखकर तैयार किया जाता है। शिक्षण विधियाँ भी बहुत सरल होती है। औपचारिकेत्तर शिक्षा का आयोजन भी सीखने वालो की सुविधा के अनुसार विद्यालय भवनों, मन्दिर, मस्जिद, गिरजाघर एवं गुरूद्वारों, धर्मशालाओं एवं अन्य सामाजिक स्थलों, खेत खलिहानों एवं कारखानों में किया जाता है। समय भी सीखने वालों की सुविधा को ध्यान में रखकर तय किया जाता है। औपचारिकेत्तर शिक्षा में परीक्षा देना एवं प्रमाण पत्र पाना

आवश्यक नहीं होता है। कुछ योजनाओं में परीक्षा ली जाती है ओर प्रमाण पत्र दिये जाते हैं। कुछ योजिनाओं में निरीक्षण के आधार पर प्रमाणपत्र दिये जाते है। तो कुछ योजनाओं में ऐसा कुछ नही होता है। विद्यालय के बाहर की प्राथमिक शिक्षा, माध्यमिक स्तर एवं उच्च स्तर की खुली शिक्षा एवं प्रौढ़ शिक्षा सभी औपचारिकेत्तर शिक्षा के समानांतर चलाई जाने वाली शिक्षा व्यवस्था को ही औपचरिकेत्तर शिक्षा कहा जाता है। इस शिक्षा में जनसंचार के साधनों का भी बहुत प्रयोग होता है।

औपचारिकेत्तर शिक्षा की यह बहुत बडी विशेषता है कि इसकें द्वारा उन बच्चों को शिक्षित किया जाता है जो विद्यालय की शिक्षा प्राप्त नहीं कर पाते हैं। वे प्रौढ़ शिक्षित किये जाते है। जो बचपन में पढ़ नहीं पाते हैं। जो बचपन में पढ़ नहीं पाते हैं। या जो प्राथमिक शिक्षा को ही किसी स्तर पर छोड़कर किसी अन्य कार्य में लग जाते है। व्यक्ति की शिक्षा को निरंतरता इस शिक्षा से प्राप्त हो जाती है। तत्कालीन आवश्यकताओं की पूर्ति के लिए प्रशिक्षित किया जाता है। औपचारिकेत्तर शिक्षा इस प्रकार समाज की सामाजिक एवं राजनैतिक आवश्यकताओं की पूर्ति करती है। भारत जैसे गरीब एवं बड़े देश के लिए तो औपचारिकेत्तर शिक्षा बहुत ही लाभकारी है। कम खर्च करके इस शिक्षा द्वारा ज्यादा से ज्यादा लाभ उठाया जा सकता है।

इस शिक्षा में एक कमी है कि इस शिक्षा के द्वारा समाज के लिए विशेषज्ञ तैयार नहीं किये जा सकते हैं। डाक्टर, इन्जीनियर, वैज्ञानिक आदि बनने के लिए हमें औपचारिक शिक्षा पर निर्भर होना पड़ता है॥

अनौपचारिक शिक्षा

जिस शिक्षा का कोई उद्देश्य निश्चित नहीं हो, कोई योजना नहीं बनाई गई, न पाठ्क्रम हो और काई परिभाषित शिक्षण विधियाँ, जो आकस्मिक रूप से सदेव चलती है। अनौपचारिक शिक्षा कहते हैं। जन्म के बाद जिन व्यक्तियों के सम्पर्क में रहता है वह उन्हीं लोगो का अनुसरण करता है, उनकी बोलचाल की भाषा, रहन सहन खान पान की विधियाँ आदि बातें सीखता है। कुछ कार्य वह ऐसा भी सीखता है जो समाज उसे सिखाता चाहता है वे उसकी सामाजिक शिक्षा के अंग होते हैं यह शिक्षा औरपचारिकेत्तर शिक्षा के साथ–साथ तो चलती ही है उनके बाद भी चलती रहती है। परिवार समुदाय में रहकर हम जो भी सीखते हैं या समाज हमं जो भी सिखाता है उसे अनौपचारिक शिक्षा कहते हैं।

अनौपचारिक शिक्षा जीवन भर चलती है और जीवन पर सबसे ज्यादा प्रभाव डालती हैं। मनोवैज्ञानिकों का मानना है कि मनुष्य के व्यक्तित्व का 3/4 निर्माण जीवन के 'पहले पांच वर्षों में हो जाता है और हम जानते है कि पहले पांच

वर्षों में बालक केवल अनौपचारिक शिक्षा ही पाता है। भाषा और आचरण की शिक्षा अनौपचारिक ही होती है। सभ्यता एवं संस्कृति का ज्ञान भी अनौपचारिक शिक्षा से ही होता है। इसलिए अनौपचारिक शिक्षा बहुत आवश्यक है।

लेकिन जब तक औपचारिक एवं औपचारिकेत्तर शिक्षा द्वारा व्याक्ति एवं समाज शिक्षित नहीं होतें तब तक हम अनौपचारिक शिक्षा के लिए वातावरण तैयार नहीं कर सकतें हैं। बिना शिक्षित किए दी गई अनौपचारिक शिक्षा बहुत ही अव्यवस्थित होती है। व्यक्ति की भाषा एवं आचरण को किसी दिशा देने, अनुभवों को व्यवस्थित करने, उसकी रुचि, रूझान एवं उसकी योग्यतानुसार किसी विशेष कार्य के लिए प्रशिक्षित करने तथा जन शिक्षा के प्रचार एवं प्रसार के लिए औपचारिक एवं अनौपचारिक शिक्षा की व्यवस्था करना आवश्यक है।

औपचारिक, औपचारिकेत्तर एवं अनौपचारिक शिक्षा का महत्त्व

समाज एवं व्यक्ति के विकास के लिए औपचारिक, औपचारिकेत्तर एवं अनौपचारिक शिक्षा का अपना अपना महत्त्व है। शिक्षा का प्रारम्भ औपचारिक शिक्षा से होता है और अनौपचारिक शिक्षा के ही शिक्षा समाप्त होती है। बच्चों के प्रारम्भिक जीवन में जो संस्कार पड़ते हैं। वे बड़े ही स्थायी होते हैं। और प्राय: अनोपचारिक शिक्षा के परिणाम होते हैं। इसलिए अनौपचारिक शिक्षा को व्यक्ति के निर्माण की आधारशिला ही कहते है। लेकिन अनौपचारिक शिक्षा के लिए वातारवरण का निर्माण औपचारिक एवं औपचारिकेत्तर शिक्षा के द्वारा ही किया जाता है इसलिए इनको अधिक महत्त्व दिया जाता है। बगैर उचित औपचारिक शिक्षा की व्यवस्था किये कोई भी समाज विशेषज्ञों का निर्माण नहीं कर सकता है और इसकें अभाव में उसकी उन्नति नही हो सकती है। बचपन में जो शिक्षा प्राप्त नहीं करते थे उन लोगों को शिक्षित करने के लिए, प्रौढ़ों को शिक्षित करने के लिए और शिक्षित व्यक्तियों को शिक्षा की निरंतरता प्रदान करने के लिए औपचारिक शिक्षा की व्यवस्था की जाती है। शिक्षा के प्रसार में इसका अपना अलग महत्त्व है। यह कई देशों में औपचारिक शिक्षा के समांतर चलती है। अत: सभी लोग इन तीनों कें अलग-अलग महत्त्व को स्वीकार करते है। क्योंकि तीनों एक दूसरे की पूरक हैं। कुछ लोग औपचारिकेत्तर शिक्षा को ही अनौपचारिक शिक्षा कहते हैं। भारत सरकार ने भी उसे अनौपचारिक शिक्षा की ही संज्ञा दी है।

सामान्य एवं विशिष्ट शिक्षा

शिक्षा का एक और वर्गीकरण हैं जिसमें पढ़ाया जाने वाला विषय आधार होता है एवं बालक के भावी जीवन की विशिष्टताओं को भी आधार बनाया जाता है। प्रश्न उठता है कि हम बालक को जीवन के लिए शिक्षा दे रहे हैं। यह जानना

महत्त्वपूर्ण है कि बालक को क्या सामान्य शिक्षा दी जा रही है तो उसे सामान्य जीवन के लिए तैयार किया जा रहा है, और यदि उसे कोई विशेष या तकनीकी शिक्षा दी जा रही है तो उसे किसी विशिष्ट क्षेत्र में पारंगत किया जा रहा है।

सामान्य शिक्षा– सामान्य शिक्षा को उदार शिक्षा भी कहते हैं। इस शिक्षा के द्वारा बालक को सामान्य जीवन के लिए तैयार किया जाता हैं। इसकें लिए बालक की सामान्य बुद्धि को प्रशिक्षित किया जाता है। इस प्रकार की शिक्षा का उद्देश्य सीमित होता है। सामान्य शिक्षा का उद्देश्य बालक का सर्वांगीण विकास करना होता है। उस शिक्षा का उद्देश्य बालक का सामान्य विकास है। प्राथमिक से लेकर पूर्व माध्यमिक शिक्षा तक की शिक्षा का सामान्य शिक्षा की श्रेणी में रखा जा सकता है। क्योंकि मिडिल तक की शिक्षा और कहीं–कहीं मैट्रिक तक की शिक्षा प्रकृति भी सामान्य होती है जिसकें अंतर्गत विभिन्न विषयों की शिक्षा के माध्यम से बालक को सामान्य जीवन के लिए तैयार किया जाता है। इस शिक्षा में सामान्य व्यवहारिक ज्ञान दिया जाता है। सामान्य शिक्षा की प्रवृत्ति सामान्य होती है इसलिए यह शिक्षा दुनिया मे होने वाले परिवर्तनों से ज्यादा प्रभावित नहीं होती है।

विशिष्ट शिक्षा– जैसे–जैसे शिक्षा का स्तर बढता जाता है शिक्षा भी विशिष्ट होती जाती है। माध्यमिक शिक्षा के बाद ऐच्छिक विषयों के रूप मे यह विशिष्टीकरण प्रारम्भ होता है तथा स्नातकोत्तर स्तर तक जाते–जाते शिक्षा का विशिष्टीकरण हो जाता है। विशिष्ट शिक्षा से सामान्यत: विभिन्न व्यावसायिक विषयों का बोध होता है। इस प्रकार इंजीनियर, मेडिकल, चित्रकला, संगीत आदि स्पष्ट रूप से विशिष्ट प्रतीत होते है। विशिष्ट शिक्षा के लिए बालक की रुचि एवं क्षमता का ध्यान रखना आवश्यक होता है जिससे बालक में विशिष्ट दक्षता उत्पन्न होती है। किसी शिक्षा को विशिष्ट शिक्षा तभी कहा जा सकता है जब बालक को किसी विशेष क्षेत्र के लिए तैयार करें। भारत की नयी शिक्षा नीति में भी शिक्षा के विशिष्टीकरण को महत्त्व दिया गया है और उसे व्यवसाय से जोड़ने पर बल दिया गया है।

सामान्य एवं विशिष्ट शिक्षा का महत्त्व

दोनों प्रकार की शिक्षा का अपना–अपना महत्त्व है। मनुष्य को मनुष्य एवं सामाजिक प्राणी बनाने के लिए सामान्य अर्थात उदार शिक्षा की आवश्यकता होती है ओर भौतिक आवश्यकताओं की पूर्ति के लिए एवं आवश्यक वस्तुओं एवं धन के उपार्जन के लिए विशिष्ट शिक्षा की आवश्यकता होती है। पहली के अभाव मे मनुष्य नहीं बन पाता है और दूसरी के अभाव में समाज उन्नति नहीं कर सकता है।

वैयक्तिक एवं सामूहिक शिक्षा

शिक्षा प्राप्त करने वालो लोगो की संख्या के आधार पर यदि शिक्षा का

वर्गीकरण किया जाता है तो शिक्षा दो प्रकार की होगी। 1. वैयक्तिक एवं 2. सामूहिक।

1. वैयक्तिक शिक्षा– जैसा कि नाम से ही स्पष्ट है, वैयक्तिक शिक्षा का अर्थ है केवल एक विद्यार्थी द्वारा एक समय मे शिक्षा प्राप्त करना। इस शिक्षा में बालकों की प्राकृतिक विभिन्नताओं, शारीरिक एवं मानसिक शक्तियों, रुचियों, अभिक्षताओं को ध्यान मे रखकर शिक्षा प्रक्रिया का निर्धारण होता है। अत: वैयक्तिक शिक्षा में वैयक्तिक भिन्नताओं के अनुकूल ही पाठ्यक्रम, शिक्षण विधि और उद्देश्यों को अपनाया जाता है। इस शिक्षा में बालक की सीखने की गति का ध्यान रखना पड़ता है। जैसे–जैसे बालक ज्ञान प्राप्त करता जाता है। वैसे–वैसे शिक्षा आगे बढती जाती है। यह शिक्षा का आदर्श रूप तो है लेकिन ज्यादा खर्चीली है क्योकि इस प्रकार की शिक्षा में बालक एवं शिक्षक का अनुपात 1:1 का होता है। इतने बड़े देश में वैयक्तिक शिक्षा को सार्वजनिक रूप नहीं दिया जा सकता है क्योंकि इतनी ज्यादा संख्या में प्रशिक्षित अध्यापक, पठन सामग्री और वेतन की व्यवस्था असम्भव है।

2. सामूहिक शिक्षा– इस प्रकार की शिक्षा में एक साथ कई विद्यार्थी अध्ययन करते हैं। हमारे विद्यालय की कक्षाओं में इसी प्रकार की शिक्षा दी जाती है। यहाँ विभिन्न प्रकार की योग्यता एवं अभिक्षमता के बालक एक साथ शिक्षा ग्रहण करते हैं और उनकी गति को शिक्षक अपनी गति से नियंत्रित करता है। यह शिक्षा सस्ती है और एक ही अध्यापक कई छात्रों को एक ही साथ देता है। कहीं–कहीं तो शिक्षक–छात्र अनुपात 1:100 या 200 तक हो जाता है। सामूहिक शिक्षा में व्यक्तिगत विभिन्नता के सिद्धान्त की अवहैलना की जाती है। इस प्रकार की शिक्षा में गुणवत्ता को बढ़ाने के लिए शिक्षण छात्र अनुपात को कम करने की सलाह दी जाती है तथा व्यक्तिगत विभिन्नताओं को मान्यता देने के लिए रेमेडियल टींचिंग, जैसी व्यवस्था करने पर बल दिया जाता है।

सकारात्मक एवं नकारात्मक शिक्षा

सकारात्मक शिक्षा– शिक्षण विधि के आधार पर शिक्षा को सकारात्मक एवं नकारात्मक दो रूपों में विभक्त किया जा सकता है। समाज द्वारा खोजे गये तथ्यों जैसे पृथ्वी गोल है, पृथ्वी सूर्य के चारों ओर चक्कर लगाती है, चन्द्रमा पृथ्वी के चकर लगाता है, पहाड़ों पर वायु का दबाव कम होता है एवं निश्चित आदर्शों जैसे सत्य बोलो, क्रोधित मत बनो, झूठ मत बोलो आदि बातें बालक को बिना अनुभव किए बताना ही सकारात्मक शिक्षा है। सकारात्मक शिक्षा में बच्चों को निश्चित तथ्यों एवं आदर्शों को बिना किसी अनुभव अथवा तर्क के आधार पर स्वीकार करना पड़ता

है।

सकारात्मक शिक्षा प्राप्त करने वाले छात्र अपनी जाति के अनुभवों एवं आदर्शों से बहुत कम समय से ही परिचित हो जाते हैं।

सकारात्मक शिक्षा में बहुत बड़ा अवगुण है कि बालक अपनी जति के अनुभवों एवं आदर्शों को बिना किसी तर्क के स्वीकार करते हैं। इस प्रकार के ज्ञान को मनोवैज्ञानिक स्थायी ज्ञान नहीं मानते हैं। सकारात्मक शिक्षा का दूसरा सबसे बड़ा अवगुण यह है कि यदि हमारी जाति के अनुभव एवं आदर्शों में दोष है तो भी बालक को उसे अपनाना पड़ता है।

नकारात्मक शिक्षा–नकारात्मक शिक्षा व शिक्षा है जिसमें बालकों को स्वयं खोज करने एवं आदर्शों को स्थापित कने के अवसर दिये जाते है। अध्यापक का कार्य इस शिक्षा में केवल अवसर प्रदान करना है।

नकारात्मक शिक्षा में सीखा हुआ ज्ञान स्थायी होता है क्योंकि बालक को स्वयं करके स्वयं के अनुभव से सीखना होता है।

लेकिन क्या बालक स्वयं अपने एवं स्वयं सीखने की योग्यता रखते हैं। यदि नहीं तो वे अपने स्वयं के अनुभव पर कैसे निर्भर रह सकते हैं और सब कुछ स्वयं अनुभव करके सीखा भी नहीं जा सकता है हमें अपने पूर्वजों के अनुभवों का ज्ञान प्राप्त करना होता है।

शिक्षा के कार्य, आवश्यकता, उपयोगिता एवं महत्त्व

मानव के विकास का मूल साधन है शिक्षा। शिक्षा के द्वारा व्यक्ति, समाज एवं राष्ट्र सभी का विकास होता है। यह मनुष्य को वह सब प्राप्त करने में सहायता करती है जिसकी वह आकांक्षा करता है और उसे प्राप्त करने का प्रयास करता है। शिक्षा के कार्यों को किसी सीमा में नहीं बांधा जा सकता है। शिक्षा मनुष्य के भूत, भविष्य एवं वर्तमान तीनों से सम्बन्धित रहती है। शिक्षा व्यक्ति को भूत से परिचित करती है, भविष्य का निर्माण करने में सहयोग करती है और वर्तमान में जीना सिखाती है। दार्शनिकों का मानना है कि शिक्षा मनुष्य को अपने जीवन के उद्देश्यो को प्राप्त करने के योग्य बनाती है। शिक्षा मनुष्य का सामाजीकरण करती है, सामाजिक नियंत्रण रखती है और सामाजिक परिवर्तन करती है। शिक्षा मनुष्य को राज्य का सर्वश्रेष्ठ नागरिक बनाती है। अर्थशास्त्रियों के अनुसार शिक्षा मनुष्य में व्यावसायिक कुशलता का विकास करती है तथा राष्ट्र का भी आर्थिक विकास करने में सहयोग करती है। मनोवैज्ञानिक शिक्षा को मार्गान्तीकरण एवं उदातीकरण कासाधन मानते हैं। वैज्ञानिकों की दृष्टि में शिक्षा के द्वारा मनुष्य की अनंत शक्तियों का बाह्य जीवन से सामंजस्य स्थापित करती है।

वास्तविकता तो यह है कि शिक्षा के अपने कोई कार्य नहीं होते हैं। शिक्षा के विभिन्न उद्देश्यों की पूर्ति करना शिक्षा के कार्य हैं। शिक्षा की उपयोगिता इन कार्यों का सम्पादन करना ही है यही शिक्षा का महत्त्व है। शिक्षा के उद्देश्यों एवं कार्यों का स्वरूप देश एवं काल के अनुसार बदलता रहता है। हम शिक्षा के कार्यों को निम्नांकित बिन्दुओं पर प्रकाश डालने से समझ सकते हैं–

सामाजिकरण, सामाजिक नियंत्रण एवं सामाजिक परिवर्तन के लिए शिक्षा–मनुष्य अकेला नहीं रह सकता हैं क्योंकि यह स्वभाव से ही एक समाजिक प्राणी है। यूं तो सभी प्राणी समूह में रहना पसंद करते हैं लेकिन विकासशील प्राणी होनपे के नाते मनुष्य इन सबसे भिन्न होता है। वह समाज में समायोजन तो करता ही है उसमें परिवर्तन एवं विकास भी करता है। समाज के लिए शिक्षा मुख्य रूप से तीन कार्य करती है। पहला सामाजीकरण, दूसरा सामाजिक नियंत्रण एवं तीसरा सामाजिक परिवर्तन। समाज की भाषा चाहै जैसी हो, रहन, सहन, खानपान एवं व्यवहार चाहै जैसे हों उसकें सदस्यों को ये सभी बातें सीखनी होती हैं तभी वे समाज से समायोजन कर पाते हैं। समाजशास्त्र इस क्रिया को सामाजीकरण कहते हैं। प्रत्येक समाज अपनी सभ्यता एवं संस्कृति को अक्षुण रखना चाहता है और शिक्षा इस कार्य में उसकी सहायता करती है। शिक्षा मनुष्यों में अपनी भाषा, रहन–सहन, खान पान एवं व्यवहार की विधियों और रीति–रिवाजों में परिवर्तन एवं विकास करने में सहायता करती है इसे समाजशास्त्र की भाषा में सामाजिक परिवर्तन कहा जाता है।

शारीरिक विकास, इन्द्रिय प्रशिक्षण एवं जन्मजात शक्तियों का उदान्तीकरण– मनुष्य के शरीर का विकास उसकी नैसर्गिक गुण हैं। आवश्यक भोजन, जल एवं वायु प्राप्त होने पर यह वृद्धि स्वयं होती है लेकिन उसकें विकास के लिए शिक्षा की आवश्यकता होती है। इस क्षेत्र में शिक्षा के तीन कार्य हैं। (i) मनुष्य के शारीरिक विकास के लिए उचित आहार–विहार का ज्ञान कराना एवं उसकें अनुसार व्यवहार करने की आदत बनाना। (ii) मनुष्य की कमेन्द्रियों एवं ज्ञानेन्द्रियों का विकास एवं प्रशिक्षण एवं (iii) मनुष्य की जन्मजात शक्तियों का विकास एवं उदात्तीकरण हम जानते हैं कि शिक्षा के द्वारा मनुष्य का शारीरिक विकास किया जाता है। मनुष्य अपनी कमेन्द्रियों एवं ज्ञानेन्द्रियों के द्वारा ही विभिन्न प्रकार का ज्ञान प्राप्त करता है और विभिन्न क्रियाओं का सम्पादन करता है।

मानसिक शक्तियों का विकास एवं ज्ञानवर्धन– मनुष्य जो भी कार्य करता है अपने शरीर एवं मन से करता है। अतः मनुष्य के शारीरिक विकास के साथ–साथ उसका मानसिक विकास विकास भी आवश्यक है। शिक्षा इस कार्य में

मनुष्य की सहायता करती है। मानसिक विकास एवं ज्ञानवर्धन के क्षेत्र में भी शिक्षा तीन कार्य करती है। (i) मनुष्य को भाषा का ज्ञान कराना। मानसिक विकास का सम्बन्ध विचारों के विकास से होता है और विचारों का भाषा से। भाषा एवं विचरों का चोलीदामन का सम्बन्ध है। मानसिक विकास की शुरूआत भाषा ज्ञान से होती है। (ii) शिक्षा का दूसरा कार्य है मानसिक शक्तियों का विकास। इस शक्ति के विकास के लिए आज बच्चों को स्वयचं करके सीखने एवं स्वयं निर्णय निकालने के अवसर दिये जाते हैं। (iii) मनुष्य को विभिन्न वस्तुओं, तथ्यों एवं क्रियाओं का ज्ञान कराना भी शिक्षा का ही कार्य है। बच्चों को विभिन्न विषयों की शिक्षा दी जाती है एवं उन्हें विभिन्न क्रियाओं में प्रशिक्षित किया जाता है। बालकों को भय से मुक्त कर अभय बनाया जाता है जिससे बच्चों का मानसिक स्वास्थ्य ठीक रहता है और बालक आशावादी एवं आत्मविश्वासी बनता है।

व्यवसायिक कुशलता के विकास के लिए– मनुष्य के अलावा संसार के अन्य प्राणियों को जीने के लिए केवल भोजन एवं आवास की आवश्यकता होती है और वे उसे प्रकृति से सीधे प्राप्त कर लेते हैं। लेकिन सभ्यता के विकास के साथ-साथ मनुष्य की आवश्यकताएं बढ़ती गयीं और आज उसकी आवश्यकता असीमित एवं अनंत हैं। शिक्षा, मनुष्य की इन आवश्यकताओं की पूर्ति के लिए विभिन्न व्यवसायों यथा कृषि, कपड़ा, निर्माण, भवन एवं बर्तन निर्माण, रेड़ियों, टेलीविजन, कार, बस, रेलगाड़ी आदि के निर्माण में कुशलता प्रदान करती है। शिक्षा, समाज के लिए कुशल कारीगर एवं संगठनकर्ता आदि बनाती है। इस तरह एक तरफ तो मनुष्य अपनी रोजी-रोटी कमाता है दूसरी तरफ राष्ट्र एवं समाज की आवश्यकताओं की पूर्ति करता है। अत: छात्रों को जीविकोपार्जन की शिक्षा देना शिक्षा का एक महत्त्वपूर्ण काम है।

सभ्यता एवं संस्कृति का संरक्षण का विकास–संस्कृति मानव समाज की विशेषता है संस्कृति के अर्थ के सम्बन्ध में विद्वानों में मतैक्य नहीं है लेकिन हमारे देखने में किसी समाज की संस्कृति का अर्थ किसी विशेष समाज की रहन सहन एवं खान-पान की विधियों, आचार-विचार, रीति-रिवाज, कला-कौशल, संगीत नृत्य, भाषा-साहित्य, धर्म-दर्शन और मूल्यों के उस विशेष रूप से होता है जिसमें उसकी आस्था रहती है और जिसकें द्वारा उसकी पहचान होती है। समाज अपने सदस्यों को अपनी संस्कृति से परिचित कराता है और उसको उसी के अनुसार क्रिया करने एवं सोचने को बाध्य करता है और यह कार्य शिक्षा के द्वारा ही होता है और समाज की संस्कृति सुरक्षित रहती है। पहले का समाज व्यक्ति में एक पीढ़ी में केवल एक संस्कृति का अर्थ किसी विशेष समाज की रहन सहन एवं खान-पान की

विधियों, आचार-विचार, रीति-रिवाज, कला-कौशल, संगीत नृत्य, भाषा-साहित्य, धर्म-दर्शन और मूल्यों के उस विशेष रूप से होता है जिसमें उसकी आस्था रहती है और जिसकें द्वारा उसकी पहचान होती है। समाज अपने सदस्यों को अपनी संस्कृति से परिचित कराता है और उसको उसी के अनसुार क्रिया करने एवं सोचने को बाध्य करताहै और यह कार्य शिक्षा के द्वारा ही होता है और समाज की संस्कृति सुरक्षित रहती है। पहले का समाज व्यक्त में एक पीढ़ी में केवल एक संस्कृति ही हस्तांतरित कर पाता था लेकिन आज आवागमन के साधनों के विकास के कारण कई संस्कृतियों के सम्पर्क में आता है और इन सभी संस्कृतियों का प्रभाव उस पर पड़ता है। हमारा बच्चों को सांस्कृतियों सहिष्णुता का पाठ पढ़ाते हैं। अत: हम कह सकते हैं कि शिक्षा के द्वारा एक दूसरे की संस्कृति को ग्रहण एवं अपनी-अपनी संस्कृति में परिवर्तन एवं विकास करने में सहायता मिलती है।

नैतिक एवं चारित्रिक विकास– नैतिकता का अर्थ है समाज द्वारा निश्चित नियमों एवं सिद्धांतों का पालन-अलग अलग समाज में नियम एवं सिद्धांत भिन्न-भिन्न होते हैं। इसलिए समाज आधारित नैतिकता भी अलग-अलग होती है। सामाजिक परिवर्तन के साथ-साथ इस नैतिकता के स्वरूप में भी परिवर्तन होता रहता है। धर्म आधारित नैतिकता में स्थायित्व रहता है। ध्यान से देखने पर पता चलता है कि लगभग सभी धार्मे के नियम एवं सिद्धांत एक जैसे होते हैं। सभी धर्म मनुष्य को मनुष्य से प्रेम करने, सत्य बोलने एवं ईमानदारी बरतने की शिक्षा देते हैं। मेरी दृष्टि में धर्म आधारित नैतिकता ही वास्तविक नैतिकता है जब कोई आदमी इसका पालन निष्ठा से करता है और विषय परिस्थिति में भी इससे विचलित नहीं होता है चरित्रवान कहलाता है। हम कह सकते हैं कि नैतिकता एवं चरित्र एक ही सिक्के के दो पहलू हैं। यह सर्वमान्य है कि जब तक मनुष्य का नैतिक एवं चारित्रिक विकास नहीं होता है तब तक मनुष्य अपनी शरीर एवं मन की आंतरिक शक्तियों का विकास नहीं कर पाता है और न ही समाज से समायोजन कर पाता है। अत: प्रत्येक समाज शिक्षा द्वारा मनुष्य का चारित्रिक एवं मानसिक विकास करता है।

शासनतंत्र एवं नागरिकता की शिक्षा– शिक्षा समाज के हाथ में हो या व्यक्ति के हाथ में या राज्य के हाथ में उसकें द्वारा राज्य की शासन प्रणाली का ज्ञान जनता को कराया जाता रहा है। कहीं-कहीं शिक्षा को उसकें गुण-दोषों का बखान करने की स्वतंत्रता रही तो कहीं-कहीं उसकें गुण-दोषों की विवेचना करने की स्वतंत्रता रहती है। अच्छी शिक्षा की व्यवस्था करना राज्य का कर्तव्य रहा है। संसार के विभिन्न राष्ट्रों में अलग-अलग शासन प्रणाली है और सभी राष्ट्र अपने यहां की शासन प्रणाली को सर्वश्रेष्ठ मानते हैं और अपने नागरिकों को इसकें गुणों एवं

स्वरूप से परिचित कराते हैं यह कार्य शिक्षा के द्वारा कराया जाता है। हमारे यहां लोकतंत्र हैं अत: हम अपने नागरिकों को लोकतंत्र की शिक्षा देते हैं। जिस देश में राजशाही है वैसे देश में शासक के प्रति वफादारी सिखलाई जाती है। प्रत्येक राज्य अपने नागरिकों को उनके अधिकारों एवं कर्तव्यों का ज्ञान कराता है और उनसे वैसे ही आचरण की अपेक्षा करता है। अत: नागरिकता की शिक्षा देने का कार्य शिक्षा ही करती है।

राष्ट्र के लक्ष्यों की प्राप्ति के लिए शिक्षा– हम जानते हैं कि हमारा समाज परिवर्तनशील है और समाज की कुछ आकांक्षाएं भी होती हैं और इन आकांक्षाओं की पूर्ति के लिए उसे अनेक चुनौतीयों से दो चार होना पड़ता है। शिक्षा समाज या राष्ट्र की आकांक्षाओं की पूर्ति करने में सहायता करती हैं। पिछड़ापन, गरीबी, जनसंख्या वृद्धि, पर्यावरण, प्रदूषण, साम्प्रदायिकता एवं अलगाववाद की समस्याएं हैं एवं उनके समाधान के लिए हमने जन शिक्षा की व्यवस्था भी की है। यह बात सर्वमान्य है कि कोई भी समाज अपनी आकांक्षाओं और लक्ष्यों की पूर्ति शिक्षा की सहायता से ही कर सकता है।

आध्यात्मिकता का विकास– शिक्षा का सर्वोच्च कार्य है–आध्यात्मिकता का विकास। कुछ राजय आध्यात्मिक शिक्षा के महत्त्व को स्वीकार करते हैं और कुछ अस्वीकार। जो राज्य आध्यात्मिक शिक्षा के लिए प्राविधान रखे हुए हैं वे भी धर्म विशेष की शिक्षा के रूप में आध्यात्मिक शिक्षा के रूप में नहीं। आध्यात्मिक स्तर पर भेद समाप्त हो जाता है। संसार के ज्यादातर लोगों का मानना है कि मनुष्य का भौतिक विकास चाहै जितना हो जाए लेकिन जब तक वह आध्यात्मिक विकास नहीं कर लेता है उसे वास्तविक सुख एवं शांति प्राप्त नहीं हो पायेगी। बुद्ध, महावीर, ईसा आदि गुरुओं ने हमें आध्यात्मिक शिक्षा ही दी है। आज के समाज में ही आध्यात्मिक गुरूओं का अभाव नहीं है। हमारे गांवों एवं नगरों में भी आध्यात्मिक गुरू उपलब्ध है।

शिक्षा के कुछ अन्य विशेष कार्य

यह प्रश्न स्वाभाविक है कि सामाजिक जीवन में शिक्षा क्या कार्य करती है। राष्ट्रीय स्तर पर एवं अंतरराष्ट्रीय स्तर पर शिक्षा के क्या कार्य है। यहां यह स्पष्ट हो चुका है कि कोई भी राष्ट्र शिक्षा की व्यवस्था, व्यक्ति, समाज एवं राष्ट्र तीनों की आवश्यकताओं को ध्यान में रखकर करता है। आज का युग अंतर्राष्ट्रीयता का युग है। अत: लगभग सभी राष्ट्र शिक्षा द्वारा अंतर्राष्ट्रीयता की भावना का विकास करते है।

मानव जीवन में शिक्षा के कार्य

मनुष्य किसी न किसी समाज का सदस्य होता है, राज्य का नागरिक होता

है और प्रत्येक राज्य अपने नागरिकों के लिए शिक्षा की व्यवस्था करता है और शिक्षा कार्य सम्पन्न करती है। व्यक्ति के सम्बन्ध में शिक्षा के कार्यों को हम निम्नलिखित रूप में व्यक्त कर सकते हैं–

(i) मनुष्य का शारीरिक विकास, इन्द्रियों का प्रशिक्षण, जन्मजात शक्तियों का विकास एवं उदात्तीकरण।

(ii) सामाजीकरण एवं समाज से समायोजन करना सिखाना।

(iii) मनुष्य को उसकी भाषा का ज्ञान कराना, मानसिक शक्तियों का विकास करना एवं विविध विषयों का ज्ञान कराना।

(iv) मनुष्य को उसकी संस्कृति से परिचित कराना और उसकें अनुसार आचरण करना सीखना।

(v) मनुष्य को विभिन्न व्यवसायों में निपुण करना और अपनी रोजी रोटी कमाने के योग्य बनाना।

(vi) नैतिक एवं चारित्रिक मूल्यों का निर्माण एवं विकास।

(vii) राज्य का श्रेष्ठ नागरिक बनाना एवं देश के शासनतंत्र से परिचित करना।

(viii) राज्य की आकांक्षाओं से परिचित कराना एवं उसकी प्राप्ति की ओर अग्रसर करना।

(ix) मनुष्य को उसकें धर्म एवं दर्शन से परिचित कराना एवं धार्मिक सहनशीलता एवं आध्यात्मिक चेतना का विकास।

सामाजिक जीवन के लिए शिक्षा के कार्य

समाज या राज्य शिक्षा की व्यवस्था व्यक्ति एवं समाज सभी के उत्थान के लिए करता है। सामाजिक दृष्टि से तो शिक्षा के दो ही कार्य हैं–

(1) सामाजिक नियंत्रण (2) सामाजिक परिवर्तन। इन दोनों कार्यों को करने के लिए शिक्षा को निम्न लिखित कार्य करने पड़ते हैं–

(i) समाज की भाषा का ज्ञान कराना एवं समाज से ज्ञान–विज्ञान से परिचय।

(ii) प्रत्येक व्यक्ति का शारीरिक विकास, इन्द्रिय प्रशिक्षण एवं जन्मजात शक्तियों का विकास।

(iii) व्यक्तियों का सामाजीकरण, सामाजिक नियंत्रण एवं सामाजिक परिवर्तन।

(iv) संस्कृति का संरक्षण एवं उनका विकास।

(v) सामाजिक, सांस्कृतिक मूल्यों का विकास करना एवं नैतिक एवं

चारित्रिक विकास।

(vi) विभिन्न कार्यों के लिए विशेषज्ञों का निर्माण

(vii) समाज के व्यक्तियों को सामाजिक लक्ष्यों से परिचित कराना एवं उन्हें अच्छा नागरिक बनाना।

(viii) सामाजिक लक्ष्यों से परिचित कराना एवं उनकी प्राप्ति के लिए अग्रसर करना।

(ix) समाज के व्यक्तियों को धर्म का ज्ञान कराना एवं उनमें आध्यात्मिक चेतना का विकास।

राष्ट्र के स्तर पर शिक्षा के कार्य

शिक्षा मानवीय एवं सामाजिक जीवन में जो कार्य करती है। राष्ट्र उससे प्रभावित होता है। नागरिक राष्ट्र की एक इकाई है उसकें चरित्र से राष्ट्र का चरित्र प्रभावित होता है एवं उसकी योग्यता एवं क्षमता पर राष्ट्र का विकास निर्भर करता है। यदि हम राष्ट्र की दृष्टि से शिक्षा के कार्यों की विवेचना करते हैं तो उसका एकमात्र कार्य श्रेष्ठ नागरिकों का निर्माण करना हैं। श्रेष्ठ नागरिकों के निर्माण के लिए हम शिक्षा के निम्नलिखित कार्य बता सकते हैं –

(i) राष्ट्र के नागरिकों का शारीरिक विकास, उनकी इन्द्रियों का प्रशिक्षण एवं उनकी जन्मजात शक्तियों का विकास।

(ii) नागरिकों को राष्ट्र की भाषाओं का ज्ञान कराना एवं उनकी मानसिक शक्तियों का विकास करना।

(iii) राष्ट्र के सभी नागरिकों क सामाजीकरण एवं सामाजिक नियंत्रण एवं सामाजिक परिवर्तन के योग्य बनाना।

(iv) राष्ट्र की संस्कृतियों से परिचित कराना एवं राष्ट्रीय एवं भावात्मक एकता का विकास करना।

(v) राष्ट्र के नागरिकों का नैतिक एवं चारित्रिक विकास करना।

(vi) धार्मिक सहिष्णुता की भावना एवं आध्यात्मिक चेतना का विकास।

(vii) राष्ट्र के नागरिकों को राज्य की शासन प्रणाली से परिचित करना एवं उनके अधिकारों एवं कर्तव्यों का ज्ञान कराना।

(viii) राष्ट्रीय लक्ष्यों से अवगत कराना एवं उनकी प्राप्ति के लिए प्रेरित करना।

शिक्षा के कार्यों का वर्गीकरण

यह वास्तविक है कि शिक्षा का न कोई अपना उद्देश्य है और न ही कार्य। शिक्षा तो समाज विशेष के उद्देश्यों की पूर्ति का साधन मात्र है। समाज के

उद्‌देश्यों की पूर्ति ही शिक्षा के कार्य हैं और समाज के परिर्वनीय होने के कारण समाज के उद्‌देश्य एवं कार्य भी परिवर्तन हैं।

शिक्षा के सामान्य एवं विशेष कार्य

शिक्षा के वे कार्य जिनके द्वारा समाज के विशेष व्यक्तियों को सामान्य जीवनं जीने की कला सिखाई जाती है। सामान्य कार्य की श्रेणी मे आते हैं। अत: व्यक्ति का शारीरिक, मानसिक, सामाजिक, सांस्कृति एवं चारित्रिक विकास शिक्षा के सामान्य कार्य की श्रेणी में आते हैं। शिक्षा के वे कार्य जिनके द्वारा समाज के व्यक्तियों को किसी विशिष्ट कार्य के लिए तैयार किया जाता है विशिष्ट कार्य कहते हैं। इस दृष्टि से व्यक्ति को कुशल कार्मिक, इंजीनियर, डाक्टर, वकील शिक्षक आदि बनाना विशिष्ट कार्य की श्रेणी में आते हैं। कुछ विद्वान सामान्य एवं विशिष्ट जीवन के आधार पर शिक्षा के सामाय एवं विशेष कार्य को परिभाषित करते हैं। कुछ लोग देश एवं काल के अनुसार नहीं बदलने वाले कार्यों को विशेष कार्य कहते हैं। लेकिन वास्तविकता यह है कि शिक्षा के कार्यों के बीच ऐसी कोई रेखा नहीं खींची जा सकती है।

शिक्षा का पाठ्यक्रम

नियोजन शिक्षा व्यवस्था के निश्चित उद्देश्यों की प्राप्ति के लिए कुछ विषयों एवं क्रियाओं का ज्ञान एवं प्रशिक्षण आवश्यक है। समान अर्थ में इसे ही पाठ्यक्रम कहा जाता है। पाठ्यक्रम शिक्षा के उद्देश्यों की प्राप्ति का साधन है। अंग्रेजी में इसे करीकुलम कहा जाता है जिसका अर्थ दौड़ का मैदान होता है जैसे दौड़ के मैदान में कोई व्यक्ति अपने लक्ष्य को प्राप्त करता है उसी प्रकार पाठ्यक्रम को पूरा करने वाला विद्यार्थी निश्चित उद्देश्यों की प्राप्ति करता है। कनिंघम ने भी पाठ्यक्रम के उद्देश्यों की प्राप्ति के साधन के रूप में स्वीकार किया है उनके अनुसार, ''पाठ्यक्रम अध्यापक के रूप में वह साधन है जिससे वह अपने विद्यार्थी को अपने विद्यालय में अपने उद्देश्यों के अनुसार बनाता है।''

लेकिन पाठ्यक्रम का अर्थ इससे बड़ा होता है। प्राचीन काल में पाठ्यक्रम का सम्बन्ध बौद्धिक विषयों की शिक्षा एवं विभिन्न कक्षाओं को प्रशिक्षण के लिए विद्यालय में किये जाने वाले कार्यों तक ही सीमित है। लेकिन जब इसकी सीमा में तो वे सभी अनुभव शामिल किए जाते हैं जो बच्चों को विद्यालय की कक्षाओं, पुस्तकालयों, प्रयोगशालाओं, खेल के मैदान एवं साहित्यिक एवं सांस्कृतिक मंचों पर प्राप्त होते हैं। **मुदालियर कमीशन** 1952 के अनुसार, ''यह स्पष्ट रूप से समझ लेना चाहिए कि सर्वोत्तम शैक्षिक विचारधारा के अनुसार पाठ्यक्रम का अर्थ विद्यालय में पढ़ाये जाने वाले विषय्रों तक ही सीमित नहीं है। अपितु इसमें वे सब

अनुभव समाहित हैं जो एक बालक विद्यालय में प्राप्त करता है।''

पिछले कुछ वर्षों में पाठ्यक्रम का क्षेत्र कुछ और अधिक विस्तुत हुआ है। शिक्षाविदों ने भी यह स्पष्ट किया है कि पाठ्यक्रम विद्यालय तक ही सीमित नहीं रहता है। बल्कि उसमें विद्यालय से बाहर की जाने वाली क्रियाएँ भी सम्मिलित होती हैं जिन्हैं विद्यालयों में दी जाने वाली शिक्षा की प्राप्ति के लिए किया जाता है इसकी परिभाषा हम इस प्रकार दे सकते हैं– ''नियोजित शिक्षा के उद्देश्यों की प्राप्ति के लिए जो भी पाठ्य विषय पढ़ाए जाते हैं या क्रियाएँ कराई जाती है वे विद्यालय के अंदर हों या बाहर सबको पाठ्यक्रम कहते हैं।''

शिक्षा की प्रक्रिया में पाठ्यक्रम का महत्त्व

प्रत्येक समाज, राज्य या राष्ट्र की अपनी कुछ मान्यताएँ होती है, विश्वास आदर्श एवं मूल्य होते हैं। इनकी पूर्ति के लिए वह शिक्षा की व्यवस्था करता है और उद्देश्य निश्चित करता है। इन उद्देश्यों की प्राप्ति के लिए जिन विषयों का ज्ञान एवं प्रशिक्षण आवश्यक होता है उन्हें पाठ्यक्रम में स्थान दिया जाता है। इस प्रकार पाठ्यक्रम शिक्षक एवं शिक्षार्थी के सामने स्पष्ट एवं निश्चित लक्ष्य रखता हैं और उनकी प्राप्ति के लिए उनके कार्य भी निश्चित करता है। नियोजित शिक्षा के लिए पाठ्यक्रम बहुत आवश्यक है इअसकें निम्नलिखित लाभ है–

शिक्षा प्रक्रिया की व्यवस्था–निश्चित पाठ्यक्रम अध्यापक एवं विद्यार्थी दोनों के कार्य को निश्चित कर देता है। पाठ्यक्रम एक ऐसा लेखा जोखा है जिसमें यह तय किया जाता है कि शिक्षा के किस स्तर पर किस पाठ्य विषय का कितना ज्ञान दिया जाए एवं किन क्रियाओं में कितनी दक्षता उपलब्ध करायी जाएगी और पाठ्यगामी सहगामी क्रियाओं को कैसे आयोजित किया जाएगा। पाठ्यक्रम के अंतर्गत विद्यालय के बाहर एवं भीतर जाने वाले कार्यों की पूरी रूपरेखा होती है अत: निश्चित पाठ्यक्रम शिक्षा की रूपरेखा को तय करता है और व्यवस्थित भी।

शक्ति एवं समय का सदुपयोग–निश्चित पाठ्यक्रम में विद्यार्थी को यह पता रहता है कि उसे विद्यार्थी को क्या सीखने में सहायता करती है और उन्हें क्या सीखने में सहायता करती है और विद्यार्थी को यह पता रहता है कि उन्हें क्या-क्या सीखना है। अध्यापक एवं विद्यार्थी किसी भी स्तर पर भटक नहीं पाते हैं। परिणाम स्वरूप शिक्षा की व्यवस्था बहुत ही सुचारू रूप से चलती है और अध्यापक एवं विद्यार्थी दोनों निश्चित समय में कार्यों का पूरा करते हैं। इस तरह समय एवं शक्ति दोनों का सदुपयोग होता रहता है।

बालकों की मनोवैज्ञानिक आवश्यकताओं की पूर्ति–मनुष्य में यह एक बड़ा गुण है कि वह सप्रयोजन क्रियाओं में रुचि लेता है और इस प्रकार के

कार्य करना चाहता है जिससे उसकी वर्तमान आवश्यकताओं की पूर्ति तो होती है भावी आवश्यकताओं की पूर्ति की भी व्यवस्था होती है। पाठ्यक्रम का निर्माण इन बातों को ध्यान में रखकर किया जाता है अत: बच्चे उसे पूरा करने में रुचि लेते हैं। यह बात भी ध्यान देने की है कि यदि बालक निश्चित समय में अपना पाठ्यक्रम पूरा कर लेते हैं तो वे दूने उत्साह से आगे बढ़ते हैं।

पाठ्य पुस्तकों के निर्माण में सहयोग–किसी भी स्तर में निश्चित पाठ्यक्रम में उस स्तर पर पढ़ाए जाने वाले विषयों की सामग्री भी निश्चित होती है। इसकें आधार पर ही लेखक पाठ्य पुस्तक तैयार करते हैं और उनमें आवश्यक सामग्री को ही स्थान देते हैं। पाठ्यपुस्तकों के अभाव में शिक्षा नियंत्रित एवं व्यवस्थित हो जाती है।

समान शिक्षा स्तर के लिए–पाठ्यक्रम निश्चित होने पर पूरे समाज का शिक्षा का स्तर समान रहता है। पाठ्यक्रम स्वरूप हमें शिक्षा में सुधार की सही दिशा प्राप्त होती है। पाठ्यक्रम निश्चित नहीं होने की स्थिति में हम शिक्षा के स्तर के गिरने एवं उठने के कार्यों का पता नहीं लगा सकते हैं।

सही मूल्यांकन के लिए–विशेष स्तर के लिए विशेष पाठ्यक्रम के निश्चित होने से विशेष स्तर के विद्यार्थियों का मूल्यांकन स्तर हो जाता है। यदि विशेष स्तर के लिए विशेष पाठ्यक्रम की व्यवस्था नहीं होगी तो मूल्यांकन असम्भव हो जाएगा। अध्यापक विद्यार्थियों का मूल्यांकन पाठ्यक्रम के आधार पर ही करता है।

शिक्षा के उद्देश्य की प्राप्ति के लिए–जैसा कि हम जानते हैं कि किसी भी स्तर पर पाठ्यक्रम का निर्माण कुछ निश्चित उद्देश्यों की प्राप्ति के लिए किया जाता है। यदि हम पाठ्यक्रम को पूरा कर पाते हैं तो उद्देश्यों की प्राप्ति में सफल होते हैं वरना असफल हो जाते हैं। यदि हम देखते हैं कि किसी पाठ्यक्रम विशेष से हमारे उद्देश्यों की प्राप्ति नहीं हो रही है तो हम पाठ्यक्रम में परिवर्तन कर देते हैं। यदि हमारे पास पाठ्यक्रम नहीं रहेगा तो हम यह तय करने में असमर्थ हो जायेंगे कि किन विषयों के सहयोग एवं किन क्रियाओं को करने से हमारे उद्देश्यों की पूर्ति हो रही है और कौन विषय एवं क्रियाएँ बेकार हैं।

पाठ्यक्रम के निर्माण के आधार स्तम्भ

किसी समाज के शिक्षा के स्वरूप को निश्चित करने के लिए उस समाज के दर्शन विशेष रूप से जीवन दर्शन की विशेष भूमिका रहती है। शिक्षा दर्शन मे इन सबकी व्याख्या की जाती है। उस समाज की संरचना, सभ्यता, संस्कृति आदि का भी विशेष प्रभाव पड़ता है और इन सबका अध्ययन शैक्षिक समाजशास्त्र में किया जाता है। समाज की राजनैतिक एवं आर्थिक व्यवस्था भी शिक्षा के स्वरूप को

प्रभावित करती है। मानव की अपनी प्रकृति भी उसकें शिक्षा के स्वरूप को निर्धारित करती है। इसका अध्ययन शिक्षा मनोविज्ञान में किया जाता है। आज का युग विज्ञान का युग है। युग के प्रभाव से शिक्षा भी प्रभावित होती है। ये सभी बातें शिक्षा के स्वरूप अर्थात् उसकें उद्देश्य एवं पाठ्यक्रम निर्धारित करने के आधार होते हैं। ये शिक्षा का निम्नलिखित प्रकार से प्रभावित करते हैं।

दार्शनिक आधार–हमारे जीवन या शिक्षा के उद्देश्य मूलत: हमारे जीवन दर्शन पर आधारित होते हैं और शिक्षा का पाठ्यक्रम भी शिक्षा से प्रभावित होता है और होना भी चाहिए। आध्यात्मवादी चूंकि आध्यात्मिक मान्यताओं को महत्त्व देते हैं। इसलिए उनके पाठ्यक्रम में भाषा, साहित्य, धर्मशास्त्र आदि को अधिक महत्त्व देते हैं और अन्य विषयों एवं क्रियाओं को गौण स्थान देते हैं। भौतिकवादी भौतिक जगत को ही सत्य मानते हैं और भौतिक सुखों की प्राप्ति हेतु विज्ञान के अध्ययन पर बल देते हैं और भाषा एवं साहित्य को गौण स्थान प्रदान करते है। धर्मशास्त्र और नीतिशास्त्र को वे शिक्षा में कोई स्थान नहीं देते हैं। प्रयोजनवादी शिक्षा के उद्देश्य एवं पाठ्यक्रम को निश्चित करने का विरोध करते हैं उनके अनुसार परिस्थितियाँ बदलती रहती है और वे मनुष्य को इस योग्य बनाना चाहते हैं कि वह बदलती हुई परिस्थितयों से समायोजन कर सकें। वे पाठ्यक्रम में सामाजिक विषयों एवं तत्कालीन उपयोगिता की दृष्टि से क्रियाओं पर ध्यान देते हैं।

पाठ्यचर्या के नियोजन के लिए उनके सिद्धान्त है (i) उपयोगिता का सिद्धान्त (ii) क्रिया एवं अनुभव का सिद्धान्त, (iii) रुचि का सिद्धान्त, (iv) एकीकरण का सिद्धान्त। इस प्रकार दर्शन पाठ्यक्रम निर्धारित करने का एक मुख्य आधार है क्योंकि समाज जिस दर्शन से प्रभावित होता है उसका पाठ्यक्रम भी उससे प्रभावित होता है।

समाजशास्त्रीय आधार–शिक्षा का पाठ्यक्रम निश्चित करने में दर्शन के बाद उस समाज की संरचना, संस्कृति, धार्मिक राजनैतिक एवं आर्थिक स्थिति का प्रभाव पड़ता है। जिस समाज में पुरुषों एवं महिलाओं का कार्यक्षेत्र अलग–अलग होता है उस समाज में स्त्रियों एवं पुरुषों के लिए अलग–अलग पाठ्यक्रम निर्धारित किये जाते हैं। लेकिन जहाँ स्त्री एवं पुरुष का कार्यक्षेत्र एक ही होता है वहाँ एक ही पाठ्यक्रम होता है। हर समाज की संस्कृति, रहन–सहन, खान–पान की अपनी अलग विधियाँ होती है। अलग रीति–रिवाज होते हैं, भाषा–साहित्य, कला–कौशल, संगीत–नृत्य, धर्म दर्शन आदि अलग–अलग होते हैं। इसी को समाज की संस्कृति कहते हैं और प्रत्येक समाज अपनी संस्कृति की रक्षा के लिए शिक्षा का सहारा लेता है और अपने शिक्षा के प्रत्येक समाज अपनी संस्कृति उपलब्धियों का

सहारा लेता है और उनका समावेश करता है। समाज की धार्मिक स्थिति भी उसकी शिक्षा के पाठ्यक्रम को प्रभावित करती है।

राजनैतिक आधार–शिक्षा की व्यवस्था करना वर्तमान में राज्य का कर्त्तव्य माना जाता है। अतः शिक्षा का उद्देश्य एवं छात्र के लिए पाठ्यक्रम केवल राज्य से प्रभावित होना स्वाभाविक ही है। उदाहरण के लिए हम कह सकते हैं कि साम्यवादी पाठ्यक्रम कठोर एवं लोकतांत्रिक देश के पाठ्यक्रम अपेक्षाकृत विस्तृत एवं लचीले होते हैं।

आर्थिक आधार–समाज की आर्थिक स्थिति भी शिक्षा के पाठ्यक्रम को प्रभावित करती है। विभिन्न देशों के पाठ्यक्रमों पर विचार करने पर हम पाते हैं कि आर्थिक दृष्टि से जो राज्य सुदृढ़ है उनका पाठ्यक्रम विस्तृत होता है और जिन राज्यों में आर्थिक स्थिति अच्छी नहीं है वहाँ ऐसी अच्छी व्यवस्था नहीं हो पाती है। आर्थिक स्थिति में कमजोर राज्य तो धन की व्यवस्था भी सामान्य शिक्षा या अनिवार्य शिक्षा के लिए नहीं कर पाते हैं अतः समाज की आर्थिक नीतियाँ भी शिक्षा के उद्देश्य एवं पाठ्यक्रम को प्रभावित करती हैं।

मनोवैज्ञानिक आधार–शिक्षा के किसी विशेष उद्देश्य की प्राप्ति के लिए किन विषयों का ज्ञान एवं क्रियाओं का प्रशिक्षण आवश्यक है ये तो दर्शनशास्त्री एवं समाजशास्त्री तय कर सकते हैं लेकिन किस स्तर के बच्चे उस पाठ्यक्रम को किस स्तर तक ग्रहण कर पाते हैं। यह तो मनोवैज्ञानिक ही तय कर सकते हैं। मनोविज्ञान के अंतर्गत बच्चों के मानसिक, शारीरिक एवं सामाजिक विकास का अध्ययन किया जाता है। यदि इन सभी बातों का अध्ययन नहीं किया जाएगा तो हम यह निश्चित नहीं कर सकते हैं कि किस स्तर के बालक को कौन विषय पढ़ाया जाए या उसे कैसी शिक्षा दी जाए, मनोवैज्ञानिकों का मानना है कि बालकों को जिस विषय में रुचि होती है या जिनको सीखने की बालक की शारीरिक या मानसिक क्षमता होती है। वर्तमान समय में शिक्षा का पाठ्यक्रम तय करते समय बालकों की रुचि–रूझान एवं योग्यता का ध्यान रखा जाता है और इन सबके लिए मनोविज्ञान का ज्ञान आवश्यक है। मनोविज्ञान के ज्ञान के बगैर हम सैद्धांन्तिक बातें तो बहुत कर सकते हैं लेकिन पाठ्यक्रम का निर्माण नहीं कर सकते हैं। मनोविज्ञान ही आज के पाठ्यक्रम निर्माण का मुख्य आधार है।

वैज्ञानिक आधार–आज के वैज्ञानिक युग में मनुष्य का पूरा जीवन विज्ञान से प्रभावित है। उसकें जीवन के हर क्षेत्र में विज्ञान की पकड़ है। विज्ञान ने मानव को कम काम करके अधिक उत्पादन करना सिखाया है। विज्ञान ने हमें निरीक्षण, परीक्षण एवं प्रयोग की विधियाँ बताई हैं। हम बिना प्रयोग किये आज किसी भी

तथ्य को सत्य नहीं मानते हैं। हमारा पाठ्यक्रम भी विज्ञान से प्रभावित है। हम पाठ्यक्रम में आज वैसे विषयों को स्थान नहीं देते हैं। जिनको बिना किसी अनुभव के स्वीकार करना पड़े। इस तरह विज्ञान भी पाठ्यक्रम निर्माण का मुख्य आधार है।

समय की मांग—हमें पता है कि समाज परिवर्तनशील है और उसकें चिन्तन एवं स्वरूप में परिवर्तन होता रहता है। उसका शासन तंत्र एवं अर्थतंत्र भी परिवर्तित होता रहता है और मनुष्य की मांग की बदलती रहती है। समाज के सामने नयी-नयी समस्याएँ पैदा होती रहती हैं। जिनका उसे समाधान भी करना होता है जिसकें लिए उसे तदनुकूल परिवर्तन करना पड़ता है और इन सबके लिए उसे शिक्षा का सहारा लेना पड़ता है और समय की मांग के अनुसार पाठ्यक्रम भी परिवर्तित होता रहता है। भारतीय समाज में कल तक माध्यमिक चिन्तन प्रबल था आज भौतिकता की प्रधानता है।

पाठ्यक्रम निर्माण के विभिन्न सिद्धान्त

किसी भी समाज की शिक्षा का पाठ्यक्रम तय करने में दर्शन, समाज राज्य, अर्थव्यवस्था, मनोविज्ञान एवं विज्ञान का प्रभाव होता है। आज पाठ्यक्रम के निर्माण में इन सभी के प्रभाव को सिद्धान्त के रूप में बांध दिया गया है लेकिन शिक्षा के भिन्न-भिन्न स्तरों पर पाठ्यक्रम के निर्माण के सिद्धान्त भिन्न-भिन्न हैं। हमारे देश में 10+2+3 शिक्षा पद्धति लागू है। प्रथम 10 वर्ष की शिक्षा तो सबके लिए समान है। 2 में इसकें दो भाग और फिर कई विभाग हो जाते हैं। 3 और उसकें आगे की शिक्षा में विशिष्टीकरण किया गया है। हम यहाँ केवल 10 वर्षीय सामान्य शिक्षा के पाठ्यक्रम निर्माण के सिद्धान्तों की व्याख्या कर रहे हैं। इसलिए की यह सामान्य शिक्षा है और हमारा उद्देश्य माध्यमिक शिक्षकों का मार्गदर्शन ही है।

उद्देश्यों की प्राप्ति का सिद्धान्त—पाठ्यक्रम उद्देश्यों की प्राप्ति का साधन है। अत: किसी भी स्तर के पाठ्यक्रम का निर्माण करते समय हमें उस स्तर के शिक्षा के उद्देश्यों को ध्यान में रखना चाहिए जिनके ज्ञान एवं अभ्यास से बालक वैसा बन सकें जैसा कि हम उन्हें बनाना चाहते हैं। आजकल हमारी प्रथम 10 वर्ष की सामान्य शिक्षा का उद्देश्य है। बच्चों का शारीरिक, मानसिक, सांस्कृतक एवं चारित्रिक विकास करना, सृजनशीलता को बढ़ावा देना, उन्हें लोकतंत्र की शिक्षा देना और राष्ट्रीय लक्ष्यों की प्राप्ति के लिए प्रेरित करना। उदाहरण के लिए यदि हम शारीरिक विकास के उद्देश्य को ही लें। हमें पाठ्यक्रम का निर्माण करते समय सबसे पहले यह समझना चाहिए कि शारीरिक विकास का अर्थ क्या है? उसकें बाद हमें यह समझना चाहिए कि शारीरिक विकास के लिए बालकों को किन विषयों का ज्ञान एवं

किन क्रियाओं का अभ्यास लाभ पहुँच सकता है। इस तरह बालकों को शरीर विज्ञान, गृह विज्ञान एवं सामान्य विज्ञान की सामान्य शिक्षा मिलनी चाहिए इसकें साथ ही साथ दैनिक जीवन के स्वास्थ्यप्रद नियमों जैसे सुबह जल्दी उठना, स्नान करना, शरीर के विभिन्न अंगों की सफाई, व्यायाम करना, संतुलित भोजन करना और पूरी नींद लेना आदि का पालन आवश्यक होता है। इस तरह हम कह सकते हैं कि इन सबके ज्ञान एवं अभ्यास हमें विद्यालय के पाठ्यक्रम का अंग बनाना चाहिए। इसी तरह अन्य उद्देश्यों की प्राप्ति के लिए आवश्यक विषयों एवं क्रियाओं का चयन करना चाहिए एवं शिक्षा के विभिन्न स्तरों जैसे प्राथमिक, उच्च प्राथमिक एवं माध्यमिक के लिए उनका रूप एवं सीमा भी निश्चित करनी चाहिए।

उपयोगिता का सिद्धान्त—हमारी शिक्षा पद्धति में प्रथम 10 वर्ष की शिक्षा का मूल उद्देश्य बालकों को सामान्य जीवन के योग्य बनाना है। इस स्तर के पाठ्यक्रम में मनुष्य के सामान्य जीवन के लिए उपयोगी समस्त क्रियाओं एवं ज्ञान का समावेश होना चाहिए। हमें पता है कि मनुष्य को सामान्य जीवन जीने के लिए स्वस्थ शरीर की आवश्यकता होती है। आपस में संवाद के लिए उपयोगी भाषा की आवश्यकता होती है। सामाजिक जीवन के लिए सामाजिक एवं सांस्कृतिक मानदण्डों की आवश्यकता होती है। एवं गणित का ज्ञान भी आवश्यक होता है। और आज का युग विज्ञान का युग है इसलिए विज्ञान की भी शिक्षा आवश्यक है। अत: इस स्तर के पाठ्यक्रम में इन सबका समावेश होना चाहिए। इस सम्बन्ध में हम कहना चाहेंगे कि पाठ्यक्रम बच्चों के वास्तविक जीवन से सम्बन्धित होना चाहिए एवं शिक्षा ऐसी हो जो बालक को आदर्श जीवन जीने योग्य बनाये।

वरीयता का सिद्धान्त—किसी भी स्तर के शिक्षा के पाठ्यक्रम में अनेक विषयों एवं क्रियाओं का समावेश किया जाता है। पाठ्यक्रम का निर्माण करते समय यह भी ध्यान रखना आवश्यक है कि कौन–सा विषय अथवा क्रिया बच्चों के वर्तमान एवं भविष्य की दृष्टि से कितना उपयोगी है। पाठ्यक्रम में उसे उतना ही महत्त्व देना चाहिए। उदाहरण के लिए प्रथम 10 वर्ष की शिक्षा के विषयों में सबसे ज्यादा महत्त्व आपसी संवाद के लिए आवश्यक मातृभाषा का एवं क्रियाओं में सबसे ज्यादा महत्त्व शारीरिक क्रियाओं का होता है। अत: इन्हें सबसे पहले वरीयता दी जानी चाहिए। वरीयता का अर्थ यहां समय निर्धारण से है। अत: इनके ज्ञान एवं कौशल के विकास के लिए सबसे अधिक समय निश्चित करना चाहिए।

भविष्य दर्शन का सिद्धान्त—बालकों को शिक्षा के द्वारा वर्तमान के साथ–साथ भविष्य के लिए भी तैयार करते हैं अत: किसी भी स्तर का पाठ्यक्रम निश्चित करते समय भविष्य में होने वाले परिवर्तनों का अनुमान लगाना एवं उनके

अनुसार शिक्षा के पाठ्यक्रम में विभिन्न विषयों एवं क्रियाओं का समावेश करना आवश्यक होता है। उदहारण के लिए हम कम्प्यूटर के प्रयोग को लें भविष्य में कम्प्यूटर हमारे सामान्य जीवन का अंग हो जाएग। अतः हमें अभी से ही इसे पाठ्यक्रम में स्थान देने चाहिए। हमें पता है कि प्रथम 10 वर्ष की शिक्षा के बाद मेधावी एवं परिश्रमी छात्रों को विश्वविद्यालय शिक्षा के लिए तैयार किया जाना है तब इस स्तर पर मेधावी छात्रों के लिए उनकी पहचान एवं उनके अतिरिक्त पाठ्यक्रम की पहचान करना एवं उनके विशेष शिक्षण की व्यवस्था करना आवश्यक होता है।

रुचि एवं क्षमता का सिद्धान्त–किसी भी स्तर पर शिक्षा के पाठ्यक्रम का निर्माण करते समय उस स्तर के बालकों की रुचि रुझान योग्यता आदि का ध्यान रखना आवश्यक है। उदाहरण के लिए पूर्व प्राथमिक स्तर पर 4–6 वर्ष बालक पढ़ते हैं। उच्च प्रथमिक स्तर पर 6–10 वर्ष के बालक पढ़ते हैं। और माध्यमिक स्तर पर किशोरावस्था के बालक पढ़ते हैं। इनकी योग्यता, रुचि एवं क्षमताएँ अलग–अलग होती हैं। क्षमता का अर्थ बालकों की शारीरिक एवं मानसिक दोनो प्रकार की क्षमताओं से होता है। हमें इस स्तर के बालकों के लिए पाठ्य सामग्री एवं क्रियाओं का चयन करते समय इनकी रुचियों एवं क्षमताओं का विशेष ध्यान रखना चाहिए। बालक उनमें रुचि तभी लेंगे और विकास तभी सम्भव हो पायेगा।

सृजनात्मकता का सिद्धान्त–मनोवैज्ञानिक ने यह स्पष्ट किया है कि शिशुकाल में व्यक्तित्व निर्माण की आधारशिला रखी जाती है। बाल्यकाल एवं किशोरावस्था उसकें सुदृढ़ीकरण के काल हैं। मनोवैज्ञानिक यह भी मानते हैं कि इस आयुवर्ग के बच्चे क्रियाशील होते हैं। उन्होंने यह भी स्पष्ट किया कि क्रिया एवं स्वतंत्र अवसर देने से बच्चों में सृजनात्मक शक्ति का विकास किया जा सकता है। उनका मानना है कि क्रिया द्वारा किया गया कार्य स्पष्ट एवं स्थायी होता है। अतः आज यह आवश्यक है कि प्रथम 10 वर्षीय शिक्षा की पाठ्यक्रम में ऐसी पाठ्य सामग्री हो कि बालक क्रियाओं द्वारा उनको सीख सकें एवं विद्यालयों का पर्यावरण ऐसा हो परिस्थितियां ऐसी हों कि बालक उन्हें सीख सकें, क्रियाएँ कर सकें।

स्तर के अनुसार पाठ्यक्रम का सिद्धान्त–मनोवैज्ञानिकों का कहना है कि पूर्व बाल्यकाल, उत्तर बाल्यकाल एवं किशोर काल में बच्चों के शारीरिक, मानसिक, संवेगात्मक और सामाजिक विकास में भिन्नता होती है। यही कारण है कि आज सभी स्तरों के लिए पाठ्य विषयों का विस्तार एवं क्रियाओं का चयन तथा स्तर के बच्चों के शारीरिक मानसिक, संवेगात्मक एवं सामाजिक विकास के आधार पर करने पर जोर दिया जाता है।

सम्बद्धता का सिद्धान्त–पाठ्यक्रम के सन्दर्भ में सुसम्बद्धता का अर्थ है कि शिक्षा के किसी भी स्तर की पाठ्यचर्चा का सम्बन्ध उस स्तर के बच्चों के वास्तविक जीवन से होना चाहिए और जो भी क्रियाएँ कराई जाएँ उनका भी सम्बन्ध आपस में सम्बन्ध होना चाहिए यही नियम पाठ्य विषयों के सम्बन्ध में अपनाया जाना चाहिए। पाठ्यसामग्री एवं क्रियाओं में सुसम्बद्धता का अर्थ है कि उन्हें एक इकाई के रूप में विकसित किया जा सकें और वे एक–दूसरे से जुड़ी हों। हमारे यहाँ प्रथम दस वर्ष की शिक्षा तीन स्तरों में बंटी हुईं है। प्राथमिक, उच्च एवं माध्यमिक। हमने इन तीनों स्तरों के लिए बच्चों के शारीरिक मानसिक, संवेगात्मक एवं सामाजिक आधार पर भिन्न–भिन्न पाठ्यक्रम के निर्माण की बात कही है। ऐसा करते समय इस पाठ्यक्रम के आधार पर विकसित हो और आगे वाले पाठ्यक्रम के आधार के रूप में कार्य करे। ये विभिन्न शैक्षिक स्तर शिक्षा की प्रक्रिया के भिन्न–भिन्न सोपान होते हैं ये एक दूसरे में इतने सम्बन्धित हैं कि इनकी तुलना एक सीढ़ी से की जा सकती है। इस स्थिति में ही हम अपने निर्दिष्ट उद्देश्यों की प्राप्ति में सफल हो सकते हैं।

सामान्यीयकरण एवं कौतूहल का सिद्धान्त–इस सिद्धान्त का प्रतिवादन सर व्हाइट हैड ने विद्यालय की शिक्षा के पाठ्यक्रम के सम्बन्ध में किया है। उनका कहना है कि पाठ्यक्रम का निर्माण करते समय हमें इस बात का ध्यान रखना चाहिए कि वह बच्चों में कौतूहल जागृत करे जिससे बच्चे ज्ञान को प्राप्त करने के लिए तथा क्रियाओं का प्रशिक्षा प्राप्त करने के लिए स्वयं प्रेरित हों। पवित्रता का उनका अर्थ पाठ्यक्रम में उन्हीं विषयों के समावेश से है जो बच्चों को सद्गुण सिखाती है। सीखे गये ज्ञान का प्रयोग एवं क्रियाओं का किया जाना ही सामान्यीकरण है। इस सिद्धान्त का अर्थ है कि पाठ्यक्रम ऐसा होना चाहिए जो बच्चों को अपनी ओर आकर्षित करे और जिसको पूरा करने के बाद सामान्य जीवन जी सकें।

❑❑❑

7

थॉमस हॉब्स का वैचारिक प्रभाव

थॉमस हॉब्स के विचारों पर भी उसके युग की सामाजिक, आर्थिक तथा राजनीतिक परिस्थितियों का प्रभाव रहा। उसके विचारों पर अग्रलिखित तत्त्वों का प्रभाव पड़ा-

(1) गैलिलियो के गति के सिद्धान्त का प्रभाव-थॉमस हॉब्स का राजनीतिक सिद्धान्त गैलिलियो के गति के सिद्धान्त से अत्यधिक प्रभावित है। इस नियम के अनुसार प्रत्येक वस्तु जो विद्यमान है, वह **पिण्ड** है अर्थात् प्रत्येक वस्तु कणों से बनी हुई है, जो भौतिक नियमों की भाँति गति में रहती है। इस दृष्टिकोण से बिलियर्ड के गेंदों के व्यवहार में, जो उछलते और आपस में टकराते हैं और पौधों, पशुओं और व्यक्तियों के व्यवहार में कोई अन्तर नहीं। थॉमस हॉब्स का मत है कि हर जगह व्यवहार के नियम एक जैसे हैं। जैसे-जैसे कणों की मात्रा में अधिकता होती जाती है, वैसे-वैसे प्रत्येक उत्तरवर्ती दशा में गति जटिल होती जाती है। स्थितियों में किसी भी प्रकार के परिवर्तन चाहे व्यक्तियों द्वारा जानबूझकर किये जायें या स्वत: हो जायें या वे पारस्परिक टकराव के परिणाम हों, वे सब पूर्ववर्ती घटनाओं द्वारा निर्धारित होते हैं, जिनकी निश्चित भविष्यवाणी की जा सकती है। जिस प्रकार से बिलियर्ड की मेज पर एक गेंद का व्यवहार दूसरे गेंदों के होने से परिवर्तित और जटिल हो जाता है, उसी प्रकार से व्यक्तियों का समाज में दूसरे व्यक्तियों के सम्पर्क में आने से परिवर्तित एवं जटिल हो जाता है। दूसरे शब्दों में सारा ब्रह्माण्ड परमाणु कणों से बना हुआ है, जो आपस में टकराते रहते हैं और व्यक्ति को, जो इस पृथ्वी पर निवास करते हैं, उन परमाणु कणों की भाँति देखा जा सकता है, जो निरन्तर गति में रहते हैं। परन्तु 'स्वायत्ता' और 'गति' जिनमें टकराव अवश्यम्भावी है, का परिणाम सर्वव्यापी मानव स्वार्थ और भय की स्थिति है। व्यक्ति अपने स्वार्थी हितों को प्राथमिकता देते हैं और ऐसा करते हुए वे कभी निश्चित रूप से नहीं कह सकते कि जिस लूटमार को एक-दूसरे पर लादते हैं, क्या वे उससे सुरक्षित रह सकेंगे? गति के इस सिद्धान्त से प्रभावित होते हुए भी थॉमस हॉब्स अपने मनोवैज्ञानिक व समाजशास्त्रीय सिद्धान्त को गति के सिद्धान्त से निकालने में असफल रहा।

(2) ज्यामिति का प्रभाव-थॉमस हॉब्स ज्यामिति के विषय क्षेत्र की प्रकृति से इतना प्रभावित नहीं हुआ था, जितना कि वह उसके परिणामों को सिद्ध करने के कठोर तरीकों से प्रभावित हुआ था। थॉमस हॉब्स ने ज्यामिति के तरीकों को प्राकृतिक घटनाओं की व्याख्या करने में और मनोवैज्ञानिक तथा राजनीतिक विषयों के भौतिक शास्त्रों के साथ समीकरण करने में भी प्रयोग किया, परन्तु इस प्रयास में भी वह असफल रहा।

(3) इंग्लैण्ड के गृह-युद्ध का प्रभाव-थॉमस हॉब्स की विचारधारा पर इंग्लैण्ड के गृह-युद्ध और उसमें घटित निर्दयी घटनाओं का अत्यधिक प्रभाव पड़ा। गृह-युद्ध में मानव प्रकृति के स्वयं के पर्यवेक्षण के आधार पर थॉमस हॉब्स इस निष्कर्ष पर पहुँचा कि मानव **भय और स्वार्थ-हित** के विचारों से गतिमान या प्रभावित होता है। थॉमस हॉब्स ने मानव को प्रेरित करने वाले अन्य सभी तत्त्वों को इन्हीं दो तत्त्वों में समाहित कर लिया। थॉमस हॉब्स इस बात को स्वीकार करता है कि मानव में विवेक की शक्ति है, जो उसे अन्य पशुओं से भिन्न करती है, परन्तु **'भय** और **स्वार्थ हित'** उसके जीवन को इतना कठोर और निर्दयी बना देते हैं कि उसका जीवन निरन्तर संघर्ष की स्थिति में हो जाता है। थॉमस हॉब्स कहता है कि जहाँ-जहाँ परस्पर हितों में विरोध तीक्ष्ण नहीं होता, वहाँ एक-दूसरे का भय इसे अवश्य पैदा कर देता है।

गृह-युद्ध के काल में इंग्लैण्ड में अराजकता की स्थिति थी। जीवन असुरक्षित ही नहीं, बल्कि भयुक्त भी था। सरकार कारगर नहीं थी और स्टुअर्ट राजाओं की शक्ति को सभी ओर से चेतावनी दी जा रही थी। इंग्लैण्ड के चर्च की अधिमान्य स्थिति के सम्बन्ध में बड़ा असंतोष था, नये सम्प्रदाय मान्यता की मांग कर रहे थे, व्यावसायिक परिवर्तनों में भी नए नेताओं को जन्म दे दिया था, जो अपनी सामाजिक और राजनीतिक स्थिति प्राप्त करने के इच्छुक थे, धार्मिक और आर्थिक शक्तियाँ प्रतिनिधि सभा की मांग कर रही थी, संसद राजा के दैवी अधिकारों को स्वीकार करने के लिए तैयार नहीं थी। जनवरी 30, 1649 को चार्ल्स प्रथम का वध कर दिया गया था, जिसने प्रशासनों को यह चेतावनी दे दी थी कि राजनीतिक शक्ति ईश्वर तथा स्वर्ग की अपेक्षा पृथ्वी और उस पर निवास करने वाले व्यक्तियों से सम्बन्ध रखती है। इस घटना ने राजा के दैवी अधिकारों की कब्र सदा के लिए खोद दी।

इंग्लैण्ड की घटनाओं का प्रभाव थॉमस हॉब्स के चिन्तन पर अत्यधिक पड़ा। यही कारण है कि उसने सभ्य और प्रगतिशील जीवन के लिए, जहाँ शक्तिशाली और स्थायी शासन का समर्थन किया, वहाँ राज्य शक्ति के प्रति प्रजा की भक्ति पर बल भी दिया। **थॉमस का यह कथन अत्यधिक महत्त्वपूर्ण है कि अराजकता की स्थिति से बचने के लिए शक्तिशाली राज्य, नागरिकों के संगठन और राजनीतिक सत्ता की आज्ञाओं की पालना आवश्यक है। यद्यपि थॉमस की शर्तें कठोर है, परन्तु राजनीतिक**

सिद्धान्त के लिए उसने सम्प्रभुता के विचार को हमेशा के लिए स्थापित कर दिया।

उपर्युक्त तत्त्वों के अतिरिक्त थॉमस थॉमस हॉब्स की डरपोक तथा भीरु मानसिकता तथा उसकी स्वार्थपरता ने उसे निरंकुश राजतंत्र का समर्थक बना दिया।

थॉमस का वैज्ञानिक भौतिकवाद

पाश्चात्य राजनीतिक चिन्तन में थॉमस हॉब्स का स्थान उसके निरपेक्षतावाद के समर्थन के कारण नहीं और न ही उसकी प्रसिद्धि इस कारण है कि उसने राजनीति को धर्म को पूर्णत: पृथक् रखा, बल्कि उसकी प्रसिद्धि इस कारण है कि **उसने निरपेक्षतावाद और धर्म निरपेक्षतावाद को वैज्ञानिक आधार प्रदान किया।** उसके पूर्व के लेखकों ने, जैसा कि बोदाँ ने, निरपेक्ष राजतंत्र का **समर्थन** तो किया था, परन्तु उन्होंने राजा की शक्ति पर धर्म और सम्पत्ति की शर्तें लगा दी **थीं। इसी** तरह मैकियावली ने राजनीति को धर्म से पृथक् तो रखा, परन्तु उसके लिए कोई वैज्ञानिक आधार प्रस्तुत नहीं किया। **थॉमस वह दार्शनिक है, जिसने निरपेक्ष राजतंत्र का समर्थन "दैवी अधिकारों" के स्थान पर मानव प्रकृति की दृष्टि से किया, जो अखण्डनीय है। इसी तरह उसने धर्म को राजनीति के अधीन रखने के लिए वैज्ञानिक और तार्किक आधार प्रदान किया।** मैकियावली की भाँति थॉमस हॉब्स ने राजनीति सत्ता का आधार मानव के अन्तर्निहित स्वार्थ और उसकी प्रतियोगिता की प्रकृति को बनाया। परन्तु जहाँ मैकियावली मानव के अहम् और स्वार्थ को वैज्ञानिक आधार देने में असफल रहा, वहाँ थॉमस हॉब्स उसे वैज्ञानिक आधार देने में सफल रहा। थॉमस हॉब्स ने ज्यामिति के वैज्ञानिक तरीकों को अपने राजनीतिक सिद्धान्तों का आधार बनाया। इन तरीकों के अनुसार जो चीज इस ब्रह्माण्ड में होती हैं, उसकी पूर्व की घटनाओं के आधार पर व्याख्या की जा सकती है। थॉमस हॉब्स के लिए द्रव्य के अतिरिक्त और कुछ वास्तविक नहीं है, जो "पिण्ड" या "द्रव्य" नहीं, वह ब्रह्माण्ड का भाग नहीं। इसी कारण थॉमस हॉब्स पूर्ण भौतिकवादी और यांत्रिक बन गया।

थॉमस वह दार्शनिक है, जिसने कॉमनवेल्थ की व्याख्या करने से पूर्व मानव प्रकृति और उनके व्यवहार की व्याख्या की। साथ में उसने मानव के मस्तिष्क की क्रियाओं जैसे संवेदनाओं, भावनाओं, विचारों और इच्छाओं का विश्लेषण भी किया। इनका वर्णन करने के पश्चात् ही थॉमस हॉब्स राज्य की प्रकृति की व्याख्या करता है और यह सिद्ध करने का प्रयास करता है कि ऐसे मानव को, जो स्वार्थी और क्रूर है तथा जो संघर्षमय जीवन में आत्म-रक्षा और शांति हेतु सामाजिक जीवन के लिए प्रेरित होते हैं, नियंत्रित करने के लिए किस प्रकार के निरपेक्ष राज्य की आवश्यकता है।

थॉमस हॉब्स मानव को ब्रह्माण्ड की भाँति, जिसका मानव एक भाग हैं, एक यंत्र मानता है। **थॉमस** ने लिखा है कि **"मानव ब्रह्माण्ड का सूक्ष्म दर्शन है।"** वह पौधों और पशुओं से अधिक जटिल है, परन्तु गतिमान कणों के मिश्रण के अतिरिक्त और कुछ

नहीं। यदि उस नियम को जान लिया जाये, जिसके आधार पर मानव में कणों की गति होती है तो मानव के दूसरे मानव के साथ सम्बन्धों को आसानी से समझा जा सकता है अर्थात् राजनीति की प्रकृति को समझा जा सकता है। तभी तो **थॉमस** कहता है कि राजनीतिक समाज का अध्ययन मानव प्रकृति के अध्ययन से शुरू होना चाहिए और इसी आधार पर उसने राजा के अधिकारों तथा नागरिकों के अधिकारों और कर्त्तव्यों की व्याख्या की।

थॉमस की पद्धति निगमनात्मक है। उसके राजनीतिक दर्शन का आधार मनोवैज्ञानिक है। उसकी पद्धति में ऐतिहासिक घटनाओं, ग्रन्थों या श्रुतियों के उदाहरण नहीं मिलते। वह शुद्ध सच्चाइयों से प्रारम्भ करता है और उनसे निष्कर्ष निकालता है। वह भूत से पूर्णतः सम्बन्ध विच्छेद करता है और पूर्णतः आधुनिक है।

थॉमस हॉब्स की पद्धति से निम्नलिखित निष्कर्ष निकाले जा सकते हैं-

(i) थॉमस हॉब्स ने मानव का पिण्ड के साथ तादात्म्य स्थापित किया और मध्ययुग के इस विचार को समाप्त कर दिया कि आत्मा का पृथक् अस्तित्व है। थॉमस हॉब्स की धारणा है कि मानव की संवेदनाएँ, भावनाएँ, इच्छायें, विचार आदि उसके मस्तिष्क में द्रव्य की गति के भिन्न रूप के अतिरिक्त और कुछ नहीं। यही कारण है कि थॉमस हॉब्स ने मानव व्यवहार के नैतिक मानदण्डों को व्यक्ति को व्यक्ति में ढूँढने का प्रयास किया और मध्ययुगी विचार को अस्वीकार कर दिया कि उनका स्त्रोत अनुभवातीत है। थॉमस हॉब्स ने आदर्श और वास्तविकता के मध्ययुगी भेद को समाप्त कर दिया, क्योंकि आदर्श स्वयं मानव की प्राकृतिक शक्तियों की उत्पत्ति है।

(ii) जहाँ मध्ययुगी सिद्धान्त ने मानव के विनाश में राज्य के ढाँचे को तैयार किया, वहाँ थॉमस हॉब्स का समाज मानव के विनाश का परिणाम नहीं बल्कि यह अपार विकास है, जो मानव को अराजक और भययुक्त स्थिति से छुटकारा दिलाता है और उसके सभ्य तथा प्रगतिशील बनने की संभावनाएँ प्रस्तुत करता है।

(iii) थॉमस हॉब्स निरपेक्षतावाद का समर्थक है। उसके द्वारा प्रस्तुत समझौता मानव स्वतन्त्रता का चार्टर नहीं। फिर भी उसे उदारवाद का दार्शनिक कहा जा सकता है। इस दृष्टि से थॉमस हॉब्स बैन्थम और मिल का आध्यात्मिक पूर्वज है। थॉमस हॉब्स ने नैतिकता और राजनीति को मानव पर आधारित किया। इससे व्यक्तिवादी विचारधारा का विकास हुआ। इसने शासकों के कार्यों के निरीक्षण करने के आधार को प्रदान किया। **प्रो. स्ट्रॉस** ने थॉमस हॉब्स की विचारधारा के इस पहलू का 19वीं शताब्दी के आमूल परिवर्तनवादी विचारकों विशेषकर बैन्थम के विचारों से, गहरा सम्बन्ध स्थापित किया है।

सारांश में, थॉमस हॉब्स ने वैज्ञानिक सिद्धान्तों के आधार पर अपनी समग्र राजनीति का निर्माण करना चाहता था। इसीलिए उसकी पद्धति को 'वैज्ञानिक भौतिकवाद'

की संज्ञा दी जाती है। उसने अपने अध्ययन में वैज्ञानिक भौतिकवाद को अपनाकर मध्ययुगी अध्ययन पद्धतियों को अस्वीकार कर दिया।

मानव प्रकृति पर थॉमस हॉब्स के विचार

थॉमस हॉब्स की रचना **लेविआथन** चार भागों में विभक्त है। **इसके प्रथम भाग के ग्यारह अध्यायों में** मानव प्रकृति के लक्षणों का वर्णन किया गया है। उसके राजनीतिक दर्शन का आधार मानव की प्रकृति के लक्षणों का वर्णन किया गया है। उसके राजनीतिक दर्शन का आधार मानव की प्रकृति और उसको प्रेरणा देने वाले तत्त्व हैं। उसके निरंकुश दर्शन का आधार मानव की प्रकृति और उसको प्रेरणा देने वाले तत्त्व हैं। उसने निरंकुश राजतंत्र के औचित्य को सिद्ध करने के लिए ही अपने ढंग से मानव स्वभाव का चित्रण किया। थॉमस हॉब्स अरस्तू के इस कथन से सहमत नहीं कि मानव एक सामाजिक प्राणी है। वह मानव को एक असामाजिक प्राणी मानता है। थॉमस हॉब्स के अनुसार मानव को कार्य करने की प्रेरणा देने वाली मुख्य प्रवृत्तियाँ निम्न हैं-

"क्रोध, लज्जा, लोलुपता, निराशा, स्पर्धा, आनन्द, भ्रम,
धृष्टता, हर्ष, सहानुभूति, दयालुता, हँसी, गतिशीलता,
प्राकृतिक कामुकता, मत, शक्ति, रोष, व्याख्यान, यथार्थ
धर्म, समझौता, वैभव, विनोद आदि।"

मानव की उपर्युक्त प्रवृत्तियाँ ही थॉमस हॉब्स के राजनीतिक दर्शन का आधार है। उसका मत है कि मानव व्यवहार ही दैनिक राजनीति का निर्धारण करता है।

थॉमस हॉब्स के चिन्तन की विशेषता यह है कि वह समाज से पृथक् व्यक्ति का अध्ययन करता है। उसके लिए समाज एककों से बड़ा नहीं। समाज तो स्वायत्त और दुराग्रही व्यक्तियों का तथा पूर्ण अंगों का समूह है, उससे बड़ा नहीं। स्पष्ट है थॉमस हॉब्स अपने चिन्तन में व्यक्ति को अत्यधिक महत्त्व देता है।

थॉमस हॉब्स के अनुसार व्यक्ति की **दो प्रमुख विशेषताएँ हैं**- (1) सभी व्यक्ति समान हैं, परन्तु यह समानता धार्मिक निष्कर्ष का परिणाम नहीं बल्कि प्रतिदिन के अनुभव पर आधारित है। (2) मानव गतिशील है।

(1) सभी व्यक्ति समान हैं-थॉमस हॉब्स के इस कथन के निम्नलिखित पहलू हैं-

(i) शारीरिक और मानसिक शक्ति में समानता-राजनीतिक चिन्तन के इतिहास में प्लेटो, सन्त थॉमस तथा अन्य अनेक राजनीतिक दार्शनिकों का मत है कि मानव शारीरिक और मानसिक (बौद्धिक) शक्तियों में समान नहीं। परन्तु थॉमस हॉब्स की मान्यता और अनुभव के आधार पर वह यह सिद्ध करने का प्रयास करता है कि मानव शारीरिक और मानसिक शक्तियों में समान है। **थॉमस** लिखता है कि **"जहाँ तक शारीरिक शक्ति का प्रश्न है, वहाँ निर्बल के पास षड्यंत्र, छल, कपट या गुटबन्दी व**

समझौते द्वारा एक शक्तिशाली व्यक्ति को मार डालने की शक्ति है और जहाँ तक बौद्धिक शक्तियों का प्रश्न है... व्यक्ति शारीरिक शक्ति से भी अधिक **समान है**, क्योंकि विवेक (समझदारी) केवल अनुभव है, जो समय के अनुसार सबको **समान** मात्रा में प्राप्त हो जाता है।"

थॉमस लिखता है कि कोई व्यक्ति मानसिक (बौद्धिक) शक्तियों के आधार पर अधिमान्य स्थिति की मांग नहीं कर सकता, क्योंकि अच्छे जीवन के लिए मानव को जिन हितों या लाभों की आवश्यकता है, उनकी सब व्यक्तियों को आवश्यकता है। **थॉमस** लिखता है कि प्रत्येक व्यक्ति में इतना विवेक है कि वह बात को समझ सके कि एक तथ्य का दूसरे पर क्या प्रभाव पड़ता है और उसके क्या परिणाम है? इस पर भी व्यक्ति दूसरे को तीक्ष्ण बुद्धि या योग्य समझते हुए भी अपने आपको कम योग्य नहीं समझते। **थॉमस** कहता है कि व्यक्ति अपने गुणों में अधिक विश्वास करते हैं और योग्यता के दावे को दूसरों पर लादने के लिए प्रयत्नशील रहते हैं। यही कारण है कि व्यक्ति देसरों का प्रतिनिधित्व करके अपने-आपको सर्वोच्च बनाना चाहते हैं और आवश्यकता पड़ने पर वे पशु-बल के आधार पर भी अपने विचारों को दूसरों पर लादने का प्रयास करते हैं और उन्हें अपने अनुयायी बनाने की फिराक में रहते हैं। थॉमस हॉब्स के सिद्धान्त में व्यक्तिनिष्ठ विश्वास वस्तुनिष्ठ विश्वासों से सर्वोच्च है और वे अपने विश्वासों द्वारा ही चाहे वे अच्छे या बुरे सिद्धान्तों पर आधारित हों, कार्य करते हैं। **थॉमस** कहता है कि मानव गतिशील, अहंकारी और स्वाथी प्राणी है, जो अपने श्रेष्ठता से प्रभावित रहता है और जिसे अपना स्वार्थ ही सक्रिय बनाता है।

(ii) लक्ष्यों की प्राप्ति में समानता-थॉमस हॉब्स की धारणा है कि मानव में अपने लक्ष्यों को प्राप्त करने की अभिलाषा समान होती है। इसलिए यदि कोई दो व्यक्ति किसी एक चीज की इच्छा करते हैं, जिन्हें वे दोनों प्राप्त नहीं कर सकते, तो वे एक-दूसरे के शत्रु हो जाते हैं और अपने उस लक्ष्य को प्राप्त करने के लिए एक-दूसरे को नष्ट करने या दबाने का प्रयत्न करते हैं।

(iii) संघर्ष स्वाभाविक-थॉमस हॉब्स की धारणा है कि लक्ष्यों की प्राप्ति का उद्देश्य ही मानव को निरन्तर संघर्ष में संलग्न रखता है। जहाँ **थ्यूसाईडाइडस ने धन, सुरक्षा और सम्मान** को निरन्तर संघर्ष के तीन महान् कारण माने हैं, वहाँ थॉमस हॉब्स ने इस ग्रीक लेखक का नाम लिए बिना **प्रतिस्पर्धा, अविश्वास (भय)** और **वैभव को संघर्ष के तीन कारण स्वीकार किये हैं।** प्रतिस्पर्धा के आधार पर व्यक्ति लाभ प्राप्ति के लिए, अविश्वास या भय के आधार पर सुरक्षा प्राप्त करने के लिए और वैभव के आधार पर ख्याति या कीर्ति प्राप्त करने के लिए, वे एक-दूसरे पर आक्रमण करते हैं। पहले में व्यक्ति हिंसा के प्रयोग द्वारा अन्य व्यक्तियों, उनकी स्त्रियों, बच्चों और पशुओं पर अपना

आधिपत्य स्थापित करते हैं, दूसरे में उनकी सुरक्षा के लिए और तीसरे में मित्रों, व्यवसाय या राष्ट्र के लिए वैभव प्राप्त करने के लिए शक्ति का प्रयोग करते हैं।

(iv) स्वार्थी व स्वकेन्द्रित मानव-थॉमस हॉब्स की धारणा है कि मानव की सब भावनाओं का आधार इच्छा या अनिच्छा है। जो पदार्थ आकर्षित करते हैं, उनकी सब इच्छा करते हैं और जो विकर्षित करते हैं, उनसे सब घृणा करते हैं। किसी पदार्थ के लिए अच्छा प्रेम और अनिच्छा घृणा उत्पन्न करती है। एक की प्राप्ति सुख देने वाली और दूसरे की दुःख देने वाली होती है। एक आशाजनक, क्रियाशील और प्रोत्साहित करने वाली और दूसरी निराशाजनक और हतोत्साहित करने वाली होती है। थॉमस हॉब्स की धारणा है कि क्रोध, लोलुपता, स्पर्धा, हर्ष, दया, सहानुभूति, नम्रता, शौर्य, आनन्द, भूख, भय आदि सब प्रवृत्तियाँ इन्हीं दो भौतिक भावनाओं द्वारा प्रेरित होती है। ये सब मानव के स्वार्थ या अहम् सिद्धि के भिन्न रूप हैं।

थॉमस हॉब्स का सिद्धान्त सुखवादी नहीं। उसका मानव अपनी आवश्यकताओं को संतुष्ट करने वाली प्राणी है न कि सुखवाद का इच्छुक, जैसा कि बैन्थम का मानव। **थॉमस के मानव का उद्देश्य सुरक्षा की प्राप्ति है, सुख की नहीं।** वह वस्तुओं को सुख-दुःख के मान-दण्ड में नहीं तोलता जैसा कि बाद में उपयोगितावादियों ने किया। वह तो उन्हें केवल आत्म संतुष्टि की दृष्टि से देखता है। **थॉमस का आधार सुख-दुःख नहीं उत्प्रेरणा और अनुक्रिया है।** प्रत्येक विस्फुरण किसी न किसी ओर अनुकरण करता है। यदि विस्फुरण अनुकूल है तो व्यक्ति की इच्छा होती है कि वह जारी रहे और यदि वह प्रतिकूल है तो उसकी उससे छुटकारा पाने की इच्छा होती है।

प्रो. सेबाइन ने लिखा है कि "मानव के प्रत्येक व्यवहार के मूल में आत्मरक्षा का मनोवैज्ञानिक सिद्धान्त विद्यमान रहता है। शुभ वह है, जो इस उद्देश्य की पूर्ति करे, अशुभ वह है, जो इसके विपरीत हो।" जीवन सुरक्षा के उद्देश्य में मानव स्वार्थी और अहम्वादी है। यह इच्छा मृत्यु में ही समाप्त होती है, अन्यथा यह जीवन पर्यन्त निरन्तर बनी रहती है।

(2) मानव सतत गतिशील है-थॉमस हॉब्स के पूर्ववर्ती दार्शनिकों के लिए मानव राजनीतिक प्रक्रिया में केवल 'निष्क्रिय दार्शनिक' है, जिसे केवल प्रजातांत्रिक या क्रांतिकारी काल में ही क्रियाशील बनाया जा सकता है। क्योंकि इस काल में ही नेता उसके मनोभावों और अनभिज्ञता पर हावी हो जाते हैं। परन्तु **थॉमस प्रत्येक मानव की सतत गतिशीलता पर बल देता है और कहता है कि मानव पशुओं की भाँति भावनाओं का दास है।** मानव और पशुओं में केवल इतना अन्तर है कि मानव में विवेक, तर्क और भाषण की शक्ति होती है, जो पशुओं के पास नहीं होती।

थॉमस हॉब्स का मत है कि **मानव की गतिविधियाँ सप्रयोजन** होती हैं। इन

गतिविधियों का आरम्भ, 'पूर्ण कल्पना' पर आधारित होता है। दूसरे शब्दों में, प्रत्येक व्यक्ति स्वेच्छा से अपने मस्तिष्क द्वारा कार्य करता है। इन 'विचारों' और 'कार्यों' के सम्मिश्रण को थॉमस हॉब्स व्यक्ति की इच्छा कहता है। किसी कार्य को करने के लिए इच्छा या अनिच्छा इसी मानवीय इच्छा पर निर्भर करती है। इसी आधार पर स्वतंत्र इच्छा, सामान्य इच्छा या इच्छा-पत्र की इच्छाएँ उत्पन्न होती हैं। ये इच्छाएँ मानसिक निर्णय को प्रकट करती है कि मानव कार्य के होने की सम्भावना है। इनसे यह निश्चित नहीं होता कि मानव क्या करेगा या किस कार्य को करने का विचार कर रहा है? ये केवल कार्य की वास्तविकता को स्पष्ट करती है। इस तरह इच्छा व्यक्ति को गतिशील बनाती है और क्योंकि इच्छा सतत बनी रहती है और एक इच्छा की पूर्ति दूसरी इच्छा का कारण बन जाती है और यह क्रम जीवन पर्यन्त रहता है। अत: मानव निरन्तर गतिशील रहता है।

थॉमस लिखता है कि शक्ति प्राप्त करने की इच्छा केवल राजनीतिक अभिजात वर्ग में ही नहीं होती, बल्कि प्रत्येक मानव में होती है। क्योंकि सुरक्षा के कोई स्थायी साधन नहीं होते। **थॉमस** लिखता है कि "यदि मानव अधिक शक्ति का संचय न करे तो इस बात का क्या आश्वासन है कि जितनी शक्ति जिसके पास है, वह उसका विकास किए बिना उसका उपयोग कर सकता है।" अत: मानव में **"अधिकाधिक शक्ति प्राप्त करने की एक निरन्तर और निर्विश्राम इच्छा है।" थॉमस** लिखता है कि जो शांत या संयमी रहता है तथा जो शक्ति प्राप्त करने में प्रयत्नशील नहीं रहता, उसकी स्वयं की सुरक्षा सर्वदा खतरे में पड़ी रहेगी, क्योंकि उसके पड़ोसी अपने-आपको सुरक्षित रखने के लिए उसकी सुरक्षा का अपहरण कर लेंगे।

थॉमस हॉब्स की यह धारणा है कि **व्यक्ति भय की उत्पत्ति** है। प्रत्येक व्यक्ति अपने इर्द-गिर्द के व्यक्तियों से इस कारण भयभीत रहता है कि उनके संकल्प भी वही हैं, जो उसके हैं।

मानव-मनोवेगों और विवेक की सृष्टि

थॉमस हॉब्स की विचारधारा निराशाजनक है। जब मानव इतना स्वार्थी, अहमी और समाज विरोधी है तो उसके लिए नागरिक समाज का निर्माण करना असम्भव है। परन्तु इस पर भी थॉमस हॉब्स आशावादी है, क्योंकि जहाँ मानव मनोवगों की सृष्टि है, वहाँ वह विवेकशील प्राणी भी है और यह विवेक ही उसे प्राकृतिक दशा से निकलने की प्रेरणा और योग्यता प्रदान करता है। थॉमस हॉब्स लिखता है कि उसका विवेक ही उसमें "हिंसक मृत्यु के भय" से शांति की ओर अग्रसर होने की इच्छा पैदा करता है। यश और शक्ति का आकर्षण उसमें सुरक्षा की भावना पैदा करता है।

थॉमस पक्का हेतुवादी है, परन्तु उसका विवेक उसके लिए कोई ऐसी ईश्वरीय शक्ति नहीं, जो अद्वितीय कार्य करने की सामर्थ्य रखता है। जहाँ सुकरात और प्लेटो कह

सकते हैं कि अच्छाई को जानना ही उसकी अनुभूति है तथा, जिस कार्य को करना चाहिए, उसका ज्ञान ही किसी कार्य को करने के लिए पर्याप्त प्रेरक शक्ति है, वहाँ थॉमस हॉब्स के लिए विवेक का ज्ञान कार्य की प्रेरक शक्ति नहीं। विवेक उसे केवल इस बात का ज्ञान कराता है कि शांति और सुरक्षा तभी प्राप्त की जा सकती है, जब वह अपने मनोवेगों और भावों को नियंत्रित रखे। यह जान लेने के बाद कि उसकी पशुवत् प्रतिद्वन्द्विता ही उसके "हिंसक मृत्यु के भय" का कारण है, जो उसे निरन्तर युद्ध की स्थिति में रखता है तो विवेक उसे इस स्थिति से छुटकारा पाने का रास्ता बता देता है। **थॉमस के लिए विवेक स्वयं प्रेरक शक्ति नहीं, यह केवल नियामक है, जो प्रकृति की अराजक दशा से छुटकारा पाने का माध्यम और समाज निर्माण करने का यंत्र है।**

थॉमस हॉब्स की धारणा है कि मानव में "हिंसक मृत्यु के भय" से विवेक समझदारी और संयम सीखने की योग्यता हैं, परन्तु जब तक उसके मनोवेगों और भावनाओं को नियंत्रित करने वाली कोई बाह्य सर्वोच्च शक्ति नहीं तब तक "सत्ता" और "यश" की इच्छाएँ उन्हें अपने वचनों को तोड़ने के लिए लालायित करती रहेगी, क्योंकि **''शक्ति के बिना समझौते केवल शब्द हैं, जो सुरक्षा प्रदान करने की क्षमता नहीं रखते।" थॉमस** लिखता है कि मनोवेग केवल मनोवेगों की भाषा समझते हैं न कि विवेक की। मानव मनोवेगों को स्वयं नियंत्रित रखने में असमर्थ है। उन्हें नियंत्रित रखने और प्राकृतिक नियमों को लागू करने के लिए किसी बाह्य सर्वाच्च शक्ति की आवश्यता है।

मानव स्वभाव की आलोचना

थॉमस थॉमस हॉब्स द्वार प्रतिपादित मानव स्वभाव की अनेक आधारों पर आलेचना की जा सकती है-

(1) थॉमस थॉमस हॉब्स ने मानव स्वभाव की एकपक्षीय तथा अतिरंजित व्याख्या की है।

(2) थॉमस हॉब्स द्वारा मानव के बाह्य पक्ष का ही सतही या उथला वर्णन किया गया है। उसके आन्तरिक पक्ष की अवहेलना की है।

(3) मानव केवल असामाजिक या आसुरी प्रवृत्तियों का ही दास नहीं है, उसमें सद्गुणों का भी अधिवास पाया जाता है। थॉमस थॉमस हॉब्स ने मानव के सामाजिक गुणों की उपेक्षा की है।

(4) थॉमस थॉमस हॉब्स ने मानव स्वभाव का मात्र काल्पनिक वर्णन किया है। व्यवहार में, ऐसा मानव कहीं भी नहीं पाया जाता है।

(5) मानव स्वभाव के ऐसे घृणित चित्रण के कारण ही, राजनीतिक, चिन्तन के इतिहास में थॉमस थॉमस हॉब्स की कटु आलोचना की जाती है।

प्राकृतिक दशा पर थॉमस के विचार

थॉमस हॉब्स ने **प्राकृतिक दशा का वर्णन दो उद्देश्यों को सिद्ध करने के**

लिए किया है (i) प्रशासन या सरकार के अभाव में मानव का जीवन असहाय, असभ्य, भययुक्त और अवांछनीय होता है और (ii) प्रगति और सभ्यता के लिए प्रशासन की आवश्यकता है।

थॉमस हॉब्स की प्राकृतिक दशा **राज्य विहीन, समाज विहीन दशा है। यह असहाय असभ्य, भययुक्त और अवांछनीय दशा है।** यह युद्ध की स्थिति है। इसमें प्रत्येक व्यक्ति दूसरे व्यक्ति का शत्रु है। यह विधिहीन दशा है, इसमें मानव का जीवन असुरक्षित और अल्प है। इसमें जीवन संघर्षमय है। इसमें सभ्यता का अभाव है। **इसमें मानव का जीवन "एकांकी, दीन, मलिन, जंगली और अल्प है।"** इसकी प्रमुख विशेषताएँ शक्ति अर्जन और कपट, भय और संघर्ष है।

प्राकृतिक दशा की 'निरन्तर युद्ध' की स्थिति का अर्थ 'वास्तविक युद्ध' से नहीं है। इसका केवल यह अर्थ है कि मानव इस दशा में निरन्तर हिंसक मृत्यु के भय से भयभीत रहता है अर्थात् वह 'भय का दास' है। **थॉमस** लिखता है कि यदि प्राकृतिक दशा में दण्ड देने वाली कोई शक्ति होती तो उसमें व्यवस्था और शांति स्थापित की जा सकती थी। यहाँ थॉमस हॉब्स का मनोविज्ञान स्पष्ट है। वह **"भय" को समाप्त करना नहीं चाहता, बल्कि व्यक्तियों के हृदयों में एक-दूसरे के भय को समाप्त कर एक सामान्य सत्ता के भय को स्थापित करना चाहता है। थॉमस** लिखता है कि "सर्वोच्च शक्ति के अभाव में अविश्वास सर्वत्र विद्यमान रहता है।" थॉमस हॉब्स की धारणा है कि मानव में अविश्वास की भावना केवल प्राकृतिक दशा के मानव की भावना नहीं, यह सभ्य राज्य के मानव की भी भावना है।

थॉमस हॉब्स के लिए प्राकृतिक दशा पूर्ण स्वतन्त्रता की दशा है। यह वह दशा है, जिसमें 'सब कुछ प्राप्त करना और कार्य करना सबसे के लिए वैधपूर्ण है।' इसमें **"जिसकी लाठी उसकी भैंस", "जंगल के नियम", "छल, कपट और धोखाधड़ी"** सर्वत्र विद्यमान है। इस दशा में शक्ति ही अधिकार है। इसमें सम्पत्ति की कोई सुरक्षा नहीं, क्योंकि सम्पत्ति पर उसी का अधिकार है, जो इसे प्राप्त कर सकता है और वह भी उस समय तक, जब तक वह उसे अपने पास रखने की क्षमता रखता हैं। इसमें मानव को चौबीसों घंटे और वर्ष के 365 दिन अपनी सुरक्षा के साधनों को जुटाना पड़ता है।

प्राकृतिक दशा में कोई प्रतिद्वन्द्विता नहीं, कोई कानून नहीं, कोई नैतिकता नहीं, कोई न्याय नहीं। इसमें प्रतिद्वन्द्विता इसलिए अनुपस्थित थी कि इसे सार्थक बनाने के लिए कोई मध्यस्थ शक्ति नहीं थी। इसमें कानून का महत्त्व इसलिए नहीं था कि कोई सामान्य शक्ति नहीं थी। इसमें नैतिकता का महत्त्व इसलिए नहीं था कि प्रत्येक व्यक्ति प्रत्येक दूसरे व्यक्ति का शत्रु था। इसमें न्याय का अभाव था, क्योंकि न्याय के लिए जिन वैधानिक संस्थाओं की आवश्यकता होती है, वे इसमें विद्यमान नहीं थीं। थॉमस हॉब्स ने

लिखा है कि **"जहाँ कोई सामान्य शक्ति नहीं होती, वहाँ कोई कानून नहीं होता, वहाँ कोई न्याय नहीं होता।"** इसलिए प्राकृतिक दशा में उचित-अनुचित, न्याय-अन्याय, नैतिक-अनैतिक, धर्म-अधर्म, अच्छाई-बुराई, वैध-अवैध का कोई भेद नहीं था। **हेकर** ने ठीक लिखा है कि **"जिन मान दण्डों को लागू नहीं किया जा सकता, वे कोई मानदण्ड नहीं।"**

थॉमस हॉब्स द्वारा वर्णित प्राकृतिक दशा की प्रमुख विशेषताएँ निम्नांकित हैं-

(1) यह समाज या राज्य निर्माण से पूर्व की दशा थी।

(2) यह असहाय, असभ्य, भययुक्त जंगली और अवांछनीय दशा थी।

(3) इसमें सामान्य दण्ड देने वाली शक्ति का अभाव था।

(4) इसमें उचित-अनुचित, न्याय-अन्याय, वैध-अवैध, नैतिक-अनैतिक मान-दण्डों का अभाव था।

(5) इसमें पशु शक्ति जंगल के नियम का बोल-बाला था।

(6) इसमें हिंसक हत्या का भय सर्वदा विद्यमान रहता था।

(7) यह निरन्तर युद्ध और अविश्वास की दशा थी। इसमें प्रत्येक व्यक्ति दूसरे व्यक्ति का शत्रु था।

(8) यह पूर्ण स्वतन्त्रता की दशा थी, जो स्वयं की शारीरिक शक्ति पर निर्भर करती थी।

(9) इसमें कोई व्यक्तिगत सम्पत्ति नहीं थी। इसमें व्यक्ति की वही सम्पत्ति थी, जिसे वह प्राप्त कर सकता था और वह भी उस समय तक उसकी थी, जब तक उसमें उसे रखने की शारीरिक शक्ति थी।

(10) इसमें मानव का जीवन एकाकी, दीन, मलिन, जंगली और अल्प था।

(11) प्राकृतिक दशा में प्राकृतिक कानूनों का अस्तित्व था। मानव को ये अधिकार प्रकृति से ही प्राप्त थे।

सारांश में, प्राकृतिक अवस्था 'मत्स्य-न्याय' की अवस्था थी।

प्राकृतिक अवस्था की आलोचना

थॉमस थॉमस हॉब्स द्वारा प्रतिपादित प्राकृतिक अवस्था की निम्नलिखित आधारों पर आलोचना की जा सकती है-

(1) थॉमस थॉमस हॉब्स ने मानव प्रकृति के आधार प्राकृतिक अवस्था का वर्णन किया है, जो बुनियादी रूप में ही गलत है।

थॉमस थॉमस हॉब्स द्वारा चित्रित प्राकृतिक अवस्था का कोई ऐतिहासिक आधार नहीं है। प्राकृतिक अवस्था तार्किक दृष्टि से भी सही नहीं है। प्राचीनतम अवस्था में भी मानव जीवन प्राकृतिक नियमों, रिवाजों तथा परम्पराओं द्वारा नियंत्रित था।

समालोचना

थॉमस हॉब्स की प्राकृतिक दशा की आलोचना उचित प्रतीत नहीं होती। इसके मुख्य कारण निम्नलिखित हैं-

(1) थॉमस हॉब्म ने कभी इस बात का दावा नहीं किया कि मानव प्राकृतिक अवस्था में रहते थे। उसकी प्राकृतिक दशा नागरिक समाज का एक परिकल्पनात्मक विकल्प है, जिसके द्वारा थॉमस हॉब्स केवल यह सिद्ध करना चाहता है कि जहाँ शासन नहीं वहाँ दण्ड देने की शक्ति नहीं, वहाँ अव्यवस्था है, जो अंवाछनीय है।

(2) थॉमस हॉब्स द्वारा निकाले गये निष्कर्षों को तभी मिथ्या कहा जा सकता है, जब यह मान लिया जाये कि मानव में केवल सहयोग, सहानुभूति, प्रेम, दया, बलिदान आदि की भावनायें ही विद्यमान हैं और उसमें स्वार्थ, अहम्, निर्दयता, क्रूरता, शक्ति आदि की भावनायें नहीं। वास्तव में मानव में सहयोग और प्रेम की भावनायें होते हुए भी वह स्वार्थ, अहम्, भय तथा इसी प्रकार के अन्य मनोवेगों और मनोभावनाओं से ही अधिक प्रेरित होता है। क्योंकि व्यक्तियों में ये भावनाएँ गतिशील और क्रियाशील हैं। अत: विश्व में युद्ध हुए हैं। केवल व्यक्ति ही नहीं, बल्कि राज्य भी अपनी शक्ति और प्रभाव क्षेत्र बढ़ाने में लगे हुए हैं। यदि सभ्य व्यवस्था में मानव की यह दशा है तो असभ्य स्थिति में उसकी दशा की कल्पना की जा सकती है।

(3) प्राकृतिक दशा के वर्णन द्वारा थॉमस हॉब्स केवल यह बताना चाहता है कि मानव मनोवेगों का दास है और निरन्तर संघर्ष की स्थिति के कारण उसे शांति और सुरक्षा की चिन्ता लगी रहती है। थॉमस हॉब्स यह बताना चाहता है कि मानव यह जानते हुए भी कि उसका हित दूसरों से सहयोग करने में है, फिर भी यह मनोवेगों से ही कार्य करता है और मनोवेगों को एक शक्तिशाली सर्वोच्च सत्ता द्वारा ही नियंत्रित किया जा सकता है।

(4) मानवशास्त्रीय सामग्री जो हमें आज उपलब्ध है, वह थॉमस हॉब्स को उपलब्ध नहीं थी। पूर्ण व्यक्तिवादी और हेतुवादी होने से थॉमस हॉब्स इस बात से अनभिज्ञ था कि आदिम समाज में व्यक्ति के स्थान पर परिवार व कुल ही सामाजिक इकाई था और कानून के स्थान पर सामाजिक दबाव या रीति-रिवाज ही अनुकूलता लाने के यंत्र थे।

प्राकृतिक कानूनों एवं प्राकृतिक अधिकारों पर थॉमस के विचार

थॉमस हॉब्स की मान्यता है कि कानून मानव प्रशासन की रचना है। फिर भी वह ऐसे कानूनों की बात करता है, जिन्हें प्राकृतिक कानूनों के नाम से जाना जाता है। यद्यपि वह स्वीकार करता है कि प्राकृतिक कानूनों का प्राकृतिक दशा में कोई महत्त्व नहीं था। प्राकृतिक कानून की परिभाषा देते हुए **थॉमस** लिखता है कि **"वह ऐसा उपदेश या सामान्य नियम है, जिसे विवेक द्वारा जाना जाता है और उन कार्यों को करने की मनाही करता है, जो उसके लिए विनाशकारी है।"**

प्राकृतिक कानूनों के बारे में थॉमस हॉब्स की विचारधारा थॉमस एक्वीनास की विचारधारा से भिन्न है। जहाँ थॉमस एक्वीनास के लिए केवल शासक अल्पमत ही इसे समझने की योग्यता रखता है, वहाँ थॉमस हॉब्स की धारणा है कि प्रत्येक मानव इसे समझने की योग्यता रखता है। **थॉमस** लिखता है कि यह सत्य है कि आशा, क्रोध, इच्छा, लोलुपता, स्वार्थ, घमण्ड, यश आदि की इच्छाएँ मानव मस्ततिष्क को प्रभावित एवं व्याकुल करती है। परन्तु प्रत्येक मानव के जीवन में कुछ क्षण ऐसे अवश्य आते हैं, जब वह समानुभूति (अपने आपको दूसरों की स्थिति में डाल कर देखना) का अनुभव करता है और यह क्षण ही प्राकृतिक कानून को समझने की योग्यता प्रदान करता है।

नैतिकता और कानून में भेद-थॉमस हॉब्स का कहना है कि प्राकृतिक कानून आन्तरिक आचरण के वे मानदण्ड हैं, जिन्हें मानना या न मानना व्यक्ति की स्वेच्छा पर निर्भर करता है। यहाँ थॉमस हॉब्स की विचारधारा से भिन्न है। जहाँ थॉमस मानव कानूनों को लागू करते समय शासकों से प्राकृतिक कानूनों की पालना की आशा करता है अन्यथा उन्हें स्वर्ग में स्थान नहीं मिलेगा, वहाँ थॉमस हॉब्स के लिए प्राकृतिक कानूनों का निवास स्थान मानव की अन्तरात्मा है। **थॉमस** लिखता है कि प्राकृतिक कानूनों वे निष्कर्ष या प्रमाण हैं, जो स्वयं की सुरक्षा के लिए सहायक हैं, जबकि कानून उस व्यक्ति के आदेश है, जिसे दूसरों पर आदेशात्मक शक्ति प्राप्त है। कानूनों में बाध्यकारी शक्ति होती है, उन्हें न मानना अपराध है और दण्ड को भोगना है, जबकि प्राकृतिक कानून में उन अर्थों में न बाध्यकारी शक्ति है और न ही दण्ड देने की शक्ति है।

प्राकृतिक कानून को थॉमस सामाजिक कानूनों की संज्ञा देता है और इनका महत्त्व तभी है, जब इनका सब पालन करते हैं। **थॉमस** लिखता है कि यदि एक ही व्यक्ति अपनी प्रतिज्ञाओं या समझौते के प्रति वफादार हैं, जबकि अन्य दूसरे नहीं तो वह व्यक्ति स्वयं को नष्ट कर लेगा।

थॉमस हॉब्स के लिए प्राकृतिक कानून मानव और राजनीतिक समाज की तार्किक शर्तें हैं, अतः वे स्थिर और सतत है। परन्तु इनकी स्थिरता और सततता इस बात पर निर्भर नहीं करती है कि वे नैतिक नियम हैं, बल्कि इस बात पर निर्भर करती है कि वे समाज की शांति और व्यवस्था के लिए आवश्यक है। इसलिए ही इन नियमों से अनुरूपता 'अच्छाई' या 'सद्गुण' हैं। **थॉमस** लिखता है कि "इन नियमों से अनुरूपता जितनी अधिक होगी, उतना अधिक संतोष पैदा होगा।" थॉमस हॉब्स प्राकृतिक कानूनों की पालना हो "उपयोगिता" की दृष्टि से देखता है। उसके लिए नैतिक दर्शन का यही एकमात्र आधार है। जो दार्शनिक अच्छाई-बुराई के किसी अन्य मानदण्ड को प्रस्तुत करता है थॉमस हॉब्स उसे गलत मानता है। **थॉमस** कहता है कि प्राकृतिक कानूनों को मनवाने के लिए "उपयोगिता" पर्याप्त नहीं। अतः वह सामान्य हित में सामान्य सम्प्रभु शक्ति का

सुझाव देता है।

थॉमस पहला दार्शनिक है, जिसने प्राकृतिक अधिकारों और प्राकृतिक कानूनों में स्पष्ट भेद किया है। वह लिखता है कि प्राकृतिक अधिकार वे व्यक्तिगत अधिकार है, जिनके द्वारा व्यक्ति उन कार्यों को करने के लिए स्वतंत्र है, जो उसके अस्तित्व के लिए आवश्यक हैं। यहाँ स्वतन्त्रता का अभिप्राय बाह्य रुकावटों की अनुपस्थिति से है। व्यक्ति की स्वतन्त्रता पर केवल वे सीमाएँ हैं, जो परिस्थितियों द्वारा लगायी जाती हैं। जहाँ तक उसकी शक्ति है, वहाँ तक उसका अधिकार पूर्ण है। दूसरी ओर, प्राकृतिक कानूनों का अभिप्राय स्वतन्त्रता की उपेक्षा प्रतिरोध, बाध्यता या रुकावट है। ये वे नियम है, जिन्हें विवेक द्वारा जाना जाता है और जो उन कार्यों को करने की आज्ञा नहीं देते जो व्यक्ति के अस्तित्व को बनाये रखने के प्रतिकूल हैं। जहाँ **प्राकृतिक अधिकार व्यक्ति की अपनी इच्छाओं की संतुष्टि के लिए कुछ भी करने का अधिकार देते हैं, वहाँ प्राकृतिक कानून उसे कुछ अधिकारों को त्यागने के लिए कहते हैं, ताकि वह अन्य अधिकारों का भली-भाँति उपयोग कर सके। हर्नशा** ने लिखा है कि "अधिकार किसी कार्य को करने की स्वतन्त्रता या रुकावट है, जबकि कानून उनमें से किसी एक को निश्चित कर बाध्य करता है। कानून और अधिकार में वही अन्तर है, जो दायित्व और स्वतन्त्रता में है।" प्राकृतिक अधिकार जहाँ प्राकृतिक दशा को युद्ध की स्थिति बनाते हैं और जीवन को असुरक्षित करते हैं वहाँ प्राकृतिक कानून विवेक द्वारा स्थापित किये गये नियमों का ऐसा संग्रह है, जो जीवन को सुरक्षित रखते हैं।

प्राकृतिक अधिकारों और प्राकृतिक कानूनों में भेद निम्नलिखित हैं-

थॉमस हॉब्स की मान्यता है कि शांति और सुरक्षा प्राकृतिक कानूनों पर आधारित है। थॉमस हॉब्स ने ऐसे **प्राकृतिक कानूनों की संख्या उन्नीस** बतायी है, जिनमें प्रमुख निम्नलिखित हैं-

(1) शांति और सुरक्षा को बनाये रखना। यदि शांतिमय साधनों से यह सम्भव न हो तो इसे युद्ध द्वारा बनाये रखना।

(2) यदि व्यक्ति स्वयं चाहता है कि दूसरे उसकी शांति और सुरक्षा की इच्छाओं का आदर करें तो उसे भी दूसरों की ऐसी इच्छाओं का आदर करना चाहिए। **थॉमस** लिखता है कि प्रतिरोध सामान्य और पारस्परिक होना चाहिए।

(3) व्यक्ति समझौते का पालन करें, क्योंकि समझौता ही प्राकृतिक अधिकारों को न्याय के नियमों में परिवर्तित करता है। समझौते की पालना ही न्याय है। सही सामाजिक अस्तित्व और पारस्परिक विश्वास का मूल आधार है।

(4) प्रत्येक व्यक्ति शिष्टाचार का व्यवहार करे।

(5) कोई व्यक्ति अपने कार्यों, शब्दों या भावों द्वारा दूसरे के प्रति प्रतिरोध, घृणा या ईर्ष्या

अभिव्यक्त न करे।
(6) प्रत्येक दूसरे को अपने समान समझे।
(7) जिन वस्तुओं का विभाजन नहीं हो सकता, उनका उपयोग सामान्य हो।
(8) शांति के लिए मध्यस्थता का कार्य अपनाने वालों को सुरक्षा प्राप्त हो, आदि।

थॉमस हॉब्स के **प्राकृतिक नियमों** को संक्षेप में, इस वाक्य में स्पष्ट किया जा सकता है कि **"दूसरों से वैसा व्यवहार न करो, जो आप स्वयं अपने आपसे नहीं करेंगे।**

थॉमस हॉब्स का मत है कि प्राकृतिक कानूनों के आधार पर सभ्य समाज का निर्माण किया जा सकता है। **प्रो. सेबाइन** ने कहा है कि "वे एक साथ ही दूरदर्शिता के सिद्धान्त और सामाजिक आधार के नियम है, जो व्यक्तिगत कार्य के मनोवैज्ञानिक उद्देश्यों से आगे बढ़कर सभ्य कानून तथा नैतिकता के मूल्य तक पहुँचना सम्भव बनाते हैं।" यही कारण है कि थॉमस हॉब्स इन नियमों का प्राकृतिक दशा में नहीं, बल्कि समाज में व्यक्तियों के लागू करता है और प्राकृतिक नियमों की व्याख्या में उसका यही उद्देश्य है। थॉमस हॉब्स लिखता है कि अपनी विवेक शक्तियों के आधार पर व्यक्ति यह अनुभव करते हैं कि प्राकृतिक कानूनों की पालना की जाये। **थॉमस** लिखता है कि मानव में प्रारम्भिक (आदिम) अवस्था से ऊपर उठने की प्रवृत्ति है और प्राकृतिक नियमों में वे सब तत्त्व विद्यमान हैं-शांति स्थापित करने, सामान्य सत्ता को बनाने, समझौते को लागू करने और मानव समानता को स्वीकार करने, आदि-जो उसे युद्ध की स्थिति को समाप्त करने और मानव समानता को स्वीकार करने, आदि-जो उसे युद्ध की स्थिति को समाप्त करने और शासन को स्थापित करने की प्रेरणा देते हैं। ये नियम ही प्रशासनिक कानूनों का निर्माण करते हैं। **थॉमस** लिखता है कि यद्यपि प्राकृतिक कानून प्राकृतिक दशा में लागू नहीं होते, फिर भी वे प्रशासन से पूर्व हैं। इसलिए यह नहीं कहा जा सकता कि प्राकृतिक कानून सरकार के साथ उत्पन्न होते हैं वे तो ऐसी राजनीतिक परिस्थितियाँ उत्पन्न करते हैं, जो उन्हें सार्थक बनाती है। थॉमस हॉब्स के लिए प्राकृतिक कानून स्थिर और सतत है, क्योंकि वे मानव की अन्तरात्मा में निवास करते हैं। अत: जब तक मानव इस पृथ्वी पर निवास करता है, तब तक मानव प्रशासन के अधीन रहना पसन्द करेगा।

थॉमस थॉमस के प्राकृतिक नियमों तथा प्राकृतिक अधिकारों की आलोचना

थॉमस थॉमस हॉब्स द्वारा प्रतिपादित प्राकृतिक नियमों तथा प्राकृतिक अधिकारों की अवधारणा की निम्नलिखित आधारों पर आलोचना की जा सकती है-

(1) थॉमस थॉमस हॉब्स ने मानव को आसुरी प्रवृत्तियों का दास बताया है। ऐसे असामाजिक मानव से प्राकृतिक नियमों तथा प्राकृतिक अधिकारों का पालन करने की आज्ञा नहीं दी जा सकती है।

(2) थॉमस थॉमस हॉब्स की प्राकृतिक नियमों तथा प्राकृतिक अधिकारों की अवधारणा का कोई वास्तविक या यथार्थ आधार नहीं है। ये काल्पनिक हैं।

(3) थॉमस थॉमस हॉब्स ने प्राकृतिक नियमों तथा प्राकृतिक अधिकारों के बीच जो विभाजक रेखा खींची है, वह गलत है।

सारांश में, थॉमस थॉमस हॉब्स की प्राकृतिक नियमों तथा प्राकृतिक अधिकारों की अवधारणा उसके राजनीतिक चिन्तन की अभिनव विशेषता है।

कॉमनवैल्थ या राज्य की उत्पत्ति

थॉमस हॉब्स से पूर्व के दार्शनिकों ने जिस समझौते की व्याख्या की वह सामाजिक समझौता होने के स्थान पर प्रशासनिक समझौता अधिक था। उनका समझौता शासक और जनता के बीच था, जिसने जन की उत्पत्ति की। परन्तु थॉमस हॉब्स का समझौता सामाजिक है, राजनीतिक नहीं। यह समझौता व्यक्ति का, व्यक्ति के साथ है, सम्प्रभु का जनता के साथ नहीं अर्थात् यह समझौता प्रत्येक का सबके साथ और सबका प्रत्येक के साथ है।

थॉमस की धारणा है कि कौमनवैल्थ की उत्पत्ति दो प्रकार से हो सकती है- संस्थान द्वारा या अभिग्रहण द्वारा संस्थान द्वारा कॉमनवैल्थ की उत्पत्ति तब होती है, जब व्यक्ति प्रकृति की अराजक और असहाय दशा से छुटकारा पाने के लिए स्वेच्छापूर्वक संगठित होते हैं। अभिग्रहण द्वारा कॉमनवैल्थ की स्थापना तब होती है, जब कोई शक्तिशाली व्यक्ति निर्बलों को विजयी कर उन्हें नष्ट करने की धमकी देकर उन्हें आज्ञाओं का पालन करने के लिए विवश करता है। दोनों स्थितियों में **कॉमनवैल्थ निर्माण हेतु सहमति भय पर आधारित है।** अन्तर केवल इतना है कि जहाँ एक व्यक्ति एक-दूसरे से भयभीत है, वहाँ दूसरे में व्यक्ति उस व्यक्ति के आतंक से भयभीत हैं, जो सत्ताधारी है। फिर भी संस्थान द्वारा स्थापित कॉमनवैल्थ ही थॉमस हॉब्स के विचारों अर्थात् उसके सामाजिक समझौते का मूर्त उदाहरण है।

थॉमस हॉब्स की धारणा है कि शांति और सुरक्षा जिनके लिए कॉमनवैल्थ की उत्पत्ति होती है, तब तक सम्भव नहीं, जब तक अगणित शक्तियों (इच्छाओं) के स्थान पर एक सामान्य शक्ति को उत्पन्न नहीं किया जाता, जो प्रत्येक व्यक्ति के मनोवेगों को नियंत्रित कर सके और उसके आदेशों की उल्लंघना करने वालों को दण्डित कर सके। **लेविआथन के 18वें अध्याय** में थॉमस हॉब्स ने स्पष्ट लिखा है कि-

"कॉमनवैल्थ उस समय स्थापित होती है, जब व्यक्तियों का समूह इस बात पर सहमत हो जाये और प्रत्येक दूसरे व्यक्ति के साथ वह समझौता कर ले कि अमुक व्यक्ति या व्यक्ति समूह को उनका प्रतिनिधित्व करने का अधिकार है। प्रत्येक व्यक्ति चाहे उसने उसके विपक्ष में मत दिया हो-उस व्यक्ति या व्यक्ति समूह के कार्यों और

निर्णयों को उसी प्रकार अधिकृत करे जैसे कि वे उसके स्वयं के हों, ताकि वे आपस में शांति और सुरक्षा से रह सकें।"

प्रत्येक व्यक्ति प्रत्येक दूसरे व्यक्ति से कहता है कि **"मैं इस व्यक्ति या समूह को अपने आपको शासित करने के अपने अधिकार को इस शर्त पर देता हूँ कि आप भी अपने अधिकार उसे सौंप दें और उसके सभी कार्यों को उसी प्रकार अधिकृत करें** ... यह उस महान् दैत्य अथवा यदि हम अधिक सम्मान के शब्दों में कहें, उस नश्वर प्रभु की उत्पत्ति है, जिसके प्रति हम अविनाशी प्रभु के अधीन अपनी शांति और सुरक्षा के लिए ऋणी हैं।"

लेविआथन के उपर्युक्त अवतरणों से निम्नलिखित निष्कर्ष निकाले जा सकते हैं

(1) कॉमनवैल्थ सुरक्षात्मक भावनाओं पर आधारित है-थॉमस हॉब्स के लिए कॉमनवैल्थ (राज्य) न तो अरस्तू की भाँति एक प्राकृतिक संस्था है और न ही हीगल जैसे आदर्शवादियों की भाँति यह स्वयं में साध्य है। **थॉमस के लिए राज्य एक कृत्रिम संस्था है** जिसकी उत्पत्ति मानव के विशेष उद्देश्यों-शांति और सुरक्षा-के लिए हुई है। व्यक्तिवादियों की भाँति थॉमस हॉब्स मान्यता है कि राज्य का उद्देश्य लोक कल्याण के कार्य करना नहीं। यह पृथक् स्वार्थों का जोड़ मात्र है, जिसकी उपयोगिता का आधार पदार्थों और सेवाओं का विनियम है अर्थात् राज्य के प्रति नागरिकों की भक्ति उसके द्वारा प्रदत्त सेवाओं पर निर्भर करती है। **प्रो. सेबाइन** ने लिखा है कि "थॉमस हॉब्स के सुस्पष्ट भावहीन हेतुवाद ने पहली बार परम्परा की शक्ति को तोड़ा है। राज्य दैत्याकार या लेविआथन है, परन्तु लेवियाथन से कोई व्यक्ति न तो प्रेम करता है और न ही उसका आदर करता है। उसका महत्त्व उपयोगी होने में है, वह अपने कार्यों के लिए अच्छा है, परन्तु केवल व्यक्तिगत सुरक्षा का यन्त्र ... थॉमस हॉब्स ने आगामी दो शताब्दियों की विचारधारा पर प्रभाव डालने वाली यथेच्छाकारिता की भावना को समझ लिया।"

(2) कॉमनवैल्थ विवेक पर आधारित है-थॉमस हॉब्स की धारणा है कि विवेक ही व्यक्तियों में यह समझदारी पैदा करता है कि शांति और जीवन सुरक्षा तभी सम्भव है, जब वे एक सामान्य सत्ता के अधीन नहीं और उसकी आज्ञाओं का पालन करें। राजाज्ञाओं का पालन दण्ड के भय से नहीं, बल्कि इस भावना से होता है कि सम्प्रभु सब व्यक्तियों का प्रतिनिधित्व करता है। **थॉमस** लिखता है कि क्योंकि विवेक स्वयं समाज विरोधी तत्त्वों को नियंत्रित करने के लिए पर्याप्त नहीं, अतः सम्प्रभु को सर्वोच्च शक्ति से विभूषित करना अनिवार्य है। थॉमस हॉब्स ने लिखा है कि **"तलवार (शक्ति) के भय बिना समझौते केवल शब्द है, जो मानव को सुरक्षित नहीं रख सकते। शब्दों के बाण्ड, दमनकारी शक्ति के भय के बिना, इतने कमहोर हैं कि वे व्यक्ति की इच्छा, लालच, क्रोध और मनोवेगों को नियंत्रित नहीं कर सकते।"**

(3) कॉमनवैल्थ वास्तविक एकता है-थॉमस हॉब्स की धारणा है कि वो चीज समझौते द्वारा उत्पन्न होती है, वह सहमति से बढ़कर है। इसमें सभी व्यक्तियों का एकीकरण है। यह वास्तविक एकता है। यह एकता सामान्य कल्याण को निर्धारित करती है। इसकी शक्ति उन सब नागरिकों की शक्तियों का जोड़ है या उससे भी बढ़कर है, जिन्होंने इसे स्थापित किया है।

(4) समझौता सामाजिक है-थॉमस हॉब्स के सिद्धान्त की सबसे बड़ी विशेषता यह है कि जिन पक्षों ने समझौता किया वे न तो किसी प्रकार के समूह हैं, न ही जन और न ही किसी प्रकार की सर्वोच्च शक्ति से सम्पन्न सम्प्रभु। वे तो शुद्ध प्राकृतिक व्यक्ति है, जिन्होंने आपस में समझौता किया। यह प्रत्येक का सबके साथ और सबका प्रत्येक के साथ समझौता है।

(5) सम्प्रभु समझौते का पक्ष नहीं, परिणाम है-थॉमस हॉब्स का सम्प्रभु समझौते का पक्ष नहीं, परिणाम है। वह अनुबन्ध (समझौते) की रचना है। इसलिए वह उससे बाहर, सर्वोच्च और सम्प्रभु है। दूसरे शब्दों में, समझौते से पूर्व कोई सर्वोच्च शक्ति या सम्प्रभु नहीं था।

(6) शासन शक्ति शासितों की मौलिक शक्ति है-शासन व्यक्ति के सम्बन्ध में थॉमस हॉब्स के विचार प्लेटो, सन्त थॉमस और मैकियावली के विचारों से भिन्न हैं। प्लेटो और सन्त थॉमस अभिजात वर्ग के सद्गुण और प्रज्ञा में विश्वास करते हैं और जहाँ मैकियावली का शासक सुअवसर देखकर सत्ता हस्तगत कर सकता है, वहाँ थॉमस हॉब्स के नागरिक सम्प्रभु की शरण में इसलिए जाते हैं कि वह उन्हें सुरक्षा प्रदान करता है। जब सम्प्रभु उनकी सुरक्षा की उपेक्षा करता है और शक्ति का प्रयोग अपने हितों के लिए करता है तो उसके कानून शासितों की इच्छा पर आधारित नहीं रहते। थॉमस हॉब्स ने लिखा है कि **"लोगों की भक्ति कानून के प्रति है, शक्ति के प्रति नहीं।"** थॉमस हॉब्स के लिए शासन की शक्ति का आधार लोगों की इच्छा है, मौलक इच्छा शासितों की इच्छा है।

(7) क्रांतिकारी सिद्धान्त-थॉमस हॉब्स का समझौता मानव स्वतन्त्रता का चार्टर नहीं, यह दासता का बाण्ड है। नागरिक राज्य की आज्ञाओं का पालन बिना शर्त करते हैं अर्थात् जब तक समझौता विद्यमान है, तब तक सम्प्रभु के प्रति राजा की भक्ति निरन्तर है। नागरिक राजाज्ञाओं का उल्लंघन नहीं कर सकते और सम्प्रभु के कार्यों और लुसियों की त्रुटियों के आधार पर वे उसके विरुद्ध विद्रोह नहीं कर सकते। सम्प्रभु कोई अन्याय नहीं करता, क्योंकि अन्याय तो केवल समझौते की उल्लंघना है। सम्प्रभु के कार्य अधिक-से-अधिक दुराचारी हो सकते हैं, अन्यायिक नहीं। थॉमस हॉब्स के सम्प्रभु की शक्ति असीमित है और नागरिकों की उसके प्रति भक्ति पूर्ण है।

(8) विरोध का अधिकार-सम्प्रभु के प्रति नागरिकों की भक्ति को पूर्ण बनाते

हुए भी थॉमस हॉब्स एक स्थिति में उन्हें सम्प्रभु के विरुद्ध विद्रोह करने का अधिकार देता है। जब शासक शासितों के जीवन को सुरक्षित रखने और शांति व्यवस्था बनाये रखने में असफल रहता है तो नागरिक समझौते को समाप्त कर सकते हैं और नये शासक (सम्प्रभु) से समझौता कर सकते हैं, जो उन्हें जीवन सुरक्षा और शांति प्रदान कर सकता है। थॉमस हॉब्स ने लिखा है कि **"सम्प्रभु के प्रति नागरिकों की भक्ति तब तक है और उससे अधिक नहीं, जब तक वह उन्हें अपनी शक्ति द्वारा सुरक्षा प्रदान करने में योग्य है।"** नागरिकों को विरोध का अधिकार देते हुए भी थॉमस हॉब्स इस समस्या का समाधान नहीं करता कि इस बात का निर्णय कौन **करेगा कि** ऐसी स्थिति उत्पन्न हो गयी है कि सर्वोच्च सत्ता का विरोध किया जाये। यदि यह **अधिकार** व्यक्ति को दिया जाये तो सम्प्रभु के लिए अराजकता की स्थिति सर्वदा विद्यमान **रहेगी** और यदि इसे अपवाद के रूप में स्वीकार किया जाये तो थॉमस हॉब्स की सम्प्रभुता के सिद्धान्त में बाधाएँ उपस्थित होती है, जिन्हें वह किन्हीं अर्थों में स्वीकार करने के लिए तैयार नहीं था।

(9) किसी प्रकार की शासन व्यवस्था उचित है–थॉमस हॉब्स की धारणा है कि शासन का कोई भी स्वरूप राजतंत्र, कुलीनतंत्र, गणतंत्र–उचित है, यदि उसमें व्यवस्था, शांति और सुरक्षा स्थापित करने की योग्यता और क्षमता है। उसके सिद्धान्त में राजतंत्र को अधिमान्य स्थिति केवल इसलिए प्राप्त है कि उसकी धारणा कि इस प्रणाली में व्यक्तिगत और सार्वजनिक हितों में तादात्म्य रहता है और आन्तरिक व बाह्य नीति में अधिक संगति रहती है। थॉमस हॉब्स मिश्रित सरकारों में विश्वास नहीं करता है।

सारांश में, थॉमस थॉमस हॉब्स ने इंग्लैण्ड की अराजकतापूर्ण स्थिति के परिप्रेक्ष्य में 'निरंकुश राजतंत्र की औचित्य सिद्ध करने के लिए ही अपने सामाजिक समझौते में निरंकुश तथा सर्वशक्तिमान शासक की परिकल्पना की।

सामाजिक समझौते के सिद्धान्त की आलोचना

थॉमस थॉमस हॉब्स के सामाजिक समझौते सिद्धान्त की अनेक आधारों पर आलोचना की जाती है, जिनमें से कतिपय निम्नलिखित हैं-

(1) थॉमस थॉमस हॉब्स ने जिस सामाजिक समझौते की परिकल्पना की है, वह उसकी मानव स्वभाव की अवधारणा से मेल नहीं खाती है। ऐसा पाश्विक मानव सामाजिक समझौते को कैसे सोच सकता है?

(2) थॉमस थॉमस हॉब्स द्वारा दो प्रकार के–प्रथम, सामाजिक तथा द्वितीय राजनीतिक सम्पादित करना किसी भी दृष्टि से तर्कसंगत नहीं है।

(3) थॉमस थॉमस हॉब्स ने समझौते का आधार भय माना है, जो ठीक नहीं है। उसका मानना है कि अगर इस समझौते को भंग किया गया तो पुनः समाज में अराजकता की स्थिति उत्पन्न हो जायेगी अर्थात् पुनः प्राकृतिक अवस्था की स्थिति बन जायेगी। परन्तु

कोई भी समझौता भय के आधार पर टिकाऊ नहीं हो सकता है।

(4) थॉमस थॉमस हॉब्स ने जिस सामाजिक समझौते की कल्पना की है, वह असामान्य तथा असाधारण है। इसमें उसने समझौते या अनुबन्ध की सारी शर्तों को तिलांजलि दे दी है।

(5) थॉमस थॉमस हॉब्स ने सामाजिक समझौते के द्वारा सर्वसत्तावादी तथा निरंकुश शासक को जन्म दिया है।

(6) जन-साधारण को शासक के विरुद्ध क्रांति करने का अधिकार नहीं देना भी अलोकतांत्रिक है।

(7) वर्तमान परिस्थितियों में थॉमस थॉमस हॉब्स का सामाजिक समझौता असामयिक तथा अप्रांसगिक हो गया है।

उपर्युक्त आलोचनाओं के बावजूद थॉमस थॉमस हॉब्स के सामाजिक समझौता सिद्धान्त का महत्त्व है। ऐसा करके उसने राज्य की उत्पत्ति के दैवी सिद्धान्त का खण्डन कर दिया तथा सशक्त या सुदृढ़ संप्रभु की परिकल्पना की।

सम्प्रभुता पर थॉमस के विचार

ग्रीक दर्शन की सबसे बड़ी त्रुटि यह है कि उसमें कहीं भी सम्प्रभुता, उसकी प्रकृति एवं स्थान को स्पष्ट नहीं किया गया। यद्यपि इसके अंश को प्लेटो और अरस्तू के राज्य सम्बन्धी "नियामक विचार" में देखा जा सकता है, परन्तु एक अवधारणा के रूप में सम्प्रभुता के विचार को **रोमन विधिवेत्ताओं के 'मेजस्टम' सिद्धान्त** में देखा जा सकता है, परन्तु यहाँ यह विचार व्यक्ति की निजी भक्ति के साथ जुड़ा हुआ था। रोमन विधिवेत्ताओं को इस बात का श्रेय अवश्य है कि उन्होंने इस शब्द को प्रचलित किया। बोदाँ ने सम्प्रभुता को आधुनिक परिभाषा तो दी, परन्तु उसे प्राकृतिक कानूनों, संवैधानिक कानूनों और सम्पत्ति के अधिकारों से मर्यादित कर दिया।

थॉमस हॉब्स के राजनीतिक दर्शन की प्रमुख विशेषता यह है कि उसने सर्वप्रथम सम्प्रभुता के महत्त्व को समझा, उसका विश्लेषण किया तथा उसका स्थान निश्चित किया और उसकी शक्तियों और सीमाओं को निर्धारित किया। **वाहन** ने लिखा है कि **थॉमस वह दार्शनिक है, जिसने सर्वप्रथम इस बात को अनुभव किया कि राज्य के पूर्ण सिद्धान्त में मूल विचार सम्प्रभुता का है, उसने ही सर्वप्रथम इसके स्थान, कार्यों और सीमाओं को निश्चित करने की आवश्यकता पर बल दिया।**" थॉमस हॉब्स लिखता है कि सम्प्रभुता राजनीतिक जीवन का आवश्यक तत्त्व है। इसके अभाव में कोई समाज या नागरिक समाज नहीं, कोई व्यवस्था नहीं, कोई कानून नहीं, कोई न्याय-अन्याय, उचित-अनुचित के नियम नहीं। सम्प्रभुता के सिद्धान्त द्वारा थॉमस हॉब्स कानूनों के ऐसे स्त्रोत को उत्पन्न करना चाहता है, जिसकी शक्ति उस क्षेत्र में अविभाज्य,

अविच्छेद, असीमित, स्थिर और अदेय हो। थॉमस हॉब्स सम्प्रभु को अपनी शक्ति का निर्विवाद स्वामी बनाना चाहता है।

थॉमस हॉब्स प्रथम दार्शनिक है जिसने सम्प्रभुता पर किसी प्रकार की सामाजिक, धार्मिक, नैतिक, प्राकृतिक या दैवी मर्यादाओं को स्वीकार नहीं किया। **थॉमस** लिखता है कि **''जो लोग अपनी बर्बर स्थिति से ऊपर उठे हैं, वे राजनीतिक, नैतिक और धार्मिक कर्त्तव्यों के सम्बन्ध में निर्णायक निर्णय राज्य के प्रधान (सम्प्रभु) से प्राप्त करते हैं, विधर्मी भूत के बुद्धिमानों, दार्शनिकों और वक्ताओं या ईसाई युग के सन्तों और धर्म वैज्ञानिकों से नहीं।"** राज्य (सम्प्रभु) इच्छा को सभी अधिकारों का स्त्रोत बनाकर थॉमस हॉब्स न केवल ग्रोशियस और उसके स्कूल से पृथक् हो जाता है, बल्कि राजनीतिक सत्ता को प्रतिष्ठित करने में मैकियावली से भी आगे बढ़ जाता है। जहाँ मैकियावली व्यवहार में राजनीति को धर्म और नैतिकता से पृथक् करता है, वहाँ थॉमस हॉब्स राजनीतिक सिद्धान्त के रूप में राजनीति को धर्म और नैतिकता से ऊपर रखता है। **गेटल** ने लिखा है कि "जहाँ ग्रोशियस ने यह शिक्षा दी कि प्राकृतिक कानून और राष्ट्रों के कानून (अन्तर्राष्ट्रीय कानून) सभी राज्यों पर बाध्यकारी शक्ति रखते हैं, वहाँ थॉमस हॉब्स ने यह शिक्षा दी कि प्राकृतिक कानून, राष्ट्रों के कानून और दैवी कानूना राज्य के सम्प्रभु की इच्छा के माध्यम से ही व्यक्ति पर बाध्यकारी हो सकते हैं।" **थॉमस की सम्प्रभुता निरपेक्ष, सर्वव्यापी, असीमित, अविभाज्य, अविच्छेद्य, स्थिर और अदेय है।**

थॉमस हॉब्स की मान्यता है कि सभ्य समाज में व्यक्ति कानून के शासन के आधार पर ही एकत्रित या संगठित रह सकते हैं। जहाँ अरस्तू, सन्त थॉमस और मैकियावली ने मानव के पारस्परिक सम्बन्धों को कानून द्वारा निर्धारित करने का प्रयास किया, परन्तु वे उसकी विस्तृत व्याख्या न कर सके, वहाँ थॉमस हॉब्स कानून को ही मानव सम्बन्धों का आधार बनाता है। **थॉमस** ने लिखा है **''भक्ति कानून के प्रति है, शक्ति के प्रति नहीं।"** थॉमस हॉब्स राजनीतिक सत्ता को वैध सत्ता से सर्वोच्च नहीं मानता। वास्तव में थॉमस हॉब्स इन दोनों में कोई भिन्नता नहीं करता। ये दोनों एक व्यक्ति में केन्द्रित हैं। **हेकर** ने लिखा है कि **''यदि शक्ति है तो वह वैध शक्ति ही है।"**

थॉमस का सम्प्रभु वह व्यक्ति, व्यक्तियों का समूह या सभा है, जिसे नागरिकों ने अपने सब अधिकार समर्पित कर दियें। सम्प्रभु में सम्पूर्ण सामाजिक सत्ता केन्द्रित है। वही जन समूह का ऐसा प्रतिनिधि है, जिसे सबके लिए सोचने का कार्य करने का अधिकार है। वह युद्ध की घोषणा कर सकता है। वह सम्पूर्ण प्रशासनिक शक्तियों का स्त्रोत है। वह कानून का निर्माता है। वह न्याय की व्यवस्था करता है। वह विचारों पर नियंत्रण रखता है। वह परिवार, समुदाय, संघ एवं बिरादरी की सीमाएँ निर्धारित करता है। वह नैतिक मानदण्डों की व्याख्या करता है। वह राजनीतिक शिक्षा प्रदान करता है, आदि।

सामाजिक और राजनीतिक जीवन का कोई ऐसा क्षेत्र नहीं है, जो **सम्प्रभु की** शक्ति से बाहर हो।

(1) सम्प्रभु के कार्य या शक्तियाँ-सम्प्रभु समस्त नागरिकों की इच्छा का एकमात्र प्रतीक है। सब नागरिक उसकी प्रजा है। सब उसके प्रति भक्ति रखते हैं। कोई उससे क्षति की शिकायत नहीं करता, क्योंकि प्रत्येक उसके कार्यों और निर्णयों को स्वीकार करता है। कोई राजाज्ञाओं की उल्लंघना नहीं करता, धर्म के आधार पर भी नहीं। **थॉमस** लिखता है कि **"ईश्वर के साथ समझौते का बहाना कपटी की अन्तरात्मा में भी साक्षात् झूठ है।"**

(2) सम्प्रभु विधायक है-सम्प्रभु समाज में एकमात्र विधायक है। वह कानून का स्त्रोत है। कानून वही है, जो सम्प्रभु कहता है कि वह क्या है? समाज में कानून निर्माण की अन्य कोई सत्ताएँ नहीं और यदि हैं तो वे सम्प्रभु की आज्ञा से विद्यमान हैं। सम्प्रभु द्वारा निर्मित कानूनों में बाध्यकारी शक्ति है। वे परामर्श नहीं, आदेश है; उनको मानना आवश्यक है। **थॉमस** ने लिखा है कि **कानून "उस व्यक्ति का आदेश है; जिसमें आदेश का पालन कराने की क्षमता है।**; कानून को लागू करने की शक्ति ही राजनीतिक समाज को स्थायी रख सकती है। इस शक्ति के अभाव में प्रकृति की अराजक स्थिति सर्वव्यापी हो जायेगी। कानून नागरिकों को सही और गलत, वैध और अवैध का ज्ञान कराते हैं। कानून नागरिक अधिकारों को निश्चित करते हैं। **थॉमस** उन सब लेखकों से भिन्न है, जो व्यक्ति के प्राकृतिक, स्वाभाविक या अलंघनीय अधिकारों में विश्वास करते हैं। थॉमस हॉब्स के लिए अधिकार सम्प्रभु द्वारा एक रियायत है। अधिकारों की यह कल्पना बीसवीं शताब्दी में फासीवाद और नाजीवाद का अंग बन गयी।

(3) सम्पत्ति पर नियंत्रण-बोदाँ ने सम्पत्ति के अधिकार को अलंघनीय मानकार सम्प्रभु की शक्तियों को सीमित कर दिया, परन्तु थॉमस हॉब्स इसे स्वीकार नहीं करता। वह इस बात को नहीं मानता कि सम्पत्ति प्राकृतिक कानून द्वारा सुरक्षित है। थॉमस हॉब्स कहता है कि सम्पत्ति को नियमित करना सम्प्रभु का कार्य है।

(4) विचारों पर नियंत्रण-थॉमस हॉब्स मिल्टन के इस कथन से सहमत नहीं है कि विचारों तथा उनके प्रकाशन की पूर्ण स्वतन्त्रता होनी चाहिए। **थॉमस** लिखता है कि विचारों और सिद्धान्तों के सम्बन्ध में अन्तिम निर्णय सम्प्रभु का है। सम्प्रभु ही इस बात का निर्धारक है कि कौन-सी विचारधाराएँ या सिद्धान्त नागरिक शांति और सुरक्षा के लिए आवश्यक अर्थात् सहायक हैं या कौन-सा खतरा हैं। अतः सम्प्रभु को विचारों पर नियंत्रण रखने का पूर्ण अधिकार है। **थॉमस** लिखता है कि विध्वंसक विचार ही विध्वंसक कार्यों की प्रेरणा देते हैं, अतः उन पर नियंत्रण आवश्यक है। **थॉमस** के शब्दों में, "व्यक्तियों के कार्य उनके विचारों से उत्पन्न होते हैं। व्यक्तियों के विचारों पर नियंत्रण जितना अच्छा

होगा, उतना अच्छा उनके कार्यों पर नियंत्रण रहेगा।"

(5) न्याय का स्त्रोत-सम्प्रभु न्याय का स्त्रोत है। वह विवादों का निपटारा करता है तथा उचित-अनुचित, न्याय-अन्याय, अच्छे-बुरे, नैतिक-अनैतिक का अन्तिम निर्णय करता है।

(6) युद्ध और शांति का निर्णायक-सम्प्रभु दूसरे राज्यों से शांति या युद्ध के अधिकार का प्रयोग करता है। वह सेनाओं का निर्माण करता है तथा इस सम्बन्ध में सारी नीतियों को निर्धारित करता है।

(7) प्रशासनिक शक्तियों का स्त्रोत-सम्प्रभु दण्डाधिकारियों और परामर्शदाताओं की शक्तियों का स्त्रोत है। वह सब उपाधियों और विशेषाधिकारों को प्रदान करता है और उनका श्रेणीकरण करता है।

(8) अधिकार केवल सम्प्रभु में निहित-थॉमस हॉब्स राज्य में विद्यमान परिवार, संघ, समुदाय, चर्च, बिरादरी आदि संस्थाओं के किन्हीं अधिकारों को स्वीकार नहीं करता। वह राज्य में किसी प्रतिद्वन्दी शक्ति के निर्माण के विरुद्ध है। सभी पूर्णत: सम्प्रभु के अधीन है। सब सम्प्रभु की इच्छा द्वारा मर्यादित हैं। राज्य में अधिकार केवल सम्प्रभु के लिए हैं। थॉमस हॉब्स के लिए सम्प्रभुता अविभाज्य है। उसे विभाजिक करना उसे नष्ट करना है।

सारांश में, **थॉमस निरपेक्ष शासन के सिद्धान्त का प्रतिपादक है।** उसके सम्प्रभु की शक्तियाँ असीमित, निरपेक्ष, सर्वव्यापी, अविभाज्य, अविच्छेद, स्थिर और अदेय हैं। वह समाज का एक मात्र प्रतिनिधि है। वह समाज के सभी अधिकारों-राजनीतिक, सामाजिक, धार्मिक, नैतिक का भण्डार है। प्रजा की भक्ति केवल राज्य के प्रति है। थॉमस हॉब्स बहुलवादियों के इस विचार से सहमत नहीं कि समुदायों के अधिकार स्वाभाविक होते हैं और न ही वह अरस्तू के इस विचार से सहमत है कि भिन्न-भिन्न संघ या समुदाय अत्याचार या उपद्रव के विरुद्ध दीवार हैं और न ही वह टॉकविल की भाँति संघों या समुदायों को स्वतन्त्र समाज की आधारशिला मानता है। थॉमस हॉब्स समुदायों को किसी प्रकार की शक्ति देने के लिए तैयार नहीं। **थॉमस** लिखता है कि **"जिस मात्रा में संघ या समुदाय अपने सदस्यों से भक्ति प्राप्त करते हैं, वे उतनी ही मात्रा में सम्प्रभु के प्रति उन नागरिकों की भक्ति को निर्बल करते हैं।" थॉमस** कहता है कि कोई व्यक्ति एक समय पर दो स्वामियों की सेवा नहीं कर सकता, अत: सभी को पूर्णत: राज्य के अधीन होना चाहिए।

थॉमस थॉमस की सम्प्रभुता सम्बन्धी विचारों की आलोचना

थॉमस थॉमस हॉब्स के संप्रभुता सम्बन्धी विचारों की निम्नलिखित आधारों पर आलोचना की जा सकती है-

(1) थॉमस थॉमस हॉब्स का संप्रभु निरंकुश तथा सर्वशक्तिमान है। ऐसा निरंकुश शासक जनता के लिए कल्याणकारी सिद्ध नहीं हो सकता है।

(2) प्राकृतिक नियमों और प्राकृतिक अधिकारों को ऐसे निरंकुश संप्रभु के अधीन कर देना न तो न्यायसंगत है और न ही तर्क-संगत है।

(3) थॉमस थॉमस हॉब्स की संप्रभु की यह अवधारणा अलोकतांत्रिक है।

सारांश में यही कहा जा सकता है कि थॉमस थॉमस हॉब्स ने सशक्त तथा सुदृढ़ शासन की स्थापना करने के लिए ही ऐसे निरंकुश शासक की परिकल्पना की।

थॉमस हॉब्स अरस्तू के इस कथन से सहमत नहीं है कि व्यक्ति एक सामाजिक प्राणी है। थॉमस हॉब्स के लिए व्यक्ति एक असामाजिक प्राणी है, जो मनोवेगों से प्रेरित होता है। मानव स्वार्थी, अहमी और लोभी प्राणी है। जहाँ प्लेटो, सन्त थॉमस तथा अन्य दार्शनिक व्यक्ति को शारीरिक और बौद्धिक शक्तियों में असमान मानते हैं, वहाँ थॉमस हॉब्स उन्हें समान मानता है। **थॉमस** लिखता है कि शारीरिक शक्ति की कमी बौद्धिक शक्ति द्वारा पूरी की जाती है और बौद्धिक शक्ति की कमी शारीरिक शक्ति द्वारा पूरी की जाती है। **थॉमस** लिखता है कि प्रतिद्वद्विता, अविश्वास और वैभव संघर्ष के मुख्य तीन कारण हैं। नागरिक समाज में मानव की इन प्रवृत्तियों को नियंत्रित करने के लिए ही थॉमस हॉब्स ने निरपेक्ष सम्प्रभुता का समर्थन किया।

(2) राज्य एक कृत्रिम संस्था है-थॉमस हॉब्स का व्यक्तिवाद इस बात से स्पष्ट है कि उसके लिए राज्य या कॉमनवैल्थ या समाज एक स्वाभाविक या प्राकृतिक संस्था नहीं जैसा कि अरस्तू तथा अन्य विचारक मानते हैं। थॉमस हॉब्स के राज्य एक कृत्रिम संस्था है, जिसका निर्माण सामाजिक समझौते द्वारा हुआ। इसका निर्माण व्यक्तियों ने अपने उद्देश्यों की पूर्ति के लिए किया। थॉमस हॉब्स की दृष्टि में "व्यक्ति बिल्कुल पृथक्-पृथक् इकाइयाँ हैं। राज्य तो एक बाह्य शक्ति है, जो उन्हें एकता के सूत्र में बाँधती है और उनके समान स्वार्थों में सामंजस्य स्थापित करती है।" राज्य सामाजिक समझौते का परिणाम है। इसका अस्तित्व तब तक विद्यमान है, जब तक यह उस उद्देश्य की पूर्ति करता है, जिसके लिए इसे निर्मित किया गया है। राज्य व्यक्तिगत हितों के जोड़ के अतिरिक्त कुछ नहीं, यह मानव की सामाजिक भावना का परिणाम नहीं।

(3) राज्य साधन है, व्यक्ति साध्य-जहाँ आदर्शवादियों, फासीवादियों तथा नाजीवादियों के लिए राज्य साध्य है, वहाँ थॉमस हॉब्स के लिए राज्य साधन है और व्यक्ति साध्य। राज्य का अस्तित्व इसलिए नहीं कि यह अच्छे जीवन को सम्भव बनाता है या यह सार्वजनिक कल्याण की संस्था है, इसका अस्तित्व इसलिए है कि यह एक उपयोगी संस्था है, यह जीवन और सम्पत्ति को सुरक्षित रखता है। यही उसकी उपयोगिता और उद्देश्य है।

थॉमस व्यक्ति के जीवित रहने के अधिकार सर्वोच्च मानता है और वह सम्प्रभु की शक्तियों को (यदि माना जाये कि थॉमस हॉब्स ने भी व्यक्ति को सम्प्रभु का प्रतिरोध करने का अधिकार दिया है) **मर्यादित करता है।** यह थॉमस हॉब्स के व्यक्तिवाद का शक्तिशाली वक्तव्य है। **सेबाइन** ने ठीक लिखा है कि **"शासन का मूल्य इसमें है कि वह क्या करता है?...** शासन के लाभ सुनिश्चित और वास्तविक है और शांति, सुख, निजी सुरक्षा और सम्पत्ति की सुरक्षा के रूप में ये वास्तविक नजर आते हैं। यह ही वे कारण हैं, जिनके आधार पर शासन को न्यायोचित ठहराया जा सकता है। सार्वजनिक अच्छाई, सार्वजनिक इच्छा की भाँति, कल्पना की वस्तु है, व्यक्ति जीवित रहने की इच्छा रखते हैं और जीवित रहने के साधनों की सुरक्षा चाहते हैं।" **वेपर** ने लिखा है कि "राज्य मानव आवश्यकताओं की पूर्ति के लिए विद्यमान है और उसकी नैतिक सत्ता शासितों की सहमति से प्राप्त होती है। थॉमस हॉब्स उदारवादी या प्रजातंत्रवादी है। परन्तु वह व्यक्तिवादी इसलिए नहीं कि वह व्यक्ति की पवित्रता में विश्वास करता है बल्कि इसलिए कि उसके लिए विश्व व्यक्तियों से मिलकर बना है और सर्वदा व्यक्तियों से मिलकर बना रहेगा। थॉमस हॉब्स के लिए सामान्य अच्छाई जैसी कोई चीज नहीं। लेविआथन व्यक्तियों पर नहीं पलता बल्कि उसके अस्तित्व का एक मात्र औचित्य यह है कि वह उन्हें सुरक्षित रखता है। राज्य व्यक्तियों का लक्ष्य (उद्देश्य) नहीं, बल्कि व्यक्ति राज्य का लक्ष्य है।"

(4) प्रतिरोध का अधिकार-थॉमस हॉब्स का व्यक्तिवाद इस बात से स्पष्ट है कि वह व्यक्ति को राजाज्ञाओं की अवहेलना (उल्लंघना) का अधिकार देता है। **थॉमस** लिखता है कि राज्य के प्रति नागरिकों की भक्ति उसके कानूनों की पालना या नागरिकों का उसके समक्ष आत्म समर्पण इस बात पर निर्भर करता है कि वह उनके जीवन और सम्पत्ति की रक्षा करता है। यदि राज्य सुरक्षा प्रदान करने में असमर्थ है, जिसके लिए व्यक्तियों ने समझौता किया है तो व्यक्ति उनके आदेशों की अवहेलना कर सकते हैं, उसके विरुद्ध विद्रोह कर सकते हैं और आवश्यकता हो तो किसी अन्य सम्प्रभु के प्रति भक्ति रख सकते हैं। **थॉमस** लिखता है कि यदि सम्प्रभु व्यक्ति को अपने आपकी हत्या करने या उन्हें जख्मी करने से मना करता है, जो उस पर आक्रमण करते हैं या उसे भोजन, वायु या दवाइयों के सेवन से मना करता है, जिस पर उसका जीवन निर्भर करता है, तो व्यक्ति ऐसे आदेशों की अवज्ञा कर सकता है। थॉमस हॉब्स तो व्यक्ति को जेल से भाग जाने का भी परामर्श देता है, यदि उसे मालूम हो जाये कि उसके विरुद्ध फौजदारी कार्यवाही की जा रही है। **लेविआथन** में थॉमस हॉब्स ने लिखा है कि **"सम्प्रभु के प्रति जनता की भक्ति तब तक है और उसके बाद नहीं, जब तक उसके पास वह शक्ति है, जिसके द्वारा वह उसकी रक्षा करने** में समर्थ है। जब लोगों की रक्षा और कोई नहीं कर

सकता तो वे अपनी आत्मरक्षा के अधिकार को, जो उन्हें प्रकृति से प्राप्त हुआ है, किसी भी समझौते द्वारा त्याग नहीं सकते। सम्प्रभुता राज्य की आत्मा है और एक बार राज्य के शरीर से इसका निष्कासन हो जाने पर लोग राज्य से कोई प्रेरणा प्राप्त नहीं करते। भक्ति का उद्देश्य है सुरक्षा और व्यक्ति अपनी या जिस किसी की तलवार में उसकी सम्भावना पाता है, प्रकृति के अनुसार उसकी आज्ञा के अधीन हो जाता है और उसी को स्थायी बनाने की चेष्ठा करता है।"

थॉमस हॉब्स के उक्त कथन को लेकर कुछ अंग्रेज दार्शनिकों ने थॉमस हॉब्स को उदारवादी और प्रजातंत्रवादी कहने का प्रयास किया है, परन्तु उन दार्शनिकों के इस कथन में अतिश्योक्ति है। थॉमस हॉब्स का सामाजिक समझौता व्यक्ति की स्वतन्त्रता का चार्टर नहीं, इसे तो दासता का बाण्ड ही कहा जा सकता है। यह सत्य है कि थॉमस हॉब्स व्यक्ति को जीवन सुरक्षा हेतु राजाज्ञाओं की अवहेलना करने का अधिकार देता है,, परन्तु उसने व्यक्तिवादियों या प्रजातंत्रवादियों की भाँति व्यक्ति के निरपेक्ष, अहरणीय या स्वाभाविक अधिकारों को स्वीकार नहीं किया। थॉमस हॉब्स ने इस प्रश्न का स्पष्ट उत्तर नहीं दिया कि इस बात का निर्णय कौन करेगा कि सम्प्रभु कब जनकी की सुरक्षा करने में असमर्थ हो गया है? यदि इस बात का निर्णायक व्यक्ति को माना जाये तो थॉमस हॉब्स लोकतंत्रवादी तो क्या उदारवादियों से भी आगे बढ़ जायेगा? परन्तु इस धारणा को स्वीकार करना उसके सम्प्रभु के सिद्धान्त पर सीमाएँ स्वीकार करना होगा, जो थॉमस हॉब्स कभी नहीं चाहता था।

थॉमस हॉब्स का निरपेक्षवाद भी पूर्ण या कट्टर नहीं। **हारमोन** ने कहा है कि "थॉमस हॉब्स का शासन जनता के लिए है, यद्यपि वह जनता द्वारा संचालित नहीं।" थॉमस हॉब्स के नागरिक विधियों के संरक्षण में स्वतंत्रता का उपयोग करते हैं **थॉमस** ने लिखा है कि "लेविआथन को अनुचित हस्पक्षेप का शौक नहीं। विधियों का उद्देश्य जनता के सम्पूर्ण कार्यों पर प्रतिबन्ध लगाना नहीं, बल्कि उनका निर्देशन करना एवं उन्हें ऐसी गति देते रहना है, जिससे वे अपनी अनियंत्रित इच्छाओं से जल्दबाजी या अविवेक के कारण स्वयं को हानि न पहुँचा लें। **विधि उस बाड़े के समान है, जिसे यात्रियों को रोकने के लिए नहीं, प्रत्युत् सन्मार्ग पर रखने के लिए खड़ा किया जाता है।**" थॉमस हॉब्स बौद्धिक और आत्मिक स्वतन्त्रता को स्वीकार करता है जैसा कि **थॉमस** ने लिखा है कि **"लेविआथन व्यक्तियों को विश्वास करने के लिए नहीं कह सकता...** विचार स्वतन्त्र है।"

थॉमस हॉब्स का व्यक्तिवाद कुछ अद्वितीय प्रकार का व्यक्तिवाद है। यह अपने युग में अत्यधिक क्रांतिकारी सिद्धा हुआ। यह सत्रहवीं और अठारहवीं शताब्दी के व्यक्तिवाद से मेल नहीं खाता, यद्यपि इसने इस शताब्दियों की व्यक्तिवादी और उपयोगितावादी

विचारधाराओं को प्रभावित किया। **सेबाइन** ने ठीक लिखा है कि "उसके बाद दो शताब्दियों तक विचारकों को नि:स्वार्थ के स्थान पर स्वार्थ हित ही अधिक प्रेरक तत्त्व नजर आया और सामाजिक बुराई के उपचार के रूप में सामूहिक कार्य के स्थान पर प्रबुद्ध स्वार्थ हित ही अधिक उपयुक्त दिखायी दिया।" **हेकर** ने लिखा है कि **थॉमस का व्यक्तिवाद "आधार में अनुभूतिमूलक और स्थिति में लौकिक है।"**

सारांश में, थॉमस थॉमस हॉब्स के व्यक्तिवादी विचारों के कारण ही राजनीतिक चिन्तन के इतिहास में 'व्यक्तिवाद के महान् प्रणेता' के रूप में याद किया जाता है। उसके सम्पूर्ण चिन्तन में व्यक्ति की आत्मरक्षा प्राथमिक है। उसी को दृष्टिगत रखकर उसने अपने विचारों का प्रतिपादन किया है।

थॉमस के विचारों का मूल्यांकन

थॉमस हॉब्स के सम्बन्ध में दो प्रकार के विचार व्यक्त किये गये हैं। एक विचार उसके आलोचकों का है। उदाहरणत: **कोली** ने थॉमस हॉब्स को **'माम्सबरी के महाराक्षक'** की संज्ञा दी है। **बैंटले** उसे "नैतिक पतन के लिए उत्तरदायी" मानता है। **ह्वाइटहाल** का मत है कि जीहुजूरिया की भाँति थॉमस हॉब्स विष से भरा पड़ा है। **वाहन** की मान्यता है कि "लेविआथन प्रभावहीन और निष्फल ग्रन्थ रहा है और यह उसके योग्य ही हे, वह ऐसा वर्ण-संकर है कि इसमें प्रजनन की शक्ति नहीं।" **गेटल** का मत है कि थॉमस हॉब्स को कोई तात्कालिक अनुयायी नहीं मिला। राजतंत्रवादी उससे अप्रसन्न थे क्योंकि उसने दैवी सिद्धान्त का समर्थन नहीं किया था। संसद के समर्थक उससे इसलिए अप्रसन्न थे कि उसकी निष्ठा अमर्यादित अनुदार राजतंत्र के प्रति थी। धार्मिक विचारक उसके धर्म विरोधी विचारों से क्षुब्ध थे। जनतंत्रवादी उसे अनैतिक और विचार भ्रष्ट मानते थे। व्यक्तिवादी उससे इसलिए अप्रसन्न थे कि उसके चिन्तन में व्यक्ति की स्वतन्त्रता से सम्बन्धित मौलिक अधिकारों की घोषणा नहीं थी। तर्कवादी उसके सिद्धान्तों में बौद्धिकता की अतिशयता समझते थे और वैज्ञानिक उसके विचारों को भानुमति का पिटारा समझते थे।

दूसरा विचार थॉमस हॉब्स के समर्थकों का है। वे उसे महान् राजनीतिक दार्शनिक समझते हैं, जिसने राजनीति शास्त्र की विस्तृत एवं व्यवस्थित पद्धति का निर्माण किया, सम्प्रभुता के विचार को निश्चित किया, राज्य को रहस्यमयी लोकोत्तर धारणाओं से मुक्ति दिलायी तथा उसे एक मानवीय संस्था बनाया और व्यक्ति को साध्य बनाकर व्यक्तिवादी और उपयोगितावादी विचारधाराओं को प्रेरित किया। **प्रो. सेबाइन** का मत है कि "अंग्रेजी भाषा-भाषी जातियों ने जितने भी राजनीतिक दार्शनिक उत्पन्न किये हैं, उनमें थॉमस हॉब्स सम्भवत: महानतम है।" **मैक्सी** ने भी थॉमस हॉब्स को "अंग्रेज जात का एक महानतम राजनीतिक चिन्तक" माना है। **ओकशॉट** का कथन है कि "लेवियाथन सबसे अधिक ही नहीं, बल्कि एक मात्र राजनीतिक ग्रन्थ है, जिसे अंग्रेजी भाषा में लिखा

गया है।" **वेपर** का मत है कि "आने वाली सन्तानों के उससे प्राय: मतभेद रहे हैं, परन्तु फिर भी यह कहने में कोई अतिशयोक्ति नहीं कि उन्होंने ऐसी खान को पाया, जिसे खोदना उनके लिए श्रेयस्कर रहा, क्योंकि उसमें से एक ऐसी धातु निकलती है, जो मूल्यवान है।"

थॉमस के सिद्धान्तों की मुख्यत: निम्नलिखित आधारों पर आलोचना की गयी है-

(1) त्रुटिपूर्ण मनोविज्ञान-थॉमस हॉब्स के राजनीति दर्शन का मनोवैज्ञानिक आधार त्रुटिपूर्ण है। थॉमस हॉब्स ने मानव प्रकृति से आसुरी तत्त्वों को अपने राजनीतिक दर्शन का आधार बनाया और मानव को केवल स्वार्थी, स्व-केन्द्रित, ईष्यालु, अहमी, युद्ध, लोलुप्त माना, जबकि मानव में आसुरी और दैवत्व दोनों गुणों का समावेश है। यदि मानव में स्वार्थ और अहम् है तो उसी मानव में प्रेम, सहयोग और दया भी है। अरस्तू का यह कथन सत्य है कि मानव एक सामाजिक प्राणी है और वह समाज में रहना पसन्द करता है। विकास संघर्ष की नहीं, मानव सहयोग की कहानी है।

(2) भ्रमपूर्ण समझौता-थॉमस हॉब्स के सामाजिक समझौते की धारणा भ्रमपूर्ण है। यदि मानव प्रकृति की दशा में स्वार्थी और युद्ध लोलुप्त था तो वह एकाएक सहनशील प्राणी नहीं बन सकता। वह एक क्षण में दानव से देवता नहीं बन सकता। **वाहन** ने ठीक लिखा है कि "जिस प्रकार एक हब्शी अपने रंग को नहीं बदल सकता, उसी तरह थॉमस हॉब्स द्वारा वर्णित रक्तपिपासु व्यक्ति शांतिप्रिय नहीं बन सकता।

(3) अनैतिहासिक-थॉमस हॉब्स की प्राकृतिक दशा अनैतिहासिक है। मानव विज्ञानशास्त्रियों का मत है कि प्राचीनतम अवस्था में भी मानव परिवार और समूहों में रहता था और मानव रीति-रिवाजों, परम्पराओं आदि द्वारा नियंत्रित था।

(4) अराजकता से बचने का एक मात्र उपाय निरंकुशता नहीं-थॉमस हॉब्स की यह धारणा मिथ्या है कि अराजकता से बचने का एक मात्र विकल्प निरंकुश शासन है। मध्ययुग में सत्ता राज्य और चर्च में विभक्त थी, फिर भी वहाँ वह अराजकता नहीं थी। 'मिश्रित संविधान' अराजक संविधान नहीं होते, बल्कि भिन्न-भिन्न तत्त्वों के संतुलन के लिए आवश्कय होते हैं।

(5) एकपक्षीय समझौता-थॉमस हॉब्स का समझौता विवेक और तर्क बुद्धि के विपरीत है। समझौता दो पक्षों की कल्पना करता है, एक की नहीं, जबकि थॉमस हॉब्स के सामाजिक समझौते में केवल एक पक्ष है, दूसरा पक्ष (सम्प्रभु) समझौता का परिणाम है, पक्ष नहीं। थॉमस हॉब्स आने वाले सन्तानों को भी यह अधिकार नहीं देता कि वे इस समझौते को भंग करें।

(6) समझौता स्वतन्त्रता का चार्टर नहीं, दासता का बाण्ड है-थॉमस हॉब्स

ने समझौते द्वारा जिस राज्य की स्थापना की है, वह प्रजातंत्रवादी, उदारवादी या लोक कल्याणकारी नहीं। उसका लेविआथन मात्र एक पुलिसमैन है, जो शांति और सुरक्षा के लिए उत्तरदायी है, वह लोगों के जीवन को अच्छा या सुखी बनाने के लिए नहीं। एक उद्देश्य (शांति और सुरक्षा) के लिए मानव की सारी स्वतन्त्रताओं को लेविआथन की इच्छा मात्र बना देना अनुचित है। **रूसो** ने ठीक कहा है कि "अपनी स्वतन्त्रता का त्याग मनुष्यत्व का त्याग है।" **गूच** ने लिखा है कि "लेविआथन केवल अतिमानवीय आकार का पुलिसमैन है, जो अपने हाथ में दण्ड लिए हुए है... उसका राज्य आवश्यक बुराई है, दबाव का यंत्र है, स्वतन्त्र विकासोन्मुख सभ्यता की प्राप्ति के अपरिहार्य साधन नहीं।

(7) थॉमस ने राज्य और शासन में कोई भेद नहीं किया, जबकि दोनों में भेद है।

(8) विधि सम्बन्धी थॉमस की कल्पना भी अनुचित है। विधि केवल आदेश नहीं। यह लोगों की सामाजिक सुदृढ़ता की भावना पर आधारित होती है। इसकी स्वीकृति दण्ड का भय नहीं, बल्कि लोगों की यह भावना और विश्वास है कि यह सामाजिक जीवन की आवश्यक शर्त है।

(9) थॉमस ने निरंकुश राजतंत्र की अवधारणा का प्रतिपादन किया है।

(10) थॉमस ने व्यक्ति को किसी भी प्रकार के अधिकारों की मान्यता नहीं दी है।

(11) थॉमस के राज दर्शन को घोर भौतिकवादी दृष्टिकोण कहा जाता है।

(12) राजदर्शन के विकास की दृष्टि से थॉमस थॉमस के विचारो का कोई महत्त्व नहीं है।

थॉमस की राजदर्शन को देन

(1) सम्प्रभुता के विचार की स्पष्ट व्याख्या–थॉमस हॉब्स प्रथम दार्शनिक है, जिसने सम्प्रभुता के विचार की स्पष्ट व्याख्या की तथा उसके स्थान उसकी शक्तियों और सीमाओं को निर्धारित किया। जहाँ बोदाँ ने अपने सम्प्रभु के प्राकृतिक दैवी और संवैधानिक कानूनों व सम्पत्ति के अधिकारों से मर्यादित किया, वहाँ थॉमस हॉब्स ने सम्प्रभु पर किन्हीं दैवी, प्राकृतिक या सामाजिक व नैतिक मर्यादाओं को मानने से इनकार कर दिया। **थॉमस** लिखता है कि सम्प्रभु की इच्छा के माध्यम से ही इनका कोई महत्त्व है अन्यथा इनका कोई महत्त्व नहीं। थॉमस हॉब्स के सम्प्रभुता और सकारात्मक विधियों के सिद्धान्त के आधार पर ही आस्टिन ने अपने सिद्धान्त का विकास किया।

(2) राज्य एक मानवीय संस्था–थॉमस हॉब्स ने राज्य को एक मानवीय संस्था बताया, जो मानवीय विषयों से सम्बन्धित है। **थॉमस** कहता है कि राज्य दैवी इच्छा का नहीं, मानवीय इच्छा का परिणाम है। राज्य को मानवीय संस्था बनाकर थॉमस हॉब्स ने

उसे रहस्यमयी लोकोत्तर स्वरूप से मुक्त दिलायी। इस तरह थॉमस हॉब्स ने उस परम्परा को जारी रखा, जिसे सोफिस्टों ने शुरू किया था, एपिकूरीयन्स ने जारी रखा और कारनीड्स ने दोहराया।

(3) **व्यक्तिवाद**-थॉमस हॉब्स निरंकुश शासक का समर्थक होते हुए भी आरम्भ से अन्त तक व्यक्तिवादी रहा। उसका राज्य व्यक्ति के उद्देश्यों की प्राप्ति के लिए साधन है। थॉमस हॉब्स प्रथम दार्शनिक है, जिसने व्यक्ति के हितों तथा उसके जीवित रहने के अधिकार को प्राथमिकता दी। राज्य के अस्तित्व का कारण उसकी उपयोगिता है। बैन्थम और अन्य उपयोगितावादियों ने अपने सुख-दु:ख के सिद्धान्त की प्रेरण थॉमस हॉब्स के व्यक्तिवाद से प्राप्त की।

(4) थॉमस थॉमस हॉब्स ने धर्म तथा राजनीति का पृथक्करण करके राजनीति विज्ञान को बहुत बड़ी देन थी।

(5) थॉमस थॉमस हॉब्स आधुनिक यथार्थवादी राजनीतिक चिन्तक था।

(6) थॉमस थॉमस हॉब्स को बुद्धिवाद के प्रणेता की संज्ञा दी जा सकती है।

(7) थॉमस थॉमस हॉब्स ने राजनीति विज्ञान के अध्ययन के लिए नूतन अध्ययन पद्धतियों का सूत्रपात किया।

(8) थॉमस थॉमस हॉब्स ने प्राकृतिक कानून की अवधारणा का खण्डन करते हुए वैधानिक कानून की सत्ता का प्रतिपादन किया।

(9) थॉमस थॉमस हॉब्स ने व्यक्तिवाद तथा निरंकुशवाद में अपूर्व समन्वय किया।

सारांश में, थॉमस थॉमस हॉब्स पाश्चात्य राजनीतिक चिन्तन के इतिहास का महानतम विद्वान था।

थॉमस का वैज्ञानिक भौतिकवाद

थॉमस हॉब्स का महत्त्व राजनीतिक दर्शन को एक वैज्ञानिक रूप प्रदान करने में है। उसने अपने राज-दर्शन में निरकुंशतावाद तथा धर्म-निरपेक्षतावाद के लिए एक वैज्ञानिक आधार तैयार किया और भौतिक विज्ञान में प्रयुक्त होने वाली पद्धति को दर्शन तथा राजनीतिक चिन्तन का आधार देकर राजनीति का विज्ञान का स्वरूप दिया।

वैज्ञानिक मानवतावाद का थॉमस हॉब्स पर बड़ा प्रभाव पड़ा। यह इसी बात से स्पष्ट है कि थॉमस हॉब्स ने यह सिद्ध करने का प्रयास किया है कि भौतिक नियमों की भाँति मानवीय व्यवहार के बारे में भी नियम बनाए जा सकते हैं। मनुष्य बुद्धिमान है जिसमें स्वहित के कार्य करने की क्षमता है और स्वार्थी होते हुए भी आपस में स्वयं समझौता कर अपनी भलाई के लिए इन्होंने राज्य का निर्माण किया है। इसके अतिरिक्त थॉमस हॉब्स ने बतलाया कि समझौता करने की मनुष्य में क्षमता है और वह राजाज्ञा-

पालन अपने इच्छा से करता है। वास्तव में वैज्ञानिक मानवतावाद ने व्यक्ति को स्वतन्त्रतावाद देकर राजनीतिक विचार का केन्द्र बनाया था और थॉमस हॉब्स में यही व्यक्तिवाद काफी सीमा तक अभिव्यक्ति पाता है।

थॉमस हॉब्स पर डेकार्ट का बहुत बड़ा प्रभाव पड़ा जो वैज्ञानिक पद्धति का प्रणेता माना जाता है। उसका मत था कि भौतिक विज्ञानों की भाँति सामाजिक विज्ञानों की भी एक निश्चित पद्धति होनी चाहिए। उसकी वैज्ञानिक पद्धति के आधारभूत सिद्धान्त थे– निर्णय लेने में शीघ्रता, निष्पक्षता, वस्तु को छोटे–छोटे भागों में बाँट कर व्याख्या से सम्पूर्ण हल निकालना, तथ्यों को देखते हुए आगे बढ़ना, सरलता से जटिलता की ओर बढ़ना, तथ्य एकत्रित कर फिर परीक्षण और तत्पश्चात् निष्कर्ष निकालना आदि। राजनीतिक चिन्तन के क्षेत्र में इस पद्धति को प्रयोग में लाने के प्रभाव–स्वरूप थॉमस हॉब्स के दर्शन में शुष्क बौद्धिक दृष्टिकोण का परित्याग हुआ।

थॉमस हॉब्स वस्तुतः वैज्ञानिक सिद्धान्तों के आधार पर एक सम्पूर्ण दर्शन की रचना करना चाहता था। राजनीतिक दर्शन उसके इस सम्पूर्ण चिन्तन का एक अंग–मात्र था और उसके इस सम्पूर्ण दर्शन को ही भौतिकवाद कहा गया है। गैलीलिया की भाँति ही थॉमस हॉब्स ने पुरने विषय में से एक नए विज्ञान को जन्म दिया और यह नया विज्ञान 'गति' का था। थॉमस हॉब्स ने इसी गति सम्बन्धी सिद्धान्त को अपने दर्शन को केन्द्र–बिन्दु बनाया। उसका विचार था कि मूल में प्रत्येक घटना एक गति के रूप में होती है और प्राकृतिक विभिन्न संश्लेषणों के मेल से गठित होती हैं। इन संश्लेषणों के मूल में भी कुछ गतियाँ हो रही हैं। यदि हम प्राकृतिक प्रक्रियाओं को समझना चाहते हैं, तो हमें इन मूल गतियों को समझना चाहिए। प्राकृतिक व्यापार को समझने का एक और सन्तोषजनक उपाय है। प्रत्येक घटना के मूल में पिण्डों की सरलतम गति रहती है। बाद में यह गति अधिकाधिक जटिल होती जाती है और प्रकृति का प्रत्येक व्यापार किसी न किसी रूप में इसी गति का द्योतक है। थॉमस हॉब्स के इन विचारों का विवेचन करते हुए सेबाइन ने लिखा है कि, "उसके दर्शन के तीन भाग माने जाते हैं–पहला भाग पिण्ड से सम्बन्ध रखता है और उसमें ज्योमिति तथा यान्त्रिकी (अथवा भौतिकी) का समावेश है, दूसरा भाग मानव-प्राणियों, शरीर–शास्त्र अथवा मनोविज्ञान से सम्बन्ध रखता है तथा तीसरा भाग सबसे कठिन है। वह समाज अथवा राज्य के नाम से प्रख्यात कृत्रिम पिण्ड से सम्बन्ध रखता है। ... थॉमस हॉब्स के दर्शन में सारी वस्तुओं का मूल आधार ज्योमिति और यान्त्रिकी है।"

थॉमस हॉब्स के दर्शन का उद्देश्य यह था कि मनोविज्ञान तथा राजनीति को विशुद्ध प्राकृतिक विज्ञानों के धरातल पर प्रतिष्ठित किया जाए। उसने मनोविज्ञान और राजनीति में इसी पद्धति का प्रयोग किया। 17वीं शताब्दी के सम्पूर्ण विज्ञान पर ज्योमिति

का जादू छाया हुआ था। थॉमस हॉब्स भी इसका अपवाद नहीं था। उसके विचार में श्रेष्ठ पद्धति वह थी जिसमें वह अपने चिन्तन को दूसरे विषयों में भी ले जा सके। ज्योमिति के क्षेत्र में यह बात विशेष रूप से सत्य थी। ज्योमिति, सर्वप्रथम सरल वस्तुओं को लेती है और जब आगे चल कर वह जटिल समस्याओं से उलझती है, तब उन्हीं चीजों का प्रयोग करती है जिन्हें वह पहले प्रमाणित कर चुकी होती है। ज्योमिति में किसी वस्तु को स्वयं स्वीकृत नहीं माना जाता। थॉमस हॉब्स ने भी अपने दर्शन का इसी प्रकार निर्माण किया।

भौतिक शास्त्र के आधार पर थॉमस हॉब्स ने अपने मनोविज्ञान की रचना की और मनोविज्ञान के आधार पर राजनीति शास्त्र की स्थापना की। समुदायवादी मनोविज्ञान के एक प्रणेता के रूप में विलियम जेम्स ने थॉमस हॉब्स का नामोल्लेख किया है। थॉमस हॉब्स के अनुसार भय-त्रस्त स्वार्थ-साधन मानव निरन्तर शक्ति की प्राप्ति और प्राप्त शक्ति की वृद्धि में लगा रहता है। जगत में निरन्तर गति-प्रवाह और मानव कहीं भी स्थिरता तथा शान्ति का अनुभव नहीं करता। प्रकृति में सर्वत्र ही गति व्याप्त है और मानवीय व्यवहार गति के ही प्रकार है। शासन-कला मानव के सामाजिक व्यवहार पर निर्भर है और सामाजिक व्यवहार में मानव एक-दूसरे से व्यवहार करते हैं अत: राजनीति-विज्ञान मनोविज्ञान पर आधारित है। "थॉमस हॉब्स का लक्ष्य यह प्रकट करना नहीं था कि शासन वास्तव में क्या होता है? उसका लक्ष्य तो यह था कि शासन को कैसा होना चाहिए ताकि वह प्रणालियों पर सफलतापूर्वक नियन्त्रण कर सके जिनकी अभिप्रेरणा मानव-मात्र की भाँति ही होनी चाहिए।"

मनोविज्ञान भी भौतिक शास्त्र के धरातल पर प्रतिष्ठित किया जा सकता है या नहीं, यह एक भिन्न प्रश्न ? लेकिन थॉमस हॉब्स ने गति के नियमों से संवेदन भावनाओं और मानवीय व्यवहार के लिए एक सिद्धान्त निकाला और यह बतलाने का प्रयास किया कि विभिन्न परिस्थितियों में यह सिद्धान्त किस प्रकार क्रियाशल होता है? इस पद्धति द्वारा ही वह मनोविज्ञान से राजनीति पर पहुँचा। थॉमस हॉब्स ने बतलाया कि मानव-प्रकृति एक मूल नियम से शासित होती है। उसने यह प्रदर्शित किया कि राजनीति में यह नियम किस भाँति कार्य करता है।

वैज्ञानिक भौतिकवाद का शाब्दिक अर्थ दो पद्धतियों का सम्मिश्रण है। "वैज्ञानिक" शब्द का अर्थ है व्याख्या, कार्य-कारण सम्बन्ध, व्यवस्था और निष्कर्ष निकालने की प्रवृत्ति-थॉमस हॉब्स में हम ये सब पाते हैं। वही इन्हीं आधारों पर अपने राजदर्शन का निर्माण करता है। उदाहरणार्थ वह सर्वप्रथम मानव-स्वभाव और उसके चरित्र का अध्ययन करता है, उसकी भावना, इच्छा एवं विचारों का विश्लेषण करता है और तब इस परिणाम पर आता है कि ऐसे प्राणी के साथ व्यवहार करने और उसके कार्यों को नियन्त्रित करने के लिए राज्य को कैसा होना चाहिए? वह समझौते द्वारा राज्य की उत्पत्त्वि बतलाता

है पर इसके पूर्व एक प्राकृतिक अवस्था का चित्रण भी करता है जिसके बाद नागरिक समाज का निर्माण आवश्यक हुआ था। इस प्रकार थॉमस हॉब्स, व्यवस्थित और क्रमगत आधार पर सर्वप्रथम मानव-स्वभाव का विश्लेषण, फिर प्राकृतिक कानून, तत्पश्चात् प्राकृतिक अवस्था और अन्त में समझौते द्वारा राज्य का निर्माण करता है। कारण एवं प्रभाव उसके सम्पूर्ण दर्शन में देखे जा सकते हैं। वह राज्य से आरम्भ करके नियामक तत्त्वों को पृथक् कर उसके स्वरूप की व्याख्या कर सकता था। लेकिन ऐसा न करके वह राज्य के निर्णायक अंगों अर्थात् व्यक्तिगत मानव-प्राणियों से अपना दर्शन आरम्भ करके बतलाता है कि किस प्रकार मानव-स्वभाव मनुष्य के लिए राज्य की सृष्टि आवश्यक बना देता है और उसका स्वरूप भी क्या होना चाहिए? वह व्यक्ति को महत्त्व देता है। उसके मनोविज्ञान के कारण ही समझौते और शक्तिशाली राजतन्त्र की स्थापना होती है। थॉमस हॉब्स के अनुसार, "संसार में पदार्थ के अतिरिक्त कुछ भी सत्य नहीं है। उसके लिए आध्यात्मिक सत्ता एक काल्पनिक वस्तुमात्र है। वह•यह नहीं कहता कि अनुभूति नहीं होती या आध्यात्मिक सत्य नहीं होते। लेकिन उसका स्पष्ट मत है कि उनके बारे में कुछ नहीं कहा जा सकता।"

अत: थॉमस हॉब्स की सम्पूर्ण प्रणाली संसार के तीनों भाग-प्रकृति, पदार्थ और मनुष्य तथा राज्य की व्याख्या भौतिक सिद्धान्त के आधार पर हुई है। वह भौतिक वातावरण को बहुत महत्त्व देता है। उसके अनुसार यही मानव मनोविज्ञान का आधार और आरम्भ बिन्दु है। वैज्ञानिक भौतिकवाद से वह सिद्ध करता है कि वातावरण मानव-मनोवृत्तियों को निर्धारित करने में महत्त्वपूर्ण है। यहाँ वह मॉन्टेस्क्यू का पथ-प्रदर्शक है। बाह्य वातावरण के प्रभाव से ही मानव की आन्तरिक शारीरिक व्यवस्था प्रभावित होती है और फिर उसमें भावना, इच्छा, प्रेम, घृणा आदि का जन्म होता है।

भौतिकवाद थॉमस हॉब्स द्वारा दिए गए प्राकृतिक कानून के सिद्धान्त का मूल्य है। वह प्राकृतिक कानून का यन्त्रवादी दृष्टिकोण प्रस्तुत करता है जो प्राकृतिक कानून के दैविक या अति भौतिक रूप से पृथक् है और मनुष्य की व्याख्या और समझ से परे की वस्तु नहीं है। प्राकृतिक कानून विधि और परिणाम की संगठित व्यवस्था का ही दूसरा नाम है। इस संसार की गति की प्रक्रीया जिन कारणों और परिणामों से मिलकर बनी है, वही प्राकृतिक कानून है।

मानव स्वभाव का विश्लेषण भी थॉमस हॉब्स वैज्ञानिक भौतिकवाद के आधार पर ही करता है। मनुष्य तत्त्वत: शरीर है, एक ऐसा यन्त्र है जो पौधों और पशुओं के समान गतिमान अणुओं का सम्मिश्रण है जिसे मृत्यु-पर्यन्त क्रियाशील रंहना है। मनुष्य जिस वस्तु की इच्छा करता है उसे अच्छा और नापसन्द करता है उसे बुरा कहता है। थॉमस हॉब्स मानव-भावनाओं का विवेचन करते हुए अन्त में उन्हें दो भौतिक तथा प्रारम्भिक

भावनाओं-इच्छा एवं अनिच्छा तक सीमित कर देता है। इच्छा वह भावना है जो किसी बाह्य वस्तु द्वारा चलित गति शरीर में चल रही प्राण प्रक्रियाओं को तीव्र करती है। अनिच्छा वह भावना है जो इन प्रक्रियाओं को अवरुद्ध करती है। इच्छा ऐसी वस्तु को प्राप्त करने का प्रयास है जबकि अनिच्छा उससे छुटकारा पाने का प्रयत्न। प्रिय वस्तु को पाने में हर्ष होता है और उसके खो जाने पर दुख होता है। थॉमस हॉब्स वैभव, ईर्ष्या, दया, नम्रता आदि भावनाओं का आधार भी इन्हीं दो मूल प्रवृत्तियों-इच्छा और अनिच्छा को मानता है। वह समस्त भावनाओं का केन्द्र मनुष्य का निजत्व बतलाता है। ये मनुष्य के अहंकार और स्वार्थपरता के विभिन्न रूप हैं। थॉमस हॉब्स की धारणा थी कि मनुष्य पूर्ण रूप से स्वार्थी हैं। समस्त मानव-व्यवहार को अहम् पर आधारित करने के प्रयास ने ही थॉमस हॉब्स की प्रणाली को एक निश्चित वैज्ञानिक रूप दिया है जो उसे मैकियावली से श्रेष्ठतर बनाता है।

वैज्ञानिक भौतिकवाद की दृष्टि से थॉमस हॉब्स का राजनीतिक चिन्तन के इतिहास में स्थान विवादास्पद है। लेवियाथान के प्रकाशित होने पर हेनरी मोर तथा कडवर्थ जैसे दार्शनिकों, कैवरलैण्ड जैसे धर्मशास्त्रियों तथा फिल्मर जैसे राजनीतिक दार्शनिकों ने उसके नास्तिकवाद तथा भौतिकवाद के सिद्धान्तों की तीव्र आलोचना की थी।

यद्यपि थॉमस हॉब्स ने अपने दर्शन के लिए वैज्ञानिक पद्धति को अपनाया परन्तु इस दृष्टि से उसका लेवियाथन एक प्रभावहीन ग्रन्थ रहा। सत्रहवीं शताब्दी में वैज्ञानिक पद्धति को ज्योमिति की पद्धति या निगमन पद्धति के अनुरूप समझा जाता था। थॉमस हॉब्स के बाद यह सिद्ध हो गया कि ज्योमिति के नमूने पर राजनीतिक विज्ञान या मानव-विज्ञान के निर्माण का प्रयास भ्रम है। राजनीतिक कल्प-विकल्प के क्षेत्र में इस पद्धति का अनुकरण स्पिनोजा के अतिरिक्त और किसी विचारक ने नहीं किया था। परन्तु थॉमस हॉब्स की पद्धति को हमें इस कसौटी पर नहीं कसना चाहिए कि उसके परिणाम कहाँ तक सही अथवा गलत निकले या वह मानव तथा राजनीति विज्ञान के बीच सम्पर्क स्थापन में सफल रहा अथवा विफल? उसकी विशेषता तो इस बात में है कि उसका चिन्तन क्रमबद्ध तथा समन्वित है, उसने संगतिबद्ध युक्तियाँ प्रस्तुत की है और अपने निष्कर्ष पर वह दृढ़ता से कायम है। यदि हम उसके प्रारम्भ बिन्दु को स्वीकार कर लें तो उसके अन्तिम परिणाम को ठुकराना असम्भव होगा।

सेबाइन का कहना है कि "यह पद्धति मूलतः निगमनात्मक थी।" उसमें अनुभव-प्रधानता का अभाव है और वास्तविकता का पुट नहीं आ पाया है।"थॉमस हॉब्स का राजनीतिक दर्शन यथार्थपरक निरीक्षण पर आधारित नहीं है। मनुष्य के नागरिक जीवन में प्रेरक तत्त्व कौन-कौन से रहते हैं? इससे थॉमस हॉब्स पूरी तरह परिचित नहीं था।

उसका मनोविज्ञान भी निरीक्षण पर आधारित नहीं है। वह इस बात का विवरण नहीं कहा जा सकता कि वास्तव में क्या है, प्रत्युत वह इस बात का विवरण था कि सामान्य सिद्धान्तों को ध्यान में रखते हुए मनुष्य को कैसा होना चाहिए।" आज अनुभववाद वैज्ञानिक पद्धति का महत्त्वपूर्ण तत्त्व है जिसका तात्पर्य है-जीवन के निरीक्षण एवं अनुभव के आधार पर विश्लेषणात्मक ढंग से निष्कर्ष निकालना। परन्तु थॉमस हॉब्स अपने मस्तिष्क द्वारा पूर्व-निर्धारित उपकल्पनाओं से आरम्भ कर निष्कर्ष निकालता है, जीवन की व्यावहारिकताओं से नहीं। वे स्वयं एक सिद्ध सत्य से आरम्भ होती हैं और उनसे परिणाम निकाले जाते हैं। परन्तु इस आलोचना के बावजूद भी यह स्मरणीय है कि सत्रहवीं शताब्दी की वैज्ञानिक पद्धति में, जो उस समय विकसित हो रही थी, अनुभववाद पर उतना बल नहीं दिया जाता था जितना आज दिया जाता है। इसके विपरीत वैज्ञानिक पद्धति गणितीय और भौतिक विज्ञानों की भाँति अधिक थी। अत: यहाँ थॉमस हॉब्स की यह युक्ति ठीक होगी कि वह वैज्ञानिक पद्धति की खोज में अपने समय की सीमाओं से आगे नहीं बढ़ सका। इस सम्बन्ध में वह सत्रहवीं शताब्दी का शिशु था।

सेबाइन ने एक अन्य आलोचना करते हुए लिखा है कि "थॉमस हॉब्स स्वयं अपनी पद्धति को व्यवहार में लाने में असफल रहा है। उसने अपनी पद्धति कुछ ऐसी मान्यताओं से आरम्भ की जो तर्क की दृष्टि से तो सही थी, किन्तु व्यावहारिकता की कसौटी पर खरी नहीं उतरती थी। वह गणितीय पद्धति में इतना अधिक विश्वास करता है कि गणितीय ज्ञान और ज्योमित पद्धति तथा अनुभव और व्यावहारिक ज्ञान के सम्बन्ध में भ्रम में पड़ जाता है तथा मान बैठता है कि जिन निष्कर्षों पर वह अपने गणितीय ज्ञान और ज्योमिति पद्धति से पहुँचा है वे व्यावहारिक जीवन में भी सही होंगे। दूसरे, थॉमस हॉब्स मानव जगत और भौतिक जगत के अन्तर को भी भुला बैठता है और दोनों में अपनी एक ही पद्धति से व्यवहार करने का असफल प्रयास करता है। उसकी धारणा है कि जिस प्रकार ज्योमति की सहायता से हम जटिल वस्तु का अध्ययन कर सकते है, वैसा मानव के जटिल व्यवहार के सम्बन्ध में किया जा सकता है। थॉमस हॉब्स ज्योमिति की सहायता से केवल मानव-मनोविज्ञान का अध्ययन ही नहीं करता वरन् उसका विचार है कि भौतिक विज्ञानों के नियम की भाँति 'मानवीय व्यवहार के नियम' भी बनाए जा सकते हैं जबकि वस्तुत: मानव-व्यवहार के बारे में ऐसा करना निश्चय ही कठिन है।"

सेबाइन ने थॉमस हॉब्स के दर्शन पर केवल उपयोगितावादी होने का आरोप लगाया है। थॉमस हॉब्स के लिए विज्ञान का यही अभिप्राय है कि सरल वस्तुओं के आधार पर जटिल वस्तुओं का निर्माण किया जाए। इसका सर्वश्रेष्ठ उदाहरण ज्योमिति है। परिणामत: थॉमस हॉब्स ने शासन को पूरी तरह से लौकिक और उपयोगितावादी माना है। शासन का महत्त्व इस बात पर निर्भर है कि वह क्या कार्य करता है? शासन का विकल्प

अराजकता है, अत: उपयोगितावादी चुनाव में भावना का कोई स्थान नहीं है। शासन के लाभ ठोस हैं जो व्यक्तियों को ठोस तरीके से ही प्राप्त होने चाहिए-शान्ति, सुविधा, सुरक्षा और सम्पत्ति के रूप में। यही एकमात्र आधार है जिस पर शासन का औचित्य निर्भर है। सार्वजनिक इच्छा की भाँति ही सामान्यहित कल्पना मात्र है। केवल व्यक्ति ही अपने जीवन-साधनों के लिए रहता और संरक्षण का उपयोग करना चाहता है। राज्य का अस्तित्व मनुष्य की आवश्यकताओं की पूर्ति, उसकी सुरक्षा की कल्पना के लिए है। उसका एकमात्र औचित्य उसकी उपयोगिता है। उसके भौतिक अधिकारों का स्त्रोत शासित जनता की अनुमति है। जनता की सामान्य इच्छा जैसी किस चीज का अस्तित्व नहीं है। अस्तित्व केवल व्यक्तियों का है। उनकी रक्षा करना उनका अपना कर्त्तव्य है। उनके निजी हितों का योग ही सामाजिक हित है। थॉमस हॉब्स के सिद्धान्त के इसी पहलू को बैन्थम तथा उसके अनुयायियों ने विकसित किया। राज्य को व्यक्तियों के परस्पर विरोधी हितों पर मध्यस्थ बनाकर वह उपयोगितावादियों का पूर्व-सूचक बन गया।

उपर्युक्त आलोचनाओं के बावजूद भी यह स्वीकार करना होगा कि थॉमस हॉब्स ने सामाजिक विज्ञानों हमें वैज्ञानिक पद्धति के विकास में महान् योग दिया है। इस दिशा में निर्देशन देने वाला वह सर्वप्रथम विचारक था। उसकी मान्यता थी कि राजनीतिक पद्धति में भौतिक विज्ञानों की पद्धतियों से बहुत कुछ लिया जा सकता है। उस राजनीतिक के लिए मनोवैज्ञानिक दृष्टिकोण प्रारम्भ किया। दूसरे शब्दों में उसने अपने राजनीतिक परिणामों का आधार उस पद्धति पर रखा जिसे उस युग में पूर्ण वैज्ञानिक समझा जाने लगा था। इस पद्धति का सार यह है कि समस्त दार्शनिक खोज ज्योमिति की पद्धति पर होनी चाहिए और भौतिक जगत को एक विशुद्ध यान्त्रिक प्रणाली के समान समझना चाहिए, जिसे प्रत्येक घटना की व्याख्या उसकी पूर्ववर्ती घटना अथवा घटनाओं के प्रकाश में की जा सके। वह राजनीतिक विज्ञान का मनन मनोविज्ञान की भित्ति पर करना चाहता है। उसकी पद्धति में अधिकारपूर्ण व्यक्तियों के उद्धरण देने के लिए या इतिहास की शिक्षाओं के लिए धर्म-ग्रन्थों के लिए कोई स्थान नहीं है। यही कारण है कि थॉमस हॉब्स आधुनिक माना जाता है। उसने भूत से अपना पूर्ण सम्बन्ध-विच्छेद कर लिया है।

आज 20वीं शताब्दी में थॉमस हॉब्स की पद्धति में आसानी से दोष निकालते हुए कह सकते हैं कि गत सौ वर्षों के सामाजिक विज्ञानों के विकास ने यह सिद्ध कर दिया है कि सामाजिक घटनाओं के अध्ययन में भौतिक विज्ञानों की पद्धति का प्रयोग एक मानव-विज्ञान की रचना करने का प्रयास थॉमस हॉब्स का एक कोरा भ्रम था। पर यदि थॉमस हॉब्स के प्रति हम न्याय से काम लें तो हमें यह नहीं भूलना चाहिए कि 17वीं शताब्दी में समस्त विज्ञान पर ज्योमिति का जादू छाया हुआ था। इस पद्धति को अपनाकर

ही ज्योमिति सफल हुई थी और उसे सामाजिक अध्ययन के क्षेत्र में अपना लेना उस समय के डेमार्टे, स्पिनोजा आदि महान् विचारकों की आकाँक्षा थी। यहाँ तक की लॉक भी, जिसे सामान्यत: अनुभव प्रधान प्रणाली का जनक माना जाता है, राजनीति को ज्योमिति की भाँति एक प्रदर्शनात्मक विज्ञान बनाना चाहता था। फिर थॉमस हॉब्स ने यदि ऐसा किया तो हमें आश्चर्य नहीं करना चाहिए।

थॉमस हॉब्स ने अपने परवर्ती अनेक राजनीति चिन्तकों और राजनीतिक विचारधाराओं को प्रभावित किया। उसके भौतिकवाद की छाप मॉन्टेस्क्यू और कार्ल मार्क्स पर देखी जा सकती है। इसमें उपयोगितावाद का भी आरम्भ मिलता है और बावजूद इस सत्य के कि समझौता नागरिक का स्वतन्त्रतापत्र न होकर दासता का बन्धन है। थॉमस हॉब्स का उदारतावाद का दार्शनिक और बैन्थम तथा मिल का पूर्वज समझा जाता है। वह एक ऐसी राजनीतिक तथा आचार-शास्त्र का प्रतिपादन करता है जिसका आधार मनुष्य है और जहाँ से व्यक्तिवादी विचार-पद्धति प्रजाजन को अपने 'शासकों' को तोलने के लिए आधार प्रस्तुत करती है। थॉमस हॉब्स के दर्शन को उसके युग का सबसे क्रान्तिकारी सिद्धान्त बनाने वाला तत्त्व उसका व्यक्तिवाद है। उसके 'लैसेज फेयर' की उस भावना को पकड़ लिया था जिसने सामाजिक चिन्तन को दो शताब्दियों तक अनुप्राणित रखा।

थॉमस के मानव-स्वभाव सम्बन्धी विचार

थॉमस हॉब्स राज्य का अध्ययन मानव-स्वभाव के विश्लेषण से करता है। उसने मानव-स्वभाव की व्याख्या की है और अपने सभी सिद्धान्त उस पर आधारित किए हैं। अरस्तू के विपरीत वह मानता है कि "मनुष्य असामाजिक प्राणी है। मानव को वस्तुएँ या तो आकर्षित करती है या विकर्षित। आकर्षण को इच्छा कहा जाता है, विकर्षण को घृणा।" मनुष्य की प्रत्येक इच्छा में उसका स्वार्थ निहित है।" जिन वस्तुओं से वह आकर्षित होता है, उन्हें अच्छी कहता है, जिन्हें वह नापसन्द करता है, उन्हें बुरी कहता है। अच्छाई या बुराई वस्तुओं में नहीं बल्कि मानव-भावना में है।" मनुष्य के समस्त क्रिया-कलाप स्वार्थ-भावना से प्रेरित तथा संचालित हैं। सामान्यत: सामाजिक तथा लौकिक व्यवहार में मनुष्य सदैव यह प्रयत्न करता है कि उसकी सम्पत्ति आदि सुरक्षित रहे, उसका जीवन निर्बन्ध निर्द्वन्द्व रहे और उसकी एषणाएँ-वासनाएँ एवं क्षुधा पूरी होती रहे। युगों से भूखा और अतृप्त मानव अपनी अभिलाषाओं की तुष्टि में ही सतत् संलग्न रहता है। अवसर पाते ही सर्वग्राही पिशाच की तरह टूट पड़ता है और स्वयं को जीवित रखने तथा स्वयं की इच्छा-पूर्ति के लिए दूसरे को ध्वस्त करने से नहीं हिचकता। थॉमस हॉब्स के ही शब्दों में "प्रकृति ने सभी मनुष्यों को शारीरिक शक्तियों, मानसिक बुद्धि आदि में समान बनाया है अत: जिस लाभ-विशेष की माँग एक व्यक्ति करता है, उसकी माँग

दूसरा भी करता है। शारीरिक शक्ति में एक मनुष्य दूसरे से शक्तिशाली **हो सकता है**, परन्तु दूसरे लोग गुप्त छल से या गुटबन्दी करके उसे मार सकते हैं।" एक ही **वस्तु को प्राप्त** करने के दो अभिलाषी व्यक्ति परस्पर शत्रु बन कर एक-दूसरे पर विश्वास नहीं करते। थॉमस हॉब्स का कहना है कि लक्ष्य को प्राप्त करने की योग्यता सभी में लगभग बराबर होती है। शारीरिक बल की कमी की पूर्ति बौद्धिक योग्यता और बोद्धिक योग्यता की कमी की पूर्ति शारीरिक बली द्वारा हो जाती है। सामर्थ्य की कमी की इसी समता के कारण लक्ष्य-प्राप्ति की आशा की समता का उदय होता है और बराबरी में मनुष्यों में जब प्रतिद्वन्द्विता होती है की एक-दूसरे को विनष्ट किए बिना ही वे अपनी कीर्ति की स्वीकृति करा देना चाहते हैं। फलत: निरन्तर संघर्ष चलता है। दोनों प्रतिद्वन्द्वी आहत होकर मौत के भयानक साये में छटपटाते हैं। इस निरन्तर संघर्ष के तीन प्रमुख कारण है। थॉमस हॉब्स के ही शब्दों में- "हम मानव-स्वभाव में झगड़े के तीन प्रमुख कारण देखते हैं। पहला प्रतिस्पर्द्धा, दूसरा पारस्परिक अविश्वास और तीसरा वैभव। प्रतिस्पर्द्धा के कारण वे लाभ के लिए, विश्वास के अभाव के कारण रक्षा के लिए तथा वैभव-प्राप्ति के कारण प्रसिद्धि के लिए परस्पर संघर्ष करते हैं। उनको वशवर्ती बनाए रखने वाली किसी शक्ति के अभाव में मनुष्य स्वभावत: निरन्तर संघर्ष में उलझे रहते हैं। मनुष्य पूर्णतया अहं-केन्द्रित है और जीवन की यह यथार्थ वास्वविकता सभी संवेगों-आवेगों को जन्म देती है।"

थॉमस हॉब्स मनुष्य की विविध भावनाओं की विवेचना करता हुआ अन्त में उन्हें दो भौतिक एवं प्रारम्भिक भावनाओं-इच्छा तथा अनिच्छा तक सीमित कर देता है। वह वैभव, ईर्ष्या, द्वेष, दया, नम्रता आदि सभी भावनाओं का आधार इन्हीं दो मूल प्रवृत्तियों को मानता है। "इस निश्रेयण की आधारभूत विशेषता यह है कि इसमें समस्त भावनाओं का केन्द्र स्वयं मनुष्य के अहंकार और स्वार्थपरता के ही विभिन्न रूप हैं। थॉमस हॉब्स की धारणा का मनुष्य पूर्णत: स्वार्थी है। समस्त मानव-व्यवहार को अहंभाव पर आधारित करने के प्रयास ने ही थॉमस हॉब्स की प्रणाली को एक निश्चित वैज्ञानिक रूप दिया है। थॉमस हॉब्स का इस निश्रेयण पद्धति की दो मुख्य विशेषताएँ है-प्रथम तो यह है कि निश्रेयण पद्धति निगमनात्मक है और द्वितीय यह है कि थॉमस हॉब्स का सिद्धान्त सुखवाद से एकदम भिन्न है। वह सुख देने वाली वस्तु या बात को शुभ और पीड़ादायक वस्तु या बात को अशुभ नहीं बतलाता और न ही यह कहता है कि हम केवल सुख की कामना करते हैं और दु:ख से त्राण चाहते हैं। उसकी दृष्टि में आधारभूत बात तो यह है कि मनुष्य सुखान्वेषी न होकर अपनी आवश्यकताओं की सन्तुष्टि करने वाली वस्तुओं की इच्छा करते हैं। इस तरह थॉमस हॉब्स "सुख-दु:ख की परिभाषा में न पड़कर उत्प्रेरणा सहोद्गार की परिभाषा में विचार करता है। प्रत्येक विस्फुरण जीव पर अनुकूल प्रभाव डालता है। यदि विस्फुरण अनुकूल है तो जीव की इच्छा होती है कि वह जारी रहे; यदि

विस्फुरण प्रतिकूल है तो वह उससे मुक्ति चाहता है।" सेबाइन के शब्दों में-"समस्त व्यवहार के पीछे एक नियम है और वह यह कि जीवित शरीर स्वभावत: ही अपनी प्राण-शक्ति को बनाए रखना अथवा उसे सम्बल पहुँचाना चाहता है। साराँश यह है कि समस्त व्यवहार के पीछे शरीर शस्त्र का एक सिद्धान्त रहता है और वह आत्म-संरक्षण; जिसका अर्थ है व्यक्तिगत जैविक अस्तित्व का बना रहना। शुभ वह है जो इस उद्देश्य की पूर्ति करे और अशुभ वह है जो इसके विपरीत हो अथवा जिसका प्रभाव इसके विरुद्ध हो।" इस आत्म-संरक्षण के लिए ही व्यक्ति शाश्वत संघर्ष में व्यस्त रहता है और उसका जीवन अधिकाधिक शक्ति प्राप्त करने की एक निरन्तर और निर्विश्राम इच्छा बन जाता है। अत: स्पष्ट है कि मानव-स्वभाव की मुख्य विशेषता शक्ति की प्राप्ति और प्राप्त शक्ति का निरन्तर संवर्द्धन है।

थॉमस हॉब्स के विचारों से हमारे समक्ष मानव-स्वभाव के आसुरी लक्षणों का पहलू स्पष्ट हो जाता है लेकिन थॉमस हॉब्स ने मानव-स्वभाव की मुख्य विशेषता शक्ति की प्राप्ति और प्राप्त शक्ति का निरन्तर संवर्द्धन है।

थॉमस हॉब्स के विचारों से हमारे समक्ष मानव-स्वभाव के आसुरी लक्षणों का पहलू स्पष्ट हो जाता है लेकिन थॉमस हॉब्स ने मानव-स्वभाव के दैवी लक्षणों वालें दूसरे पहलू की कल्पना भी की है। उसने कहा है-"मनुष्य में कुछ ऐसी इच्छाएँ भी होती हैं जो उसे युद्ध के लिए नहीं अपितु शान्ति एवं मैत्री के लिए प्रेरित करती हैं। आराम की इच्छा, ऐन्द्रिक सुख की कामना, मृत्यु का भय, परिश्रम से अर्जित वस्तुओं के भोग की लालसा मनुष्य को एक शक्ति की आज्ञा मानने के लिए बाध्य कर देती है।" इसका कारण यही है कि उसी (सामान्य शक्ति) के नियन्त्रण में रह कर ही मनुष्य की स्वार्थपूर्ण इच्छाओं की पूर्ति हो सकती है।

यद्यपि थॉमस हॉब्स ने मानव-स्वभाव के दैवी लक्षणों का आभास दिया है किन्तु प्रधानता उसने पूर्णत: आसुरी लक्षणों को ही प्रदान की है। मनुष्य सामान्यत: आसुरी लक्षणों के प्रभाव में ही रहता है। यदि उसमें दैवी लक्षणों का अंश है तो वह भी केवल इसीलिए कि उनकी स्वार्थ-सिद्धि में सहायता मिलती है। अत: मनुष्य में आधारभूत मूल प्रवृत्ति स्वार्थ की ही और स्वार्थ-पूर्ति के लिए ही बौद्धिक, मानसिक एवं शारीरिक सभी व्यापार केन्द्रित हैं। सहयोग का कोई स्थान जीवन में नहीं है, यदि है तो वह स्वार्थ-सिद्धि के लिए है। स्वार्थ की पूर्ति के लिए ही मनुष्य में शक्ति-संचय की ऐसी प्रबल इच्छा वर्तमान रही है जो उसकी शान्तिप्रियता की कब्र खोदती रहती है और जिसका अवसान उसकी (मनुष्य की) मृत्यु के साथ ही होता है। संघर्ष आधिपत्य-स्थापना की चेष्टा, भोग-लालसा, धन, ज्ञान, यश कामना, आपेक्षिक शौर्य आदि सभी इस मूल प्रवृत्ति के परिणाम हैं। मानव-स्वभाव में यदि सद्‌गुणों का कभी उदय होता भी है तो वह किसी

स्वार्थ की पूर्ति की लालसा से ही होता है, अन्यथा नहीं। मुख्यतः मनुष्य स्वार्थी है और उनकी समस्त भावनाओं का केन्द्र उसका अहम् है। थॉमस हॉब्स के मानव-स्वभाव सम्बन्धी विचारों पर टिप्पणी करते हुए जोन्स ने लिखा है कि "थॉमस हॉब्स जो बातें कहता है उनमें नहीं पर जो बातें अस्वीकार करता है उनमें गलत है। मानव-दोषों की अतिरंजना करके और उन पर अतिशय बल देकर उसने मानव-स्वभाव का मानव-द्वेषी चित्र अंकित किया है।"

प्राकृतिक अवस्था के विषय में थॉमस के विचार

राज्य-संस्था के अस्तित्व में थॉमस हॉब्स ने एक अराजकता अथवा प्राकृतिक अवस्था की कल्पना भी की है। उसने मानव प्रकृति को पूर्व सामाजिक दशा कहा है जिसमें मानव-जीवन नारकीय, असह्य तथा दुर्वह भार स्वरूप था। प्राकृतिक दशा का जीवन हिंसा प्रधान था। आसुरी गुणों की प्रधानता के कारण मानव-जीवन भयंकर और अव्यवस्थित था। थॉमस हॉब्स के शब्दों में, "ऐसे समय में जब मनुष्य एक ऐसी शक्ति के बिना रहते हैं जो उन्हें भयभीत बनाए रख सके, वे उस अवस्था में रहते हैं जिस युद्ध कहा जाता है और वह ऐसा युद्ध होता है जो प्रत्येक की ओर से प्रत्येक के विरुद्ध होता है। ऐसी दशा में उद्योग, संस्कृति, नौ-चालन, भवन-निमार्ण, यातायात के साधनों, ज्ञान, समाज आदि के लिए कोई स्थान नहीं होता... तथा मनुष्य का जीवन एकाकी, दीन, अपवित्र, पाशविक एक क्षणिक होता है।" इस प्रकार राज्य की अनुपस्थिति में जो अराजकता की अवस्था थी उसमें 'जिसकी लाठी उसकी भैंस' अथवा 'चाहे जो छीनो या चाहे जिसे मार डालो' का सिद्धान्त प्रभावशील था। कोई किसी का अभिभावक, मित्र और रक्षक नहीं था। सब एक-दूसरे के भक्षक थे। एक जीव दूसरे को साफ कर जाना चाहता था। सभी एक-दूसरे के विरोध में युद्धरत थे। जीवन अवसादपूर्ण, गतिरोधमय एंव निस्सार था। हर क्षण कच्चे धागे से लटकती तलवार सिर पर नाचती रहती थी, उचित अनुचित और न्याय-अन्याय का भेद नहीं था। शक्ति और धोखा मनुष्य के प्रधान गुण थे। यह दशा भारतीय ग्रन्थों में वर्णित मत्स्य-न्याय जैसी था जिसमें छोटी मछलियाँ बड़ी मछलियों के पेट में समा जाती हैं और फिर बड़ी मछलियों का पेट फोड़कर नष्ट हो जाती हैं। मनुष्य भेड़ियों की तरह खूँखार तथा हिंसक था। सामान्य विधि अथवा राजकीय नियम-कानून के अभाव में बल प्रयोग, धोखा, प्रतिज्ञा-भंग, सब उचित माने जाते थे। थॉमस हॉब्स के विवरण का अभिप्राय मह है कि राज्य-विहीन स्थिति में युद्ध एवं हिंसात्मक मृत्यु का भय सदैव व्याप्त रहता था। मनुष्य के पास अपनी सुरक्षा के साधन के रूप में केवल अपनी शक्ति और चतुरता होती थी अतः उसे दूसरे के आक्रमण का भय हमेशा सताता रहता था।

थॉमस हॉब्स के वर्णन से प्राकृतिक दशा की तीन मुख्य विशेषताएँ स्पष्ट होती

है। प्रथम विशेषता यह है कि इनमें नैतिकता का सर्वधा अभाव है, सत्-असत् का कोई विवेक नहीं है। सभी व्यक्ति अपनी मानसिक भावनाओं से प्रेरित होकर कार्य करते हैं। उनके लिए हिंसा और हत्या उचित साधन है। द्वितीय विशेषता यह है कि इस अवस्था में न्याय और अन्याय के विचार के लिए कोई स्थान नहीं है क्योंकि न्याय-अन्याय या वैधता-अवैधता का निश्चय करने वाला कोई कानून नहीं होता। तृतीय विशेषता यह है कि इस दशा में वैयक्तिक सम्पत्ति का अभाव है। निरन्तर हत्या और संघर्ष के परिपूर्ण वातावरण में स्थायी वैयक्तिक सम्पत्ति की कल्पना भी नहीं की जा सकती। प्राकृतिक अवस्था में शक्ति का साम्राज्य है। जब तक किसी के पास शक्ति है, उसका अपनी वस्तुओं पर अधिकार है, शक्ति न रहने पर दूसरों का अधिकार हो जाता है क्योंकि वे उससे छिन जाती है।

प्राकृतिक अवस्था के इस चित्रण पर स्वत: ही प्रश्न उठता है कि थॉमस हॉब्स की इस कल्पना की ऐतिहासिक क्या है? आलोचक प्राकृतिक अवस्था के ऐतिहासिक प्रमाण नहीं पाते और समाजशास्त्रियों के अनुसार आदिकालीन मानव-जीवन में भी किसी प्रकार का सामाजिक जीवन और नैतिक विधान मौजूद था। पर ये आलोचनाएँ शिथिल पड़ जाती है; जब हम यह मानना आवश्यक नहीं समझते कि थॉमस हॉब्स के मतानुसार सचमुच ही ऐसी कोई प्राकृतिक अवस्थाएँ थी। थॉमस हॉब्स स्वयं भी ऐसी प्राकृतिक अवस्था की सत्ता को किसी ऐतिहासिक प्रमाण से पुष्ट नहीं करता। वास्तव में प्राकृतिक अवस्था के इस चित्रण से उनका आशय यह कि राज्य-शक्ति के अभाव में लोगों का जीवन इसी प्रकार का होना सम्भव है। "उसकी प्राकृतिक अवस्था राज्य का एक कल्पनात्मक विकल्प है; यह वह स्थिति है जिसमें मनुष्य पहुँच जायँगे, यदि उनके कार्यों को विनियमित तथा नियन्त्रित करने वाली कोई शक्ति न हो।" थॉमस हॉब्स के कथनानुसार, जब कभी राज्य शक्ति निर्बल रही है तभी समाज में इसी प्रकार की प्राकृतिक दशा उत्पन्न होती रही है। नियन्त्रण शक्ति अथवा शक्तिशाली राज्य के अभाव में मानव-जीवन असुरक्षित, भयाक्राँत और दु:खी हो जाता है। थॉमस हॉब्स ने दैनिक जीवन के ऐसे तथ्य प्रस्तुत किए हैं जिनके आधार पर प्राकृतिक सत्ता का अनुमान किया जा सकता है। मनुष्य यात्रा करते समय सम्भावित आक्रमण से रक्षा के लिए शस्त्रों से सुजज्जित होकर निकलता है। घर में सोते समय व्यक्ति दरवाजा बन्द कर लेता है और घर में मौजूद रहने पर भी सन्दूक में ताला लगाता है। मनुष्य ये सारे कार्य उस अवस्था में करता है जब राज्य और समाज के कानून मौजूद हैं तथा राज्य-कर्मचारी उसके रक्षक हैं। राज्य के संरक्षण में रहते हुए भी हम सन्देह, अविश्वास, भय एवं शंका से ग्रस्त हैं तो राज्य के अभाव में थॉमस हॉब्स की प्राकृतिक अवस्था का सा जीवन हो जाने की धारणा निर्मूल नहीं है। थॉमस हॉब्स की प्राकृतिक अवस्था के जीवन की सम्भावना की पुष्टि गृह-युद्ध के समय सभ्य राज्यों के निवासियों द्वारा अपने देशवासियों के प्रति किए जाने वाले निर्मम अत्याचारों से

भी होती है। आज वियतनाम इसका ज्वलन्त प्रमाण है। प्रमाण के लिए वर्तमान राज्यों का पारस्परिक व्यवहार भी सामने है। अन्तर्राष्ट्रीय सर्वोच्च सत्ता के अभाव में विभिन्न राज्य परस्पर जंगली और खूनी दरिन्दों की तरह लड़ते हैं। प्रथम और द्वितीय महायुद्ध की कहानी विश्व को अच्छी तरह याद है और ऐसी तृतीय खून कहानी की कल्पनामात्र से हम सिहर उठते हैं। अतः जब सभ्य राज्यों में यह दशा है तो राज्यविहिन अवस्था में थॉमस हॉब्स द्वारा वर्णित मानव-जीवन की स्थिति का होना सर्वथा स्वाभाविक है। हाँ, इसमें कोई सन्देह नहीं कि मानव-स्वभाव और प्राकृतिक दशा का उसका वर्णन बड़ा अतिरंजित है।

प्राकृतिक अधिकार और प्राकृतिक नियम

अपने ग्रन्थ लेवियाथान के 14वें अध्याय में थॉमस हॉब्स ने इनका प्रतिपादन किया है। उसके अनुसार प्राकृतिक अधिकार आदिकालीन अवस्था में मानव-जीवन की रक्षा के लिए अत्यन्त उपयोगी व्यवहार-स्वातन्त्र्य था जो कि प्रत्येक व्यक्ति में स्वभावतः निहित था। व्यक्ति को अपने जीवन-धारण के लिए किसी को लूटने या मार डालने की स्वतन्त्रता थी। टी.एच. हग्सली ने ऐसे अधिकार को 'शेर का अधिकार' कहा है। जिस तरह शेर को अपना शिकार मारने की स्वतन्त्रता होती है उसकी तरह प्राकृतिक अवस्था में मनुष्य को भी अपनी इच्छा-पूर्ति के लिए हिंसा और हत्या की खुली छूट थी। संवेग-प्रेरित मनुष्य अपने जीवन में इन अधिकारों की प्रबल अभिव्यक्ति करता था।

लेकिन प्राकृतिक अधिकारों के साथ ही कुछ प्राकृतिक नियम भी थे जिनका पालन करने से प्राकृतिक अधिकार-प्राप्ति के उद्देश्य की पूर्ति होती थी। थॉमस हॉब्स का मत है कि मनुष्यों के प्राकृतिक अधिकार समान होने से सबको एक-दूसरे की हत्या और लूटमान का अधिकार मिल जाता है जिससे जीवन सर्वथा असुरक्षित हो जाता है। लेकिन सभी व्यक्ति जीवन को सुरक्षित बनाए रखना चाहते हैं, अतः वे प्राकृतिक दशा में भी अपनी सुरक्षा के लिए बुद्धि द्वारा कुछ नियम बना लेते हैं। इन नियमों का पालन करके मनुष्य अराजकता (प्राकृतिक अवस्था) में भी सुखपूर्वक रह सकते हैं। थॉमस हॉब्स ने इन प्राकृतिक नियमों को 'शान्ति की धाराओं' का नाम दिया है। दूसरे शब्दों में थॉमस हॉब्स के अनुसार, प्राकृतिक कानून बुद्धि द्वारा खोजा हुआ वह सामान्य नियम है जो मनुष्य को जीवन के लिए हानिप्रद कार्य करने से रोकता है और लाभप्रद कार्य करने को प्रेरित करता है। ये प्राकृतिक नियम वे नियन्त्रण हैं जो मनुष्य अनुभव द्वारा सीखता है, और जिन्हें वह अपने जीवन के लिए लाभदायक पाता है। थॉमस हॉब्स ने 'प्राकृतिक नियम' की परिभाषा देते हुए कहा कि 'यह वह नियम है जो विवेक द्वारा खोजा गया है, जिसके द्वारा मनुष्य के लिए वे कार्य निषिद्ध हैं जो उसके जीवन के लिए विनाशप्रद हैं या जिनसे जीवन की रक्षा के साधनों का हरण होता है और जिनके द्वारा उसके लिए उन कार्यों का न करना

निषिद्ध है जिनसे जीवन की रक्षा होती है।" लेकिन इन प्राकृतिक नियमों को कानून नहीं कहा जा सकता है क्योंकि कानून तो सम्प्रभु की आज्ञा है। प्राकृतिक नियम मनुष्य को कानून नहीं कहा जा सकता है क्योंकि कानून तो सम्प्रभु की आज्ञा है। प्राकृतिक नियम मनुष्य को बाध्य करता है कि वह प्राकृतिक अवस्था में आत्मरक्षा के लिए इच्छानुसार कुछ भी करने की मिली हुई अपनी स्वाभाविक स्वतन्त्रता का कुछ अंश त्याग दे ताकि वह शेष स्वतन्त्रता का अधिक निश्चित रूप से उपयोग कर सके। इस प्रकार प्राकृतिक नियम पूर्ण स्वेच्छाचारिता तथा अनुत्तरदायित्व के मध्य एक कड़ी थी। इसी आधार पर थॉमस हॉब्स ने प्राकृतिक अधिकार और प्राकृतिक नियम का अन्तर स्पष्ट किया है। प्राकृतिक अधिकार प्राकृतिक अवस्था को निरन्तर संघष की स्थिति बना देते हैं जबकि प्राकृतिक नियम पर आचरण करके मनुष्य प्राकृतिक अवस्था की अराजकता से बच सकते हैं और आत्म-परीक्षण के उद्देश्य को सुगमता से प्राप्त कर सकते हैं। थॉमस हॉब्स ने इस प्रकार के 19 प्राकृतिक नियम गिनाए हैं जिनमें से कुछ ये है–

1. "प्रत्येक मनुष्य को शान्ति के लिए वहाँ तक प्रयत्न करना चाहिए जहाँ तक सफलता की आशा हो, और यदि वह उसे प्राप्त नहीं कर सकता तो उसे अधिकार है कि वह सभी उपायों यहाँ तक कि युद्ध का भी प्रयोग करे।"

2. "मनुष्य को शान्ति तथा आत्मरक्षा के लिए अपने प्राकृतिक अधिकारों को उस सीमा तक त्यागने के लिए प्रस्तुत रहना चाहिए जहाँ तक दूसरे लोग भी इसके लिए प्रस्तुत हैं, और दूसरों के विरुद्ध उसे ही स्वतन्त्रता से सन्तुष्ट रहना चाहिए, जितनी वह दूसरों को अपने विरुद्ध देने के लिए तैयार हो।"

3. "व्यक्तियों को अपने समझौतों का पालन करना चाहिए।"

उपरोक्त तीनों नियमों का सार थॉमस हॉब्स के ही शब्दों में यह है कि "दूसरों के साथ तुम वैसा ही करो जैसा अपने लिए उनसे चाहते हो।"

4. "जिस मनुष्य को दूसरे की कृपा से कोई लाभ प्राप्त होता है, उसे चाहिए कि वह उस मनुष्य को, जिससे लाभ हुआ है, ऐसा न्यायोचित अवसर न दे कि उसे अपनी सद्‌भावना के लिए पछताना पड़े।" इसका अर्थ यह हुआ कि मनुष्य को कृतघ्न नहीं होना चाहिए।

5. "व्यक्ति प्रत्येक को अन्य लोगों के साथ निभा कर चलना चाहिए।"

6. "भविष्य का ध्यान रखते हुए प्रत्येक को उन दूसरे मनुष्यों की पिछली त्रुटियों को क्षमा कर देना चाहिए जो पश्चाताप करके क्षमा चाहते हैं।"

7. "प्रतिशोध लेने में मनुष्य को विगत बुराई की महत्ता को नहीं वरन् भविष्य में उससे होने वाली अच्छाई की महत्ता देखनी चाहिए।"

8. "किसी व्यक्ति को कर्म, शब्द, मुद्रा या संकेत द्वारा दूसरे के प्रति घृणा प्रकट

नहीं करनी चाहिए।

9. "प्राकृतिक रूप से प्रत्येक व्यक्ति को दूसरे को अपने समान समझना चाहिए।"

10. "किसी भी व्यक्ति को शान्ति की शर्तों को मानते समय स्वयं के लिए ऐसे अधिकार सुरक्षित नहीं रखने चाहिए जिन्हें वह दूसरे के लिए सुरक्षित नहीं रहने देना चाहता।"

थॉमस हॉब्स द्वारा गिनाए गए उपर्युक्त प्राकृतिक नियमों में से प्रथम तीन ही अत्यन्त महत्त्वपूर्ण हैं। प्रथम नियम मनुष्य को प्राकृतिक अवस्था की विपत्तियों से बच निकलने को प्रेरित करता है। 'शान्ति की प्राप्ति पर उसकी रक्षा के लिए युद्ध' इस नियम का सार है। द्वितीय नियम के अनुसार यदि कोई व्यक्ति चाहता है कि दूसरे व्यक्ति उसकी शान्ति और सुरक्षा की इच्छा का आदर करें तो उसका कर्त्तव्य है कि वह दूसरों की भी इस प्रकार की इच्छा का आदर करे। इससे यह स्पष्ट है कि सभी को शक्ति-प्रयोग के अपने प्राकृतिक अधिकार पर समान सीमाएँ लगाने को तैयार रहना चाहिए अथवा प्राकृतिक अधिकार का परित्याग सामान्य एवं सबकी ओर से होना चाहिए। तृतीय नियम, सामाजिक जीवन की सर्वाधिक महत्त्वपूर्ण शर्त 'विश्वास' का प्रतिपादन करता है। परस्पर की गई संविदाओं का पालन करने से ही विश्वास की भावना पनप सकती है। इसके अभाव में समाज टिक नहीं सकता लेकिन यह तभी सम्भव है जब अन्य व्यक्ति भी आपके साथ समानता का व्यवहार करने के लिए तैयार है।

प्राकृतिक नियम ही वे सिद्धान्त हैं जिनके आधार पर थॉमस हॉब्स अपने समाज का निर्माण करता है। सेबाइन के अनुसार, "वे एक साथ ही पूर्ण दूरदर्शिता के सिद्धान्त भी हैं और सामाजिक नैतिकता के सिद्धान्त भी एवं इसलिए वे व्यक्तिगत कार्य के मनोवैज्ञानिक उद्देश्यों से एक कदम आगे बढ़कर सभ्यता की विधि तथा नैतिकता के मूल्यों तक जाना सम्भव बनाते हैं।" पुनश्च:, थॉमस हॉब्स के विचार से प्राकृतिक विधि का अभिप्राय वे नियम हैं जिनके अनुसार कोई भी बुद्धिमान प्राणी यदि उसे अपने आसपास की परिस्थितियों का पूरा ज्ञान हो तथा वह क्षणिक भावनाओं या उद्वेगों से प्रभावित न हो, तो कार्य करेगा। थॉमस हॉब्स का विचार है कि अधिकतर मनुष्य इस तरह के काम नहीं करते। फलत: प्राकृतिक विधि कुछ ऐसी काल्पनिक परिस्थितियों का निरूपण कर देती है जिनके आधार पर मनुष्य स्थाई शासन के निर्माण का प्रयास करते हैं। ये परिस्थितियाँ किन्हीं मूल्यों का निरूपण नहीं करतीं बल्कि इस बात की कोशिश करती हैं कि कानूनी तथा नैतिक व्यवस्था के अन्तर्गत किन-किन चीजों को मूल्य का रूप दिया जा सकता है?

थॉमस हॉब्स ने प्राकृतिक नियमों के रूप में 'शान्ति की ऐसी धाराएँ' प्रस्तुत की हैं जिनका अनुसरण करके प्राकृतिक दशा में भी मनुष्य सुखी और शान्त जीवन व्यतीत

कर सकते हैं, पर इन नियमों का आधार भी केवल स्वार्थ है। फिर यह भी ध्यान देने योग्य बात है कि प्राकृतिक नियमों को 'कानून' केवल आलंकारिक भाषा में ही कहा जा सकता है। कानून में सदैव विवशकारी शक्ति होती है, वह सम्प्रभु का आदेश होता है। इसके विपरीत प्राकृतिक नियम केवल विवेकपूर्ण परामर्शमात्र हैं जो आत्मरक्षा में सहायक हो सकते हैं और जिनका मानना या न मानना व्यक्ति की स्वेच्छा पर निर्भर है। थॉमस हॉब्स ने इन नियमों के लिए 'कानून' शब्द का प्रयोग निश्चय ही 'कानून' के वर्तमान अर्थ में नहीं किया है। उसके लिए 'प्रकृति का कानून' केवल वह साधन है जिससे मानव-बुद्धि आत्म-परीक्षण तथा सन्तोष के लक्ष्य को प्राप्त करने के लिए उपयोगी समझती हो।' थॉमस हॉब्स के अनुसार प्राकृतिक नियम प्राकृतिक अवस्था में और राज्य-व्यवस्थानान्तर दशा में, अन्तरात्मा की दृष्टि से अवश्य बाध्यकारी हैं किन्तु इनका पालन करने के लिए कोई कानूनी कार्यवाही नहीं की जा सकती। सम्प्रभु के ऊपर कोई कानूनी प्रतिबन्ध नहीं है किन्तु प्राकृतिक नियम आन्तरिक दृष्टि से उसे भी बाधित करते हैं। थॉमस हॉब्स ने इन प्राकृतिक नियमों को शाश्वत और अपरिवर्तनशील माना है क्योंकि अन्याय, अकृतज्ञता, दम्भ, मद-पापाचरण आदि कभी भी विधि-विहित स्वीकार नहीं किए जा सकते। यह कभी सम्भव नहीं हो सकता कि युद्ध से जीवन धारण हो और शान्ति से जीवन का अपहरण। इन प्राकृतिक नियमों का शास्त्र ही सच्चा और एकमात्र आचारशास्त्र माना जा सकता है।

❑❑❑